阳明学研究新论

第3辑

毛有碧 李承贵 主编

中国社会科学出版社

图书在版编目(CIP)数据

阳明学研究新论．第3辑／毛有碧，李承贵主编．—北京：中国社会科学出版社，2018.8

ISBN 978-7-5203-2982-8

Ⅰ.①阳… Ⅱ.①毛…②李… Ⅲ.①王守仁（1472-1528）—哲学思想—文集 Ⅳ.①B248.25-53

中国版本图书馆CIP数据核字(2018)第185062号

出 版 人 赵剑英
责任编辑 韩国茹
特约编辑 伊 岚
责任校对 张爱华
责任印制 张雪娇

出　　版 中国社会科学出版社
社　　址 北京鼓楼西大街甲158号
邮　　编 100720
网　　址 http://www.csspw.cn
发 行 部 010-84083685
门 市 部 010-84029450
经　　销 新华书店及其他书店

印刷装订 北京君升印刷有限公司
版　　次 2018年8月第1版
印　　次 2018年8月第1次印刷

开　　本 710×1000 1/16
印　　张 28.75
插　　页 2
字　　数 469千字
定　　价 119.00元

《贵阳学院学报》（社科版）“阳明学研究”专栏及贵阳学院阳明学与黔学研究院2017年论文汇编

目　　录

序：迈向新时代的阳明学研究 …………………………… 李承贵（1）

第一篇　当代阳明学研究回顾与反省

王阳明心学的多重向度 …………………………… 杨国荣（3）
从“圣域”走向“神坛”的王阳明
——中晚明神化王阳明的当代警示 …………………………… 钱　明（8）
展示阳明心学生命的三种视域 …………………………… 李承贵（16）
阳明心学研究的自反性特征与时代性要求 …………………………… 陈立胜（28）
阳明学“一体之仁”思想的当代意义 …………………………… 吴　震（36）

第二篇　王阳明心学研究

王阳明思想中的“一念”两义说 …………………………… 陈立胜（45）
“视天下如一家，中国犹一人焉”
——王守仁的仁学新境界 …………………………… 魏义霞（63）
阳明心学与中国早期思想启蒙 …………………………… 黄明同（71）
论王阳明“知行合一”与“治世”思想 …………………………… 辛小娇（91）
阳明的神迹
——以《年谱》为中心 …………………………… 崔海东（104）
关于阳明学历程的差异化评论及其原因 …………………………… 罗高强（119）

第三篇　阳明后学研究

王畿易学思想新探 …………………………… 章　林（137）

黄绾礼学思想简述 …………………………………………… 张宏敏（152）
朱得之《庄子通义》的儒学立场与心学意涵 ……………… 王志俊（160）
论泰州王学后劲焦竑的平民儒学思想 ……………………… 陈寒鸣（176）
“主静”的政治
——聂豹政治思想研究 …………………………………… 贾乾初（197）
论泰州学派的平民讲学
——基于政治社会化的视角 ……………………………… 贾乾初（212）
阳明后学周汝登的工夫论及相关理论向度的探析 ………… 田　探（235）

第四篇　陆王心学与其他学说研究

杨慈湖的道德修养论
——以“改过”说为中心 …………………………………… 陈碧强（251）
从心一性一天看吴澄与王阳明心性论之异同 ……………… 吴立群（273）
心学家黄宗羲《孟子师说》中对告子的理解 ……………… 蔡家和（297）
陈真晟思想的新定位
——以《心学图》为中心的考察 …………………………… 谢晓东（318）

第五篇　阳明心学现代传承研究

民国时期唐文治论“阳明学通于朱子学” …………………… 乐爱国（333）
吐故纳新：陶行知对王阳明知行观的继承与
发展 ………………………………………………… 王建平　黄明喜（348）

第六篇　海外阳明学研究

人格的完成
——安冈正笃所见之王阳明 ……………………… ［日］小岛毅（367）
沉默的周梦秀
——王畿与嵊县周氏 …………………………… ［日］早坂俊广（377）

王阳明道德精神的两面性深考：道德君子和狂者
胸次 …………………………………………………… [韩] 宣炳三 (395)

第七篇　阳明学研究动态

多元诠释与时代共鸣：当代阳明学研究的义理与时代诉求
——第五届“知行论坛”暨文化复兴与阳明学的当代
传承发展国际学术大会综述 ………………… 顾　毳　陆永胜 (411)
黔中王门弟子孙应鳌研究综述 …………………… 张　明　关春红 (426)

序：迈向新时代的阳明学研究

斗转星移，四时更替。《贵阳学院学报》“阳明学研究”专栏已经走过了第三个春秋。蓦然间，阳明学研究迎来了它的新时代。究竟是怎样的新时代？天下太平而又动荡不安，物产富足而又分配不均，文化繁荣而又精神萎靡，道德日新而又人心不古……这的确是一个令人悲喜交加的时代！参加阳明学会议不必为会务费发愁，做阳明学讲座能获得可观的报酬，在电脑上敲敲打打即可完成学术论文，阳明学文献统统有了标点规范的版本，任性的霸权思维可以不加理睬……这的确是一个令人无比喜悦的时代！这就是阳明学研究迎来的新时代。这个时代不仅为阳明学研究创造了前所未有的物质条件和社会氛围，而且为阳明学研究提出了前所未有的复杂课题与神圣使命。

阳明学的形成与发展，同时是阳明文化的形成与发展。所谓阳明文化，主要是指关于阳明心学、阳明学的常识，诸如阳明心学发生的社会历史背景、阳明的成长经历、阳明兴建的书院及其教育思想、阳明悟道过程、阳明为官生涯、阳明乡村教化、阳明处世与为人、阳明佛道情缘、阳明策论奏疏、阳明序记书札、阳明学文本译注、阳明与同时代学者往来、阳明后学流变、阳明学“流亡”日本、阳明学“客居”韩国，等等。可以说，阳明文化既是阳明学的载体，也是阳明学自身；既是了解阳明学的可靠途径，也是研究阳明学的主要依据。换言之，若要提升阳明学粉丝的知识水准、若要阳明学传播畅通无碍、若要阳明学传承得其所志，就必须重视阳明文化研究。进而言之：阳明学粉丝的常识不济呼唤阳明文化研究。当今阳明学的风靡与晚清进化论的蔓延难分伯仲，无论是大街小巷，还是偏僻乡野，无论是楼堂馆所，还是车站码头，似乎在任何公共场合都能听闻议论阳明学的声音，阳明学粉丝无处不在。但千万莫要天真地以为，粉丝们对阳明学有了正确的了解，对阳明思想有了准确的把握。记得有次去某大学做讲座，接待我的是一位年轻老师，这位老师说要学习一下我的讲义，他看到讲义中“阳明学”三个字便神秘地凑近我说：李教授，我知道中国古代有“阴阳学”，您讲义中的“阳明学”是不是写错了？嗯？我被这位老师问懵了。这太不可思议了！要知道这位老师可是国内某名牌大学中国政治思想史专业毕业的博士啊！一位念过中国政治思想史专业的博士连“阳明学”三个字都陌生，更不要提那些只有“追星”心态的粉丝了。这个时候我会情不自禁地想念阳明文化。阳明学传播的畅通呼唤阳明文化研究。如今阳明学传播方式和途径不拘一格，微信、网络、媒体、会议、演讲、培训班、沙龙等，可以说是遍地开花。但我们似乎也难以乐观起来，因为阳明文化、阳明学常识的缺失致使人们接受阳明学思想的成效大打折扣。一次我受邀给某市领导干部培训班讲课，课后听众纷纷与我交流。记得其中一位有些炫耀地告诉我他购买了大量关于王阳明的书籍，我就顺便问了问他学习阳明心学有什么体会，结果他不好意思地轻轻地跟我说，他根本读不懂《传习录》，也不知道“致良知”的涵义。《传习录》是阳明心学思想的核心文献，虽然说深刻领悟、把握阳明《传习录》思想的确需要花些功夫，但若说完全不懂，只能说明他对阳明学常识的缺乏，对阳明文化了解甚少；而说完全不明白“致良知”的意涵也有些夸张，“致良知”既是阳明心学的核心命题，也是基本命题，说一点都不了解其意，也是因为此人的阳明学常识相当贫乏，甚至是空白。这个时候我同样会情不自禁地想念阳明文化！阳明学传承的状况呼唤阳明文化研究。传承、弘扬阳明学是当今阳明学研究的另一重要任务，毋须说，当下阳明学研究的课题、著作、论文等，无不为阳明学传承做出了积极贡献。但我们同样没有理由乐观，因为阳明学传承的事实并不如我们看到的表象那么繁荣，那么成绩巨大。这里我不得不再拿例子说话。有次在某单位讲课，其中提问环节有位听众问我：李教授，如果依照王阳明所说，人人先天有良知，人人先天有善心，那我们还要警察、公安干什么？又怎么理解生活中的邪恶频繁发生现象？这个问题虽然很尖锐，但提出这种问题本身就说明提问者对阳明心学的基本知识、基本观念没有了解，对阳明心学思想的基本内容和性质没有大致的领悟，阳明学的传承在此遭遇了常识性障碍。另一次在某著名大学参加一个国际会议，其中有位来自欧洲的学者提交的论文是关于阳明后学周汝登儒佛关系观的，我的博士论文做的是“宋代儒士佛教观”，所以便好奇地翻了翻，不看则已，一看吓得我跳起来：她的论文中竟然有十多处标点错误！更让我惊讶的是她还能在大会上慷慨激昂地发言！如果一个研究阳明学的学者连阳明学文献的阅读都存在错误，还说自己能够正确理解阳明学、能够在传承阳明心学事业中有积极的表现，我万分怀疑。综合言之，如果想扫除阳明学粉丝的盲从，如果想减少阳明学传播过程中的障碍，如果想优化阳明学传承的条件，如果希望阳明学的传播与发展能够获得积极效应，那么，全方位的阳明文化研究与阳明学常识的普及是新时代阳明学研究的基础任务。本文集中杨国荣教授的《王阳明心学的多重向度》对此问题具有指导性意义。

以往的阳明学研究不可谓不深入，何以言仍需全面深化阳明学研究呢？一是因为以往深厚且卓越的研究成果导致研究者开拓进取心不够，丧失了理论创新的冲动。平心而论，这些年阳明学虽然狂热，成为了显学，会议、讲学、著作、论文应接不暇，也涌现了一些学术质量较高的成果，但真正超越以往研究成果、表现出开拓性的作品并不多见。如关于王阳明“知行合一”论的研究，当下的研究论文有没有可以媲美贺麟先生《知行合一新论》的作品呢？在我孤陋寡闻的视域中应该罕见。因此，我们如果不想躺在以往研究成果上睡大觉，而想有所突破，有所创新，那么在理论研究上进行深化是唯一出路。二是因为阳明学研究中仍然存在许多需要回答的学术难题。比如，有人提出王阳明心学就是代表统治阶级利益、是为剥削阶级服务的思想理论；也有人质疑王阳明的良知说，如果人先验地有良知，那么这个良知是怎样进入人心的？它的构造是什么？它是一种知识？还是一种信仰？甚至有人将某个地区的贫穷与民风败坏归因于王阳明心学；等等。这些观点既不能当作幼稚的观念嘲笑之，又不能简单地否定之而不加理睬。因为这说明阳明心学的复杂性，而其中的确存在需要深入思考的问题。当下一味地替阳明学唱赞歌是不切实际的。阳明学研究有责任以理论力量和深度解答这些难题，而且要拒绝情感对理性、公义的渗透与绑架。三是阳明学研究中常出现矛盾或混乱的情况。当肯定阳明心学人文关怀时，便要否认阳明心学在培育科学观念上的欠缺；当讨论阳明心学深受佛教影响时，就尽其所能为阳明“失足”寻找托词和借口；当批评阳明心学的问题视域狭隘时，则千方百计地为之辩护，圆融之而修饰得完美无缺。也就是说，理论层面的阳明学研究主要还是停留在复述层面、介绍层面和已有的“共识”层面，不能推进、深化原有研究，不能将阳明学的研究推向新的理论高度。但事实上，阳明学研究无论是在范围上、还是在问题上都存在巨大的拓展空间。那么，阳明学研究在理论上应该怎样深化呢？首先应该从义理研究上进行深化。阳明学有自身的义理结构，就是说，在阳明心学中，存在一种陈述、阐发、表达其思想的条理或脉络，只有对这种陈述、阐发、表达心学主张或观点的条理或脉络有清楚的认识和把握，才能谈得上对心学的认识和把握。但到目前为止，很少有阳明学研究成果完全达到了这个目标，这也就是当前阳明学研究成果虽多、但并不能令我们欢欣鼓舞的原因。阳明心学的根本精神，阳明心学的内容与问题，阳明心学新的增长点，阳明心学对儒家思想的贡献与限制，阳明心学的佛老影响及其程度，阳明心学与湛甘泉心学异同，阳明学的传承与发展脉络、特点与问题等等的研究，都需要建立在义理研究基础上才能获得深化。其次是阳明学研究必须拓宽思路，开辟新的研究领域。阳明学内含了丰富的问题信息，可从不同的视角展开。借助新的学说、新的视角、新的方法、新的社会需求，对阳明心学、阳明学展开针对性研究，开发蕴含于阳明心学、阳明学中的思想资源，提取阳明学中寓有积极意义的信息。既可从心理学、心态学、价值学、解释学等角度展开阳明学研究，更应该从“社会历史文化”的视角展开阳明学研究，即从社会学、历史学、行为学、文化学等角度研究阳明学。若不想老在观念领域打转转，不想总是观念结论的重复，要真正确证王阳明及其心学是一个怎样的存在，引入新的研究视角是刻不容缓的事情。其三是阳明学应该引进实验式研究。阳明心学、阳明学提出了一些极富哲学意蕴的命题、学说、理论或观念等，比如，“心即理”“致良知”“知行合一”“万物一体”等，那么是否可以用实验的形式和方法对这些命题或观念展开分析和研究呢？对于“心即理”，我们能否将“心”和“理”确定为具体的对象，再根据这种表述，A 是 B，即它们是一，那我们能否用实验的形式来阐明这个等式的意涵呢？而不仅仅是一种观念解释的价值？“致良知”也是如此，何为“致良知”？它究竟是怎样的意涵？我们生活中能否“致良知”？“致良知”场景与结果是怎样的？“知行合一”的意涵是什么？“知”与“行”的内涵又是什么？我们当然可以借助文字分析获得某种答案，但能否将“知行合一”移入现实生活中加以思考？考察“知”与“行”的变化及其结合的情形，也许这样才会对阳明的“知行合一”产生深刻的认识，并提出建设性、创新性观点。如果有这一层的研究，兴许阳明学研究真正可以深化，真正可以别开洞天，而不再停留在那种模棱两可、水准一如的争议中。因此，阳明学研究不能满足于概念上的愉悦，习惯于鸵鸟角色；更应该追问概念身后的真实图像，勇于做一名学术侦探；而要做到这点，或许只有请求实验帮忙。总之，阳明心学、阳明学研究欲在新时代焕发新的气象，首先是必须深挖义理，将阳明心学、阳明学的义理脉络清晰地整理出来，进而引用新的方法、新的视角、新的需求为阳明学研究提供广阔视域，再引入实验式研究以求索阳明心学、阳明学之真身。可以预见，这三方面研究的综合，或许能迎来阳明学研究新的“大清明境界”。本文集中李承贵教授的文章《展示阳明心学生命的三种视域》部分地涉及这个问题。

当今阳明学研究热火朝天而高歌猛进，然而其中的弊端也时有浮现，这些弊端已经给阳明学研究带来负面影响，不及时根除将遗害无穷。那么，当今阳明学研究中存在哪些需要重视并消除的弊端呢？一是神圣化神秘化。当今阳明学研究中，神化王阳明、神化阳明心学的现象逐渐泛滥开来。所谓“千古一遇的思想家”，所谓“历史上的最完美的男人”，所谓“孔子之后第一儒”，所谓“明朝一哥”，所谓“传奇的军事家”，所谓“一盏永远不灭的心灯”，所谓“千古绝学”，所谓“拯救人类的伟大智慧”，所谓“二十一世纪是阳明心学的世纪”，……不一而足。事实上，神化思想家、神化领袖、神化理论或学说，是中国文化的一个传统，《论语》中对孔子的神化，《中庸》中对尧舜文武的神化，中国人似乎不造神心里就不踏实。但神化王阳明、神化阳明心学可是有百害而无一益！因为神化必然脱离实际、必然夸张、必然杜撰、必然造假。因而神化必然误导人们，从而妨碍人们对阳明学的了解，影响人们正常地学习阳明心学。本文集中钱明教授的《从“圣域”走向“神坛”的王阳明——中晚明神化王阳明的当代警示》对此给予了非常恰当且严厉的批评。二是娱乐化庸俗化。如果说神化王阳明、神化阳明学表现的是一种奴性，是一种盲从，是一种自卑，那么娱乐化、庸俗化王阳明、阳明心学表现的则是一种俗性，一种自我放逐。在“娱乐至死”的年代，王阳明“幸运地”成了某些人导演高雅娱乐的素材。本来嘛，王阳明生平事迹在年谱及其他文献中都有清楚的记载，个别悬案也很容易搞清楚。以这些原始材料为根据编剧电影、电视剧等影视作品，都是有利于阳明学宣传的善事，都对阳明心学的推广起到积极作用，但若是以娱乐化为终极考量，为了吸引眼球编造一串串离奇的故事，甚至对王阳明的身世、爱情、婚姻、为政、用兵、悟道等随意添枝加叶，“无所不用其极”地娱乐化，混淆视听，王阳明不仅不能在人民心中留下美好的印象，反而被抹黑形成负面影响。在庸俗化横行的时代，学术思想也深受其害。“心即理”“知行合一”“致良知”“万物一体”等命题都蕴有深刻的智慧，但似乎都存在被庸俗化的现象，这不能不令人忧虑。比如，将“心即理”理解为原则来自意识，二者无分你我，将“心外无物”理解为吞并客观世界的主观唯心论，将“知行合一”理解为观念中的知行关系，将“一念发动处便是行”理解为视动机或念头为实践，将“万物一体”理解为人与污秽之物为一，将“致良知”理解为替恶人、暴政、侵略者开脱，或理解为不学而知、不虑而能的先验之知，将“心学”理解为鼓吹闭门造车、向壁虚构的空疏之学。试问，还有比这些更使阳明学庸俗化的作为吗？而庸俗化不仅是对阳明的极不尊重，也是对阳明学的无知歪曲，其后果是欺骗读者、伤害阳明学。本文集中陈立胜教授的《阳明心学研究的自反性特征与时代性要求》对此有很棒的回应。三是功名化利禄化。阳明学成为显学的背景下，某些头脑灵光的商人或学者将其视为难得的商机。商人借助王阳明这块金光闪闪的招牌成立各式各样的阳明学研究或教学机构，网罗一些学者，以此诱惑那些对阳明学好奇的商人投资，引诱那些对阳明学好奇的民众报名学习。个别学者则将阳明学当作地方经济的名片，将阳明心学与公司生意结合起来，以阳明学的名义建造修行、养生等场所，热衷的却是经济利益，或者建设阳明书院之类，找人投资，开办有偿培训服务，收取大额费用。也有个别学者本来做的研究跟阳明学没有半点关系，当他发现讲讲阳明学很快名利双收时，便摇身一变成了阳明学专家。王阳明万万没有想到，由他万死千劫中悟出的学问竟然被现代某些人当成了摇钱树。然而，这种功名化利禄化于阳明学研究而言却是遗害无穷的。因为以功名利禄为目标，就会改变阳明学研究方向，就会减弱甚至取消阳明学研究的意义，就会使阳明学研究变味，玷污阳明名誉，败坏阳明心学。阳明说：“君子之学，为己之学也。为己故必克己，克己则无己。无己者，无我也。世之学者执其自私自利之心，而自任以为为己；漭焉人于隳堕断灭之中，而自任以为无我者，吾见亦多矣。呜呼！自以为有志圣人之学，乃堕于末世佛、老邪僻之见而弗觉，亦可哀也夫！”[《书王嘉秀请益卷》，《王阳明全集》（上），上海古籍出版社 1992 年，第 272 页］阳明的这段话不依然振聋发聩吗？本文集中宣炳三教授的《王阳明道德精神的两面性深考：道德君子和狂者胸次》即是对阳明心学超越性品质的发扬。四是枝叶末节化。阳明学研究虽然需要全面、具体、细致，甚至应该小题大作，但这并不意味着鸡毛蒜皮的小事都值得花心思去做，都值得兴师动众地去做。当今阳明学研究中，枝叶末节化现象也不为少见。比如，有学者醉心于王阳明哪一年开始掉头发问题的思考，有学者热衷于王阳明是不是帅哥问题的求索，有学者痴迷于王阳明的艳遇和婚史问题的探寻，有学者则对王阳明滞留贵州时间是两年还是三年的问题寝食难安，……虽然我们没有权力干涉他人的研究兴趣，也不能认为这些问题毫无研究价值，但这些鸡毛蒜皮的问题既不能改变阳明思想的性质，也不能增进研究的意义。而其消极面却不少：一是轻重不分，混淆主次。花大力气去考证学术价值不大甚至没有任何学术价值的问题，忽视那些重大或紧要的学术问题，必然导致阳明学研究中主次不分。二是成本浪费，消耗精力。我们每位研究者的生命都是有限的，应该将有限的生命和精力集中于有意义的事情上，而不应耗在那些微不足道的琐事奇闻上。三是玩物丧志。阳明本人就反对在枝叶末节上浪费功夫，他说：“言益详，道益晦，析理益精，学益支离无本，而事于外者益繁以难。”[《别湛甘泉序》，《王阳明全集》（上），第 230 页］因此，阳明学研究应尽可能选择那些有真正学术价值的工作也是十分重要的。本文集中罗高强教授的《关于阳明学历程的差因化评论及其原因》对此问题有所讨论。

“自我表达”是对阳明学研究的最高要求，学术不独立，思想不自由，阳明学研究是难有真正成就的。如今是国人强调理论自信、文化自信的时代，相应的表现就是呼吁中国文化的本位建设、中国学术的话语权、拒绝做他人思想的附庸等。那么，阳明学研究中如何表达这种立场与精神呢？首先是不能将阳明学委身于人而粘贴在某种学说或理论上。我们不幸地发现，当下的阳明学研究中有一种“抱大腿”现象，就是指研究阳明学某种观念或思想，不是为了阐发和宣扬阳明学自身，也不是阐发和宣扬研究者的思考和主张，而是为了论证某种学说或理论的无比伟大和正确。阳明学只是为了印证某种学说或理论而活着，成了一种工具。阳明学的价值与精神不是因为自己的内容而显发，而是因为成了某种学说或理论正确的证据而偷生。阳明学研究完全丧失了独立自主性，而这种现象与当下国人呼吁学术主体性建立的主张显然是不合拍的。因此，阳明学研究不能巴望着靠贴上某种思想或理论的标签而使自己上位，也不能企图以证明某种思想或理论的无比正确来显示自己的高贵，更不能用矮化自己的方式衬托某种思想或理论的伟大，阳明学研究中必须是阳明学自己出场，必须有独立的论述和表达，将自己的理念与精神彰显出来。其次是不能将阳明学与“低俗的意见”混在一起。当下阳明学研究中，“低俗的意见”满天飞，阳明学就是风水学、阳明学就是策略说、阳明学就是成功学、阳明学就是禅学、阳明学就是主观唯心主义、阳明学就是神秘主义、阳明学就是空疏之学、阳明学就是祸国殃民之学等等。阳明学或许不能算是史上最高贵的学问，但显然也不会如此的低俗，将阳明学与这些“低俗的意见”为伍，不仅是对阳明学的误解，也是对阳明学的不尊不敬。而混阳明学与“低俗的意见”为一，不仅会导致人们无法辨别阳明学的真伪正邪，而且会导致人们将阳明学视为无足轻重的学说。因此，阳明学研究应该注意区分有效意见与无效意见，注意区分有学术意义的观点与粗俗的主张，不应让阳明学与那些“低俗的意见”为伍，从而凸显阳明心学、阳明学的独特性和价值性。阳明说：“世之儒者，各就其一偏之见，而又饰之以比拟仿像之功，文之以章句假借之训，其为习熟既足以自信，而条目又足以自安，此其所以诳己诳人，终身没溺而不悟焉耳！”[《寄邹谦之四》，《王阳明全集》（上），第206页] 醉心词章、追逐文饰、盲目自信、好标异说而固执己见，正是阳明所不耻的行径。三是不能与“高级的哲学”无原则地秀恩爱。我们知道，阳明熟稔佛老，可以说其心学底处深深地刻上了佛老的印记，但他并没有沉溺其中，而是超越之而挺立自己的思想，阳明还是那个阳明，但却是更好的阳明，更好的阳明心学。但在当今的阳明学研究中，由于个别研究者酷爱“高级的哲学”而又没有及时消化，阳明学被他们包装在漂亮的神秘的外衣中，词藻华丽，名词孤僻，思辨玄妙，阳明学如堕富丽堂皇的迷宫，进去不易，出来尤难。同行不能悟其道，民众不能明其说。此非阳明所谓“后世良知之学不明，天下之人用其私智以相比轧，是以人各有心，而偏琐僻陋之见，狡伪阴邪之术，至于不可胜说”［《传习录上》，《王阳明全集》（上），第80页］乎？如果我们的阳明学研究不能使阳明的精神与思想更清楚地呈现，不能使人们更明白地读懂与轻松地接受阳明思想，反而遮蔽了阳明思想，甚至偏离了阳明心学精神，成了人们理解阳明学的“天堑”，使人们离阳明学本貌越来越远，那么这种阳明学研究意义何在呢？我们不应在摆脱了唯心主义、唯物主义纠缠后又陷于另一种“玄学的”纠缠。概言之，阳明学研究如果就是为了论证某种理论或学说的伟大和正确，就是喜欢与“低俗的意见”打成一片而拥抱取暖，就是乐意追求“高级的哲学”时尚面孔，那么，在这样的阳明学研究中，非但不能获得阳明心学的真谛，也不能获得阳明学的本貌，更谈不上传播、弘扬阳明学的精神。因此，阳明学研究中的自我表达就是阳明学的生命，它需要所有阳明学研究者的坚守与弘扬。

总之，幸运地进入新时代的阳明学研究，应该积极地普及阳明学文化和常识，应该努力地深化阳明学理论的思考与研究，应该义无反顾地消灭阳明学研究中的片面与弊端，应该坚守精神上的独立与思想上的自由，唯有如此，阳明学研究才能真正传承与弘扬阳明心学精神，才能真正光大阳明学，我们才能对阳明学研究寄一份善良的期许，也才能不辜负千年难遇的新时代！让我们以《阳明学研究新论》第3辑的隆重出版共勉！

李承贵

2018年1月18日

于南京仙林道场

第一篇　当代阳明学研究回顾与反省

王阳明心学的多重向度

杨国荣*

王阳明的心学现在似乎逐渐成为显学。这种现象有其积极的方面，它表明作为传统思想重要形态的心学正在受到愈来愈多的关注，后者既彰显了王阳明心学本身的价值，也意味着它对社会可能产生多方面的影响。

关于王阳明的心学，至少涉及两个方面。一是从学理的层面对王阳明思想加以探讨，另一是注重王阳明心学的社会传播。研究体现了学术的进路，传播则更多地关乎王阳明心学对社会的影响，这两者在关注方式上具有不同侧重。

从理论研究这一方面看，首先需要对阳明学本身的深层意义作进一步的考察。阳明学的一些主要概念、命题一般都耳熟能详，但这并不意味着这些概念、命题之后所隐藏的深层理论意义也已完全被把握。历史上一些哲学家的思想——特别是像王阳明这样具有创造性特点的思想家的思想，往往隐含着比较深厚、有待进一步阐释的内涵，与之相联系，今天对阳明思想在学理层面的研究，依然需要进一步深化和推进。

具体而言，王阳明心学的研究趋向大致可以概括为两个方面：一是从历史角度考察王阳明的思想，对其文献的形成、流传以及思想的产生与发展作历史性梳理和考查。二是从理论层面对其思想进行新的解读，并进一步揭示王阳明哲学思想在解决当代思想和社会问题方面可能提供怎样的启示。时下的研究往往侧重于使用分析哲学、现象学等研究方法对王阳明哲学加以论析，但理解王阳明哲学思想的重要之点似乎并不在于刻意地运用

* ［作者简介］杨国荣（1957—），男，浙江诸暨人，长江学者，华东师范大学教授。主要研究方向：中国哲学、伦理学、形而上学、中西哲学比较研究。

某种所谓新方法，而在于考察其具有内在生命力的思想意蕴以及可能提供的理论资源。

事实上，王阳明所提出的那些核心概念，如良知、致良知、本体、工夫、知行合一、万物一体，等等，都包含深层的思想意涵，这些意涵值得我们进一步探究。以“本体”这一概念而言，其最一般的含义包括两方面：其一为“性相近，习相远”意义上的“性”，即人之后天发展的最原初的可能性；其二为人的内在精神结构或意识结构，这种意识结构本身又为工夫的展开提供了出发点。作为工夫的根据和出发点，后一意义上的本体既从“如何”的层面为工夫提供了引导，又从“应当”的层面为工夫提供了动力；前者表现为本体中的规范意识，后者则展现为本体中的责任意识。本体中的规范意识关乎工夫“如何”展开，即“如何做”；本体中的责任意识则涉及应当选择“何种”工夫，即“应当做什么”，后一关切往往又进一步转化为行为的动机，推动行为的发生。与责任意识相涉的动机、理由，既关乎外在理由（普遍原则），也关乎内在理由（普遍原则的内化）。现代西方哲学在行动理由方面区分所谓内在主义和外在主义，在“本体”的层面上，行动的内在之维和外在之维则呈现相互融合的形态，它表明，心学的“本体”概念在今天看来依然有其重要的意义。

从更宽泛的视域看，王阳明思想的特点展开于不同方面。在形上之维，心学的特点不在于提供一种思辨的宇宙论系统，而是侧重于意义世界的建构，亦即以意义世界及其形成过程为指向。这意味着对世界理解的注重之点，开始由“外部世界存在与否”转向“这一世界对人而言具有怎样的意义”。对人来说，被人所理解的世界才是对人有意义的世界，在人的“知”和“行”领域以外的世界往往表现为本然之物或思辨的对象。从心物关系看，王阳明关注的是进入人的意识领域这一广义上的意义世界。这种意义世界不同于形而上的超验世界：它不是超然于人的存在，而是首先形成并展开于主体的意识活动之中，并与人自身的存在息息相关。王阳明将存在的考察限定于意义世界，与程朱从宇宙论的角度及理气的逻辑关系上对存在作思辨的构造，确乎表现了不同的思路。

作为一个过程，意义世界的形成并不是一种凭空的构造。在程朱理学中，宇宙的生成会演化往往表现为理的逻辑在先或太极—阴阳—五行—万物之类的单向决定。相对于此，意义世界的建构则展示了不同的特点。王阳明在谈到山中之花时，曾认为："你未看此花时，此花与汝心同归于寂。"这里的"同归于寂"很值得注意。就意义世界的建构而言，心固然为作用的主体，而意义世界则是其作用的结果，但心体本身的意向活动亦离不开对象；无心体对象诚然无从进入意义世界，但无对象，心体的作用也无从展开：当二者未相遇时，便只能同归于寂。事实上，化本然的存在为意义世界中的存在，改变的主要是对象的存在方式，而这种改变，本身亦要以对象某种意义上的"自在"为前提。从这一角度看，心体的作用对外部世界也具有某种依存性。

如何在日常行为中为善去恶，这是王阳明心学所关心的问题之一。在王阳明那里，这一问题的进一步追问，便引向了格外在之物与诚自我之意的关系。程朱以穷理（把握天下之理）为入手处，其中多少蕴含着知识优先的思路。相形之下，王阳明关注的首先是如何诚自我之意。在解释格物致知时，王阳明便对程朱提出了批评。格物致知本来是早期儒家的经典《大学》提出的，宋明时期，哲学家们对此作了种种的解释和发挥。朱熹往往把格物理解为格外在之物，在王阳明看来，天下之物无穷无尽，如何去格？即使格了天下之物，又怎样反过来"诚得自家意"？所谓诚自家意，也就是成就德性，与之相对的格天下之物，则更多地表现为成就知识；成就德性旨在履行当然之则，成就知识则以把握事实为目标。按王阳明的理解，成就知识与成就德性是两个不同的序列，知识的积累并不能担保德性的完成，所谓"纵格得草木来，如何反来诚得自家意"，便以反问的形式突出了二者的逻辑距离。在此，问题的关键不在于如何穷尽天下之理，而是如何由成就知识到成就德性（诚自己之意）。

对王阳明而言，从知善到行善的前提是化知识为德性，而这一过程同时意味着通过身体力行的道德实践使良知由知识层面的理性成为自我的真实存在。作为实有诸己的德性，良知构成了主体真正的自我，这种表现为本真之我的良知已超越了知善知恶的理性分辨，而与人的存在融为一体。它不仅包含对当然的明觉，而且具有行当然的意向；知善，则同时好之如好好色，知恶，则恶之如恶恶臭，行善止恶皆自不容已。所以如此，是因为知恶与好恶"皆是发于真心"。在真实的德性中，知善与行善已成为同一个我的相关方面。

今天，在道德行为的理解上，同样不能仅注重外在的道德规范，也不能仅强调对道德行为的理性认知，而是需要同时关注人的内在德性。德性除了包含理性认识，如对规范的理解、对人与人关系的理解、对善的理解，等等，还包含兼涉人的意愿，即人如何选择实施某种道德行为或接受某种道德理想，同时，也关乎人在情感上对道德行为的自然接受。在这方面，王阳明的心学显然提供了值得注意的思路。

在知行关系上，王阳明的心学注重知行合一。这一视域中知与行的合一并不表现为静态的同一，而是展开为一个动态的转化过程。它以先天良知的预设为出发点，通过后天的实际践履（行），最后指向明觉形态的良知。作为出发点的良知虽然具有先天的普遍必然性，但却尚未取得现实的理性意识的形式，作为终点的明觉之知固然仍以良知为内容，但这种良知已扬弃了自在性而获得了自觉的品格。知行合一的如上过程可以简要地概括为：知（本然形态的良知）—行（实际践履）—知（明觉形态的良知）。

王阳明常以主意与工夫来概括知与行的关系："知是行的主意，行是知的功夫；知是行之始，行是知之成。若会得时，只说一个知，已自有行在，只说一个行，已自有知在。"行要以知来范导（行以知为主意），知则需通过行而获得自我实现（知以行为工夫），二者相互依存，无法分离：行在其展开中已包含了知的规范，知的存在则已蕴含了走向行的要求，知与行在此表现为一种逻辑上的统一。

王阳明所论的知行合一，同时涉及知的推行问题。在践行过程中体认良知，是领悟于内；在践行中推行良知，则是作用于外，后者蕴含着实现社会人伦理性化的要求。用王阳明的话来说，也就是"致吾心良知之天理于事事物物，则事事物物皆得其理矣。"此所谓事事物物，主要指人伦秩序，在事亲从兄等道德实践中，一方面，主体对良知越来越获得一种亲切感与认同感，良知亦相应地不断由本然之知化为主体的自觉意识；另一方面，良知通过践行而逐渐外化（对象化）于人伦关系，道德秩序由此而趋于理性化并变得合乎道德理想（事事物物皆得其理）。道德理性的自觉与道德理想的实现统一于致知过程，而这一过程又展开为知与行的互动。

从人的存在看，王阳明的心学表现为对个体意识、个体自主性和个体独立性等等的关注，心学之基于心体，也与之相关。但同时，不能忽视心学的另一重要特点，即言心而又及理：它注重心，但并没有忽视理，所谓心即理，便体现了心与理的以上统一，作为心学核心概念的良知，本身亦表现为心与理的融合。这一思维趋向与程朱有所不同：程朱注重理，但常常遗忘心，注重理而遗忘心的逻辑结果之一，便是强调普遍规范的外在强制，而个体的意愿及个体的自主性，则不免被忽视。以此为背景，可以进一步理解王阳明心学的重要意义。

由于解读者的视角和兴趣不同，心学的研究常常指向不同领域。当然，理解王阳明的哲学思想需要一种开放的视野。这种开放的视野不仅体现于“史思结合”，即在历史背景和文献的基础上进行创造性的理论思考，实现历史与理论的统一，而且落实于“学无中西”，即摒弃中西哲学截然分界的立场，以更开阔的视野将西方哲学相关领域的哲学思考纳入考察的背景。

在学术研究方面，当阳明学逐渐成为显学之时，需要更为关注对阳明心学的具体分析。一般而言，在某种学术成为显学之后，对其内容往往容易流于普遍的赞扬或抽象的肯定，甚至会引向某种意义上的理论“翻案”。以往一段时间中，王阳明心学曾受到种种批判，现在重新肯定王阳明的思想，则容易走向另外一个极端，即：说好则一切皆好。从思想史的研究来看，“翻案”往往具有表层、肤浅的性质，真正有意义的研究在于分析思想史中的相关概念、命题在哲学史以及世界哲学视域中的独特意蕴。

前面提及，心学在今天涉及两个方面，即理论研究与社会传播。前面所谈较多地与理论研究相关，从传播这个层面说，通俗化可能是一个必要的途径。但在通俗化的同时，需要避免庸俗化，避免类似戏说这一类的进路，因为这样无助于大众对王阳明心学的真切了解。简要而言，庸俗化的实质在于迎合世俗趋向，通俗化则旨在推进时代精神的提升。如何找到一种比较合适的方式，让阳明思想的内在精神和现代社会的历史需要结合起来，使之成为既在一般层面能够加以理解，又具有正面引导意义的思想资源，这是值得进一步思考的问题。

从“圣域”走向“神坛”的王阳明

——中晚明神化王阳明的当代警示

钱　明*

王阳明在世时，其弟子们便称其为“全人”“完人”，并反复向世人说明：阳明学确为圣学无疑。他们虽未明言阳明是圣人，但其实已相距不远。如并不把阳明学放到宋元以来的理学脉络来理解，而是以阳明直接承接孔圣的传，直接与孔门嫡传弟子颜、曾等人并列。凭借阳明的卓越事功及完人形象，其去世后，曾出现“宦辙所经，无不尸祝，祠宇几遍天下”① 的惊人现象。后来他的门人后学又竭尽全力对其进行圣化，如罗大纮称其为百世之师，耿定向则模仿《史记·孔子世家》的体例而作《新建侯文成王先生世家》，把阳明与孔子、王门与孔门等量齐观。与民间圣化运动同步进行的，还有官方层面为其恢复名誉直至入祀孔庙所做的种种努力，最后终于达到了使阳明的圣人地位获得最高统治者认可的目的。入清后，阳明又被冠以“三不朽”桂冠，成了中国历史上数一数二的大圣人。

实事求是地说，“三不朽”的桂冠对于阳明来说是名至实归的，其进入“圣域”也是理所应当的。但问题是：中晚明社会在为阳明恢复名誉并将其圣化的同时，还不必要地对其进行了“神化”乃至“仙化”，而将其移入“神坛”。

---

* ［作者简介］钱明（1956—），男，浙江杭州人，浙江社会科学院研究员，绍兴文理学院越文化研究院“鉴湖”讲座教授，绍兴王阳明研究院副院长。主要研究方向：阳明学、东亚思想史。

① 周汝登：《呈上文移》，《阳明先生祠志》卷上，1614 年（明万历四十二年）本。

中晚明社会对阳明的神化过程，除了其门人后学在雅文化领域所进行的理论塑造外，主要还是通过绘画、戏剧、小说等俗文化的形式来完成的，并且主要利用了中国传统的道家道教资源。而阳明的门人后学利用道家道教资源对先师所进行的神化，又与阳明本人根深蒂固的道家道教情结有密切关系。最后的结果，竟使阳明有了“真人”“神主”的形象特征，成了“阳儒阴道”的道士，进而使之由儒家心学大师变为被非主流社会顶礼膜拜的“三教合一”的“道祖”①。②

应该说，来自理论层面对阳明的神格化是最先进行的，而深受道教影响的王门理论家王畿为其主要代表。王畿曾记载了这样一则与阳明之间的对话：“尝问阳明先师：‘人称用兵如神，何术以致之？’师云：‘我无秘术，但平生自信者良知，凡应机对敌，只此一点灵明，神感神应，一毫不为生死利害所动。所以发机慎密，敌不知其所从来。在我原是本分行持，世人误以为神尔。’”③ 说阳明用兵如神，这是实情，将其作为神化阳明的素材，亦可能源自于草根阶层，后来的明清小说也的确是通过英雄化的手段来塑造阳明的神人形象的。对此，阳明并未予以直接否认，他否认的是所谓宗教“秘术”，而强调的是良知本体。问题是良知在阳明那里被赋予了灵明而神秘的色彩，有了良知，也就有了神秘的光环。而阳明的神格化就是从良知的神格化开始的。王畿正是顺着阳明的这一思路，才把良知描述成太虚幻境一般的：“（阳明）尝于静中内照形躯，如水晶宫，忘己忘物，忘天忘地，与空虚同体，光耀神奇，恍惚变幻，似欲言而忘其所以言，乃真境象也。”④ 而当时有关阳明在军中四十天不睡觉等许多怪异的行事方式，也大都与王畿所倾心的道教调息法有密切关联：“王遵岩问龙溪：‘先师阳明在军中，四十日未尝睡，有诸？’龙溪（王畿）曰：‘然，此原是圣学，古人有息无睡。’”⑤ 就这样，王畿把阳明逐步塑造成了水火不入的“神人”：“先师已造位神人，焚之火而心不与俱焚，溺之水而心

---

① 《颜钧集》，黄宣民编，中国社会科学出版社 1996 年版，第 1—26 页。

② 颜钧声称：“道祖阳明阐揭良知。”

③ 《王畿集》，吴震编校，凤凰出版社 2007 年版，第 302 页。

④ 同上。

⑤ 陈弘绪：《寒夜录：卷上》，《豫章丛书·子部二》，江西教育出版社 2002 年版，第 194 页。

不与俱溺者也。”[①]

除了王畿，其他阳明弟子则既有为神化阳明起过推波助澜作用，如程文德曾把阳明与北极真武、东岳圣帝、浙省城隍等道教神人一起置于“将台感应碑”中，以图利用阳明的神武气象为抵御倭寇侵扰保驾护航：“凡临战者，咸若神凭，勇悍百倍，茫然不知所以也。”[②] 也有针对有关阳明的种种神异传说而表示过严重不满的，如欧阳德在答薛侃的信中曾专门就《阳明年谱》初稿提出过修订意见，称：“种种神异，似可删去。无已，则别为纪异录乎！然圣人所不语者，何为割舍不得也?”[③] 在欧阳德看来，这些有关阳明的神异记录纯属“怪力乱神”，孔子不语，理当割弃。

被文字塑造的神格化阳明形象，还几乎同时被再现于带有非凡面相和神奇特质的阳明画像上，使得在绘画作品中对阳明进行形象包装和神格塑造成为当时以及而后的重要选项。关于这一点，可以从最早为阳明画像的弟子蔡世新那里得到佐证。阳明高足邹守益曾在《重宿通天岩写侍游先师像谢少壑山人》诗中对蔡世新为阳明画像的事做过如下描述：“通天岩头披云游，亹亹英俊同冥搜。阳明仙翁提心印，挥霍八极与神谋。笑呼蔡子写生绡，元精淋漓烟雾浮。……恍然置我仙翁侧，老笔不减顾虎头。古来千圣皆过影，聚散生死溟海沤。灵光一脉亘宇宙，陟降上帝君不信？写真何如识真真，脱屣锱尘娱丹邱。”[④] 画匠蔡世新所追求的仙道旨趣和阳明身上所隐含的根深蒂固的道教情结，加上明代文人画家素有把道教审美法则带入绘画的习惯，使得蔡世新在为阳明画像时，会不由自主地画出其“元精淋漓”“脱屣锱尘”“挥霍八极”的仙翁神韵，这无疑大大加速了阳明被神格化的过程及其神人形象普及于民间的进度。

蔡世新为阳明画像，在邹守益看来好像是在“元精淋漓烟雾浮”中进行的，然其所画对象是否真的如同仙翁，则因蔡氏所画阳明像已失传，

① 伍袁萃：《林居漫录》卷五，《清代禁毁书丛刊》第1辑，台湾伟文图书出版社1977年版，第549—560页。

② 程文德：《督抚阮公南田将台感应碑记》，《程文德集》卷十一，程朱昌等编校，上海古籍出版社2012年版，第138页。

③ 《欧阳德集》，陈永革编校整理，凤凰出版社2007年版，第69页。

④ 《邹守益集（下）》，董平编校，凤凰出版社2007年版，第1233页。

不好妄加揣测，估计有被邹氏诗意化的成分存在。不过，若联想到阳明曾命蔡世新绘吕（洞宾）仙图一事，则推测蔡氏其人与道教有较密切的关系，则是顺理成章的。有这样的人为阳明画像，无怪连儒家立场坚定的邹守益看后也会神魂颠倒，如入烟雾浮云中了。而事实上，邹氏的这首画像诗也的确为蔡世新所画的阳明像做了极好的广告，促使后来欲为阳明画像者，都会有意无意地照着蔡氏的理念运笔而行。这恐怕也是阳明形象越来越走向“仙翁化”的重要因素。

阳明去世后，其为官讲学过的地方，当地民众出于感念阳明施恩泽彼的情感需求，纷纷绘其画像悬挂于祠庙中，每逢生辰，则焚香祝祷。而这些画像，不是临摹蔡世新的，就是模仿佛道塑像，从而使阳明形象更加出神入化，其宗教性意味亦更趋凸显。当时甚至有人透过民间信仰的占卜方法“扶乩”来拜阳明为师，且因阳明入梦而作其画像。如“陈春嘘名昶，阳湖人，入籍大兴，中式顺天乡试，出为浙江知县，历署桐乡、秀水、余姚诸县事，皆有惠政。在余姚时，有仙坛一所，相传阳明先生尝降此坛。春嘘素不信，为驳诘数事，乩中俱能辨雪，乃大服，请受业为弟子。一日早起，忽见阳明先生现形，修髯伟貌，高冠玉立，而面如削瓜，遂下拜，已不见矣。因手摹一像，凛凛然有生气。余尝见之，虽老画师不及也。”①可以想见，随着阳明“三不朽”地位的确立，这类名人降乩的事件应不罕见，而明清士人也常参与这类降乩活动，所以，类似陈春嘘因降乩入梦而作阳明画像，不必是清以后才有。② 但这类事件在清以后似乎更常见于笔记小说，似也象征了阳明画像由圣域走向神坛的某种轨迹。

阳明被神化的过程，同时也是其被戏剧化的过程。阳明早年有过两次修炼经历，一次是以“真人”“真儒”为目的的铁柱宫修炼，一次是以“仙人”为目的的阳明洞修炼。他所结识的道友中，多为介于“真人”与“隐儒”之间的“真儒”，而非道教式的“仙人”，故而，这两次修炼留给阳明的更多的是近于老庄式的“真人”气象。后来民间社会对阳明的造神运动，大都冲着忠孝节义、社会伦常而去，所塑造的阳明形象亦以

---

① 钱泳：《耆旧·春嘘叔讷两明府》，《履园丛话》卷六，张伟点校，中华书局1979年版，第167页。

② 张艺曦：《心学家画像在明代的流行及其作用——以阳明画像为主的讨论》，《思想史》2014年第3期。

“真儒”“真人”形象为主，这与阳明本人的修炼目的或自我定位不无关系。阳明曾自称“阳明真人”，其弟子董沄说：“先须认得无位真人即良知也，即是心也。无位者不执著也。”① 此“真人”实为儒释道三教共同认可的形象，故此，当时的民间社会对阳明大都是选择神化而非仙化。比较而言，神是超自然的天上的执政者，仙则是超脱尘世、有神通变化、长生不老之人；由天而人的是神，由人而天的是仙；神多为先天的，而仙多为后天的。在当时的崇拜者看来，阳明的聪明才智和人格力量是先天的超自然的，而其肉体的长生不老，对他们来说却并不重要。这样一来，阳明洞的求仙型修炼不为后人念叨，而铁柱宫的求真型修炼倒被后人反复渲染演绎，也就理所当然了。

铁柱宫属于净明道，许逊（即许真君）是净明道的道祖。被高度理学化、心学化的净明道尝以强调忠孝节义而著称，所以用阳明比附许逊，进而达到神化阳明的目的，遂成为中晚明戏剧创作中的一个有趣题材。阳明弟子董穀的《碧里后集·杂存》中，辑有多篇阳明与道士相往来或把阳明比附为道士的逸闻轶事，其中的《斩蛟》篇，甚至借用范信之言，以王阳明灭朱宸濠之乱比附许逊铁柱镇蛟的故事。② 这段遗闻后被山阳道人编撰的南戏《王阳明平逆记》所采用，从而使阳明的形象进一步神格化。该剧不仅形象地描述了许真君对阳明的点化并向其传授擒拿朱宸濠之计谋，而且还把王阳明塑造成一个地地道道的神仙道士。

徐渭的《南词叙录》中记有南戏《王阳明平逆记》一目，据清姚燮《今乐考证》，为何焯补录。该戏说的是阳明平定朱宸濠反叛的故事，其中是否有关于许真君的情节，因书已遗而不详。后来出现了成书于明正德十五年后根据《王阳明平逆记》改编的《宁王》本，嗣后，在各青阳腔选集中，诸如《尧天乐》《乐府菁华》《大明天下春》《乐府玉树英》等，都标出了《护国记·点化阳明》或《阳春记·点化阳明》一目。班友书在论述这出戏的衍化过程时说过：“《许真君点化》，明青阳腔刊本《尧天乐》列为《阳春记》单出。原戏系演宁王朱宸濠反叛之事，作于万历年间，事出《明史》。但这出戏却反写出王阳明本欲依附宁王过渡时，许真

① 《徐爱·钱德洪·董沄集》，钱明编校，凤凰出版社2007年版，第253页。

② 董穀：《碧里后集·杂存》，1565年（明嘉靖四十四年）本。

君变为舟子将他点醒，目的在于说明王阳明平定宁王之叛，乃是神的意旨，成为道教的宣传剧。许真君事迹，在江西流传很久，弋阳腔有连台本戏《铁柱传》，南昌有许真君子祠。这出《点化》戏是否出自明初（按：应为明中）南戏《王阳明平逆记》？笔者估计可能是弋阳腔艺人的创造，后为青阳腔所吸收。都湖高腔亦有此戏，名《真君摆渡》。”①

实际上，被净明道奉为道祖的许逊是位典型的儒家，而净明道功过格中所强调的亦是周济行旅、修桥铺路、济生利民的儒家之行善积德和忠孝践履，元初道士刘玉正是基于这些史传，创造出了儒道结合的净明道派，并最终确立了许逊的神仙崇拜地位。到了明代，有关许真君的仙名道迹，尤其是他在南昌铸铁柱以镇蛟螭之害的故事，曾广为世人传诵。董穀和山阳道人试图以许真君斩蛟故事为题材来塑造阳明的神仙形象，除了阳明本人的仙道色彩和传奇经历以及明清传奇文艺之需要，更主要的可能还在于他们神化阳明的目的。

除了把王阳明与许逊相比附，在董穀的著述中还记叙了不少阳明崇尚道教、主张三教归一的逸闻轶事，如《处台梦》里有这样一则轶事，就很能说明阳明的道教志趣：“阳明先生在赣州都府，军令甚严，宿卫之士无敢偶语离次者。一夕于中夜，卫士忽见府门洞开，有一道流自外至，长髯蕉扇，俨如洞宾。一童子执纱灯，前导以入，门复闭。久之开门，（阳明）送出长揖。别去甚速，不知所之。见者惊愕，门如故。无明遂相传言，自守巡以下，皆知之。已而守巡入揖，先生遂自言梦纯阳真人来访。吾问：‘如何谓之仙？’彼曰：‘非儒之至者不足以称真仙。’吾又问：‘如何谓之儒？’曰：‘非仙之至者不足以言真儒。’良久别去，守巡乃敢言夜来卫士所见。始知纯阳之果至也。”②

同样，在明代小说中阳明的形象也有被神格化或“三教化”的倾向，冯梦龙撰写的《皇明大儒王阳明先生出身靖乱录》可视为其中的代表作。该书系冯梦龙《三教偶拈》的第一卷，据“东吴畸人七乐生”（冯梦龙别号）《三教偶拈序》云：“是三教者，互讥而莫能相废。吾谓：得其意，

---

① 班友书：《读〈礼节传簿〉》，《中华戏曲》第10辑，山西人民出版社1991年版，第194页。

② 董穀：《碧里后集·杂存》，1565年（明嘉靖四十四年）本。

皆可以治世，而袭其迹，皆不免于误世。……于释教，吾得其慈悲；于道教，吾得其清净；于儒教，吾得其平实。所谓得其意，皆可以治世者，此也。偶阅《王文成公年谱》，窃叹谓：文事武备，儒家第一流人物，暇日演为小传，使天下之学儒者，知学问必如文成，方为有用。因思向有济颠、旌阳小说，合一而三教备焉。夫释如济颠、道如旌阳，儒者未或过之，又安得以此而废也。"①

序中提到的济颠小说即《济颠罗汉净慈寺显圣记》，旌阳小说即《许真君旌阳宫斩蛟传》，把《王阳明出身靖乱录》与济颠、旌阳小说合编在一起，不仅是因为冯氏本人倾心三教合一，而且还因为他把阳明也看成三教合一论的主要倡导者，阳明事迹与济颠、旌阳的传奇有诸多相似处，把三个奇人合为一体，既可增加阳明故事的传奇色彩，又可与戏曲中用阳明比附许逊的做法相配合。

与明代不同的是，清代文学作品中阳明形象的神格化，主要是通过去思想化突英雄化的手法来完成的，这可以乾隆四十六年蒋士铨的《采樵图传奇》和道光十二年何梦梅的《大明正德皇游江南传》为例说明之。蒋士铨的《采樵图传奇》以理学名臣娄琼之女娄妃为主人公，所塑造的阳明形象，突出武功而回避思想。而何梦梅的《大明正德皇游江南传》甚至连阳明的龙场悟道都不提，通篇只讲王阳明如何平定朱宸濠之乱。如果说冯梦龙塑造阳明形象时尚以"文事武备"为双主线，那么到了蒋士铨、何梦梅时，便把"文事"略去，而只强调"武备"，而且在他们眼里，阳明的"文"已非思想家的"文"，而是谋略家的"文"，用何梦梅的话说，就是"武有孙武之蒋略，文有诸葛之奇谋"②，这实际上反映了清代的阳明学观。因为清初以朱子学为正统，阳明的地位要想保留，只能强调其"武备"，况且这也符合满族尚武文化的个性。与理论层面及绘画作品对阳明的神化有所不同的是，文学戏曲作品中阳明事迹较为突出武功武备，而有意无意地回避了阳明作为思想家的一面。阳明形象由文武双全的文臣儒士变成为单纯的英雄武将，可以说是与神化阳明的过程同步进行的。换言之，阳明的神人形象乃是神格化和英雄化双向互动的结果。

---

① 《冯梦龙全集》第30册，魏同贤主编，上海古籍出版社1993年版，第1页。

② 永冨青地：《王守仁著作の文獻学的研究》，汲古书院2007年版，第479页。

当下中国社会所出现的王阳明热，有其特定的时代背景和政治因素。学术界一方面需要主动参与和引导，另一方面也需要保持冷静和理性。我们除了要深刻反思阳明被污名化和丑化的历史，还得认真汲取其被神格化的教训，唯如此，才能避免阳明学被去思想化或宗教化的后果。

展示阳明心学生命的三种视域

李承贵*

不经意之间，阳明心学成了当今人文社科界最火爆的学问，不管男女老少，不管识字的不识字的，都能秀一把阳明的平叛故事，都能炫一番阳明的良知学说。猛然间，阳明心学专家犹如雨后春笋，令我们好不惊喜！然而，在这种鼓噪、喧嚣的氛围中，阳明心学研究似乎需要注入一份理性，以防止阳明心学研究偏离正确的轨道，以推动阳明心学研究健康深入地开展，从而为把握阳明心学的精神、实现阳明心学的价值创造条件。笔者不揣谫陋，略述几点以抛砖引玉。

一　贯通的视域

所谓贯通的视域，就是指在阳明心学研究实践中，对与被研究的阳明心学某个概念或命题相关的所有要素做系统的考察分析，进而做贯通性理解，以确定某个概念或命题的意涵。不过，当下阳明心学研究似乎还存在片面的、孤立的理解现象，从而不能准确把握某个概念或命题的真正意涵。比如，阳明关于《六经》的理解，有"《六经》者，吾心之记籍也，而《六经》之实，则具于吾心"[①] 的表述。那么，此表述中"心"是什么意涵呢？考之以往的理解不外这么几种：第一种，主观意志或主体精

* ［作者简介］李承贵（1964—），男，江西万年人，南京大学博士生导师、教授、博士。主要研究方向：中国哲学。

① 王阳明：《稽山书院尊经阁记》，《王阳明全集》，吴光、钱明、董平等编校，上海古籍出版社 1995 年版，第 255 页。

神，进而批评其可能引发主观随意性；第二种，主观唯心主义思想，“唯我主义”哲学；第三种，可以容纳宇宙万物的主观意识或内心。概言之，以往的理解倾向于将“心”等同于主观意志或主体精神，且有将主观意志或主体精神绝对化的倾向。这应该是被学界普遍接受的一种理解。那么，这种理解是否把握了“心”的真正涵义呢？这就需要借助贯通的视域。首先，由求学问道的目标看。阳明说：“夫君子之论学，要在得之于心。众皆以为是，苟求之心而未会焉，未敢以为是也；众皆以为非，苟求之心而有契焉，未敢以为非也。”[①] 就是说，一门学问的是非不能以人多为依据，而要以“心”为准绳，“心”乃是非的绝对标准。这就意味着“心”在性质上是至善的，故只能是“道心”。而“道”就在《六经》中，阳明说：“世之学者，不知求《六经》之实于吾心，而徒考索于影响之间，牵制于文义之末，硁硁然以为是《六经》矣。”[②] 因而从《六经》中实现求学问道的目标，就是寻求那个“道心”。其次，由《六经》的功用看。阳明说：“圣人述《六经》，只是要正人心。只是要存天理，去人欲。”[③] 既然《六经》的目标只是正人心、存天理，那就意味着《六经》对于“道”而言只是工具或载体。阳明在《五经臆说序》中说得更为明白：“《五经》，圣人之学具焉。然自其已闻者而言之，其于道也，亦筌与糟粕耳。窃尝怪夫世之儒者求鱼于筌，而谓糟粕之为醪也。夫谓糟粕之为醪，犹近也，糟粕之中而醪存。求鱼于筌，则筌与鱼远矣。”[④]《六经》好比“筌”或“糟粕”，只是获得“鱼”或“醪”的手段，因而若是有人沉湎于“筌”或“糟粕”，自然是不能抓住《六经》的精神无功而返。可见，《六经》所记载者只能是“道心”，所谓“万理由来吾具足，《六

---

① 王阳明：《答徐成之二》，《王阳明全集》，吴光、钱明、董平等编校，上海古籍出版社 1995 年版，第 808—809 页。

② 王阳明：《稽山书院尊经阁记》，《王阳明全集》，吴光、钱明、董平等编校，上海古籍出版社 1995 年版，第 255 页。

③ 王阳明：《传习录（上）》，《王阳明全集》，吴光、钱明、董平等编校，上海古籍出版社 1995 年版，第 9 页。

④ 王阳明：《五经臆说序》，《王阳明全集》，吴光、钱明、董平等编校，上海古籍出版社 1995 年版，第 876 页。

经》原只是阶梯"[1]。其三，由对"道心"与"人心"的区分看。阳明说："心一也。未杂于人谓之道心，杂以人伪谓之人心。人心之得其正者即道心，道心之失其正者即人心：初非有二心也。"[2] 阳明既然将"心"区分为"道心"与"人心"，那么，他希望《六经》是"人心"的记籍？还是"道心"的记籍呢？答案不言而喻。阳明说："道心也者，率性之谓也，人心则伪矣。不杂于人伪，率是道心而发之于用也，以言其情则为喜怒哀乐；以言其事则为中节之和，为三千三百经曲之礼；以言其伦则为父子之亲、君臣之义、夫妇之别、长幼之序、朋友之信；而三才之道尽此矣。"[3] 在这里，阳明判了"人心"的死刑，只有"道心"才能发用于情、发用于事、发用于伦，并使情正、事美、伦和，无需辩说，《六经》所记载者自是"道心"。其四，由心学义理脉络看。象山曾说："六经皆我注脚。"（《陆九渊集（卷三十四）·语录（上）》）这个"我"就是本心。为什么？因为"心"就是"公心""公理""理乃天下之公理，心乃天下之同心"（《陆九渊集（卷十五）·与唐司法》）。因为"心"就是先圣之"心"："昔之圣贤先得我心之所同然者耳"（《陆九渊集（卷一）·与侄孙浚》）。因为"心"就是天下人共有之"心"："心只是一个心，某之心，吾友之心，上而千百载圣贤之心，下而千百载复有一圣贤，其心亦只如此"（《陆九渊集（卷三十五）·语录（下）》）。天下人共有的"心"只能是"道心"，因为"人心"千姿百态。陆九渊的弟子杨简说："《易》《诗》《书》《礼》《乐》《春秋》，其文则六，其道则一。……人心本正，起而为意而后昏，不起不昏，直而达之，则《关雎》求淑女以事君子，本心也；《鹊巢》昏礼天地之大义，本心也；……由是心而品节焉，《礼》也；其和乐，《乐》也；得失吉凶，《易》也；是非，《春秋》也；达之于政事，《书》也。"（《诗解序》，《慈湖先生遗书》卷一）可见，贯通《六经》者就是"道"，就是"本心"。因而沉湎于《六经》而

---

① 王阳明：《外集二·林汝桓以二诗寄次韵为别》，《王阳明全集》，吴光、钱明、董平等编校，上海古籍出版社1995年版，第786页。

② 王阳明：《传习录（上）》，《王阳明全集》，吴光、钱明、董平等编校，上海古籍出版社1995年版，第7页。

③ 王阳明：《万松书院记》，《王阳明全集》，吴光、钱明、董平等编校，上海古籍出版社1995年版，第253页。

不悟其中的“道”，则与圣学本旨背道而驰。可见，“心”在杨简心学中也是“道心”或“本心”。王阳明完全继承了陆九渊、杨简的这一思想，因而才有“《六经》者非他，吾心之常道也”① 之说。因此，从心学义理脉络看，言《六经》所记为“道心”乃心学之正脉。最后，由“心”在阳明心学体系的性质看。“良知”“天理”“心”俱是阳明心学体系中的核心范畴，那么，它们是怎样的关系呢？阳明说：“心者，天地万物之主也。”② 这个作为万物之主的“心”又有怎样的内涵呢？阳明说：“夫心之本体，即天理也，天理之昭明灵觉，所谓良知也。”③ 又说：“道心者，良知之谓也。”④ 这些表述说明，作为本体的“心”既是“天理”，也是“良知”，是绝对的善，当然也是“道心”。概言之，无论是从求学问道的目标，还是从经书的功用；无论是从“人心”“道心”的区分，还是从心学的义理脉络；抑或从心学体系中的核心观念等角度判断，阳明所谓“《六经》皆吾心之记籍”之“心”唯“道心”能胜任，因而绝不可将此“心”理解为知识论意义上的主观意志或主体精神，更不能理解为唯心主义或唯我主义。亦唯如此，我们才触摸到了阳明心学在《六经》与“心”关系的真实意图，而这得益于贯通的视域。

二　怀疑的视域

所谓怀疑的视域，就是指在阳明心学研究实践中，对所有概念、命题和观念都必须持有怀疑的心理、反省的态度和批判的精神，既要疑其所有，也要疑其所无。然而，考之当下阳明心学研究，充斥耳目的是对王阳明及其心学肉麻的赞美，所谓千年不遇的哲学家，所谓孔子之后第一人，所谓综罗百代的人物，所谓中国历史上的文化巨人，等等。应该说，正

---

① 王阳明：《稽山书院尊经阁记》，《王阳明全集》，吴光、钱明、董平等编校，上海古籍出版社 1995 年版，第 254 页。

② 王阳明：《答季明德》，《王阳明全集》，吴光、钱明、董平等编校，上海古籍出版社 1995 年版，第 214 页。

③ 王阳明：《答舒国用》，《王阳明全集》，吴光、钱明、董平等编校，上海古籍出版社 1995 年版，第 190 页。

④ 王阳明：《传习录（中）》，《王阳明全集》，吴光、钱明、董平等编校，上海古籍出版社 1995 年版，第 52 页。

面、积极地评价王阳明及其心学未尝不可，但作为学术研究的对象，不能一味地唱赞歌，甚至不能一味地顺势而为、投其所好地研究，而应该有逆向的思维、检讨的态度、批判的勇气和更新的智慧。因为只有这样，才能将阳明心学的真实生命呈现出来，才能完整地理解阳明心学，也才能充实阳明心学的生命。兹举例论之。阳明说："良知只是个是非之心：是非只是个好恶，只好恶就尽了是非，只是非就尽了万事万变。"① 对于这段话，先后出现过一些精彩的解释，如牟宗三解释说："这是把孟子所说的'是非之心智也，羞恶之心义也'两者合一而收于良知上讲，一起是良知的表现。良知底是非之智就是其羞恶之义。阳明说'好恶'就是孟子所说'羞恶'。是非是道德上的是非，不是我们现在所熟知的认知上的是非，因此，它就是羞恶上，或好恶上义不义的是非。故是非与好恶其义一。"② 儒家在情、理关系上的主导性观念是亲情优先于公理，公理服从亲情，正确不正确以亲情为标准，因此，儒家所谓"是非"（道德理性）必须服从于"好恶"（道德情感），由道德情感作最后的裁决。《论语》中著名的"父子互隐"即是典型的案例。从这个意义说，牟宗三的理解是符合儒家关于道德理性与道德情感关系的原旨的，他是顺着儒家关于情理关系基本主张的理路进行解释，也可说是精深的解释和发扬。与牟宗三的解释不同，沈善洪的解释似乎有些意外。他解释说："'是非只是个好恶'，这是王阳明的解释。我们知道，'是非'是属于认识论的范畴，指人们的某一判断是否合乎实际，或合乎某种原则，'合则是，不合则非'。而'好恶'即'善恶'，则是伦理学的范畴，表明人们应该如何，不应该如何。因此，这两者性质是不同的。……王阳明把'是非'等同于'好恶'，也就是用伦理学上的原则，取代了认识论上的原则。"③ 在沈善洪看来，"是非"是认知论范畴，"好恶"是伦理学范畴，将"是非"归为"好恶"，就是用伦理学原则取代认识论原则。显然，沈善洪的理解不仅跳出了儒家的传统，也跳出了阳明讨论是非、好恶的语境，从而对阳明的"是非只是个好恶"命题提出了批评。必须明确，沈善洪的理解与阳明的本意是

① 王阳明：《传习录（下）》，《王阳明全集》，吴光、钱明、董平等编校，上海古籍出版社1995年版，第110页。

② 牟宗三：《从陆象山到刘蕺山》，上海古籍出版社2001年版，第153页。

③ 沈善洪、王凤贤：《王阳明哲学研究》，浙江人民出版社1981年版，第72页。

有距离的，因为阳明的“是非”也是伦理范畴而不是知识范畴，但他表现出的怀疑精神和挑战勇气则是难能可贵的，虽然这种怀疑精神与挑战勇气是受马克思主义哲学所主导的。那么，怎样理解此命题才能将阳明心学中“是非”与“善恶”关系的主张加以推进呢？才能为充实阳明心学的生命开辟新的方向呢？由于阳明是在道德范围内表达“是非只是个好恶”的，因而我们也应该在道德范围内讨论“是非”与“好恶”的关系。首先，道德领域中的“是非”与“好恶”存在性质上的差异。在伦理学中，道德理性是指人类在生活实践中形成的对道德的自觉意识，这种自觉意识表现为道德主体分析道德情境，进行道德推理，确立自己的行为准则的理性能力。道德情感则是指人们根据自己所掌握的道德规范对社会现象的真假、美丑、善恶表现出的喜怒、哀乐、爱憎、好恶的情绪情感体验。就是说，道德理性形成的要素有人类生活实践、主体的自觉意识、分析与推理能力等，这些要素表明道德理性具有客观、理性、公理的特点，而道德情感是根椐道德规范或道德标准对社会现象的善恶表现出来的情感体验，因而道德情感具有主观、感性、亲情的特点。可见，道德理性与道德情感在性质上是有差别的。依此检讨阳明“是非只是个好恶”的命题，不仅混淆了道德理性与道德感性、客观与主观、公理与亲情，而且将道德本体（良知）间接地归为道德情感，虽然这一规定注意到了道德理性与道德情感的统一性，注意到了道德情感对于道德理性的积极意义，但也埋下了道德本体主观化的隐患，使“良知”的庄严性、敬畏性处于随时可能遭到摧毁的不安全状态。因此，必须对这个命题的消极面给予关切。其次，“道德是非”优先于“道德好恶”。如上所述，既然道德情感是指人们根据道德规范对社会现象的善恶表现出的喜好或厌恶的情感体验，这就意味着道德情感是建立在道德理性基础之上的，即没有道德理性，就不会有道德情感，道德情感是因道德理性判断或结论而产生的好恶情绪。比如：人们之所以厌恶某家乳制企业，不是无缘无故的，而是因为这家乳企生产的乳制品被检验出含有毒素且对人体产生了伤害，即对这家乳企的“是非”进行了道德上的判断，才会引发人们不满、厌恶（好恶）的情绪。这就是说，道德上的“好恶”判断也是需要客观根据的，这个客观根据就是“是非”。因此，阳明言“是非只是个好恶之心，只好恶就尽了是非”是非常不严谨的。因为这意味着将客观的“是非之理”归于主观的“好恶之情”，意味着将客观的是非判断让位于主观的好恶取舍。若依此，人们对乳企的喜好与憎恶并不需要以对乳企产品检测的结果为根据（是非），而这是非常荒唐的。因此，在道德伦理领域，仍然必须坚持“是非之心”为先，“好恶之心”为后，以防止“用情感代替理性、用主观代替客观、用亲情代替公理”的现象发生。其三，归“是非”为“好恶”必导致严重的后果。道德上的“是非”与“好恶”不仅是性质上不同，不仅是先后次序不同，更重要的是混淆了这两个“不同”，将导致严重后果。事实上，“情”“理”不分是阳明心学中的一个“盲区”，阳明说：“除了人情事变，则无事矣。喜怒哀乐，非人情乎？自视、听、言、动，以至富贵、贫贱、患难、死生皆事变也。事变亦只在人情里，其要只在‘致中和’，‘致中和’只在‘谨独’。”① 在阳明看来，天下一切都可归于“人情”，而“人情”只需要“谨独”，即依靠修行工夫处理。但这个观点遭到了王夫之批评。王夫之说：“喜怒哀乐之情虽无自质，而其几甚速亦甚盛。故非性授以节，则才本形而下之器，蠢不敌灵，静不胜动，且听命于情以为作为辍，为功为取，而大爽乎其受型于性之良能。”②“情”的特点神速且炽热，若不以“理性”节制，任其为所欲为，最终必丧失“理性”的范导。因此，“愚于此尽破先儒之说，不贱气以孤性，而使性托于虚；不宠情以配性，而使性失其节”③。就是说，“宠情以配性，而使性失节”必导致听任自然情感的泛滥，进而是非不分、颠倒黑白。换言之，“是非”是客观的事实，“好恶”是主观的情感，若以“好恶之心”代替“是非之心”，“是非”就成了主观的、随意的、无法控制的，人人一好恶，人人一是非，最终的结果必是“是非”的消失，是“公理”的无助，是社会秩序、生活秩序的混乱。最后，怀疑的视域以寻找阳明心学成长的方向。对于阳明的思想，我们当然要抱有万分的敬意，也可顺着其学问的价值理路进行诠释以丰富发展之。但正如孟子所说：“尽信书不如无书。”（《孟子·尽心下》）亦如象山所说：“为学患无疑，疑则有进，小疑则小进，大疑则大进。”（《陆九渊集（卷三十五）·语录

---

① 王阳明：《传习录（上）》，《王阳明全集》，吴光、钱明、董平等编校，上海古籍出版社1995年版，第15页。

② 《船山全书》第6册，岳麓书社1998年版，第1067页。

③ 同上书，第1068页。

(下)》)这在提醒我们:先贤们并不希望阐释其思想的人都循规蹈矩、安分守已、墨守成规,而是希望有怀疑的精神和创新的勇气,能够在他们思想中寻找突破口,开出新的方向。阳明本人即是活生生的范例,他质疑孔子,也挑战朱子,才建造起一座新的儒学高峰——心学。而我们对阳明“是非只是个好恶,只好恶就尽了是非”命题的怀疑是否有助于阳明心学的增弘呢?答案或许是可以商榷的。但我们的怀疑意味着必须区分道德理性与道德情感,必须肯定道德理性对于道德情感的优先地位,必须重建道德理性与道德情感的正确关系,必须明确理性、客观、公理是感性、主观、亲情的前提,不能以主观的“好恶”取代客观的“是非”,从而提示阳明心学在“是非与好恶关系”主张上的推进方向。因此,我们可引船山的话以自勉:“窃自意可不倍于圣贤,虽或加以好异之罪,不敢辞也。”①

三 实践的视域

所谓实践的视域,就是指在阳明心学研究实践中,以实践的视野学习、研究阳明心学,关注社会现实,勇于批评不合理现状,发展阳明心学并落实阳明心学的价值。然而,当下阳明心学研究似乎存在与实践视域不太相符的现象:一则沉湎于文献的考证与整理;二则满足于概念或命题层面的逻辑推演;三则陶醉于编造剧情戏说阳明。概言之,当下阳明心学研究大多满足于阳明心学的“知”而忽视阳明心学的“行”,仅仅停留于学术层面的梳理、理论层面的建构、思想层面的辩论,特别是沉迷于理论上的鼓动与喧嚣,而言及社会现实问题则冷漠以对。那么,这是阳明心学的精神么?这能呈现活泼的阳明心学么?能充实阳明心学的生命么?答案是否定的。不仅不能,反而会禁锢与伤害阳明心学。为什么?第一,阳明心学来源于社会现实。阳明心学由诸多命题、主张和观念组成,但任何主张或观念都源于社会现实。如“知行合一”源于这样的社会现实:“‘知行合一’之说,专为近世学者分知行为两事,必欲先用知之之功而后行,遂致终身不行,故不得已而为此补偏救弊之言。学者不能著体履,而又牵

---

① 《船山全书》第6册,岳麓书社1998年版,第1068页。

制缠绕于言语之间，愈失而愈远矣。”① 因为生活中有学者将知行分离为两事，最终不去践行。再如，“致良知”源于这样的社会现实：“呜呼！良知之学不明于天下，几百年矣。世之学者，蔽于见闻习染，莫知天理之在吾心，而无假于外也。皆舍近求远，舍易求难，纷纭交骛，以私智相高，客气相竞，日陷于禽兽夷狄而不知。间有独觉其非而略知反求其本源者，则又群相诟笑，斥为异学。”② 因为生活中有人不知道“良知”在心中，舍近求远到“心”外求“良知”。可见，阳明心学的主张或观念，无不来自对社会现状的关注与思考。其二，阳明心学注重身体力行。王阳明不仅是思想家、理论家，更是实践家，他倡导身体力行。阳明说：“夫学、问、思、辨、行，皆所以为学，未有学而不行者也。如言学孝，则必服劳奉养，躬行孝道，然后谓之学。岂徒悬空口耳讲说，而遂可以谓之学孝乎？学射，则必张弓挟矢，引满中的；学书，则必伸纸执笔，操觚染翰；尽天下之学，无有不行而可以言学者。”③ 所谓“孝”，就是服劳奉养，没有服劳奉养，观念上说得再漂亮又有什么用？如对当时风行天下的朱子“格物”说，为了验证这个命题的可信性，阳明决定亲自体验一番，他对着庭院里的竹子“格”了七天七夜，其所“格”出的就是那著名的“天下本无物可格，万物万事都在心中”的道理。再如，阳明在平定江西等地的叛乱之后，日夜思考如何改善民风以减少“乱民”的数量。所谓：“先生谓民风不善，由于教化未明。今幸盗贼稍平，民困渐息，一应移风易俗之事，虽未能尽举，姑且就其浅近易行者，开导训诲。即行告谕，发南、赣所属各县父老子弟，互相诫勉，兴立社学，延师教子，歌诗习礼。出入街衢，官长至，俱叉手拱立。先生或赞赏训诱之。”④ 阳明不仅亲自主导制定乡约，而且亲自考察实行效果。可见，崇尚身体力行确是阳明心学的内在特质。其三，阳明心学注重学问的现实价值。阳明不反对读书，

---

① 王阳明：《与道通书四》，《王阳明全集》，吴光、钱明、董平等编校，上海古籍出版社1995年版，第1207页。

② 王阳明：《祭国子助教薛尚哲文·传习录（中）》，《王阳明全集》，吴光、钱明、董平等编校，上海古籍出版社1995年版，第958页。

③ 王阳明：《传习录（中）》，《王阳明全集》，吴光、钱明、董平等编校，上海古籍出版社1995年版，第45页。

④ 《年谱一》，《王阳明全集》，吴光、钱明、董平等编校，上海古籍出版社1995年版，第1252页。

但批评沉溺于经书、词章，认为学问的生命不在经书中，而在生活实践中。他说："嗟乎！吾侪今日之讲学，将求异其说于人邪？亦求同其学于人邪？将求以善而胜人邪？亦求以善而养人邪？知行合一之学，吾侪但口说耳，何尝知行合一邪！推寻所自，则如不肖者为罪尤重。盖在平时，徒以口舌讲解，而未尝体诸其身，名浮于实，行不掩言，己未尝实致其知，而谓昔人致知之说未有尽。"① 就是说，讲学的目的既不是追求与别人的不同，也不是追求与别人的一致；既不是追求以"善"胜过他人，也不是追求以"善"滋养他人；如果只停留在口头上或书本上，那一切都是空话，当然也不能说是"知行合一"了，更不能说是"致知"了。因此阳明批评道："人有习心，不教他在良知上实用为善去恶功夫，只去悬空想个本体，一切事为俱不著实，不过养成一个虚寂。此个病痛不是小小，不可不早说破。"② "良知"的生命就在于践行，否则就是华而不实，就是空寂虚幻。最后，阳明心学以现实关怀为使命。经书上对生活的描述大多是美好诱人的，但真实情况并不一定如此，阳明提醒自己不能轻信经书上的美丽叙述，不能被经书上的描述遮蔽眼睛，而要面对现实。阳明说："世衰俗降，友朋中虽平日最所爱敬者，亦多改头换面，持两端之说，以希俗取容，意思殊为衰飒可悯。"③ 阳奉阴违，彼此算计，低俗取宠。这是"朋友"的现实。阳明说："世之学者，如入百戏之场，欢谑跳踉，骋奇斗巧，献笑争妍者，四面而竞出，前瞻后盼，应接不遑，而耳目眩瞀，精神恍惑，日夜遨游淹息其间，如病狂丧心之人，莫自知其家业之所归。时君世主亦皆昏迷颠倒于其说，而终身从事于无用之虚文，莫自知其所谓。间有觉其空疏谬妄、支离牵滞而卓然自奋、欲以见诸行事之实者，极其所抵，亦不过为富强功利、五霸之事业而止。"④ 社会好比巨大戏场，学者们个个欢笑戏谑、跛扈逞强、搬弄新奇、投机取巧、卖容取悦、竞相

① 王阳明：《与陆元静二》，《王阳明全集》，吴光、钱明、董平等编校，上海古籍出版社1995年版，第188页。

② 王阳明：《传习录（下）》，《王阳明全集》，吴光、钱明、董平等编校，上海古籍出版社1995年版，第118页。

③ 王阳明：《与黄宗贤五》，《王阳明全集》，吴光、钱明、董平等编校，上海古籍出版社1995年版，第151页。

④ 王阳明：《传习录（上）》，《王阳明全集》，吴光、钱明、董平等编校，上海古籍出版社1995年版，第56页。

逞美，奔走四方而应接不暇，以日夜遨游淹息其间为荣，即使头昏目眩、精神恍惑也在所不惜，至于其本来的家业早已忘到九霄云外了。这是“学者”的现实。阳明说：“后世大患，全是士夫以虚文相诳，略不知有诚心实意。流积成风，虽有忠信之质，亦且迷溺其间，不自知觉。是故以之为子，则非孝；以之为臣，则非忠。流毒扇祸，生民之乱，尚未知所抵极。”① 弄虚作假，相互欺骗，沉溺其中而不觉，为子而不孝，为臣而不忠，导致天下大乱。可见，阳明的思考“弹无虚发”，其对社会现实忧心之重、关怀之切是极罕见的，这就是阳明心学的生命写照！既然阳明心学来自对现实问题的思考、注重身体力行、追求现实价值的落实、关注社会现状，那么，如果我们的阳明心学研究缺失这些特质，能呼应阳明心学的生命么？能体现阳明心学的精神么？

概言之，贯通的视域可以把握阳明心学的真义，怀疑的视域可以推动阳明心学的更新，实践的视域可以实现阳明心学的价值。其理论性精要表述则是：其一，阳明心学有着自身的义理脉络，这个义理脉络由诸多的概念、命题组成，每个概念或命题都是阳明心学生命的构成要素，因而正确理解某个概念或命题，即是对阳明心学生命的把握。但由于概念或命题生成怎样的意涵取决于阳明心学的义理脉络，因而需要从这个义理脉络中去寻找和确定它们的意涵，只有这样，才可能触摸到被理解概念或命题的真义，也即能够把握住此概念或命题的生命。而这正是贯通的视域所能完成的工作。因此，我们若希望准确把握阳明心学的真义（生命）所在，就必须引入贯通的视域。其二，阳明心学只是中国思想史众多学说的一种，任何思想学说都是有限的，阳明心学不能例外。阳明心学对于宇宙万物的理解，对于人间世事的认知，对于生命的觉悟，都不可能完美无缺，此正是阳明心学生命的真实反映，这就意味着不能因为阳明心学的富丽而宠坏耳目，不能因为阳明心学的高远而迷惑心灵，而应该持一怀疑态度。阳明心学丰富了孔子儒学、发展了朱子理学，但阳明心学也损益了孔子儒学、批判了朱子理学，即阳明心学正是在对孔子、朱子的怀疑中寻找到思想的夯实之路。这就意味着对阳明心学研究不能一味地夸赞、肉麻地吹捧，也

① 王阳明：《寄邹谦之三》，《王阳明全集》，吴光、钱明、董平等编校，上海古籍出版社1995年版，第205页。

不应只有顺从的研究，而应该有逆向的思维和怀疑的眼光，从阳明心学中寻找向前推进的契机，探索需要充实的内容，从而使阳明心学的生命得以健康成长。因此，我们若希望增弘阳明心学的生命，就必须引入怀疑的视域。其三，阳明心学最大特质就是实行。阳明心学来自对残酷现实的思考，强调身体力行，注重学问的现实价值，以现实关怀为使命，质言之，阳明心学的生命可归为一个“行”字。因此，阳明心学研究不可以沉湎文献考证为限，不可以概念逻辑推演为乐，更不可以编造剧情戏说阳明为事，因为这些行为都无法体现阳明心学精神。只有以实践的视域为研究路径才能接通阳明心学生命，才能激活阳明心学精神。因为实践的视域不仅可以帮助我们分析和掌握阳明心学的成因、特质和优长，而且可以促使阳明心学付诸实践以实现价值，尤其可以帮助我们发现阳明心学中的问题以更新之、发展之。因此，阳明心学如欲落实自身的价值，如欲展示自己思想的风采，如欲不断充实自己的生命，如欲净化我们这个“不能再坏的时代”，实践的视域是阳明心学研究中的不二选项。

阳明心学研究的自反性特征与时代性要求

陈立胜*

这是阳明学研究最好的一个时代，阳明文集、阳明后学的文集陆续得到整理出版，阳明思想、阳明后学思想的研究日趋深入，视野日趋开阔，阳明学俨然成为中国哲学研究的“显学”。

这是阳明学研究最坏的时代，坊间流行的阳明学著述，“鱼龙混杂”四字已不足以形容其万一。阳明心学成为心灵鸡汤的代名词，而作为“商标”持有人王阳明得到不断“升格”：从“历史上，能够做到立德立功立言仅有的两个半人中的一个”（另外一个是诸葛亮、半个是曾国藩），到“中国历史中仅有的两个立德、立功、立言圣人之一”，到“中国历史上唯一没有争议的立德、立功、立言三不朽圣人”，到“中国历史上罕见的‘全能大儒’，为立德立功立言三不朽圣人之一”，到“2000 年来，首次实现功德言三不朽的第一牛人，坚持独立人格，成就狂者胸次，活出圣人气象神一样的男人”，阳明从中国历史之中的两个半之一、到两个之一，到唯一，最后终于熬成了“神一样的男人”。这个“全能的”“神一样的男人”所炮制的心灵鸡汤自会有“最神奇的”妙用：“真正读懂了阳明心学，相当于你勤读三年书，或在红尘中经历五年，或在深山老林中修炼十年，你会发现所有的事情变得顺利，没有任何事情再能干扰你”，不，没有“最神奇”，只有更神奇：“读透心学，胜于寒窗苦读十年书”。这哪里是心灵鸡汤？这分明就是现代法术，这不，就有人说“王阳明内圣外王的九九方略”乃“天下第一法术”，它是“修炼强大自我的秘密武

* ［作者简介］陈立胜（1965—），男，山东莱阳人，中山大学教授、博士生导师、博士。主要研究方向：儒家哲学、宗教现象学。

器”，是“为官、为师、为人的智慧结晶”，是“中国人的成功学”，“修炼强大内心，看透世道人心，战胜人生险阻，破解成功王道，尽在阳明心学智慧”。是的，现实太浮躁，还好，阳明心学是“浮躁现实中最后的心灵解药”；世道太险恶，不怕，作为“蒋介石第一枕边书”的《传习录》会传授给你“世道人心的潜规则”，它是“控制心理，改变一切的神奇智慧”，“读懂了阳明心学，没有人能伤害你，没有任何问题能困扰你。”不啻如此，王阳明还是“哲人王”，据说，“中日两国的差距就在于一个王阳明”！日本人采用阳明学，才有了明治维新，才开创了一个“新的时代”。他是“毛泽东 & 蒋介石两大对立面共奉的心灵导师；曾国藩 & 梁启超守旧、维新派共推的心学大师；孙中山 & 东乡平八郎中日军神共同的战略导师”。阳明不仅承载着现代人的成功之梦，而且也承载着一个民族、一个国家的复兴之梦。“吃透王阳明”“慢品王阳明”，看到这些“如饥似渴”的书名，不知阳明复生，会否感到有些“凶猛”。不要认为这只是出版商为了吸引眼球而制作的“噱头”，实际上，它恰恰折射出我们这个“心学凶猛”的时代的某些“病症”，这是一个个人追求“成功”、国家追求“强大”而“无所不用其极”的时代。

在这样一个时代之中，阳明学研究必须要有清醒的意识，这是阳明学研究的自反性的内在要求。

这种自反性不同于社会科学的自反性（reflectivity）。社会科学的自反性通常是指其研究过程与结论本身跟所研究之对象有一内在的相关性：人们对社会的看法，并不只是对这个社会的描述，而且它本身就介入到其所描述的社会之中，从而改变着这个社会。例如：管理学之中的霍桑实验，哈佛的研究者通过车间照明度、工人休息时间长短等等的调整，来观察工作条件与生产效率的关系，结果颇为出乎意料，工作条件无论怎么变化，生产效率总是在提高。原来参与实验的工人意识到自己成为关注的对象，结果工作积极性空前高涨。又如选举文化之中的民意调查现象，每次民调信息固然反映了选民的倾向，但同时又会改变选民的倾向。所以民调很容易成为操纵选举的工具。这种社会科学的自反性强调的是研究主体对研究对象的影响，而我这里所说的阳明学研究的自反性特征则强调研究对象对研究主体的影响，在此意义上说，这是一种“逆向的自反性”。这种特殊意义上的自反性是阳明学自身的特殊性质决定的。

如所周知，儒学是生命的学问，是修身的学问，是为己之学，阳明致良知教尤其如此。其言说体系在根本上是一套生存论性质的言说系统，是一“言语行为”（speech act）之系统，即教人如何改变自我，进而如何改变社会的话语系统。它的根本旨趣不在于解释世界，而在于改变世界，而改变世界的开始就是从改变自我开始。西方文艺复兴时期一位著名的人文主义学者米兰多拉（Giovanni Pico della Mirandola）曾将人比拟为雕塑家，人生则是一块未经雕琢的大理石，这块大理石虽然有着自己的质地与纹路，但它成为什么，则取决于雕塑家自己的创造。他还说上帝在创世的活动中，其他的作品都是完完全全造好了，只有人这个作品尚未完成，上帝把这件作品的创作权留给了人自身。儒家讲修身就如同雕塑家雕琢、修饰大理石。实际上，“修”字在儒家最初的经典中，本来就是外向性的技艺活动，如《诗经》中所说“修尔车马”“修我戈矛”“修我矛戟”“修我甲兵”，“修”并不用在人身上，而是用在车马、城池等战争装备与工事上面。修理、维修、修整、修饰，都是一种外在化的技艺活动，它旨在让器物（武器）恢复到它本来的状态，即发挥它作为器物应该起到的功能。而到《论语》及其后的《孟子》《荀子》，“修己”“修身”“修心”成为一种非常内化的过程。身心成为“修炼”的对象，这不再是对一客观的、现成的材料加工，而是对一个有待成长、有待成就的生命对象的加工。更为重要的是，我们在雕琢大理石时，这个大理石并不能“意识”到它自己被雕琢，而我们在“雕琢”自家身心时，我们自身能够强烈地感受到这种“雕琢”，在修身活动之中，施动者与受动者是同一个生命体。雕塑家可以用手指点着大理石的纹路、材质让学艺的弟子知道如何下手，而修身所涉“精”“气”“神”“性”“情”“才”诸如此类的“生命材质”术语，却不是摆在“明处”的“现成的”东西。通常“说明白”就是让人“看明白”，说某个东西最直接与有效的方式就是把某个东西摆到“明处”、放在“现场”，让人注意到它，这叫“揭蔽”。而阳明心学所论之“良知”则只能靠听者、读者自己摆到其“明处”与“现场”，这个“明处”与“现场”不过是由阳明良知话语而“唤起”听者、读者本人的“良知”的“振动”与“共鸣”而已。这也就意味着真正理解阳明之良知论，最终必是自行体验到良知之力量，这个自行体验到良知之力量的方式即是“悟”“信”“觉”“醒”，说到底是“自悟”“自信”“自觉”“自醒”。阳明致良知教的这种自身关涉性（self-reference）在根本上决定了关于它的言说系统乃是一种自反性的言说系统，即你要理解这套话语的意义，就必须置身于其中，为它所打动。一旦这套关于良知的言说“掌握”了我们，它就会产生“巨大的物质力量”，而必体现于实际的行动之中。要讲阳明心学的意义，首先就要求讲者本人在其生活之中“兑现”这种意义，不然，不仅是欺人，更是自欺。

这种“逆向的自反性”对阳明心学的研究者提出极高的“资格要求”。当我们试图理解这套话语系统时，我们不仅应该具备相应的文本解读的能力，具备丰富的人生阅历，而且亦应具备高度的精神领悟力与敏锐的感受力，我们的心灵只有上升到一定的高度才能理解阳明思想的高度。否则，难免陷入以升量石之尴尬，更难脱离黄宗羲所讥讽的“以意见掺和，说玄说妙，几同射覆”之窠臼。实际上，阳明生前即有此预感：“某于此良知之说从百死千难中得来，不得已与人一口说尽，只恐学者得之容易，把作一种光景玩弄，不实落用功，负此知耳”；并郑重告诫门弟子说：“近时同志亦已无不知有‘致良知’之说，然能于此实用功者绝少，皆缘见得良知未真，又将‘致’字看得太易了，是以多未有得力处。”“得之容易”“将‘致’字看得太易”即只是把阳明良知论当作一种名相把捉，而没有全身心浸润其中，如此，则难见得良知真面目。所谓“虚玄而荡，情识而肆”一类的王学之弊，阳明其实早有预见。

当今时代，“良知真面目”更加难辨，这倒不是因为儒学已成为“游魂”，现代人确实经历了一个吉登斯（A. Giddens）、查尔斯·泰勒等人所说的“巨大的脱域”（the Great Disembedding），从传统的血缘、情感和伦理团结为纽带的共同体抽身而出，而“再嵌入”（reembedding）一种权力、法律、制度的观念组织起来的现代社会与民族国家之中，但倘我们认定“个个心中有仲尼”，“良知”乃人人本具之“真己”，它就绝不会因时代变迁而失去其活力，一个“游荡的幽灵”不见得就没有生命力。良知真面目在当今时代变得难辨，根本原因在于这个时代乃是惟“成功”是瞻的时代，这跟古典的作为“成人”（“成仁”）之学的儒学气质形成鲜明反差，而成功的“代价”往往是良知真面目的迷失，是“自我”的泯灭。在市场社会要取得成功，首先要学会推销自我，要让自我受欢迎，要“成功地”出卖自己才行。今天很多成功的人士更热衷于“灵修”一类的活动，是不是与他们要找回那个为了成功而付出的代价有关系？在这样一个“不成功，毋宁死”的“喧哗与骚动”的时代中，“良知的呼声”越发微弱，讲阳明之良知教要比阳明那个时代越发困难。“良知”被“冒认”的风险增加了：“追求成功者”冒认“良知”作为施展身手的工具，“追求成功的受挫者”冒认“良知”获得心理上的安慰。“认欲作理”“认贼作子”“冒认良知”的现象在当今时代有了新的表现形式：

一是将心学“心灵鸡汤”化。“心灵鸡汤”（Chicken Soup for the Soul）是舶来语，它的创造者坎菲尔德（Jack Canfield）在美国是有名的励志演说家（motivational speaker），他还写过《成功原理》（*The Success Principles*：*How to Get From Where You Are to Where You Want to Be*）一类的畅销书。“心灵鸡汤”本来的用意是“励志”，是专门开给现代那些不安分守己、不甘于平庸的“成功教”的善男信女们的滋补药方。“对你的生活负全责”“决定你究竟想要什么”“相信一切皆有可能”“明白你想要的，得到你明白的”“愿意付出代价”“现在就行动”……，你只要记住诸如此类的成功学格律，那么，“成功就开始了，现在就动手吧！”（Success starts now，just do it）所以说“心灵鸡汤”的原意差不多是“打鸡血”的意思。然而，这种“成功教”的大补药传到中国，南橘北枳，蜕变为心灵的“镇定剂”（实际上是“麻醉剂”），心学据说就有这种让你的心灵始终保持“淡定”的“妙用”：“面对雾霾，尽量不让雾霾进到家里，打开空气净化器，尽量不让雾霾进到肺里；如果这都没用了，就只有凭自己的精神防护，不让雾霾进到心里。”阳明心学成为一种心理防御的盔甲，有了这副盔甲“任何人都伤害不到你，没有任何问题再能干扰你”。这不是心安，这是心死，是儒者最大的悲哀，“哀莫大于心死。”面对社会公义被践踏，面对社会底层作为“发展”的“代价”，面对自然与社会生态的危机，面对世道人心的沦丧，真正的儒者只能感到深深的“不安”，阳明说：“生民之困苦荼毒孰非疾痛之切于吾身者乎？”又说“见善不啻若己出，见恶不啻若己入，视民之饥溺，犹己之饥溺，而一夫不获，若己推而纳诸沟中”。阳明之致良知教乃是行动与担当的哲学，绝不是将一切社会问题、政治问题归结为个人的“心态”问题。阳明心学固然讲精神上的“定”（“定是心之本体”）、心灵上的“安”、心态上的“乐”，但“定”“安”“乐”乃是“一循天理”、尽心尽性、尽职尽责的一种生存体验，不是“躲进小楼成一统，管它冬夏与春秋”；不是对公共事务、对“人间世”高高挂起，一切皆“无所谓”；更“无所为”，这哪里还是什么心学？这简直就是丧心之学。面对雾霾，“良知”必有“拔本塞源”之问：是经济发展之误入歧途？是环境监察部门之失职？是政府管理之失策？是能源结构之失调？是企业伦理之丧失？是现代生活方式对自然无节制之掠夺、对未来无限制之透支？《人生第一等事：王阳明及其后学论致良知》的作者耿宁（Iso Kern）先生曾告诉我，他年轻的时候是汽车爱好一族，及读到汽车尾气对环境影响的报告后，便毅然决然地卖掉自己的私家车。我举这个例子，当然不是反对大家购买私家车，更不是说雾霾的罪魁祸首就是私家车，而是要说明阳明的致良知教乃是知行合一的行动哲学。面对生存的困境，需要的是真切的关心（仁）、全面的洞察（智）与积极的行动（勇），而不是通过一种心灵幻化的方式来“解决”问题。心学不是迷魂汤，更不是蒙汗药。靠躲进“心灵的家园”防护弥漫于真实家园的雾霾，这阿Q式的自卫与自慰本身就是一种“心灵的雾霾”——它让我们看不清真正的良知之所在。

一是将良知“权威主义”化。弗洛姆（E. Fromm）曾指出“良知”有两种，一种是人道主义的良知，一种是权威主义的良知。前者是对人性的肯定，是对每个人的内在价值的肯定与尊重，它与创造性、幸福感与自我肯定联系在一起，它不专属于某个国家、某个集团、某个阶级、某个时代。后者是弗洛伊德意义上“超我”内在化的“声音”，它与罪感、残酷性、破坏性、攻击性与控制欲联系在一起。几乎任何残忍或冷酷的行为都能被解释为受“良知”的指使。中世纪狂热的信徒基于“纯正的信仰”对异端的迫害，纳粹时期希特勒的信徒凭着对“元首”无条件的忠诚对犹太人的屠杀，“文革”时期红卫兵出于“革命觉悟”与“爱憎分明”的“是非之心”将自己的亲人、老师踹在地上再踏上一脚，都说明“良知”极易被冒认，“意识形态”极易冒充良知而肆虐人之心灵。离开对生命尊严的肯定、关爱与敬畏，“良知”很容易异化为冷冰冰的是非原则，成为暴力、宰制与占有的“崇高”理由，“康德”摇身一变成为“萨德”（Kant is Sade），“启蒙的辩证法”对此早已洞若观火。其实站在儒家立场，“权威主义良知”本身就是一自相矛盾的术语，良知之“良”即在于“先天本具”，“外在”权威之“内化”已是后天习染，是“无良”。阳明之“良知”在根本上是肯定每个生命体内在价值与尊严，其《大学问》开宗明义就说“大人者，以天地万物为一体者也。其视天下犹一家，中国犹一人焉。若夫间形骸而分尔我者，小人矣”。又分别以“怵惕恻隐之心”“不忍之心”“悯恤之心”与“顾惜之心”指点吾人与孺子、鸟兽、草木、瓦石之内在的关联，并认定这就是“天命之性”，这就是“明德”，这就是“一体之仁”，这就是“良知”（“自然灵昭不昧者”）。阳明一方面说良知就是“是非之心”，就是“好恶之心”，另一方面又反复致意说良知是真诚恻怛之心，无真诚恻怛即无良知。这种扎根于对每个生命体的感通与尊重的“良知”绝不应与世俗的权力、与某个特定时段封闭性的、排斥性的国家意识形态、信仰戒律混同在一起。恰恰相反，它是冲破意识形态的最后的希望！在举国丧失理智，被纳粹的“是非”洗脑之际，是对活生生的生命尊重、关爱的真诚恻怛之心让辛德勒勇敢地交出了一份“良知的名单”。这样的良知才是最高的道德权威的所在，才让阳明敢于喊出“不以孔子是非为是非”这样振聋发聩的时代最强音。在近代民族国家的建构之中，东亚诸国更需要这样以天下苍生为情怀的良知的引导，这样的良知不是工具，不是双刃剑，不是“中日战神”操纵民意的杀手锏。良知是民族主义走向狂热的一服清凉散，而不是大补丹。把明治维新的成功归结为“王阳明”，把中日的差距归结为一个“王阳明”，把东乡平八郎“一生俯首拜阳明”的腰牌作为“王阳明”的广告招牌，不管是否符合史实，对真正的王阳明来说都彻底是一种“不幸”！对这种“不幸”，阳明的弟子可能要负部分责任。《传习录》（下卷）中黄省曾所记苏秦、张仪“亦是窥见得良知妙用处，但用之于不善尔”一条，就受到刘蕺山、黄宗羲等人的强烈质疑，认为“失阳明之旨甚矣”。确实，良知本是最高价值，是内在价值，一切行动均是成全、实现此良知，岂有把“良知”作为工具用于“不善”之理？王阳明的哲学固然是行动哲学，但这个行动是心系天下的爱的行动，心学不是国家主义“忠孝一体”全民总动员的兴奋剂，更不是士兵临上战场之前的“壮行酒”。

儒学是“内圣外王”之学，“内圣”是自我转化，“外王”是转化世界。阳明之致良知即是在这个世界之中、在事事物物之中致良知。要转化这个世界既要首先转化自身，又要真实地了解这个世界，在某种程度上还要“适应”与“跟上”这个世界。但是“适应”与“跟上”世界不是与这个世界“妥协”，更不是以“良知”作为妥协的条件。“内圣”不是逃避进内心，只求耳根清净——那是道德冷漠症；“外王”也不是非理性的鼓噪与行动，曲学阿世一味为时代背书——那是伪良知的狂热主义。从儒学沦为一种游魂的哀叹到只有儒学才能救世界的亢奋，儒学似乎迎来了转机，始终用良知贞定住自身，不畏浮云遮望眼，这个“转机”才能成为“生机”而不是“危机”，对于以阳明学乃至儒学为志业的“学者”言，这既是这门学问自反性的内在要求，也是这个时代赋予的不可推卸的责任。

阳明学"一体之仁"思想的当代意义

吴　震*

万物一体论从哲学上来讲有一点抽象，所以我想从两个故事讲起。就在我起草这篇报告的时候，我注意到在 2016 年 9 月底有一家美国的舆论调查公司做了一个全球范围的调查，主题叫“公众参与”，要求大家回答在上个月有没有做过这三件事情：第一，有没有向慈善组织捐过款？第二，有没有在有关机构做过志愿者？第三，有没有帮助过陌生人？他们从全球范围内 130 多个国家当中抽取样本做了调查，调查的结果在网络上引起了极大的轰动，因为结果显示中国倒数第一。当然，网络上的一些信息不必完全当真，姑妄听之。

但是，我想把它作为一个引子，提出一个问题，就是：“一个人为什么要帮助他人？”关于这个问题的回答，也许会有各种答案，但如果从阳明心学的角度出发来回答这个问题的话，我想答案可能是这样的：我们是基于天地万物一体这样一种信念，从一体之仁的思想出发，我们必然会去帮助他人。我想如果让王阳明来回答的话，他肯定会这么说，因为王阳明的万物一体论，实际上不仅仅是一种哲学概念，而是一种实践的方式，上面提到阳明心学家推动的讲学活动，其实就是为实现“万物一体”的一种社会实践。这是第一个故事。

另外，我想到一个故事。钱穆先生在 1989 年 95 岁的时候，突然有一天，发生了他生命中最后一次思想的彻悟。他悟到了什么呢？他悟到了中国传统文化里面的天人合一观就是整个中国传统文化思想之归宿，后来，

---

* ［作者简介］吴震（1957—），男，江苏丹阳人，复旦大学教授、博士生导师。主要研究方向：中国哲学、宋明理学、东亚儒学、阳明后学。

他通过口述的方式记录下来。钱穆先生逝世后，他的文章分别在台湾以及大陆的报刊上刊登出来，马上引起了大陆学界的强烈反响，也发生了一些争议，好多人纷纷撰文表示呼应，像季羡林先生、张岱年先生等等。在那篇文章的最后有一句话令我印象非常深刻，他说：“我以为此下世界文化之归趋，恐必将以中国传统文化为宗主。”① 这意思就是说，在 1995 年那个时候的当下，钱穆先生认为，未来世界文化发展的一个必然趋势恐怕应当是以中国传统文化为宗主。钱穆先生晚年的这个彻悟是关于天人合一的问题，这个跟我将要讲的万物一体论有什么关系呢？事实上有非常密切的关系。

大家知道，从宋代的程颢提出“万物一体论”以后，王阳明继承了这个思想，并做了进一步的理论创新。那么，王阳明的万物一体论又有哪些独到的思想精髓呢？万物一体论的思想精神能不能在当下得以重新发扬光大，像钱穆晚年定论所讲的那样，成为今后指引未来世界文化发展的一个趋势呢？下面我非常简略地讲三点：

第一点，王阳明的万物一体论是一项实践论的论述。

谈到王阳明思想，大概由三个部分组成：“心即理”“知行合一”“致良知”，这三个命题构成了王阳明心学理论的体系。王阳明从 49 岁提出了“致良知”以后，晚年在家乡余姚进行讲学的时候，写了一系列的文章，其中他非常突出地强调一个观点，就是万物一体论。当然，王阳明早年对程颢讲的万物一体是有理解的，但是他在晚年再次强调万物一体论，这里面的思想原因在哪里呢？我想特别指出的是，王阳明的万物一体论有一个全称的命题，那就是“天地万物一体之仁”。而我们现在往往突出其中的“万物一体”，却容易忘记后面的“仁”这个字。

事实上，万物一体之所以能够成立，其中的一个理论上的依据也是思想上的依据，就是非常重要的后面的这个“仁”字。对于王阳明心学来讲，他所讲的良知，实际上就是仁。而这个仁体就是心体，心体就是良知。所以，归根结底，王阳明讲的万物一体论跟他的“致良知”学说是完全一致的，只是讲述的角度不一样。按照王阳明的理论，我们要实现一体之仁，就要放在“致良知”的过程当中，这样才能把它呈现出来。

---

① 余英时：《论天人之际：中国古代思想起源试探》，联经出版社 2014 年版，第 72 页。

但是，我想请大家注意的是，为什么49岁提出了“致良知”之后，王阳明又那样强调万物一体论呢？为什么？我是这样想的，“致良知”当然首先是我们每一个个体的道德实践，但是如何将每一个人的道德实践推广扩充至整个社会，乃至于整个天下？事实上，这才是王阳明提出“致良知”学说之后，他晚年拼命努力追求和思考的一个重大问题。正是在这个背景下，他晚年非常强调万物一体论。按照王阳明的想法，万物一体论不是在讨论宇宙论的问题，不是在讨论宇宙间理气同在的结构问题，他是讨论人跟社会、世界、天下等之间如何建立一种仁学的普遍联系的问题。因此，王阳明的万物一体论实质上是想建构一种天下主义的普遍伦理学。

如果我们再仔细地回顾一下王阳明在余姚讲学的时候，他是怎么提出这个万物一体论的，那么，历史上是有明确记载的。简单地说，根据《阳明年谱》的记录，1524年，由阳明门人南大吉开办了一个稽山书院，据说，阳明在其中讲学的时候，常常召集绍兴府管辖下的“八邑之士”前来参加，人数达三百人之众。当时，王阳明的讲学就讲一个内容，其他的不讲，就讲万物一体这个“宗旨”，这是有明确记载的。[①] 另外，根据王阳明门人的回忆，阳明一生可以说是“万死一生”，他做了许多事情，但是却常常受到诬陷、迫害。然而王阳明却“遑遑然不忘讲学”，什么原因呢？根据他弟子的记录，王阳明的内心当中抱着一个坚定的信念——“天地万物一体之仁”这一信念，他把自己讲学的活动就看成是推广实行万物一体思想的实践场所。而且王阳明正是基于这样的信念，所以才能够做到“譊譊终身，至于毙而后已”（《传习录（中）·钱德洪序》），也就是鞠躬尽瘁死而后已的意思，这些都有当时的原始记录。所以说，万物一体论不是一种概念讨论，更是一种实践的信念，将其付诸实践，其实就是“知行合一”，王阳明一生的学术活动和精神活动的动力源泉也就在此。这是我要讲的第一点。

第二点，王阳明万物一体论又是一个关于本体问题的一个建构。讲到本体的问题，这个比较复杂，我讲得简单一点，在宋明理学的语境中，本

---

① 王阳明：《阳明年谱》，《王阳明全集》，吴光、钱明、董平等编校，上海古籍出版社1992年版，第1290页。

体与工夫一词相对，相当于我们说的人为什么这样做而不那么做的行为依据，这个东西就是本体，至于具体的字义上的问题，这里就不纠缠了。上面我们提到王阳明的万物一体论，其实是天地万物一体之仁，而按照阳明心学的理论，仁体就是心体，心体就是良知，良知也就是天理，因此在这意义上，万物一体论就是一项本体论的论述，换言之，万物一体论是建立在良知本体之基础上的。

事实上，王阳明从他的良知本体论出发，必然要推出天地万物一体之仁的思想。我们来看看王阳明的两个表述，他是这么说的：作为一个拥有君子人格的“大人”之所以能够做到“与天地万物为一体”，这不是“意之”的结果——不是意识活动的结果，而是由于“其心”所存在的“一体之仁”使然的结果，他叫做“本若是”；不仅是“君子”，即便是“小人”（也就是一般老百姓），“其心”跟“大人”之心本来也是完全一样的，他叫做“莫不然”。更为重要的是，这种“小人之心亦必有之”的“一体之仁”是“根于天命之性”的存在，是“自然灵昭不昧”的，也就是良知，又叫做“明德”[①]。这里面出现了一系列重要的关键词：“非意之”“本若是”“莫不然”等等，都是在强调一个观点：一体之仁并不有赖于人为意识而存在的，而是本来“若是”的，是超越“大人”与“小人”的普遍性存在。由于，一体之仁就是良知、就是明德、就是天理，所以“万物一体论”又是以良知本体为依据的普遍主义伦理学。

第三，王阳明的万物一体论是一种社会批评理论，又是一种人文精神。为什么这样说呢？王阳明讲万物一体论的时候，写过一篇非常著名的文章，在所有王阳明的文章当中是一篇最有激情的，可以说是一气呵成的大文章，按照明末刘宗周的说法，说是自孟子以后“仅见此篇”的大文章。他在当中所强调的一个观点就是天地万物一体之仁。王阳明采取的是历史倒叙法，他是怎么讲的呢？

他说在“心学纯明”的三代社会，我们每一个人都能够做到全体万物一体之仁，因此每一个人都充分具备“精神流贯、志气通达，而无有乎人己之分、物我之间”这样一种风格。在这样一个心学纯明的三代社

---

① 王阳明：《大学问》，《王阳明全集》，吴光、钱明、董平等编校，上海古籍出版社 1992 年版，第 967 页。

会不会存在人与人之间、人与自然之间、人与社会之间、人与万物之间的种种分离和纷争。但是自三代社会以后，就开始出现了种种奇怪的现象，一直到他生活的年代已经历经了几千年，出现了人人相矜、相轧、相争、相高、相取于知识、权力、技能、声誉等等一系列的错乱现象，人们围绕着这些东西互相之间引起不断的争斗，导致了人与人之间、人与社会之间的合理关系完全被撕裂。

王阳明虽然处在这样混乱的社会当中，但他还是充满了信心，因为他相信世界上存在一条普遍的道理，这个道理就是："天理之在人心，终有所不可泯，而良知之明，万古一日。"因此，他说只要有人听到我讲的《拔本塞源论》，必然有人"恻然而悲，戚然而痛，愤然而起，沛然若决江河而有所不可御者矣！"（《传习录（中）·答顾东桥书》）王阳明真正期待的正是这样一种"豪杰之士"重新显世。这种对社会充满关怀的思想精神充分反映了孔子所讲的"吾非斯人之徒与而谁与"的人文精神。

王阳明还指出"一夫不获，若已推而纳诸沟中"（《传习录（中）·答聂文蔚》），"使有一物失所，便是吾仁有未尽处"（《传习录（上）》），讲的是儒家的天下主义的人文关怀。其实对儒家而言，天下主义不仅是一种政治观、宇宙论，更是一种伦理学。我们甚至可以说，王阳明的"天地万物一体之仁"的思想便是天下主义伦理学。他主张用"一体之仁"的精神来重建社会、重建天下。所以说，从地方社会乃至全球文明的角度出发，我们有必要重新省思"一体之仁"的思想精神。

最后，我讲三点结论：

第一，王阳明的万物一体论也就是仁学一体论，它的思想意义就在于：天道性命是一体同在，道德生命与宇宙生命不可分割，只有朝着一体之仁的方向努力，才能最终有望实现个人的道德理想人格以及人与宇宙万物和谐共存的理想世界。

第二，我想呼应一下钱穆的晚年定论，他说他"深信中国文化对世界人类未来求生存之贡献"就在于天人合一观，我想说的是，王阳明基于一体之仁的观念而重建的万物一体论，正表明了中国文化对世界文化可能有的贡献之一也就在此。因为这种万物一体论不止是宇宙论，更是一种普遍伦理学，而且是天下主义伦理学。这里所说的"天下"主义并不是"溥天之下，莫非王土"意义上的疆域概念或政治概念，而是基于良知心体“天下古今之所同也”的本体论概念而重建的伦理学。

第三，最后我还想回应一下刚才提到的“公众参与”的舆论调查的问题。对上述的调查结果我们不必完全当真，但我不得不承认当下中国社会或许正印证了五百年前王阳明在《拔本塞源论》当中所感叹所批判的那样，人们的思想状况、社会的各种势力变得日益复杂，民族主义或自由主义等思想此消彼长、左翼与右翼的主张也正处在彼此争吵不已的状态。正是在当下中国，阳明学所提倡的“一体之仁”的思想精神到底何在?这是需要我们大家重新反思的重大问题，而“一体之仁”的思想精神也需要我们在当下重新唤醒。

总之，今天我们重新学习王阳明的万物一体论的思想，实在具有相当重要的当代意义。最后我想引用王阳明的两句话来说明我的论点：

第一句：“夫人者，天地之心，天地万物本吾一体者也。”

第二句：“良知之在人心，无间于圣愚，天下古今之所同也!”（《传习录（中）·答聂文蔚》）

第二篇　王阳明心学研究

王阳明思想中的“一念”两义说

陈立胜*

一　作为“意念”之“一念”

在王阳明之前，“意念”在理学话语体系之中已有固定用法，属于心之发动之范畴：“意者，心之所发也。有思量运用之义，大抵情者性之动，意者心之发。情是就心里面自然发动，改头换面出来底，正与性相对。意是心上发起一念，思量运用要恁地底。情动是全体上论，意是就起一念处论。”① “心之所发”成了“意念”的一个根本性质，阳明说“有善有恶意之动”，也是将意念作为心之发动的范畴使用。作为常人，心之所发难免善恶混杂，遇到孺子入井，固会有怵惕恻隐之心，遇到货色名利则又难免起追逐之念。故“意念”在阳明处通常是指随境迁移、善恶混杂的心理状态。

阳明早期教门人习静坐，一方面固然有扭转“求理于外”这一旁骛倾向之考量，另一方面亦有鉴于弟子初学时“心猿意马”心思多是“人欲一边”，意念之发多是私意之发这一现象。静坐之目标也是“息思虑”“刊落声华”“补小学收放心一段工夫”②，然而此种“息”只是暂息、一时之息，遇事时，“思虑”泛起如旧。故静坐虽可得一时心态之宁静，但

---

* ［作者简介］陈立胜（1965—），男，山东莱阳人，中山大学教授、博士生导师、博士。主要研究方向：儒家哲学、宗教现象学。

① 陈淳：《北溪字义》，高流水、熊国桢点校，中华书局 1983 年版，第 17 页。

② 王阳明：《传习录》，《王阳明全集》，吴光、钱明、董平等编校，上海古籍出版社 1992 年版，第 144 页。

宁静不过是“只定得气”：“当其宁静时，亦只是气宁静”①。意念之私只是因无事而潜而未发，问：“静时亦觉意思好。才遇事，便不同。如何？”先生曰：“是徒知养静，而不用克己工夫也。如此临事便要倾倒。人须在事上磨，方立得住，方能静亦定，动亦定。”② 故阳明又着意强调“事上磨练”“在人情事变上做工夫”“除了人情事变，则无事矣”③，同时又说“无事时”当有“省察克治”之功：“无事时，将好色好货好名等私，逐一追究搜寻出来。定要拔去病根，永不复起，方始为快。常如猫之捕鼠。一眼看着，一耳听着。才有一念萌动，即与克去。斩钉截铁，不可姑容与他方便。不可窝藏。不可放他出路。方是真实用功。方能扫除廓清。”④ 在此倒巢搜贼式的省察克治法之中，“一念萌动”之“念”是私欲意义上的意念之发。

在阳明思想之中，私欲之“一念”大致可区分为以下几种类型：

（1）与个人的食色方面的生理欲望之膨胀、无节相关的欲念。如“好色”“好货”“好利”等念。

（2）与个人社会声誉相关的虚荣心、求胜心、傲心，如“闻誉而喜”“闻毁而闷”之“好名”之念。阳明屡屡指出“为学大病在好名”，“好名是一生的大病根”，“务实之心重一分，则务名之心轻一分。全是务实之心，即全无务名之心。若务实之心，如饥之求食，渴之求饮，安得更有工夫好名？”⑤ 弟子孟源有“自是好名之病”，阳明屡责之。“一日，警责方已。一友自陈日来工夫请正。源从旁曰，‘此方是寻着源旧时家当’。先生曰：‘尔病又发’。源色变。议拟欲有所辨。先生曰：‘尔病又发’……。”⑥

（3）个人之“闲思杂虑”。依阳明，此类意念“毕竟从好色、好利、好名等根上起”“自寻其根”，便看见到。“如汝心中决知是无有做劫盗的思虑。何也？以如元无是心也。汝若于货色名利等心，一切皆如不做劫盗

① 陈荣捷：《传习录详注集评》，台湾学生书局2006年版，第66页。

② 同上书，第62页。

③ 同上书，第73页。

④ 同上书，第75—376页。

⑤ 同上书，第128页。

⑥ 同上书，第58—315页。

之心一般，都消灭了。光光只是心之本体。看有甚闲思虑?”①

（4）“生死一念”。表面看，此念很难说是恶念，因为严格意义上的“恶”念总会涉及他者的向度，诸如跟人争名争利之念，而生死一念完全是一自我关涉的向度，本来人作为生命体，好生恶死这是天性，也是天理所在，天地之大德曰生，儒学在本质上就是尊生、重生、广生、养生的学问，但倘对一己的生死看得太重，乃至“拔一毛利天下而不为”，则已是将一己的生命完全安顿在血气的层面，大节面前，苟延残喘，沦入禽兽而不自知：“只为世上人都把生身命子看得来太重。不问当死不当死。定要宛转委曲保全。以此把天理却丢去了。忍心害理，何者不为?”② 此是问题之一面。另一方面，“生死一念”于真实不妄的心体流行之境有所阻碍，这一念不破，心灵最终不得自由。众所周知，阳明龙场日夜端居于石墎之中即是要克此“生死一念”，他还说：“学问功夫，于一切声利嗜好，俱能脱落殆尽。尚有一种生死念头，毫发挂带，便于全体有未融释处。人于生死念头，本从生身命根上带来。故不易去。若于此处见得破，透得过，此心全体方是流行无碍，方是尽性知命之学。”③

（5）“将迎期必之念”。这类意念其目标看似合理，但其求之之心态则陷入自私，故亦是妄念、私念。针对门人陆澄“欲求宁静，愈不宁静。欲念无生，则念愈生”之困惑，阳明点拨说：“欲求宁静欲念无生，此正是自私自利，将迎期必之病。是以念愈生而愈不宁静。”④

（6）“有着之念”。以上五种念皆是“恶念”“私念”“妄念”，还有一种“念”，虽是“好的念头”，但不是当境而发，或者境过仍藏留于心之中，对“心体”造成不良影响，这就是所谓的“有着之念”。“好的念头”如何就会对“心体”有害，这一点在今人看来似不好理解，但传统儒、释、道三教普遍认为心之本体应如明镜一样，不应有任何一物留在其上，宋明儒自二程起就有“心中不可有一物”“心有所向便是欲”之说。阳明将良知（心之本体）称为“太虚”，又以“鉴空衡平”喻心之本体，皆是要强调心体之虚明、无滞的性质。黄勉叔问：“心无恶念时，此心空

① 陈荣捷：《传习录详注集评》，台湾学生书局 2006 年版，第 101 页。

② 同上书，第 319 页。

③ 同上书，第 334 页。

④ 同上书，第 228 页。

空荡荡的。不知亦须存个善念否?”先生曰:“既去恶念，便是善念，便复心之本体矣。譬如日光被云来遮蔽。云去光已复矣。若恶念既去，又要存个善念，即是日光之中添燃一灯。”[①] 另，“心体上着不得一念留滞，就如眼着不得些子尘沙。些子尘沙能得几多，满眼便昏天黑地了”。又曰:“这一念不但是私念。便好的念头亦着不得些子。如眼中放些金玉屑，眼亦开不得了。”[②]

“一念萌动”之一念多是稍纵即逝、漂浮无根的“念头”“闲思杂虑”，当然“一念”尚有行动之意向性、意欲的意味，上述“将迎期必之念”即属此。阳明常说“意在于事亲”“意在于事民”“意在于仁民爱物”“意在于视听言动”，又说“意欲温凊”“意欲奉养”，这个行动的意欲，也被称为“一念”，如“吾心发一念孝亲，即孝亲便是物。”这种带有强烈行动倾向的“欲念”同样有善念恶念之分:“尔等父老子弟毋念新民之旧恶而不与其善，彼一念而善，即善人矣；毋自恃为良民而不修其身，尔一念而恶，即恶人矣；人之善恶，由于一念之间，尔等慎思吾言，毋忽!”[③]

对于私念、妄念之缘起，阳明跟理学家的通行看法大致相同。依阳明，吾人心体本是至善，所发本无不良，然“本体上才过当些子，便是恶了”，便于本性上有“过”与“不及”之间耳。[④]“非本体之念，即是私念”[⑤]。心之本体何以会“过当些子”?究其实，则无非是私欲之蔽、习气缠绕所造成:“心之本体，无所不该。原是一个天。只为私欲障碍，则天之本体失了。心之理无穷尽。原是一个渊。只为私欲窒塞，则渊之本体失了”[⑥]。而私欲在根本上则源于人之“生身命根”，源于人之血气生命，故阳明又说“妄念”乃是“躯壳上起念”，是“动于气”之结果。[⑦] 这一看法跟老子说吾有大患，为我有身意思颇为相近。

---

① 陈荣捷:《传习录详注集评》，台湾学生书局2006年版，第310页。

② 同上书，第380页。

③ 王阳明:《传习录》，《王阳明全集》，吴光、钱明、董平等编校，上海古籍出版社1992年版，第600页。

④ 陈荣捷:《传习录详注集评》，台湾学生书局2006年版，第304—305页。

⑤ 同上书，第286页。

⑥ 同上书，第300页。

⑦ 同上书，第123页。

二 “意念”之“发”与“良知”之“自知”

然而，哪里有意念之发动，良知之力量即在哪里呈现，所以阳明四句教之中与“有善有恶意之动”相伴而来的，便是“知善知恶是良知”一句：“凡意念之发，吾心之良知无有不自知者。其善欤，惟吾心之良知自知之；其不善欤，亦惟吾心之良知自知之；是皆无所与他人者也。”[①] 阳明把良知这种人人先天本具的主宰与明察的能力称为“独知”，这种对“意念之发”的当下的明察，阳明又称之为“自知之明”，这都是阳明良知概念一个重要内涵。阳明屡屡称“能知得意之是与非者，则谓之良知”，“思之是非邪正，良知无有不自知者”，“尔意念着处，他是便知是，非便知非”[②]，“……这许多意思皆私。只尔自知。须精细省察克治。惟恐此心有一毫偏倚，枉人是非，这便是格物致知”[③]。现象学家耿宁（Iso Kern）把这种对“意”“思”“意念”当下的明察（“自知”）认定是现象学意义上的“内意识”，这个内意识不是一种反思意识，它不是对已经或刚刚发生的本己意向活动加以道德的省察——这是事后的、对象化的反思意识，它是这样一种“本原知识”，即在一个本己意向出现时直接现存的，而且是与它同时现存的意识。[④]

这种对“意念”之发的当下（现时）、直接的明察能力是“恒在”于每个人的意识生活之中。“恒在”即是说无时不在，阳明称此无时不在的明察能力为“恒照”：“良知者心之本体。即前所谓恒照者也。心之本体无起无不起。虽妄念之发，而良知未尝不在。但人不知存，则有时而或放耳。虽昏塞之极，而良知未尝不明。但人不知察，则有时而或蔽耳。虽有时而或放，其体实未尝不在也。存之而已耳。虽有时而或蔽，其体实未

---

① 王阳明：《传习录》，《王阳明全集》，吴光、钱明、董平等编校，上海古籍出版社 1992 年版，第 971 页。

② 同上书，第 217 页。

③ 陈荣捷：《传习录详注集评》，台湾学生书局 2006 年版，第 297 页。

④ 耿宁：《心的现象——耿宁心性现象学研究论文集》，倪梁康译，商务印书馆 2012 年版。

尝不明也。察之而已耳。”① 这种明察能力不存在已发（“起”）与未发（“不起”）之别，它一直在吾人心灵生活之中为而不名地发挥作用。这种“恒照”的能力无人不具，上至圣人下至贩夫走卒“个个心中有仲尼”，“众人自孩提之童，莫不完具此知。只是障蔽多。然本体之知，自难泯息。虽问学克治，也是凭他”②。虽昏塞之极乃至大奸大恶之人，此种自知之明亦未尝不在：“良知在人。随你如何不能泯灭。虽盗贼亦自知不当为盗。唤他做贼，他还忸怩。”于中曰：“只是物欲遮蔽。良心在内，自不会失。如云自蔽日。日何尝失了?”先生曰：“于中如此聪明。他人见不及此。”③ 又：“凡人之为不善者，虽至于逆理乱常之极，其本心之良知，亦未有不自知者。但不能致其本然之良知，是以物有不格，意有不诚，而卒入于小人之归。故凡致知者，致其本然之良知而已。”④ “未尝不存”“未尝不在”“未尝不明”“未有不自知”这类术语即点出良知这种恒常的明察能力在任何人心中均有体现。即便是“盗贼亦自知不当为盗”，你唤他做贼，他亦表现出羞恶之心（忸怩）。这个恒在的良知之体“实未尝不明”，故总有觉悟、觉醒之可能，这是人之天性未泯之所在。要之，作为对意念当下与直接的明照、明察能力之“自知”“独知”，是就良知本体作用层面而论的，它是普遍的、永恒的，这是儒家修身工夫、省思工夫之根据，也是“涂之人皆可成禹”之机杼所在。

不过，当然这个“自知”“独知”因常人“不知存”“不知察”，故往往只是微弱的知、短暂的知，而透不过气拘物蔽之重重障碍，成为生命的主宰。故这个“自知”“独知”虽是人人本具，但却极易滑落乃至被遮蔽：“今为吾所谓格物之学者，尚多流于口耳。况为口耳之学者，能反于此乎？天理人欲，其精微必时时用力省察克治，方日渐有见。如今一说话之间，虽只讲天理。不知心中倏忽之间，已有多少私欲。盖有窃发而不知者。虽用力察之，尚不易见。况徒口讲而可得尽知乎？今只管讲天理来顿放着不循，讲人欲来顿放着不去，岂格物致知之学？后世之学，其极至，

---

① 陈荣捷：《传习录详注集评》，台湾学生书局 2006 年版，第 214 页。

② 同上书，第 299 页。

③ 同上书，第 292—293 页。

④ 王阳明：《传习录》，《王阳明全集》，吴光、钱明、董平等编校，上海古籍出版社 1992 年版，第 1011 页。

只做得个义袭而取的工夫”[①]。这里说“有窃发而不知者”跟上面所说“未有不自知者”貌似抵牾，实可通融。“有窃发而不自知者”，是就现实的人性立论，是警发之语，以唤起吾人对私欲盘根错节之隐匿性保持足够之警惕心；“未有不自知者”是就良知本体之发用而论，是励志语，以激发吾人对成圣之当下性拥有足够之勇气与信心。

对本己心灵生活之中“意念”之自知、“独知”是一回事，此“自知”“独知”能否转化为实际的行动则是另一回事：

> 是非之心，知也，人皆有之。子无患其无知，惟患不肯知耳；无患其知之未至，惟患不致其知耳。[②]
>
> 心之良知是谓圣。圣人之学，惟是致此良知而已。自然而致之者，圣人也；勉然而致之者，贤人也；自蔽自昧而不肯致之者，愚不肖者也。愚不肖者，虽其蔽昧之极，良知又未尝不存也。苟能致之，即与圣人无异矣。此良知所以为圣愚之同具，而人皆可以为尧舜者，以此也。是故致良知之外无学矣。[③]

转化的能力人人本具（“人皆有之”），这个无须担心（“无患其无知”），这一能力能否实现则全然在于当事人的“肯”与“不肯”这一道德意志之决断。即便是“蔽昧之极”的人，其良知犹存，其不致其良知，只是“不为”“不肯”与“自欺”（意本诚，其不诚者，自知而自欺之耳），而非“不能”。这跟孟子“不为”与“不能”的区分、跟康德的“应该蕴含着能够原则”（ought implies can）是完全一致的。就良知人人本具（“个个心中有仲尼”）而言，则妄念之发，吾人“未有不自知者”，此是成圣之根据与可能性之所在；就人人皆现实中人，皆受到其历史时代性之限制、受到其气拘物蔽之个体性之限制而言，则亦难免私欲窃发而不知者，此正是成圣之曲折性、修身功夫之艰难性之所在。无视前者而只强调后者，人生便没有希望，人遂陷入血气荡越之中无能自拔而与禽兽同

---

① 陈荣捷：《传习录详注集评》，台湾学生书局2006年版，第110页。

② 王阳明：《传习录》，《王阳明全集》，吴光、钱明、董平等编校，上海古籍出版社1992年版，第276页。

③ 同上书，第280页。

伍；忽视后者而只注重前者，人生便成了一个自动行善的天使，只须事前设定好一个预定的程序，无须努力，无须奋斗，便能立跻圣域。有鉴于此，儒学自孔子始就坚持人之无限性与有限性之间存在一张力，夫子一方面说"为仁由己""我欲仁斯仁至矣"，仿佛为仁乃轻而易举之事，另一方面又说，若圣与仁，则吾岂敢，其最得意弟子颜回亦不过"其心三月不违仁"而已，其余则"日月至焉而已矣"，行仁又何其难耶？

如何确保此"自知""独知"转化为吾人实际的行动，则是阳明工夫论说之焦点，阳明之"戒惧之念""一念""念念"说均与此问题绾结在一起。

三 作为"戒惧之念"之"一念""念念"

"戒惧"一词出自先秦儒家文献。如《国语·周语》："夫晋侯非嗣也，而得其位，亹亹怵惕，保任戒惧，犹曰未也。"《国语·楚语》："教之《故志》使知废兴者而戒惧焉。"又如《左传·宣公二年》："楚自克庸以来，其君无日不讨国人而训之于民生之不易、祸至之无日、戒惧之不可以怠。"《荀子·议兵》："虑必先事而申之以敬，谋虑必在事先，重之以敬，常戒惧而有备也，慎终如始，终始如一，夫是之谓大吉。"不过理学家用"戒惧"一词乃是《中庸》"戒慎乎其所不睹，恐惧乎其所不闻"之简称。朱子解《中庸》将"戒惧"（戒慎恐惧）与"慎独"加以区别，戒惧属于"念虑"未发时工夫、"致中"工夫、"静"工夫，慎独属于"念虑"萌发之际工夫、"致和"工夫、"动"工夫，从而形成"静存动察"两轮一体之工夫论。王阳明认为朱子两轮工夫说易致工夫固化为两截，从而滋生"支离"与"换手"之弊，故立意打破朱子心有"未发"时之定说，明确肯定人心"实无无念时"，戒谨恐惧也是念："戒惧之念是活泼地。此是天机不息处"①，并进而倡导一个工夫说："只是一个工夫。无事时固是独知。有事时亦是独知。"②"致良知"工夫超越了动静、寂感、有无、先后、内外、有事无事之二见，遂具有"即体而言用在体"

① 陈荣捷：《传习录详注集评》，台湾学生书局2006年版，第286页。

② 同上书，第142页。

（未发未尝不和）与“即用而言体在用”（已发未尝不中）之圆融活泼之格调。[①②]

“戒惧”被称为“念”，这是阳明的独特用法。如上所述，意念为心之所发，这是阳明跟朱子共同的看法。但朱子不认为“戒惧”是心之已发的范畴，“心之已发”在朱子思想成熟（以中和新说提出为标志）之后，是与“心之未发”形成一对子：思虑未起（意念未生）是心之未发，思虑已起（念虑已生）即是心之已发，而“戒惧”正是针对心之未发时的工夫。既然此时，心未有任何思虑与意念，则与之相应的“戒惧”工夫也不属于思虑、意念之范畴（朱子又标此工夫为“存养”“涵养”），故戒惧不是“念”。

然则阳明所谓“戒惧之念”跟“意念”的区别究在何处？两种“念”在对象与性质两方面均迥然有别：“意念”具有确定的意向性特征（它总是指向某物），而且往往具有“见异思迁”、随境流转的情境化性质（惟“生死一念”因从“生身命根上带来”而具有持久的顽固性，故亦最难对治），而戒惧之念根本就不是念起念灭的“念头”，它实际上是一种心灵生活之中明察警醒之能力。《说文》释“念”曰“永思”，永思即始终牢记、念念不忘的意思。《尚书》中频频出现的“帝念哉”一类话语（如《大禹谟》：“於！帝念哉，德惟善政，政在养民。”）即是此意。这里的“念”无非意味着刻骨铭心，说到底即是让吾人心灵生活始终有一定向，不偏离，不歧出，无疑要保持这一始终不渝的心灵“定向”须保持一定的精神状态（明察警醒）。用《诗经》的话说须“战战兢兢，如临深渊，如履薄冰”；用《尚书》的话说须“若陷虎尾，涉于春冰”；用《周易》的话说须“终日乾乾，夕惕若”。此种敬畏、畏惧、谨慎的精神状态即是戒惧之念。这种明察警醒意识并不是固着在某个外在对象上面（若陷虎尾，涉于春冰一类说法只是一隐喻）。不妨看一下阳明对这种戒惧之念的描述：“学以存其心者，何求哉？求诸其心而已矣。求诸其心何为哉？谨守其心而已矣。博学也，审问也，慎思也，明辨也，笃行也，皆

---

① 陈立胜：《作为修身学范畴的“独知”概念之形成——朱子慎独工夫新论》，《复旦大学学报》2016年第4期。

② 陈立胜：《王阳明“独知”工夫论——兼论王阳明与朱子工夫论之异同》，《中山大学学报》2016年第5期。

谨守其心之功也。谨守其心者，无声之中而常若闻焉，无形之中而常若睹焉。故倾耳而听之，惟恐其或缪也；注目而视之，惟恐其或逸也。是故至微而显，至隐而见，善恶之萌而纤毫莫遁，由其能谨也。谨则存，存则明；明则其察之也精，其存之也一。昧焉而弗知，过焉而弗觉，弗之谨也已。故谨守其心，于其善之萌焉，若食之充饱也；若抱赤子而履春冰，惟恐其或陷也；若捧万金之璧而临千仞之崖，惟恐其或坠也；其不善之萌焉，若鸩毒之投于羹也，若虎蛇横集而思所以避之也，若盗贼之侵陵而思所以胜之也。古之君子所以凝至道而成盛德，未有不由于斯者。虽尧、舜、文王之圣，然且兢兢业业，而况于学者乎！后之言学者，舍心而外求，是以支离决裂，愈难而愈远，吾甚悲焉！"[①] 文中的"倾耳""注目"以及一系列的"惟恐"表述都着意描述"谨守其心"，即是让心灵保持高度注意力、明察力、警醒力之工夫。阳明有"良知原是知昼知夜的"之说，面对"人睡熟时，良知亦不知了"之疑问，阳明答曰："不知，何以一叫便应。"[②] 这些说法都表明"戒惧之念"并非一暂时的意向性行为，而是吾人心灵生活始终保持在明察警醒状态的一种能力、力量。

不过，"谨守其心"也好，"戒惧之念"也好，还都牵涉一个"谁"在谨守、"谁"在戒惧的问题。阳明有时说："能戒慎恐惧者是良知也。"[③] 面对弟子"'不睹不闻'，是说本体，'戒慎恐惧'，是说功夫否"之问，阳明还说："此处须信得本体原是不睹不闻的，亦原是戒慎恐惧的，不曾在不睹不闻上加得些子。见得真时，便谓戒慎恐惧是本体，不睹不闻是功夫。"[④] 可见戒慎恐惧本身就是良知的一种能力，然而阳明又说："戒慎恐惧便是修道的工夫"[⑤]，"夫心之本体，即天理也。天理之昭明灵觉，所谓良知也。君子戒惧之功，无时或间，则天理常存，……天理常存生于戒慎恐惧之无间"[⑥]，"盖不睹不闻，是良知本体。戒慎恐惧，是致良

① 王阳明：《传习录》，《王阳明全集》，吴光、钱明、董平等编校，上海古籍出版社1992年版，第263—264页。

② 陈荣捷：《传习录详注集评》，台湾学生书局2006年版，第326页。

③ 同上书，第224页。

④ 同上书，第326页。

⑤ 同上书，第151页。

⑥ 同上书，第417页。

知的工夫。学者时时刻刻常睹其所不睹，常闻其所不闻，工夫方有个实落处，久久成熟后，则不须着力，不待防检，而真性自不息矣”[①]。“常睹其所不睹”“常闻其所不闻”都是隐喻，跟《礼记·孔子闲居》中“正目而视之，不可得而见也；倾耳而听之，不可得而闻也”所说的正目而视、倾耳而听一样，不过是说全神贯注的意思，所谓“听于无声，视于无形”是也。问题来了，阳明一面说戒慎恐惧是良知的能力、良知本体原即是戒慎恐惧的，一面又说，戒慎恐惧是良知呈现的一个条件，是致良知的工夫。如此，说致良知岂不是一叠床架屋的概念？因为既然说良知能戒慎恐惧，那么说致良知岂不是意味着说良知自己致良知（所以阳明后学中有人就讲“致良知”原是“良知致”）？“致良知”之“致”字岂不是一“剩语”？

问题在于如何理解作为工夫的“戒慎恐惧”与作为本体的“戒慎恐惧”之关系。当阳明说戒慎恐惧是本体时，此是工夫成熟后，良知在任何情况下皆能戒慎恐惧（真性自不息），此时，不须着力、不待防检，戒慎恐惧乃“自然之用”，乃“率性而行”，用王龙溪的话说：“文王‘小心翼翼，昭示上帝’乃是真自然；‘不识不知，顺帝之则’乃是真警惕。”当阳明说不睹不闻是本体时，乃是要强调“本体”乃是超越“睹”与“闻”的，故在任何情况下都要“常存戒慎恐惧之心”[②]，都要“常知，常存，常主于理”[③]。知此，则可理解阳明说戒慎恐惧是本体，不睹不闻是功夫，乃是指工夫之自然，是率性的工夫，或无工夫之工夫；阳明说不睹不闻是本体，戒慎恐惧是功夫，乃是指工夫之勉强，是修道的工夫。康有为曾说：不睹不闻是本体，戒慎恐惧是工夫，所谓时时勤拂拭，莫使惹尘埃；戒慎恐惧是本体，不睹不闻是功夫，所谓本来无一物，何处惹尘埃也。[④] 康有为以禅宗之渐、顿二宗解阳明不睹不闻、戒慎恐惧互为本体、工夫说，不无无见。不过，阳明一生功夫论之重点始终在于“千思万虑

① 陈荣捷：《传习录详注集评》，台湾学生书局2006年版，第377页。

② 王阳明：《传习录》，《王阳明全集》，吴光、钱明、董平等编校，上海古籍出版社1992年版，第147页。

③ 陈荣捷：《传习录详注集评》，台湾学生书局2006年版，第219页。

④ 康有为：《南海康先生口说》，吴熙钊、邓中好点校，中山大学出版社1985年版，第39页。

只是要致良知（存天理）"，对于"一悟本体，即是功夫"一路，阳明曾说"颜子、明道所不敢承当"，或基于此，偶有学者怀疑"戒慎恐惧"是本体、"不睹不闻"是功夫的说法是否出自阳明本人。如项瓯东曾致书罗念庵说："王龙溪《水西冲玄会言》凡十段，其一段最碍人耳目者，如以'戒慎恐惧是本体，不睹不闻是工夫'为阳明先生之言。夫截去'戒惧'四字，而以不睹不闻为工夫，决非阳明先生之言无疑矣。阳明曰：定者，心之本体，天理也。亦未尝以戒慎恐惧为本体也。若戒慎恐惧自是定心工夫，如何谓之本体？"① 其实，阳明曾反复说："功夫不离本体"②，"合着本体的，是工夫。做得功夫的，方识本体"③。说到底，本体是吾人先天本具的道德能力、道德力量（良知），由于受到气拘物蔽乃至身心发育等因素的影响，这种能力、力量无法实现出来，故需要工夫亦即相应的修身活动来证成之、培养之、恢复之，而这个相应的修身活动本身（工夫本身）就已经是道德能力、道德力量的一种表现，这如同说一只小鸟学会飞翔这一学习活动本身就是它有飞翔能力的一种表现一样。欧阳南野说得好："本体是功夫样子，效验是功夫证应。良知本戒慎不睹、恐惧不闻，无自欺而恒自慊。功夫亦须戒慎恐惧，无自欺而恒自慊。果能戒慎恐惧，无自欺而恒自慊，即是效验矣。"④ 这亦可用后人的话说："工夫所至，即是本体。"戒惧为本体，则工夫亦应是戒惧。阳明虽偶发不睹不闻是功夫之论，但其前提是"见得真时"，何谓见得真？见得真是否就是"一悟本体"？阳明反复强调圣人亦用朝乾夕惕、亹亹翼翼的工夫，又说"功夫愈久，愈觉不同"，"体到深处，日见不同"，"十年，二十年，五十年，未有止也。"答案已是昭然若揭了。

这种"戒惧之念"在经验性的、善恶混杂的"意念"萌发之际即表现出"一念"好善恶恶之工夫，这个"一念"不再是作为"意念"的"一念"，而是作为"戒惧之念"之"一念"。这涉及阳明思想之中的"一念"之第二种用法：

---

① 《项乔集》，方长山、魏得良点校，上海社会科学院出版社2006年版，第185页。

② 陈荣捷：《传习录详注集评》，台湾学生书局2006年版，第288页。

③ 同上书，第390页。

④ 《欧阳德集》，陈永革编校整理，凤凰出版社2007年版，第186页。

“人但一念善，便实实是好。一念恶，便实实是恶。如此才是学。不然，便是作伪。”①

“然至善者心之本体也。心之本体那有不善？如今要正心，本体上何处用得功？必就心之发动处才可着力也。心之发动不能无不善。故须就此处着力，便是在诚意。如一念发在好善上，便实实落落去好善。一念发在恶恶上，便实实落落去恶恶。意之所发既无不诚，则其本体如何有不正的？故欲正其心在诚意。工夫到诚意始有着落处。然诚意之本又在于致知也。所谓“人虽不知而己所独知”者。此正是吾心良知处。然知得善，却不依这个良知便做去。知得不善，却不依这个真知便不去做。则这个真知便遮蔽了，是不能致知也。”②

“本心之明，皎如白日，无有有过而不自知者，但患不能改耳。一念改过，当时即得本心。人孰无过，改之为贵。”③

段落一中，一念善、一念恶，均不是指第一序的、原发的经验之念头，而是在经验性的念头萌动之际，由良知之本体当下明察之为善、为恶而生的善则善之、恶则恶之的克念工夫。心灵生活中起一善念，良知“知”其为“善”，吾人当下由此“知处”（“独知处”）入手，充分将此善念实现出来；心灵生活中起一恶念，良知“知”其为“恶”，吾人当下由此“知处”（“独知处”）入手，彻底厌恶此恶念而遏之。显然，这种“一念”的工夫即是“诚意”工夫。段落二尤值得注意，工夫必就“心之发动处”着力，此“心之发动处”是指“意念”抑或是指对“意念”之抉择取舍（意志上的肯定与否定）？“心之发动不能无不善”则明示“心之发动处”有“不善”处，但紧接着具体工夫之论说则是“一念发在好善”“一念发在恶恶”上，显然“心之发动不能无不善”，是指“意念”，而任何善与不善的念头萌动，良知无有不自知者，由此自知处入手对善念、恶念进行当下的抉择取舍：倘是善念则实实落落去好善，倘是恶念则实实落落去恶恶。能够让这种善善恶恶的意志呈现出来即是“依这个良

① 陈荣捷：《传习录详注集评》，台湾学生书局2006年版，第402页。

② 同上书，第368—369页。

③ 王阳明：《传习录》，《王阳明全集》，吴光、钱明、董平等编校，上海古籍出版社1992年版，第172页。

知”做去之所谓，亦即是致良知工夫之所谓，所以说“心之发动处”也是良知自知处。段落三中，“一念改过”，亦是针对“无有过而不自知者”这一现象而论的，故此“一念”同样是对良知之“自知”“独知”之过错的当下改变。要之，这三段话中的“一念”都是针对第一序的意念之发即时而起的知善知恶、好善恶恶之念，“一念”之第二种用法就是指这种由对意念之善恶的自知处、独知处入手当下而起的好善恶恶的工夫。

那么“戒惧之念”跟“一念好善恶恶”（以下简称“一念好恶”）之“一念”异同何在？“一念好恶”之“一念”就是“戒惧之念”，它是“戒惧之念”在遇到作为“意念”的“一念”萌发之际的一种表现。此时，作为明察警醒能力的“戒惧之念”是心之本然体段，无论有事、无事，无论念起念灭（此处念乃指“意念”），吾人在工夫上理应让“戒惧之念”保持在如如而在、自证自知的状态（所谓“通乎昼夜之道而知”，所谓“敬畏之功无间于动静”，所谓戒惧克治是“常提不放之功”），而一旦感物而动，则有“有善有恶意之动”现象，原本常惺惺的戒惧之念遂表现为“一念好恶”之“一念”，而有省察克治、好善恶恶之功。职是之故，一念好恶并不是在戒惧之念的工夫之外另外一种工夫，它自始至终就是戒惧之念的工夫。

这种的戒惧之念工夫亦不应间断，阳明又以“无时无处而不以立志为事”阐述之：

> 夫志，气之帅也，人之命也，木之根也，水之源也。源不濬则流息，根不植则木枯，命不续则人死，志不立则气昏。是以君子之学，无时无处而不以立志为事。正目而视之，无他见也；倾耳而听之，无他闻也。如猫捕鼠，如鸡覆卵，精神心思凝聚融结，而不复知有其他，然后此志常立，神气精明，义理昭著。一有私欲，即便知觉，自然容住不得矣。故凡一毫私欲之萌，只责此志不立，即私欲便退；听一毫客气之动，只责此志不立，即客气便消除。或怠心生，责此志，即不怠；忽心生，责此志，即不忽；懆心生，责此志，即不懆；妒心生，责此志，即不妒；忿心生，责此志，即不忿；贪心生，责此志，即不贪；傲心生，责此志，即不傲；吝心生，责此志，即不吝。盖无一息而非立志责志之时，无一事而非立志责志之地。故责志之功，其

于去人欲，有如烈火之燎毛，太阳一出，而魍魉潜消也。[①]

“心之所之”为志，这是理学对志之普遍看法，故志主“决定”，它特指人自觉确定其人生定向，并在实践活动之中贯彻自身、始终保持此定向之努力。故责志、立志与其说是一具体的行为意向之确立，还不如说是指人之精神的全幅定向，即让全体意识生活始终处在“精明”状态之努力，“精”，不杂之谓；“明”，不昏之谓。“精明”，则义理昭著，心之所发，皆为本体之念（正念），或有疏忽而有私欲、妄念之萌，良知之本体当下即明察之，私欲便退，妄念便消。“无一息而非立志责志之时，无一事而非立志责志之地”，这一立志工夫，实际上就是“念念去人欲，存天理”的工夫。[②] 弟子问立志，阳明曰：“只要念念要存天理，即是立志。……驯至美大圣神，亦只从此一念存养扩充去耳。”[③] 及至阳明揭橥致良知宗旨，此念念存天理之工夫遂又被表述为“念念在良知上体认”[④] 之工夫、“念念致良知”工夫：“人心是天渊。心之本体，无所不该。原是一个天，只为私欲障碍，则天之本体失了。心之理无穷尽。原是一个渊。只为私欲窒塞，则渊之本体失了。如今念念致良知。将此障碍窒塞，一齐去尽。则本体已复，便是天渊了。”[⑤] 阳明还说“千思万虑，只是要致良知”[⑥]。可见“念念”并无深意，只不过是说始终让心灵生活保持在戒慎恐惧的状态之中。

好善恶恶之“一念”“念念”存天理之立志，“念念”致良知，三种表述各异，实质则一。阳明在论述戒慎恐惧工夫时，亦反复强调其“时时”之面向：“古之君子，戒慎不睹，恐惧不闻，致其良知而不敢须臾或离者，斯所以深造乎是矣。”[⑦]“古之圣贤时时自见己过而改之，是以能无

① 王阳明：《传习录》，《王阳明全集》，吴光、钱明、董平等编校，上海古籍出版社 1992 年版，第 260 页。

② 陈荣捷：《传习录详注集评》，台湾学生书局 2006 年版，第 66 页。

③ 同上书，第 57 页。

④ 同上书，第 196 页。

⑤ 同上书，第 300 页。

⑥ 同上书，第 337 页。

⑦ 王阳明：《传习录》，《王阳明全集》，吴光、钱明、董平等编校，上海古籍出版社 1992 年版，第 266 页。

过，非其心果与人异也。戒慎不睹，恐惧不闻者，时时自见己过之功也。”① 这种时时而在的“戒惧之念”，跟“念念在良知上体认”亦毫无二致：“戒慎恐惧，是致良知的工夫。”②

四　总结、引申与问题

1. “意念”属于“心之发动”范畴，是经验性的、善恶混杂的心理状态。

2. “意念”发动处，良知独知时。意念之善恶，良知无有不自知者（是谓“独知”）。作为独知的良知与感物而动的“善念”“恶念”有别：具体的善念、恶念乃是情境性的，故有念生念灭现象，而良知（独知）不随念有，不随念迁（王阳明有诗曰：“无声无臭独知时，此时乾坤万有基”），既恒在于心灵生活之中，又对心灵生活产生的任何具体的意念之善恶而有当下、即时之明察：善念当下自知其为善，恶念当下自知其为恶。这是成圣的根据所在。这个“独知”在意念未起时，自是一无善无恶、无是无非的虚灵明觉、一纯粹的至善之道德意志当体自身，而当意念起时，此“独知”则能知善知恶、知是知非。

3. “戒惧之念”即是让良知对“意念”之善恶当下、即时的明察不致遮蔽、滑落，而转化为善则善之、恶则恶之的意志力、行动力。

4. “一念”有两义：作为“意念”之“一念”，它是经验性的，或是善念，或是妄念、私念，相较于泛泛而论的人之经验性的善恶混杂的心理状态（“意念”），此种“一念”则是具体的心理活动（某个具体的念虑、念头、欲念）；作为“戒惧之念”的“一念”，它是一种与“知善知恶”一体而在的“好善恶恶”的道德意志，相较于心灵整体上论人之戒慎恐惧之能力，此种“一念”更能体现“戒惧之念”之当下义、处境义。

5. 作为戒惧之念的“一念”工夫，跟阳明所说的“念念存天理”的立志工夫以及“念念致良知”的工夫异名而同指。

---

① 王阳明：《传习录》，《王阳明全集》，吴光、钱明、董平等编校，上海古籍出版社 1992 年版，第 172 页。

② 陈荣捷：《传习录详注集评》，台湾学生书局 2006 年版，第 377 页。

6. 作为“意念”之“一念”、良知之独知与作为“戒惧之念”之“一念”三者关系可表述：意念之发（一念之善恶）→良知独知之→戒惧之念（慎此独知，即由此独知其为善则“一念”发在好善而实实落落去好善，由此独知其为恶则“一念”发在恶恶而实实落落去恶恶）。由此而引申出阳明之知行合一论。

7. “善念发而知之，而充之。恶念发而知之，而遏之。知与充与遏者，志也。天聪明也。”[①] 意念（一念）之发，其善恶，本心（良知）自知之，而此“知”与“充”（知其为善念则充之）与遏（知其为恶则遏之），本即一条鞭地连带而来，天聪明即天然本具之聪明。“‘惟天下之至圣为能聪明睿知’。旧看何等玄妙！今看来原是人人自有的。耳原是聪。目原是明。心思原是睿知。圣人只是一能之尔。能处正是良知。众人不能，只是个不致知。何等明白简易！”[②] 阳明还说“是非只是个好恶。只好恶，就尽了是非”[③]。显然，知是非（善恶）在本原上即与好是（好善、充善）、恶非（恶恶、遏恶）一体而在的。阳明说“知行本体原不可分”，又说“一念发动处便即是行了”[④] 都与此“天聪明”相关。实际上，象山之知非、知过之说已发此义：“不知其非，安能去非？不知其过，安能改过？自谓知非，而不能去非，是不知非也；自谓知过，而不能改过，是不知过也。真知非，则无不能去；真知过，则无不能改。”[⑤]

8. 问题。阳明论工夫往往从一念（意念）萌动而良知无有不自知处入手，他说：“才有一毫非礼萌动，便如刀割，如针刺。忍耐不过。必须去了刀，拔了针。这才是有为己之心，方能克己。”[⑥] 又：一友自叹私意萌时，分明自心知得。只是不能使他即去。先生曰：“你萌时这一知处便是你的命根。当下即去消磨，便是立命功夫。”[⑦] “私意萌时”“一毫非礼萌动”，都是指私念、妄念，在这不好的一念萌动之当下，其“私”、其

---

① 陈荣捷：《传习录详注集评》，台湾学生书局 2006 年版，第 100 页。

② 同上书，第 336—337 页。

③ 同上书，第 341 页。

④ 同上书，第 302—303 页。

⑤ 《陆象山全集》，中国书店 1992 年版，第 118 页。

⑥ 陈荣捷：《传习录详注集评》，台湾学生书局 2006 年版，第 146 页。

⑦ 同上书，第 379 页。

“非礼”，吾之良知无有不自知者。这个“自知”（“独知”）总是在“一念”之际当下、即时而在焉，能够贞定住此自知、独知即是慎独工夫、戒慎恐惧的工夫（阳明所谓“戒惧之念”）、致良知工夫。故阳明屡屡强调诚意工夫、致良知工夫是从“发处”“发时”用功，此“发动处”一定是指“知”与“充”与“遏”、知善知恶与好善恶恶一体相关的“一念之好恶”，从此入手而体认吾心活泼不息的戒慎恐惧之念，在动处“真见得良知本体”[1]，此种“因用以求其体”之工夫亦可称为“一念入微”工夫：“致知在于格物，正是对境应感，实用力处。平时执持怠缓，无甚查考，及其军旅酬酢，呼吸存亡，宗社安危，所系全体精神，只在一念入微处，自照自察，一些著不得防检，一毫容不得放纵，勿欺勿忘，触机神应，乃是良知妙用。”此处一念入微之“一念”自是作为“戒惧之念”之“一念”，“入微处”即“隐微处”，阳明尚有“道只在一微字”之论，[2][3][4] 此微处即是灵昭不昧之独知当体自身，即是戒惧恐惧之当体自身，即是一纯粹的知善知恶、好善恶恶的意志之当体自身。但阳明后学中人对此进路并不契合，戒惧于事为、戒惧于念虑、戒惧于本体之纠缠（邹东廓）、从念虑上长善消恶而起“沦注支流，轮回善恶”之担忧（陈明水）、“发上用功”是“追风逐电”“发狂风”之批评（聂双江）、“意先动而知随之邪？抑知先主而意继之邪”之质疑（刘蕺山），这些问题都跟对阳明作为“戒惧之念”的“一念”不同理解有关。

---

① 陈荣捷：《传习录详注集评》，台湾学生书局2006年版，第411页。

② 季本：《四书私存》，朱湘钰点校，台湾中研院文哲所2013年版，第54页。

③ 耿宁：《人生第一等事：王阳明及其后学论“致良知”》，倪梁康译，商务印书馆2014年版。

④ 陈立胜：《入圣之机：对王阳明“一念发动处便即是行”之另类解读》，郭齐勇主编《阳明学研究（创刊号）》，中华书局2015年版。

“视天下如一家，中国犹一人焉”
——王守仁的仁学新境界

魏义霞*

宋明理学家都重视仁，并且在对仁的阐释中，把仁诠释为“以天地万物为一体”。所不同的是，如果说程朱通过仁与公、爱、恕密切相关乃至崇仁时同时崇礼来寻求仁之以天地万物为一体的具体实践和操作的话，那么，在王守仁那里，一切都变得简单、直接起来——沿着吾心为宇宙本原的思路，将仁视为吾心之仁，将差等视为良知之条理。这样一来，在仁心的沟通下通过仁民爱物而一体，一体之中自然分厚薄。一方面，在彰显仁者与天地万物为一体方面，王守仁与程朱等人的观点是一样的。另一方面，在对仁的阐发中，王守仁将仁者与天地万物为一体的宇宙秩序贯彻到人类社会，用以建构“视天下如一家，中国犹一人焉”的理想蓝图。

一 “视天下如一家，中国犹一人焉”——仁从宇宙秩序到社会秩序

在对仁的认识上，王守仁的看法与二程、朱熹之间既有相同点又有差异处——相同点是，仁之境界是“以天地万物为一体”；差异处是，基于心本论的思路，断言天地万物与我原本一体是因为“其心之仁本若是”。对此，王守仁论证说：“大人者，以天地万物为一体者也……是故见孺子之入井，而必有怵惕恻隐之心焉，是其仁之与孺子而为一体也；孺子犹同

* ［作者简介］魏义霞（1965—），女，安徽濉溪人，黑龙江大学哲学学院教授、博士生导师、博士。主要研究方向：中国哲学、中国近代哲学与文化。

类者也，见鸟兽之哀鸣觳觫，而必有不忍之心焉，是其仁之与鸟兽而为一体也；鸟兽犹有知觉者也，见草木之摧折而必有悯恤之心焉，是其仁之与草木而为一体也；草木犹有生意者也，见瓦石之毁坏而必有顾惜之心焉，是其仁之与瓦石而为一体也。”① 这就是说，大人“以天地万物为一体”是其心发用、流行的结果。在仁的支配、驱使下，大人“见孺子之入井，而必有怵惕恻隐之心”，“见鸟兽之哀鸣觳觫，而必有不忍之心”，甚至见“草木之摧折”“瓦石之毁坏”也有“悯恤”“顾惜”之心。这样，在仁的沟通下，大人与他人以至与鸟兽、草木、瓦石连为一体。王守仁进而指出，大人以天地万物为一体是“其心之仁”发用、流行的结果，此之仁心圣凡皆同，人人无异。因此，人都能够、也都应该通过吾心之仁的发现而与天地万物为一体。

进而言之，王守仁所讲的天地万物与我一体的仁之境界是一个爱的世界，他宣称大人以天地万物为一体就是要以大人为榜样，呼吁人们用仁爱之心来处理各种关系，自觉地维护既定的社会秩序。在这方面，通过对仁以天地万物为一体的阐发，王守仁力图让人明白，现有的社会秩序发端于与天地万物为一体的宇宙秩序，最终体现为以血缘亲情为纽带的家庭秩序，天经地义、天然如此，犹如人自身天然的生理秩序一般。在此基础上，他将“以天地万物为一体”与“视天下如一家，中国犹一人焉”联系起来，将“视天下犹一家，中国犹一人”说成是以天地万物为一体之仁爱的体现。对于这种理想境界，王守仁多次展望说：

> 夫圣人之心，以天地万物为一体，其视天下之人，无外内远近，凡有血气，皆其昆弟赤子之亲，莫不欲安全而教养之。②
>
> 视民之饥溺犹己之饥溺，而一夫不获，若己推而纳诸沟中者。③

---

① 王阳明：《大学问》，《王阳明全集（下）》，吴光、钱明、董平等编校，上海古籍出版社1992年版，第968页。

② 王阳明：《答顾东桥书》，《王阳明全集（上）》，吴光、钱明、董平等编校，上海古籍出版社1992年版，第54页。

③ 王阳明：《答聂文蔚》，《王阳明全集（上）》，吴光、钱明、董平等编校，上海古籍出版社1992年版，第79页。

在对仁以天地万物为一体的论证中，王守仁侧重社会秩序，把人与人之间的关系说成是在吾心之仁的沟通下的家庭血缘关系，使社会秩序成为爱的世界。那么，怎样才能实现这个爱无处不在的“视天下如一家，中国犹一人焉”的理想呢？他从正反两方面进行了阐释和说明：

首先，在消极方面，王守仁认为，与天地万物为一体是世界的天然秩序，本该如此；不能一体是因为小人间“形骸而分尔我”“自小之耳”(《王阳明全集》卷二十六，《大学问》)。只要没有“私意间隔”，人人都可以达到天地万物与我一体的理想境界。循着这个逻辑，为了臻于理想境界，人必须从事道德修养、克服“私意”。对此，他解释说：“大人之能以天地万物为一体也，非意之也，其心之仁本若是，其与天地万物而为一也。岂惟大人，虽小人之心亦莫不然，彼顾自小之耳……小人之心既已分隔隘陋矣，而其一体之仁犹能不昧若此者，是其未动于欲，而未蔽于私之时也。及其动于欲，蔽于私，而利害相攻，忿怒相激，则将戕物圮类，无所不为，其甚至有骨肉相残者，而一体之仁亡矣。是故苟无私欲之蔽，则虽小人之心，而其一体之仁犹大人也；一有私欲之蔽，则虽大人之心，而其分隔隘陋犹小人矣。故夫为大人之学者，亦惟去其私欲之蔽，以自明其明德，复其天地万物一体之本然而已耳；非能于本体之外而有所增益之也。”① 这就是说，以天地万物为一体是人“心之仁”的自然发用和流行，不带有任何刻意或故意——“非意之也”；只要仁心未泯，不被私欲所夺，自然可以无所“间隙”，与天地万物为一体。如此说来，不能以天地万物为一体以及导致一体消亡的原因是人之欲与私。由于欲望作祟，人被各种私欲迷惑，于是一体不存。基于这种认识，王守仁指出，私与仁背道而驰，要臻于“以天地万物为一体”的境界，必须克私。至此，他将私置于仁的对立面，致使私成为与天地万物为一体的最大障碍。王守仁的这个说法与程朱主张在大公无私、崇公灭私中体仁走到了一起。

其次，在积极方面，王守仁呼吁显露吾心之仁。按照他的一贯说法，“以天地万物为一体”是吾心之仁的作用，充分显露吾心之仁是以天地万物为一体的前提和方法；并且，仁与私是对立的，只有公才能有效地克服

---

① 王阳明：《大学问》，《王阳明全集（下）》，吴光、钱明、董平等编校，上海古籍出版社1992年版，第968页。

私欲，避免一体之亡。有鉴于此，王守仁对充分显露吾心之仁寄予厚望。在这方面，他将吾心之仁与《大学》中的“明德”相提并论，指出吾心之仁就是“明德”：“是其一体之仁也，虽小人之心亦必有之。是乃根于天命之性，而自然灵昭不昧者也，是故谓之‘明德’。”① 这样一来，显露吾心之仁就成了“明明德”。在此基础上，王守仁进一步将吾心之仁与“明明德”“亲民”联系起来，试图通过“明明德”和“亲民”实现与天地万物为一体。对于“明明德”和“亲民”的重要性，他写道：“明明德者，立其天地万物一体之体也。亲民者，达其天地万物一体之用也。故明明德必在于亲民，而亲民乃所以明其明德也。”② 在王守仁看来，彰明吾心之仁德（“明明德”）是“以天地万物为一体”的根本和实质，“亲民”是达到“以天地万物为一体”的手段和途径，二者合起来就是把吾心之仁德推广于天下，与万物没有间隙，达到一体。对此，他论证说：“是故亲吾之父，以及人之父，以及天下人之父，而后吾之仁实与吾之父、人之父与天下人之父而为一体矣；实与之为一体，而后孝之明德始明矣！亲吾之兄，以及人之兄，以及天下人之兄，而后吾之仁实与吾之兄、人之兄与天下人之兄而为一体矣；实与之为一体，而后弟之明德始明矣！君臣也，夫妇也，朋友也，以至于山川鬼神鸟兽草木也，莫不实有以亲之，以达吾一体之仁，然后吾之明德始无不明，而真能以天地万物为一体矣。夫是之谓明明德于天下，是之谓家齐国治而天下平，是之谓尽性。”③ 在这里，王守仁坚信，通过“明明德”和“亲民”，人可以成为推行吾心之仁的仁者；作为一个仁者，人会把吾心之仁推广于天下的每个人以至于每一物，使一人一物无不沐浴在仁爱之中。在这个意义上，他断言：“仁者以天地万物为一体，使有一物失所，便是吾仁有未尽处。”④ 毫无疑问，通过克灭私意与显露吾心之仁相互作用，当天地万物无一所失地沐浴在仁爱中时，便实现了人与天地万物的一体，“仁者以万物为体，不能一体，只是

① 王阳明：《大学问》，《王阳明全集（下）》，吴光、钱明、董平等编校，上海古籍出版社1992年版，第968页。

② 同上。

③ 同上书，第968—969页。

④ 王阳明：《传习录（上）》，《王阳明全集（上）》，吴光、钱明、董平等编校，上海古籍出版社1992年版，第25页。

己私未忘。全得仁体，则天下皆归于吾。仁就是‘八荒皆在我闼’意，天下皆与，其仁亦在其中。”① 这时，“视天下如一家，中国犹一人焉”的境界便真的实现了。

王守仁对仁“以天地万物为一体”的论述基于宇宙境界或宇宙秩序，其重心和落脚点则在社会秩序。在对社会秩序、道德境界的阐释中，通过对“视天下如一家，中国犹一人焉”的构想，他把重点放在了对如何臻于这一境界的回答上。

二　同体之厚薄，良知之条理
——仁之一体中的等级之分

王守仁不仅强调仁“以天地万物为一体”，而且设置了“天下一家，中国一人”的现实蓝本。通过对“视天下如一家，中国犹一人焉”展开论述，致使仁从宇宙秩序转化为人类社会中的宗法等级秩序和家庭秩序。可以说，植根于仁以天地万物为一体的“视天下如一家，中国犹一人焉”说是王守仁为了挽救当时的社会危机开出的药方，也是其把社会秩序家庭秩序化的理论构想。

王守仁之所以从仁以天地万物为一体中能够推出现实社会的等级秩序，是因为这里存在一个逻辑前提，即一体而差等是仁的题中应有之义。对此，他解释说，仁所蕴涵的一体之厚薄就是亘古不变的社会秩序。王守仁强调，仁以天地万物为一体，一体之中有厚薄之分。这个一体之中的分别、厚薄是良知上的条理，因此，自然而然。据载：

> 问：“大人与物同体，如何《大学》又说个厚薄？”先生（指王守仁——引者注）曰：“惟是道理，自有厚薄。比如身是一体，把手足捍头目，岂是偏要薄手足，其道理合如此。禽兽与草木同是爱的，把草木去养禽兽，又忍得？人与禽兽同是爱的，宰禽兽以养亲与供祭祀、燕宾客，心又忍得？至亲与路人同是爱的，如箪食豆羹，得则

① 王阳明：《传习录（下）》，《王阳明全集（上）》，吴光、钱明、董平等编校，上海古籍出版社 1992 年版，第 110 页。

生、不得则死，不能两全，宁救至亲，不救路人，心又忍得？这是道理合该如此……《大学》所谓厚薄，是良知上自然的条理，不可逾越，此便谓之义；顺这个条理，便谓之礼；知此条理，便谓之智；终始是这条理，便谓之信。”①

在这里，王守仁一面把人与万物、人与人之间的关系定位为洋溢着爱的“一体”“一家”，一面强调“一体”“一家”乃至“一身”之中的厚薄之分。对于既要一体又要分出厚薄的道理，他解释说：一方面，人与天地万物是一体的，这决定了人对天地万物都是爱的；另一方面，厚薄是良知的自然条理，一体之中的厚薄使人对人类、禽兽与草木分别对待，施予不同的爱。于是，便自然而然地形成了这样的状态：在“与万物同体”中——“人与禽兽同是爱的，宰禽兽以养亲，与供祭祀、燕宾客”；在“视天下如一家，中国犹一人焉”中，人与人都是被爱的对象，“一家”“一人”之中的厚薄又使爱先由至亲后及路人——“至亲与路人同是爱的，如箪食豆羹，得则生、不得则死，不能两全，宁救至亲，不救路人”，这正如一身之中手足与头目同是爱的，遇到危难时自然“把手足捍头目”一样。不仅如此，王守仁强调，“一体”“一家”之中的厚薄基于宇宙秩序，是天经地义的；这种秩序正如生理秩序一样不仅天生如此、毋庸置疑，而且不可颠倒。如此一来，通过把人与他人、与禽兽、与草木之间的宇宙秩序、社会秩序说成是基于血缘关系的家庭秩序乃至天然的生理秩序，他为至亲、路人、禽兽、草木等宇宙万物找到了各自的位置。在此基础上，王守仁宣布，万物在宇宙中的位置基于宇宙和谐，由万物各安其位组成的这种秩序不可颠倒或改变：“一体”之中，草木养禽兽，禽兽养人，小人养大人；“一家”之中，先至亲后路人；“一身”之中，手足捍卫头目。

可见，从强调仁以天地万物为一体开始，王守仁把一体中的厚薄之分、差等之别说成是基于宇宙秩序的社会秩序，接着将作为宇宙本体——仁蕴涵的等级秩序贯彻到现实生活中，致使等级秩序下的社会分工成了基于一体之中的厚薄，最后将其进一步说成是基于血缘亲情的家庭成员内部

---

① 王阳明：《传习录（下）》，《王阳明全集（上）》，吴光、钱明、董平等编校，上海古籍出版社1992年版，第108页。

的自然分工乃至一身之中的生理分工。在此过程中，通过大而宇宙秩序、小而生理秩序的相互印证，他系统、全面地证明了上下尊卑的宗法等级制度天然如此，自然而然。这使宗法等级制度下的社会秩序具有了天然性和神圣性，拥有了无可置疑的合法性、合理性，维护、顺从之也成为天经地义的。

三 宇宙秩序、社会秩序与家庭秩序的相互通约——宋明理学的基本特征

宋明理学家对仁的诠释呈现出两个基本特征：在内涵上，强调仁与天地万物为一体；在践履和操作上，突出仁爱之中的差等。作为这套理论的具体运用和展开，王守仁将天地万物与人视为一体，并且指出这种一体天然如此，正如家庭、一身为一体一样；在此基础上，突出一体之中的差等之分，宣布一体之中的差等犹如家庭成员或者身体各个器官的天然分工一样与生俱来、自然合理。这彰显了王守仁思想以及宋明理学的基本特征：从逻辑结构和思维方式来看，一体而等级即是和谐，和谐以承认差等为前提；从价值取向和现实操作来看，各安其分就是和谐。在这方面，王守仁对理想之世的描述极其具有代表性，不仅是其设想的"视天下如一家，中国犹一人焉"的蓝图范本，而且直观地展示了宋明理学家的和谐理念。

王守仁从仁以天地万物为一体推出的"视天下如一家，中国犹一人焉"具有泛爱色彩，仁爱是贯穿始终的主线，是手段似乎也是目的。然而，上述分析显示，这套理论以维护上下、尊卑的等级制度为出发点和目的地。经过他的一番包装和处理，宗法等级制度规定的上下尊卑、劳心劳力的统治关系、剥削关系不仅由于是对宇宙秩序的贯彻而拥有了天经地义的合理性，而且由于成了家庭内部成员甚至一身之中各种器官的分工而天然如此、不可颠倒。正是在这个前提下，王守仁呼吁，每个人都应该在现实社会中恪守自己的等级名分，安于现状，各处其处：在下者理应安于劳苦卑贱的地位，正如"目不耻其无聪""足不耻其无执"①；在上者也要满足已有的地位，不做非分追求。基于这一思路，他在"拔本塞源论"

---

① 王阳明：《答顾东桥书》，《王阳明全集（上）》，吴光、钱明、董平等编校，上海古籍出版社1992年版，第54页。

中对理想的社会秩序进行了这样的安排：

> 唐、虞、三代之世……下至闾井、田野、农、工、商、贾之贱，莫不皆有是学，而惟以成其德行为务……当是之时，天下之人熙熙皞皞，皆相视如一家之亲。其才质之下者，则安其农、工、商、贾之分，各勤其业以相生相养，而无有乎希高慕外之心。其才能之异若皋、夔、稷、契者，则出而各效其能，若一家之务，或营其衣食，或通其有无，或备其器用，集谋并力，以求遂其仰事俯育之愿，惟恐当其事者之或怠而重己之累也。[①]

在这个理想社会中，才能高者“出而各效其能”，“其才质之下者，则安其农工商贾之分，各勤其业”。为此，王守仁要求人们皆“不以崇卑为轻重，劳逸为美恶”，特别是才质下者要“终身处于烦剧而不以为劳，安于卑琐而不以为贱”[②]。他试图告诉人们：天下之人“相视如一家之亲”和“各效其能，若一家之务”便是一体，农、工、商、贾之分以及才能之殊便是差异；无一体则无差异，无差异则不能一体；一体而差异便是和谐。循着这个逻辑，在他的理想社会中，士农工商各守其业、各尽所能，其具体分工是：士管政治教化，农劝其田，工肆成其材，商通有无。这是一个人人各安其分、各守其位、各竭其力、各尽其能的社会；各阶层各安其业，整个社会井井有条、和谐友爱。深入剖析则会发现，这个社会之所以如此友好和谐、井然有序，根本原因在于，每一位社会成员都在与天地万物为一体之仁心的沟通下，克除私意，“皆相视如一家之亲”；各守自己的名分，各尽自己的职责，“出而效其能，若一家之务”。不难发现，这套思路与王守仁认定仁者“与天地万物为一体”，坚信通过仁心的沟通可以臻于“视天下如一家，中国犹一人焉”的设想完全一致——天下亲如一家，是在仁之沟通下与天地万物为一体的最佳境界；这一境界得来的前提是每个人认同、恪守一体之中的差等，坚守自己的名分而各尽其职。

---

① 王阳明：《答顾东桥书》，《王阳明全集（上）》，吴光、钱明、董平等编校，上海古籍出版社1992年版，第54页。

② 同上。

阳明心学与中国早期思想启蒙

黄明同*

享誉海内外的阳明心学，集中国心学之大成，它不仅得到岭南陈湛心学的启迪，而且传承了陆九渊心学。阳明心学，思想博大，内容丰富，影响深远，曾远播日本，对明治维新提供思想资源；对梁启超、孙中山、蒋介石等旅日人士产生过至深的影响，并由于他们回国后的大力宣扬，使阳明心学影响了几代历史人物。当今，在中华民族复兴的重要历史时刻，习近平总书记的多次讲话都高度肯定了阳明心学的当代价值。加强对阳明心学研究，使之服务于中华民族的伟大复兴，服务于现代化建设，很是必要。学界普遍认为，阳明心学是时代的先声，然而对其“时代先声”的具体内涵及其产生原因，则缺乏深入探讨，笔者仅就此谈点粗浅看法。

一　阳明心学的特色

王阳明（1472—1529），名守仁，字伯安，浙江余姚人。少年即立志“读书学圣贤”。在拜望著名学者娄一斋时，慨叹“圣人可学而至”。中举后，即遍读朱子书，践履朱熹的“格物致知”。举进士后，任职于工部。34岁时，结识翰林庶吉士湛若水，二人“一见定交”，决心“共兴圣学”。次年，因上奏疏议论政事而卷入政治风波，被“廷杖

* ［作者简介］黄明同（1939—），女，广西合浦人，广东省社会科学院研究员，广东省岭南心学研究会会长，国际儒联顾问。主要研究方向：中国哲学史与岭南文化。

四十”，贬贵州龙场驿站。在人生困境里，他“日夜端居澄默，以求静一”①（卷三十三，《年谱一》）*，体悟本心，创立“求诸于心”的“格物”说，后又提出“知行合一”说与“致良知”说，构建了阳明心学。阳明心学具有鲜明的特色，在海内外产生过深远的影响。其所以能经久风靡海内外，影响力远超乎其他心学，原因虽多，而学说的特色则是其中不可忽略的因素。阳明心学的特色，可概括为如下几个方面：

1. 以“作圣”为目标的高远性

阳明心学，是一种“作圣之功”，其学说的宗旨是通过认真体认人的本性，即“致良知”，而成就为“圣贤”，把涵养的最高目标设定为“作圣”。阳明心学，这便是一种具有高远性的学说，也是教人实现人生目标的认知方法和涵养方法。

阳明心学的高远性，沿袭儒家的核心理念。“作圣”，是传统儒家早已设定的涵养目标。儒者们认定“人为天下贵”（《孟子·告之上》），“人之性善，禽兽之性不善；人能知义，禽兽不能知义”（《孟子·离娄下》）。人是万物之灵，人是动物，又区别于一般动物。人是社会动物，道德是社会规范，是人的本质属性。基于这一理论起点，原始儒家便提出“格物而后知至，知至而后意诚，意诚而后心正，心正而后身修，身修而后家齐，家齐而后国治，国治而后天下平”②。可见儒学的宗旨，是通过心性的涵养而成就圣贤，以圣贤之才去治国、平天下，这便是新儒家所概括的“内圣而外王”。阳明和明代的心学家陈献章、湛若水一样，沿着这样的理路，把认知与涵养的功夫称作“作圣之功”，把涵养目标确定为“圣贤”。

由于家学的潜移默化，阳明12岁在京师读书时，曾向老师提问：“何为第一等事？”老师说：“惟读书登第耳。”他却说：“登第恐未为第一等事，或读书学圣贤耳。”③（卷三十三，《年谱一》）小小年纪的王阳明，

---

① 《王阳明全集》，吴光、钱明、董平等编校，上海古籍出版社1992年版，第1228页。

② 朱熹：《大学章句》，《四书章句集注》，中华书局2011年版，第5页。

③ 《王阳明全集》，吴光、钱明、董平等编校，上海古籍出版社1992年版，第1221页。

*全书的文中注格式未作硬性统一，所以有几篇文章的文中注篇名在后。因全书的主题为“阳明学”，所以文中注省略书名只列卷数者皆为《王阳明全集》。后文不再专门解释。

即以读书学圣贤，为人生的目标，他创立的心学，以“致良知”为功夫，教人通过对自身道德本性的体认，而后成为圣贤。正是这一高远目标的确立。鉴于此，阳明心学能为当时的广大士人所接受，也使之可超越时空，具有普世价值，具有感召力与凝聚力。事实上，古今中外的有志者，无不以“作圣”为人生目标，“作圣”这一涵养目标，便具有极大的吸引力，教人作有道德的“圣贤”——成功人士，便是阳明心学具有较大影响力的首要原因。

2. 即知即行的务实性

源于社会，服务于社会，知而必行，讲求践履，是阳明心学的又一特色。其务实性首先体现在以“知行合一”取代朱熹的“格物致知”，反对士人“终日从事于无用之虚文，莫自知其所谓”，强调道德观念与修养行为的一致性，故有学者界定它为“道德实践”说。孙中山曾在《建国方略·心理建设》中，对阳明心学的务实性予以充分的肯定，指出：“若夫阳明‘知行合一’之说，即所以勉人为善者也”，“惟以人之上进，必当努力实行，虽难有所不畏，既知之则当行之，故勉人以为其难。遂倡为‘知行合一’之说，曰：‘即知即行，知而不行，是为不知。’其勉人为善之心，诚为良苦。”[①] 孙中山认定，阳明学说并非清谈，而是劝勉人们“即知即行”“努力实行”。

阳明心学的务实性还体现在阳明积极践履其学说，终其一生为安邦定国而奋斗不息。在两广、江西等地平乱时，所到之处不仅以其学说指导他去“剿山中贼”，还以之去“剿心中贼”，其赫赫战功正是其学说务实性的集中体现；他所到之处，关心当地的政事民生、风俗教育，昌明政教，依循其学说努力去解决社会现实问题；为了促进地方发展，他在地方平乱后，积极上疏建言设县，先后在福建、江西、广东设平和、崇义、和平三县，在政教不及的边远之地开展德治教化。

任何理论学说，其生命力无不在于能接地气，能走出象牙塔尖而服务于社会，阳明心学能风靡几百年，正是其学说的务实性带来了永久的生命

① 孙中山：《建国方略·心理建设》，《孙中山全集》第6卷，中华书局1985年版，第197页。

力。学界曾有偏见，认为晚明社会的清谈之风是王学流毒所致，并把明代的覆灭归罪于王学。这样的诟病，不仅混淆了阳明学的学理与后学们的清谈，还扭曲了明亡的原因，让逝后的阳明蒙冤。事实上，阳明心学在几百间依然风靡，直至今日的企业家们特别喜欢阳明心学，重要原因也在于“知行合一”的务实性，教人甩开膀子实干而不空谈。

3. 语言通俗的简明性

阳明心学更具影响力，还由于其表述方式的高明。王阳明以简明、通俗、生动的语言，使深刻学理能易于理解，易于传播。不论是“心即理”，还是“知行合一”或“致良知”，都以寥寥几个字，把其创新的、深刻的本体论、认知论和道德论简明地表述出来，令人一看就明，一读即入心。这样的表述，较陈献章的“静养端倪”、湛若水的“随处体认天理”通俗多了。难怪当年的梁启超虽十分肯定陈献章“人格是高尚极了，感化力伟大极了”，却又指出“白沙叫人用功的方法就在‘静中养出端倪’一句话。端倪二字太玄妙”，因而人们“不易效法，不易捉摸。所以一时虽很光明，后来终不如阳明学派的发达”①，这说到点子上了！梁启超不仅道出了阳明心学的重要特色，而且揭示了一个令学者务须重视的道理：语言是思想学说的重要载体，传播的重要工具。当然，阳明心学的“发达”与陈湛心学的式微，原因是多方面的，语言只是其中一个原因，当然也是极为重要的原因。

阳明心学的通俗性，还体现在用简明语言解读学理。解读“格物”时，阳明如此简明地说：“格者，正也。正其不正，以归于正也。”②（卷一，《语录一・传习录上》）这是多么直白！“格物致知”，是儒家传统的认知与涵养方法，通过格物便可以致知，但何谓“格物”？王阳明告诉你，“格”就是“正”，就是把不正的，即不善的念头革除，使不正、不善归于正、归于善。他临终的遗言，只有“此心光明，亦复何言”八个字，那是何等之简单明了之表白！

---

① 梁启超：《国学要籍研读法四种》，《儒家哲学》第五讲，吉林人民出版社2013年版，第54页。

② 《王阳明全集》，吴光、钱明、董平等编校，上海古籍出版社1992年版，第25页。

人们一般以为，心学深不可测，难读难懂，平民百姓无法接受，而事实上阳明心学，因语言的简明通俗，使深邃的思想无需太多的解读，便能使人理解并深入人心，这便是其学说能远播、广播的优势所在。这可启示后人，学问须有深度，但语言务须浅白，不要以为别人读不懂才叫有学问、有水平。

二　阳明心学的“三乐章”

学界普遍认为，阳明心学由“心即理”“知行合一”和“致良知”三部分构成。确实这三者成为相互联系、密切关联、有着内在逻辑关系的三大乐章，共同组合成阳明心学的美妙交响乐。

1. “心即理”说，阳明心学的本体论

“心即理”是阳明心学的理论基点，是其本体论的集中体现。阳明提出“心”是宇宙的本体。何谓“心”？他认为“心即理也。此心无私欲之弊，即是天理”[①]（卷一，《语录一·传习录上》），没有私欲之“心”就等同于作为宇宙本体的“理”，宇宙间的一切无不由“理”而生，也就无不由心而生。又指出：“心者，天地万物之主也”“心”是天地万物的主宰，心衍生万物、囊括万物，“心即天，言心则天地万物皆举之矣。”[②]（卷六，《文录三·书三·答季明德》）阳明心学便是以心为宇宙的本体、万物的本源。“心”具有衍生、统摄与主宰的功能。

在阳明看来，宇宙间的一切，不论是外在的事与物，还是内在的意或知，不外乎都是心的外发，“身之主宰便是心，心之所发便是意，意之本体便是知，意之所在便是物”[③]（卷一，《语录一·传习录上》）。宇宙间的一切皆由心所衍发、所囊括，各种事与物只是名称不同，称作“理”“义”“善”等，虽名称相异，但实质无非“吾心”罢了。由“心即理”的理论基点出发，王阳明推演出：“心外无物，心外无事，心外无理，心

① 《王阳明全集》，吴光、钱明、董平等编校，上海古籍出版社 1992 年版，第 2 页。
② 同上书，第 214 页。
③ 同上书，第 6 页。

外无义，心外无善。"[①]（卷四，《文录一·书一·与王纯甫》）"心外无物"是王阳明对陆九渊心学"心即理"的发挥，由此，其学说更具主体性特色，也就有着更浓烈的心学色彩。

阳明在"心"与"理"之间，画上等号。他说："心虽主乎一身，而实管乎天下之理，理虽散在万事，而实不外乎一人之心。"[②]（卷二，《语录二·传习录中》）心就是理、理就是心，于是，宇宙的本体便带有主体性与道德伦理性，"即从主体性上面找到道德的源头"[③]。这便是阳明心学的道德本体特色。

"心即理"是阳明心学的起点与基础，是其心学性质的集中体现。对阳明心学的"心即理"，学界一直有多种解读，近年更有学者以西方的现象学、量子学等现代学科的理论来阐述其合理性，如称："王阳明乃是以本体的人的存在为出发点，来理解世界的本体论存在方式"[④]；或称"这个回答，无疑是一种现象学思想的中国式表达"[⑤] 等。这种比较研究，将有助于对其理论的解读，以及促使其现代转换。

2. "知行合一"说，阳明心学的认知论

心学实质是一种认知与涵养方法。王阳明年轻时便十分注重寻找这些方法。他先是遵循朱熹极力主张的"格物致知"，16 岁在庭院格竹求理，欲"格尽天下万事万物"而求得天理，但失败了。因此认定，"先儒解格物为格天下之物，天下之物如何格得？且谓一草一木亦皆有理，今如何去格？纵格得草木来，如何反来诚得自家意？"[⑥]（卷三，《语录一·传习录下》）尽管王阳明没有完全否定"格物"方法，但他重新诠释了"格物"，提出"格"便是"正"，把不正而归于正而已。

① 同上书，第 156 页。

② 《王阳明全集》，吴光、钱明、董平等编校，上海古籍出版社 1992 年版，第 42 页。

③ 欧阳谦：《"心即理"的意向性诠释——从现象学看阳明心学》，《孔学堂（中英双语）》2015 年第 4 期。

④ 张新民：《意义世界的构建——论王阳明的"心外无理、心外无物"说》，《孔学堂（中英双语）》2014 年。

⑤ 欧阳谦：《"心即理"的意向性诠释——从现象学看阳明心学》，《孔学堂（中英双语）》2015 年第 4 期。

⑥ 《王阳明全集》，吴光、钱明、董平等编校，上海古籍出版社 1992 年版，第 119 页。

学界一般认定阳明的“龙场悟道”，也是“格物致知”。事实上，他那次格物“始知圣人之道，吾性自足，向之求理于事物者误也”，明白了认知与涵养便是求理于心，是道德本性的自觉，而不是向外求理。随后，王阳明便提出“知行合一”的认知方法，并开始讲授。

“知行合一”论是依据“心即理”、“心”与“理”合一理论而完成的认知论，是“心即理”说的展开。在王阳明看来，认知与涵养的对象是在自己心中的道德本性，那么须进一步解决人在认知之后如何见诸行动，即“知”与“行”的关系。他说：“我今说个知行合一，正要人晓得一念发动处，便即是行了。”①（卷三，《语录三·传习录下》）在认知的同时就是践行了。阳明认定，知与行不可分离，“知之真切笃实处，即是行；行之明觉精察处，即是知，知行工夫本不可离”②（卷二，《语录二·传习录中》）；“知是行的主意，行是知的功夫；知是行之始，行是知之成”③（卷一，《语录一·传习录上》）。他强调：“知行原是两个字说一个工夫”④（卷六，《文录三·书三·答友人问》），知行不可分作二事。

王阳明的“知行合一”，是教人注重践履，强调人对道德本性的认知，不应只停留在意念层面上，而必须体现在日常实践之中，他认定“未有知而不行者。知而不行，只是未知”⑤（卷一，《语录一·传习录上》）。“知行合一”说，是王阳明一生能成就事功的理论基础。他受命朝廷在地方平乱中，践履其学说理念，如进行“亲民”“教化”移风易俗等等。他的一生，为后人树立了知行合一的楷模。“知行合一”说，揭示了“知”与“行”具有密切的、同一的关系，创新了儒家传统的知行学说，却又更彰显了传统知行学说的道德伦理性。

3. “致良知”说，阳明心学的道德论

“致良知”，是王阳明最后提出的命题，是其认知论的深化，以及道德论的彰显，是其理论的核心。

---

① 《王阳明全集》，吴光、钱明、董平等编校，上海古籍出版社1992年版，第97页。
② 同上书，第42页。
③ 同上书，第4页。
④ 同上书，第209页。
⑤ 同上书，第4页。

正德十二年（1517）至十六年（1521）间，阳明的大部分时间在江西赣州、南昌度过，在其“百死千难”的军旅生涯中，在平定宁王叛乱之后，他深感“良知真足以忘患难、出生死”，认定“致良知”是“真圣门正法眼藏”，便提出“致良知”说，奏响其心学的第三乐章。

“致良知”说是把认知看作人对自身道德本性的体认与觉悟。阳明提出：“吾教人致良知，在格物上用功，却是有根本的学问。”①（卷三，《语录三·传习录下》）认定学问的根本“只是在良知上用工”②（卷二，《语录二·传习录中·答陆原静书》），“就自己良知上真切体认”③（卷二，《语录二·传习录中·启答道通书》）。

何谓“良知”？阳明明确界定说：“良知者，心之本体。”④（卷二，《语录二·传习录中·答陆原静书》）“吾心之良知，即所谓天理也”⑤（卷二，《语录二·传习录中·答顾东桥书》）。就是说，“良知”即“心之本体”，即“天理”。那么，王阳明进而推理说：“致吾心良知之天理于事事物物，则事事物物皆得其理矣”。可见，“致良知”便是这真切地体认天理，守住自己的本体之心，也就正心之不正而归于心之正，在这一意义上，“致良知”与“格物”有完全同等的涵义。

王阳明尤其强调“致良知”的重要性，指出“良知之外别无知矣，故致良知是学问大头脑，是圣人教人第一义”。他认定，作为社会教化，首先是教人“致良知”；作为个人，你要完成“作圣之功”，便须“致良知”。他指出：“圣人气象自是圣人的，我从何处识认？若不就自己良知上真切体认，如以无星之称而权轻重，未开之镜而照妍媸。”王阳明认为，“良知良能，愚夫愚妇与圣人同”⑥（卷二，《语录二·传习录中·答顾东桥书》），“良知之在人心，无间于圣愚，天下古今之所同也”⑦（卷二，《语录二·传习录中·答聂文蔚》），也就是说，人人具有同一的“良知”，人人均可体认

---

① 《王阳明全集》，吴光、钱明、董平等编校，上海古籍出版社1992年版，第99页。

② 同上书，第71页。

③ 同上书，第59页。

④ 同上书，第61页。

⑤ 同上书，第45页。

⑥ 同上书，第49页。

⑦ 同上书，第45页。

自己的“良知”，圣与愚之所以有别，是在于“惟圣人能致其良知，而愚夫愚妇不能致”①（卷二，《语录二·传习录中·答顾东桥书》）。故王阳明认定，只要能够“致良知”，那么“人人皆可为尧舜”。

可以说，“致良知”是阳明心学中的道德论，它凸显了阳明心学的学术宗旨，及其理论价值与普世意义，那便是教人进行心性涵养，完成“作圣”功夫。

4. 三乐章之主旋律乃“道德”

由“心即理”“知行合一”与“致良知”三大乐章，组合成阳明心学雄壮的交响乐，道德则是其主旋律。他首先确立的“心即理”本体论，把人的本心——“道德”，提升至与天理齐格的本体之层面，对人的主体精神予以肯定与高扬；进而，“知行合一”的认知论，以道德为认知对象，强调对道德的认知与对道德的践履，是一段功夫，二者密不可分；最后，依据“心即理”与“知行合一”而推演出“致良知”道德论，是把“良知”提升到本体的位置，教人在自己的心的本体即良知上，进行“真切体认”，实现人的道德本性的自我觉醒，并把道德品格践履到事事物物上，从而完成“作圣之功”。可以说，阳明心学三乐章无处不见“道德”二字。

近年，在神州大地出现的阳明心学热中，学者常论及其学说的三个部分，也注意到三者的逻辑关系推演，但稍忽略贯穿于其中的主旋律，这或许在今后特别需要注意之处。对阳明心学的基点、核心与依归的研究与宣传，务须着眼在“道德”，才不失王阳明创立心学的本意。

三　阳明心学，早期启蒙先声

阳明心学，产生于明代中叶，是中国早期启蒙先声。在明史以及阳明学的研究中，早已有学者关注到这一方面，只是各人的表述不同而已。

1. “心外无物”，强调人的主体精神高扬

何谓“启蒙”？一般而论，启蒙是指发生在欧洲 14 世纪开始的“文艺复

① 《王阳明全集》，吴光、钱明、董平等编校，上海古籍出版社 1992 年版，第 49 页。

兴”直至18世纪的“启蒙运动”。关于“启蒙”的界定，学界一般采用康德的定义：“启蒙运动就是人类脱离自己所加之于自己的不成熟状态。不成熟状态就是不经别人的指引，就对运用自己的理智无能为力。当其原因不在于缺乏理智，而在于不经别人的指引就缺乏勇气与决心去加以运用时，那么这种不成熟状态就是自己所加之于自己的了。Sapeae aude（要敢于认识）！要有勇气运用你自己的理智！这就是启蒙运动的口号。”① 这是一个被认为经典的定义。

然而，启蒙运动并非仅仅呼吁人的“理性”，它是一个由社会生产发展，带动社会方方面面变化而必然产生的社会运动。欧洲启蒙运动折射出由神权统治的封建社会跨进人性解放、人权平等的现代社会的必然。启蒙的本质是“人的解放”，是对人性的合理、平等的肯定，以及对主体精神高扬的诉求。人的觉醒与主体精神高扬乃启蒙的核心。西方的启蒙运动的发生体现着“人类社会的基本生活方式的转变带来社会的转型，进而带来观念的转换”②，即：“社会的基本生活方式的转变”→“社会的转型”→“观念的转换”。启蒙运动既是社会发展的产物，又是推进社会发展的动力。在欧洲发生的启蒙是社会由传统向近代（或称现代）的跨越，这样的社会转型，在世界的各个国家都会发生，在中国也不例外。有学者如是分析：

侯外庐先生说：“中国启蒙思想开始于十六、十七世纪之间，这正是‘天崩地解’的时代。思想家们在这个时代富有‘别开生面’的批判思想”，“也就是从明嘉靖到万历年间，是中国历史上资本主义萌芽最显著的阶段”③。尽管文中没有具体提到阳明，但这里所说的年代，正是阳明生活的年代；尽管文中没有明指“富有‘别开生面’的批判思想”是什么，但明显是指阳明心学。

商传先生说：“正德时期开始，中国进入了从传统社会向近代社会转型时期。”④ 这一时期，商品经济的发展，使“人们的社会观念开始发生

---

① 康德：《答复这个问题：“什么是启蒙运动”》，《历史理性批评文集》，何兆武译，商务印书馆2007年版，第23页。

② 王玉顺：《警惕“强国压倒启蒙”——“儒家启蒙主义”倡言（一）：“‘反思启蒙’的三种立场”与“启蒙的普遍意义”》，《战略与管理》2017年第1期。

③ 侯外庐：《中国思想通史》，人民出版社1956年版，第3页。

④ 商传：《明代文化志》，上海人民出版社1998年版，第16页。

了变化”[①]。

关履权先生明确指出：王阳明在《储柴墟》的信中说：“今天下波秃风靡，为日已久，何异于病革临绝之时!”“在写给黄绾的信中又说：“今天下事势如沉疴积痿。”[②] 这是说，阳明预感到社会已处于“临绝”的危机，大的变革即将到来，当然他不可能预测到社会自然经济开始解体，商品经济空前活跃，但他能顺乎历史潮流而提出新的思想学说，创立合乎社会发展要求的心学，体现了中国早期的启蒙思想。

阳明心学的启蒙性，可从多方面作分析。近年，学界比较多地从高扬人的主体精神方面进行揭示，尤其从“心即理”“心外无物”入手。有学者借助西方的现象学，重新解读阳明的“心外无物”，肯定其中高扬人主体精神的价值。主要观点[③]可归纳为：

其一，阳明心学，是以“心”为意义与价值的家园。

“价值与意义的根源不可能自外于人的妙灵真心真性”，“离开了人的心灵自觉，外部经验的世界只是一团没有意义的死物堆积的世界。心作为价值与意义的源头，为经验世界带来了心物浑然交融的理趣与生机”。

其二，阳明心学，以“心”为主宰。

“心承载着‘天理’，又为人之主宰”，“这就要求在学习圣贤的自我转化过程中主要的修养工夫仍为‘复心体之同然’。而只有充分高扬人的主体性，充分撑开人的精神自由，将整个社会宇宙当成实践的道场，使心性光明本体充分披露展示，使至大至刚之气充沛流行发用，充塞弥漫于天地宇宙中，以此实现人之为人的价值”。

其三，阳明心学，使人的主体性获得拔高。

“王阳明乃是以主体的人的存在为出发点来理解世界的本体论存在方式的。无论人的本体论本质或物的本体论的显现都透过心物一元的‘观照’桥梁获得联结”，认定“‘心外无理’‘心外无物’等学说，非但‘心’之能动存在意义得到了空前的突出，而人的主体性地位也获得了空

---

① 商传：《明代文化志》，上海人民出版社 1998 年版，第 13 页。

② 关履权：《湛若水的政治思想及其时代》，《若水研究文集》，花城出版社 1993 年版，第 176 页。

③ 张新民：《意义世界的构建——论王阳明的“心外无理、心外无物”说》，《孔学堂（中英双语）》2014 年。

前的拔高”。

其四，阳明心学，认定万物为心所覆盖。

王阳明说：“心外无物的命题——万事万物无一不在道德心灵的超越涵盖之下，万事万物无一不得到道德心灵的统察照会。主体不沉溺于客体，而客体尽收摄于主体。”“可见阳明‘此花不在你心外’之说，乃是强调心的‘能照’功能，亦即主观能动的心的感性的直观形式。”

学者如上对“心外无物”的种种阐说，集中到一点便是阳明心学对人的主体性的充分肯定，这正是不折不扣的启蒙性。有学者把人的主体性称作“个体性”，并认为，“这种个体性在哲学层次上的表达，就是笛卡尔的著名命题‘我思故我在’”，进一步又具体说：“这里，作为个体的‘我’乃是作为理性的‘思’的前提，而‘思’是一切存在者的前提，于是个体自我便成为了存在论的根基。”① 确实，欧洲启蒙运动，宣告“上帝已死”是“人的解放”，人从神的统治下解放，人的主体性高扬，具体是说宇宙间的万事万物不是上帝所造，而是由“人”的“思”所产生。可见用“我思故我在”来概括当时的启蒙思想是再恰当不过了。相当一段时间，中国学界总是用“我思故我在”来解说王阳明的“心外无物”，并由此界定阳明心学是唯心论，这确有不当，但是，从二者的等同中去窥视其中所蕴含的启蒙思想，即“我思”方有一切的存在，个体的人是宇宙的主宰者，这也便可以使人们从中审视到阳明心学的启蒙性。

2. “致良知”，启蒙性的集中体现

可以说，“心外无物”体现了阳明心学的启蒙，而“致良知”说更是阳明心学启蒙性的集中体现。无须讳言，“致良知”说有“存天理去人欲”的理论指向，但在这一命题中，已蕴含了与西方文艺复兴时期所倡导的自然人性、人性平等、人性解放、人的主体精神高扬等相一致的启蒙思想。下面从三个方面看它的启蒙性：

首先，“良知”是天赋的、自然而然存在的，是一种自然人性。

“致良知”说认为人性是天赋的，这与西方文艺复兴时期倡导的自然

① 王玉顺：《警惕“强国压倒启蒙”——“儒家启蒙主义”倡言（一）：“‘反思启蒙’的三种立场”与“启蒙的普遍意义”》，《战略与管理》2017 年第 1 期。

人性论堪相一致。

王阳明提出：良知是天赋予人的一种“灵根”。他说：“良知即是天植灵根，自生生不息”，“良知者，孟子所谓‘是非之心，人皆有之者’也。是非之心，不待虑而知，不待学而能，是故谓之良知，是乃天命之性，吾心之本性，自然灵昭明觉者也”。这是说，“良知”是“天命之性”“心之本体”，是人不须要学习和思考，自然而然就知、就会的天性，也就是一种先验人性。这种天性，不须外烁而存于人的“是非之心”，是一种有“是非”原则的道德本性。可见，“良知”即是天赋的道德本性，即是人所以成为人的天赋人性。孟子曾说：“天之生人，有物有则”，“良知”，也便是天赋予人的“天则”，即人的本性，与西方的“天赋人权”的说法相一致。

其次，人人皆有“良知”，人性平等。

“致良知”说认定，人的“良知”和“致良知”，都是平等的，这与西方启蒙运动所倡导的“平等”观，很是吻合。

王阳明提出：“良知之在人心，无间于圣愚，天下古今之所同也。”“良知之在人心，不但圣贤，虽常人亦无不如此。”他认定，天下古今，不论是圣贤还是常人，人的“良知”都一样，没有差异，人性是平等的，人人皆有。可见，王阳明认定天所赋予人的天性是平等的，没有等级差别。这是一种不折不扣的“平等”观。

再次，人人皆可“致良知”，涵养心性人人平等。

“致良知”说认为，人人都能体认良知，感悟自身的本性，人人平等，这同样是倡导平等。

王阳明认定，不仅人们在“良知”的本性上平等，而且，人们在体认良知，即“致良知”上，也是平等的，他说：“自己良知原与圣人一般，若体认得自己良知明白，即圣人气象不在圣人而在我已。”在王阳明看来，致良知人人都一样，只要体认了自己心中的良知，我就是圣人了。人与人，是何等之平等！只是有的人致良知了，而有的人没有致良知，所以才会出现“圣贤”与“愚夫愚妇”的不同。他十分明白地说：“良知、良能，愚夫愚妇与圣人同，但惟圣人能致其良知，而愚夫愚妇不能致，此圣、愚之所由分也。”

“致良知”说，是“人皆可为尧舜”平等观的理论基础。王阳明强调，人通过对良知的体认，涵养自身的本性，便可成为有道德的“圣贤”，即今人所说的成功人士。这是启示人们，通过对道德本性的感悟与觉醒，便可以高扬人的主体精神，而成就事业。这蕴含着人的主体性的觉醒与张扬的平等性。

综上所述，“致良知”说，蕴含着人性天赋、人性平等、人性独立和人性觉醒的启蒙思想。此外，阳明心学还呼吁自由、倡导思想解放、讲求务实、引人向善等，这些均称得上早期的启蒙先声。

3. 阳明心学的启蒙性，得到验证

具有鲜明特色的阳明心学，曾作为中华文化第一支劲旅，远征东亚，远播海外。19世纪日本明治维新运动，是一场由传统社会向现代社会转型的革新运动，当时的思想武器不仅来自西方，亦来自中国的阳明心学。《传习录》传入日本，因迎合日本现代化发展的需要而被接纳，为日本明治维新造就了一批人才，并成为他们的思想武器。“日本维新之治，心学之为用也”（梁启超语），这验证了阳明心学的启蒙性。

在中国，阳明心学影响了中国几代志士。维新首领谭嗣同的《仁学》，有“心力决定论”倾向，认为“心力”为“人之所赖以办事者”，脑的作用也是“心力所由显”，“治化之盛”无不决定于“善其心力”，他甚至提出“夫心力最大者，无不可为”[①]。孙中山在其《建国方略·心理建设》中，以相当长的篇幅论及王阳明，尽管孙中山并不完全同意阳明的知行观的一些看法，但文中却十分肯定日本人“推尊阳明极为隆重”，而“中国学者同是尊重阳明”，他尤其肯定“阳明‘知行合一’之说，即所以勉人为善者也”[②]。蒋介石青年时代，在日本听到日本人对阳明的赞扬，即开始了对他的崇拜，后来主政台湾期间，更极力推崇阳明学，要求政府官员读阳明著作，把台北的“草山”更名为“阳明山”，当今台湾人还努力使之进入企业管理。毛泽东向来注重人的主观能动精神，早年曾撰写《心力论》，抗日时期的著作《实践论》，其副题为“论认识与实践的关系——知和行的关系”，近年来人们对阳明“知行合一”的解

① 谭嗣同：《仁学》，华夏出版社2002年版，第142—157页。

② 魏千年：《明清史概论》，中国社会科学出版社1998年版，第197—198页。

读，明显是借用了毛泽东的“理论与实践统一”的意思。

近年，阳明心学更有继续风靡之势。在学界，专家们把阳明学与西方心理学、管理学、现象学、量子学等现代学科作比较，寻觅中西文化相交融的路向，探究传统心学的当代价值。海内外有许多研究阳明学的著作出版，其中有吴光主编的《阳明学研究丛书》（十种，中国人民大学出版社2009年版）；日本冈田武彦的3卷本《王阳明大传——知行合一的心学智慧》（88.4万字，重庆出版社2015年版）；瑞士耿宁2册本《人生第一等事——王阳明及其后学论“致良知”》（38个印张，商务印书馆2014年版）。在民间，一批阳明学通俗读物充盈书店，人们以购买和阅读阳明书为时尚，企业家则关注如何运用阳明心学进行管理。

近年，习近平总书记在多次讲话中高度评价了阳明心学的当代价值，全国各地掀起了研究阳明学的热潮，相关的研究机构如雨后春笋般发展。历史与现实的经验说明，阳明心学的生命力与影响力，正是对其启蒙性的验证。

四　阳明心学，历史背景与当代价值

人类社会发展，有着自身的规律，从自然经济到商品经济是社会发展的必然，中外概莫能外。自宋以来工商业开始得到发展，“以农为本”的国策受到了挑战；至明代，由于政府改革政策的驱动，商品经济有了更快速的发展。历史唯物论告诉人们，社会存在决定社会意识，这是社会发展规律，铁定的规律。明初的经济改革措施出台，催化了商品经济发展的同时，带来了人的思想理念、社会意识的变化。可以说，阳明心学是明代社会经济发展的产物，是宋明商品经济发展所结出的思想硕果。

1. 明代改革，催化商品经济发展

商品经济，其生产目的则是为了交换。当社会生产水平提高，产品比较丰富之后，家庭成员消费不完，于是生产者之间的交换，便频繁起来。剩余产品愈多，交换愈频繁，同时社会出现一些专业户，专门为产品的交流而进行某一品种的生产，生产的目的完全是为了产品的交换，并期待在

交换中获利。

明初，朝廷为政权的巩固而采取了各种改革措施，一方面构筑了物质基础。有利于政权的巩固；另一方面，则催化了商品经济的发展，促使社会走向转型。明代的改革，为商品经济发展提供了如下条件：

首先，农业与手工业的发展，为商品生产提供原材料，以及可供交换的剩余产品。

明初，朝廷实施移民屯田、兴修水利等政策，耕地的扩增，水利工程的修建，有效地促进了农业的增长。据史料记载，至万历三十年（1602），出现全国耕地面积的极高数字，达1160余万顷①，农业生产有了更广阔空间。农业技术的不断提高，农业生产如虎添翼。史料称：明中叶出现了“木牛”等新型生产工具，在耕耘、选种、播种，以及施肥等方面都有较大的改进，此外引进和推广新农作物品种，种植高效益的经济作物等。农业增产，有更多农产品既进入流通领域，又带动了手工业生产。

明代中期如纺织、冶炼、制糖、陶瓷、制盐等的发展尤其迅猛，带来更多可供交换的商品。

其次，劳动力解放，为商品经济的发展提供人力资源。

从西方的经验看，当年英国商品经济的发展，其重要原因之一，是圈地运动，迫使农民离开了土地，而成为鸟一般自由的人，为商品生产提供了劳力。中国虽没有发生“圈地运动”，但是，明代的工匠制度的改革，废除了匠户常年服役制，使工匠在不服役期间，有了人身自由；又改亲身服役为征银服役，使工匠可以用银两去买得人身自由。这就使原来没有人身自由的工匠，能获得自由身。当时有人身自由的劳力，还来源于破产的手工业者、农民、被解雇的人。据《明神宗实录》记载，万历年间在江苏地区，社会上出现“恒产绝少”，“浮食奇民，朝不谋夕，得业则生，失业则死”（《明神宗实录》，卷三六一），这些失业者同样为商品经济发展提供了人力资源。再说，手工业的规模生产，带来可流通的产品的丰富，促使商品经济的发展，规模性生产无疑为经济社会告别自给自足的自然经济，迈向商品经济提供了转机。

---

① 魏千年：《明清史概论》，中国社会科学出版社1998年版，第146页。

再次，赋税的减免，为商品经济发展提供了催化剂。

古代中国“以农为本”，“重农抑商”，“重税”是“抑商”的“杀手锏”。迫于商品经济发展的大势，明朝廷不得不采取减免赋税的改革，以顺应历史潮流。明代的税制改革：一是轻税。如商税实施“三十而取一”。二是免税。如“田器等物”“嫁娶丧祭之物”“舟车丝布之类”，即关乎国计民生的生活用品，一律免税。三是赋税制度的执行。不得苟且，违抗者受到惩处。赋税的减免，为商品经济的发展添加了催化剂，其作用：一是减轻商品生产的成本，增强其竞争力；二是，一直受着赋税重压的商家，得到松绑，增强其从事商业活动的信心与决心；三是，扫除商品流通的路障，营造发展商品经济的宽松的社会环境。

最后，外贸政策的调整，为商品经济的发展拓宽海外流通渠道。

明代的外贸政策，一方面是实施“海禁”，另一方面则是倡导“朝贡”。可以说，前者是限制了民间的对外贸易活动，而后者却有利于拓展商品向外流通的渠道，促进商品经济的发展。明代王朝比较注重与海外国家通好，曾采取各种措施与邻国加强经济与文化的交往。永乐年间给日本发出百份来华通商的证书——“堪合”。据不完全统计，永乐十七年（1419）至嘉靖二十三年（1544）这一期间，日本有90多艘商船来华，中国商船也开往日本的长崎，互市贸易。[①] 拓展海外市场成绩最为卓著的是，永乐三年（1405）至宣德八年（1433）这28年间，朝廷派郑和七下西洋，“我之云帆高张，昼夜星驰，涉彼狂澜，若履通衢者”，足遍30余国，为中国商品经济拓展更宽阔的海外市场。

总而言之，明代的改革，确实促进了商品经济的发展，既昭示着中国社会的转型，又催化了启蒙思想的孕育与产生。

2. 商品活动，产生商品意识

社会存在决定社会意识，特定的社会历史条件，必然产生出相应的思想学说。可以说，富于启蒙性的阳明心学，是明代社会商品经济发展所结

---

① 魏千年：《明清史概论》，中国社会科学出版社1998年版，第380页。

出的硕果。可以说，探究商品经济与商品意识，是深究阳明心学启蒙性的关键。

商品，具有不同于一般产品的属性，正是其特质决定了商品经济的活动方式，人们正是在商品经济的特定的环境中，产生出特有的思想观念和价值取向。回顾那段历史，可见如此的发展轨迹：明代改革→促进商品经济发展→催生商品意识→心学应运而生→阳明心学体现时代的启蒙思想。

关于商品经济如何催生商品意识，可作如下的考察：

经济学常识告诉人们，商品是商品经济社会的细胞；它是物品，又非一般物品，它具有自身的特质，商品的特质具有二重属性，即使用价值与交换价值。商品的使用价值，是能满足人的需要的属性，任何物品，无不具有使用价值，物品的效用便是它的使用价值。就是说，任何物品，都可以满足人们的一种特殊需要，使用价值，同时也是商品交换价值的物质承担者。商品的交换价值，是商品的价值在交换中所体现的价值，商品的价值则是凝结在商品中的人类劳动，一般用经过抽象的劳动时间来计算，它是通过交换才能实现。换言之，不进入交换流通的物品，并非商品。商品的使用价值，不是为它的所有者而存在，而是为交换的对方而存在，也正是在交换中，它与对方的等值的交换中，使自身凝结的、由劳动时间所体现的价值得到实现。

鉴于商品必须进行交换，而这种交换则必须具有一定的前提条件：一是交换的空间，二是独立的人格，三是等价的原则。

商品需要其交换的开放空间。开放，只有开放，而不是自我封闭，才有商品的存在，才有商品经济的发展。开放，就是商品必具的属性，人们也就在商品交换的开放空间中，孕育与产生出开放意识来。

商品的所有者，是商品的监护人，是独立的生产者，他具有代表商品的资格；在商品交换的过程中，交换的双方独立存在，彼此没有依附。

商品交换必须依循价值规律，即等价交换。价值规律，彰显出商品交换是商品所有者双方彼此交换一种同等的价值。等价交换有时出现不等价，是因为受到市场供求波动的影响，这仅仅是暂时的、表面的，而其基本的、实质的交换原则，还是等价的原则。履行等价交换原则，应有先决的条件：这种独立性，体现出着一种平等的关系。显然，商品交换须依循的价值规律，必然呼唤独立人格，以及人的自由，这也就是对等级观念的挑战，是对平等的诉求。商品经济带来了人与人之间的一种新的经济关系，而这种经济关系的变更，必然反映在社会的生活的各个层面上，催化了社会观念的变化。可见，独立、平等、自由都是商品经济活动的产物。

3. 阳明心学，对社会发展的双重回应

事物，总是多面相的。宋代以来商品经济的发展，在观念层面上，既带来了开放、独立、平等、自由等新的理念，带来人们对主体性高扬的渴求；而同时又带来了人的物欲膨胀，对“利”的追逐，“鸡鸣而起孳孳而为利”渐渐衍化为社会的普遍现象，社会出现道德下滑的负面效应，这就是朱熹说的“人欲横流”。

面对社会商品经济发展所带来的严酷的社会现实，儒士们总要考虑如何应对。在宋代，以程朱理学为代表的新儒家学说，提出“存天理，去人欲”的主张，认为人的物质欲望与体现社会道德纲常的天理，二者势不两立，此消则彼长，故只有“格尽天理”，才能保存人欲。这是一种以压抑人欲来维系封建纲常的办法。迄至明代，儒士们逐渐意识到，人欲与天理并非势不两立，而是相互依存，于是心学家们都去寻求解决问题的另一思路。

王阳明面对商品经济发展带来的现实社会，作了双重的回应：一方面，把商品经济所产生的商品意识升华为富有启蒙性的心学，呼唤人性天赋、人性平等、人性解放，以及主体精神的高扬，营造了社会转型时代的思想体系；另一方面，则是直面道德纲常沦丧的状况，把“道德”作为主线，编织其心学：把道德升格为宇宙本体，把体认道德与践履道德的合一作为人的认知与涵养方法，把体认道德作为至圣的通道。其心学便是教人对自身道德本性的觉悟，从净化人的心灵，进而维系社会纲常，以疗治经济发展带来的社会顽疾。

在商品经济迅猛发展的当今，人们同样面临着物欲膨胀，道德下滑的严峻局面，阳明心学对社会发展的双重回应，很值得借鉴。在继承与弘扬阳明心学之时，既要弘扬其启蒙思想，也须弘扬其对道德觉悟的认知与涵养学说，紧紧抓住“道德”二字。当然，任何学说都会有历史的局限，以及个人认知水平的不足，王阳明也不例外，对其道德先验，以及过于夸大意念的功能等的不足，也须正视，对它进行真理性的、创新性的解读，促使它的当代转换，使之能更好地为当今的社会软实力建设服务。

论王阳明“知行合一”与“治世”思想

辛小娇*

学界从哲学角度对王阳明“知行合一”思想的研究普遍而深刻，但将此理论与其治理社会之实践相结合的分析尚不够充分。事实上，王阳明不仅是“知行合一”理论的提出者，更是这一思想的力行者。所谓“治世”，就是治理社会中诸种关系的实践并使之达到最佳状态。王阳明提出过诸多“治世”理念，学界对此研究丰富，主要体现在两个方面：一是从认识论的逻辑层面对“治世”理论中的政治向度予以阐发；二是分析王阳明在为官过程中推行的“治世”措施。已有的成果为我们继续研究王阳明的“治世”思想提供了宝贵的材料，然而这两种研究思路都将其哲学思想与社会实践主张相分离，因而具有局限性。笔者尝试从“知行合一”理论入手研究王阳明的“治世”思想，通过梳理二者的内在勾连，分析其“治世”理论的核心内容与价值特征，从而试图对其整体面貌予以呈现。

一　王阳明“知行合一”的基本思想

以往学界对王阳明“知行合一”思想的研究大都围绕其形上思辨层面展开，笔者则站在实践的角度，对该理论中“知”与“行”的关系进行了详细分析。据此，“知行合一”说主要包含了以下三个方面的内容：

---

* ［作者简介］辛小娇（1990—），女，安徽宣城人，南京大学博士研究生。主要研究方向：儒学。

1. 知不离行

阳明心学产生之前，在官方与社会中占统治地位的程朱理学在知行关系上强调先“知”后“行”，即对道德准则的了解是实践活动的前提，从而导致王阳明所面临的社会问题是人们了解社会通行的道德法则，但并不依照这些法则办事；明知为道德律令所禁止，却仍然违背禁令去行动。因此，王阳明认为“知”必须要在“行”中体现出来，否则不能为真知，正所谓“未有知而不行者，知而不行，只是未知”①。这是王阳明“知行合一”思想的第一层涵义——知不离行。《王阳明全集》中记载的例子恰好说明了这一点：

> 有一属官，因久听讲先生之学，曰“此学甚好。只是簿书讼狱繁难，不得为学。”先生闻之曰：“我何尝教尔离了簿书讼狱，悬空去讲学？尔既有官司之事，便从官司的事上为学，才是真格物……簿书讼狱之间，无非实学。若离了事物为学，却是著空。”②

由此可见，为官之学问不可脱离“簿书讼狱”之类的政治实践，可从“簿书讼狱”中获得，即“知”蕴藏于“簿书讼狱”之“行”中。王阳明认为，必须要将所学之“知”落实于真切的实践中，方能显示“知”的效用与价值，不致沦为虚寂，正所谓“人须在事上磨，方立得住”③。

王阳明在论证知不离行时，常常借助经验事实。他说：

> 食味之美恶必待入口而后知，岂有不待入口而已先知食味之美恶者耶……路岐之险夷必待身亲履历而后知，岂有不待身亲履历而已先

---

① 王守仁：《传习录（上）》，《王阳明全集》，吴光、钱明、董平等编校，上海古籍出版社2011年版，第4页。

② 王守仁：《传习录（下）》，《王阳明全集》，吴光、钱明、董平等编校，上海古籍出版社2011年版，第107页。

③ 王守仁：《传习录（上）》，《王阳明全集》，吴光、钱明、董平等编校，上海古籍出版社2011年版，第14页。

知路歧之险夷者耶?[1]

这是说对于“食物之美恶”“路歧之险夷”的判断，必须要在“身亲履历”后方能做出判断，亦即对于事物之理的认识有待于“行”，只有从具体实践活动中得到的知识，才能算得上是真知。人的道德修养亦是如此，若其只停留于观念的层面，并不能表示已经具备德，正如王阳明所说：“就如称某人知孝、某人知悌，必是其人已曾行孝行悌，方可称他知孝知悌。”[2] 诸如“孝”“悌”之类的德性必须要落实于德行之中，否则，不能说知晓了“孝”“悌”。

因此，王阳明认为真正的“知”应包含“行”的向度，“知”必须落实于“行”，付诸于实行，方为真知。正所谓“致知者，意诚之本也，然亦不是悬空的致知，致知在实事上格”[3]。先验的“知”唯有在后天的工夫中才能获得其现实性的品格。

2. 行不离知

行不离知意在说明人的行为要依赖人心之“知”而进行。在王阳明的思想中，此“知”特指“良知”，即与生俱来的、天赋的德性之知。因此，行不离知突出了道德意识在人的行为活动中的重要性，要求人于内在精神上下工夫。

王阳明认为“行”中已包含了“知”，且“行”藉“知”以成就自身。他说：

行之时，其心不能明觉精察，则其行便不能真切笃实。[4]

---

① 王守仁：《答顾东桥书》，《王阳明全集》，吴光、钱明、董平等编校，上海古籍出版社2011年版，第47页。

② 王守仁：《传习录（上）》，《王阳明全集》，吴光、钱明、董平等编校，上海古籍出版社2011年版，第4页。

③ 王守仁：《传习录（下）》，《王阳明全集》，吴光、钱明、董平等编校，上海古籍出版社2011年版，第136页。

④ 王守仁：《答友人问》，《王阳明全集》，吴光、钱明、董平等编校，上海古籍出版社2011年版，第234页。

能“行”并不代表已“知”，然“行”若离了“知”，则其“行”便是妄行，不能达到预期效果。因此，行为的发生不能离开行动者固有的美德，德性之“知”是行为的合理性根据与指导性方向。也就是说，虽然实践活动是人心与外部世界建立联系的重要途径，但在这个过程中人心之“知”是起点、是基础，若没有强烈的道德之“知”的支撑与挺立，实践活动便成了无源之水、无本之木，缺乏方向与目标。人能不能“行”、如何去“行”、行为的正确与否，皆由“知”所决定，故“知”永远决定“行”。需要指出的是，“行”不离“知”并不是说要“知”了再去“行”，即先获得道德修养，再投入实践，否则只能“终身不行”“终身不知”。

结合以上两点，“知”“行”关系可以概括为知行不离：知不离行意在强调学问知识必须要投入于实践之中，从而避免空疏、玄虚之知，在其现实性上凸显了实践的重要性；行不离知意在强调实践中必须要以德性之“知”为基础，从而避免无知妄为与盲目冥行，在其现实性上凸显了知识对于行为的统帅作用。

3. 以行归知

知行不离是王阳明“知行合一”理论的基本内涵，但从根本上看，“知”与“行”实际上是一个工夫。王阳明说：

> 凡谓之行者，只是着实去做这件事。若着实做学问思辨的工夫，则学问思辨亦便是行矣。学是学做这件事，问是问做这件事，思辨是思辨做这件事，则行亦便是学问思辨矣。若谓学问思辨之，然后去行，却如何悬空先去学问思辨得？行时又如何去得做学问思辨的事？行之明觉精察处，便是知；知之真切笃实处，便是行。若行而不能精察明觉，便是冥行，便是“学而不思则罔”，所以必须说知；知而不能真切笃实，便是妄想，便是“思而不学则殆”，所以必须说个行，元来只是一个工夫。①

---

① 王守仁：《答友人问》，《王阳明全集》，吴光、钱明、董平等编校，上海古籍出版社2011年版，第232页。

无疑，“学问思辨”“做这件事”原本分别属于“知”“行”的范围，二者有明确的划分。但是，王阳明认为，倘若我们在“学问思辨”上做“真切笃实”的工夫，那么“学问思辨”的活动就是“行”，倘若我们在“做这件事”的过程中能够“明觉精察”，那么“学做这件事”的行为就是“知”。可以说，“行”的开展中已渗透了“知”的规范，“知”的存在中已蕴含了“行”的要求。

可以说，“知”与“行”不仅在时间上同时发生、不分先后，甚至就是同一个活动的两面①，最终归于统一。统一于何处？统一于“知”。②王阳明知行学说的最终走向就是以行归知，他举了大量事例论证“行”就是“知”。《全集》记载：

> 先生游南镇，一友指岩中花树问曰：“天下无心外之物，如此花树，在深山中自开自落，于我心亦何相关？”先生曰：“你未看此花时，此花与汝心同归于寂。你来看此花时，则此花颜色一时明白起来。便知此花不在你的心外。”③
>
> 如意在于事亲，即事亲便是一物；意在于事君，即事君便是一物；意在于仁民爱物，即仁民爱物便是一物。④

王阳明认为肉眼所见之“花”并非存在于客观世界，而是存在于人心，那么“观花”的过程就可被看做是复归本心、体认本心的过程，即“知”的过程。不仅如此，作为德行的“事亲”“事君”“仁民爱物”亦被看做是心的认知活动。总之，不管是作为外在的物理，抑或内在的性理，皆一心所发，而“心外无理”。倘若行为的对象都聚于心内，那么，

---

① 王守仁：《与陆静原书》，《王阳明全集》，吴光、钱明、董平等编校，上海古籍出版社2011年版，第186页。

② 贺麟即认为“知行合一乃指与行为同一生理心理活动的两面而言”（参阅宋志明《儒家思想的新开展——贺麟新儒学论著辑要》，中国广播电视出版社1995年版，第272页）。

③ 王守仁：《传习录（下）》，《王阳明全集》，吴光、钱明、董平等编校，上海古籍出版社2011年版，第122页。

④ 王守仁：《传习录（上）》，《王阳明全集》，吴光、钱明、董平等编校，上海古籍出版社2011年版，第7页。

所谓“行”也就是心上的工夫。

正如李承贵教授所说：“就知识论意义上说，‘知行合一’即强调实行与言论一致，即说了必须做，言行一致，显示‘诚’的价值；强调理论落实到实践，不尚空谈，反对向壁虚构，显示‘实’的价值。就伦理道德意义上说，‘知行合一’强调走出‘知’的辖区，反对空谈心性，要求道德理念下落为道德实践；‘知行合一’强调‘知’即‘行’，从而用‘行’的标准来处理‘知’的问题，做到时刻关注‘知’的动向，将所有可能的恶消灭在‘知’的状态，从而引出思想教育的必要性。”① 总之，王阳明的“知行合一”理论一方面体现了他重视德性之“知”，另一方面又坚信这种德性之“知”必须要在实践中获得现实的力量。最终站在心为万物缘起的角度上，认为“行”亦是“知”，从而走向了以“知”统“行”的知行合一论。

二 王阳明的“治世”方法

王阳明在理论上认为“知”“行”无先后之分、轻重之殊，在实践中反对空想之知与冥行之行，主张以心之仁德为基础的建功立业与济世安民，提出了一系列“治世”措施。诚如钱穆所说：“阳明讲学，偏重实行，事上磨炼，是其着精神处。讲王学的人，自然不可不深切注意于阳明一生的事业。”② 值得注意的是，与以行归知相对应，在治理社会的方式上表现出以心挽世的倾向。

1. “治世”以德

从实践的角度看，行不离知旨在说明社会治理要以为政者与老百姓固有的德性之知为基础。

针对为政者，一方面，王阳明主张君主对百姓要施仁道、行善政，正所谓“夫志于为利，虽欲其政之善，不可得也。志于行道，虽欲其政之

---

① 李承贵：《知识优先于道德——贺麟对“知行合一”的诠释及其启示》，《中共宁波市委党校学报》2014年第1期。

② 钱穆：《阳明学述要》，九州出版社2010年版，第3页。

不善，亦不可得也”[①]。他在给皇帝的上奏中说：

> 臣惟财者民之心也，财散则民聚；民者邦之本也，本固则邦宁。故文帝以赐租致富乐之效，太宗以裕民成给足之风。君民一体，古今同符。[②]

在这里，王阳明重申了儒家“治世”的一个重要命题，即：“民为邦本”，凸显了老百姓在国家治理中的主体地位，旨在要求君主对老百姓要宽厚仁德。另一方面，王阳明主张国家的政令必须要靠具有为民之心和道德品质高尚的官员推行。他认为“有司之失职”是天下不治的重要原因，而“上司之人”的失职是“有司之失职”的根本原因，“小官小吏”的失职皆是由“上司之人”的失职引发的，所以为官者必须勤政爱民。

针对老百姓，王阳明提出了乡约的“治世”模式，通过在乡村订立乡规民约，对民众进行道德教化，以达到稳定乡村秩序的目的。王阳明在平定南赣一带的农民起义后，推广践行了其乡约的“治世”模式。他认为，叛乱发生的原因不在于民众之性恶，而在于“司治之无道，教之无方”，农民得不到道德的熏陶，长此以往，社会中形成了恶俗并得不到遏制。所以，王阳明制订乡约对百姓进行道德教育，即使人人通过修身而心存善念，以善念待人处事，而成为“善良之民”，最终达到移风易俗，和谐乡里，安定社会秩序之目的。乡约的具体做法是推举约长、约副、约正、约史、知约、约赞等作为乡约的首领，负责乡村教化事宜，每月进行一次约会进行彰善和纠错，具体内容无非是儒家道德伦常。由此可见，乡约作为王阳明治理南赣地区的政策，关键在于从个人修身格心上下工夫，希望通过正人心达到治理社会的目的。可见，乡约理论与王阳明知行不离思想是一脉相承的，是王阳明“知行合一”理论的具体运用。

---

① 王守仁：《送黄敬夫先生佥宪广西序》，《王阳明全集》，吴光、钱明、董平等编校，上海古籍出版社 2011 年版，第 1152 页。

② 王守仁：《计处地方疏》，《王阳明全集》，吴光、钱明、董平等编校，上海古籍出版社 2011 年版，第 476 页。

2. 四民异业而同道

传统儒家认为商业是在功利之心的驱使下进行的不合德性的活动。王阳明对此持不同意见，他在理论上坚持知不离行，与之对应，在现实中十分重视事功，其中一个重要表现就是对于商业的重视。他说："良知只在声、色、货、利上用功，能致得良知精精明明，毫发无蔽，则声、色、货、利之交，无非天则流行矣。"① 又说："使在我果无功利之心，虽钱谷兵甲，搬柴运水，何往而非实学？何事而非天理？"②

王阳明认为作为道德本体的良知不排除"声色货利"，只要"声色货利"能够致得良知，使良知没有遮蔽，则对"声色货利"的追求就符合天理。"钱谷甲兵"之事亦是如此，只要不存功利之心，"钱谷甲兵"之事就是实学，符合天理。总之，他认为凡是合乎道德良知的治世措施都是应该被提倡和采纳的。

王阳明进一步论述：

> 其才质之下者，则安其农、工、商、贾之分，各勤其业以相生相养，而无有乎希高慕外之心……故其精神流贯，志气通达，而无有乎人己之分，物我之间。③

若人人皆能以德性修养为基础，同心同德，按照自身的才智从事农、工、商、贾等本职工作，"各勤其业""相生相养"而不希高慕外，那么这个社会便可和谐安宁，亲如一家。不仅如此，他还例举商周之代伊尹、胶鬲、吕望、百里奚的事例说明他们虽然从事着不同的职业，但"皆古之仁圣英贤"。而传统的四民不平等观念产生的根源在于"王道熄而学术乖，人失其心，交骛于利以相驱轶，于是始有歆士而卑农，荣宦游

① 王守仁：《传习录（下）》，《王阳明全集》，吴光、钱明、董平等编校，上海古籍出版社2011年版，第139页。

② 王守仁：《与陆静原书》，《王阳明全集》，吴光、钱明、董平等编校，上海古籍出版社2011年版，第186页。

③ 同上书，第62页。

而耻工贾”[①]。由“王道熄”而导致“人失其心”，良知被遮蔽，逐利之心凸显。那么，如果能够恢复王道，正人心，则四民之道是一致的。

因此，王阳明对传统四民观点提出了修正，明确提出了“四民异业而同道”的崭新思想，详细记录在他为弃儒从商的方麟撰写的《节庵方公墓表》中：

> 古者四民异业而同道，其尽心焉，一也。士以修治，农以具养，工以利器，商以通货，各就其资之所近，力之所及者而业焉，以求尽其心。其归要在于有益于生人之道，则一而已。[②]

在王阳明看来，“四民”皆能“尽其心”“有益于生人之道”，所以不存在绝对的高下之分，而都应得到重视，士、农、工、商皆该得到发展。同时，王阳明也将其重视商业的思想在社会实践中予以落实，如在巡抚田州期间，王阳明允许“商课”“设于河下”[③]，薄取其税，以资给用，保护商业的发展。

3. 以心挽世

王阳明的知行观在理论上走向以行归知，在其现实性上必然要求人们在人心上做工夫，这是“治世”的核心。王阳明认为，只要把人心治理好，使之按照道德伦理行为，社会自然能够得到治理。李承贵教授曾提出“心政”的概念——“由‘心’出政，‘心’正则‘政’治”，可以借用来作为对王阳明“治世”特征的精要概括。[④]

在王阳明看来，此“心”是人之“本心”，是天赋的完满自足的内在“德性”，就是“良知”：

---

① 王守仁：《节庵方公墓表》，《王阳明全集》，吴光、钱明、董平等编校，上海古籍出版社 2011 年版，第 1037 页。

② 同上书，第 1036 页。

③ 王守仁：《处置平复地方以图久安疏》，《王阳明全集》，吴光、钱明、董平等编校，上海古籍出版社 2011 年版，第 536 页。

④ 李承贵：《杨简“心政”理念与实践——杨简治理思想及其特质》，《浙江社会科学》2014 年第 5 期。

依此良知，忍耐做去，不管人非笑，不管人毁谤，不管人荣辱，任他工夫有进有退，我只是这致良知的主宰不息，久久自然有得力处，一切外事亦自不能动。[①]

仆诚赖天之灵，偶有见于良知之学，以为必由此而后天下可得而治。[②]

若人能遵循心之良知而行，就自然能够抵制外在的邪说、物欲等的侵蚀，民心就会稳定，民心稳定，则社会安定。可见，良知不仅是个人修养的准则，而且对于社会政治也有重要影响，这就将治理社会与治理人心联系起来。王阳明说：

且如事父，不成去父上求个孝的理？事君，不成去君上求个忠的理？

交友治民，不成去友上、民上求个信与仁的理？都只在此心。心即理也。[③]

如果伦理事务、政治事务都失序了，那么应该从何处找原因呢？他回答："都只在此心。"即：现实生活的失序，不能去外物上找原因，而必须回到自身，返回内心的良知去寻找根源。换句话说，"治世"不成根源于"治心"不力。这样，王阳明就将"治世"这种政治问题归结为"治心"这种道德修养问题，形成了王阳明"治世"理论的一个重要特色。实际上，希望以"治心"达到"治世"之目的的治理方式之合理性在儒家看来是不言而喻的，李承贵教授曾精准地从四个方面概括之，这里不再赘述。[④] 王阳明在此基础上，将此心规定为良知，进而明确治理社会并不

---

① 王守仁：《传习录（下）》，《王阳明全集》，吴光、钱明、董平等编校，上海古籍出版社2011年版，第115页。

② 王守仁：《答聂文蔚》，《王阳明全集》，吴光、钱明、董平等编校，上海古籍出版社2011年版，第90页。

③ 王守仁：《传习录（上）》，《王阳明全集》，吴光、钱明、董平等编校，上海古籍出版社2011年版，第2页。

④ 李承贵：《儒家治理社会的三个环节》，《华南师范大学学报》2011年第6期，第5—8页。

再是向外的求索与行为，而必须返回人之本心，观照本心之良知。

因此，王阳明不仅是一位儒者，亦是一位政治家，具有杰出的经世能力。王阳明将“知行合一”理论贯穿于治理社会的实践中，提倡德政，注重教化，同时主张发展经济，表现出与传统儒者不同的“治世”倾向。更值得注意的是，王阳明突出了“心”之于社会治理的重要作用，体现了以心挽世的“治世”倾向。

三 结 语

王阳明的“治世”思想是以“知行合一”理论为基础的具有可行性与开创性的价值理论。即便从今天的视角看，这种思想仍然可以对社会的治理发生诸多积极意义，原因在于：

第一，准确把握了知识与实践二者的关系，对传统儒家重“知”轻“行”的理论倾向有所突破，对后世治理思想的发展亦有深远影响。诚如蔡方鹿教授所说，虽然宋代理学家理论上主张通经以明理，明理以致用，然而“理学末流空谈心性义理，不讲通经致用，脱离实际，演成空虚无实之弊，把修身与事功、内圣与外王对立起来，过分强调‘穷理’而忽视‘致用’”①，这与理学家们知行分离、知先行后的思想不无关系。王阳明的“治世”理论以“知行合一”为指导，在“治世”的过程中提倡重“知”亦重“行”，反对知行分开而导致的空谈性理与无知妄行等弊端，对后世产生了重要影响，它直接推动了明清之际经世致用思想的产生，亦对民国时期梁漱溟的乡村建设运动产生了一定的影响。当前中国提倡基层群众建设、社区建设，在此过程中，既要帮助民众提高思想道德意识与民主法治意识，也要积极采取措施提高人民生活水平。

第二，强调对道德与利益的双重关切，纠正了传统儒家重农轻商思想的片面性，对于后世商业的发展有思想启蒙作用。王阳明之前的儒者大都将义、利对立并持重义轻利的观点，甚至对利采取了坚决排斥的态度。作为逐利的商业，地位十分低下，特别是自西汉之后，重农抑商成为儒家的正统思想。与此不同，王阳明不仅重视工商业，保护商人利益，而且认为

---

① 蔡方鹿：《论吕祖谦的经世致用思想》，《中共宁波市委党校学报》2014 年第 3 期。

"治生亦是讲学中事"，认为学者只要"调停得心体无累，虽终日做买卖，不害其为圣为贤"[①][②]。这里的"心体"实际上就是指良知，王阳明认为良知不排除声色货利与钱谷兵甲，只要声色货利、钱谷兵甲能致得良知，就符合天理，这体现了王阳明对于道德和利益的双重关切。总之，王阳明将评判事物的标准放在良知而非简单的义利之上，是对传统思想的一个重大突破，对明清之际商业的发展有重要的影响。明末李贽就继承和发展了王阳明"四民异业而同道"的思想，认为要提高商人的地位，保护商业的发展，甚至提出要给工商业者以明确的私有权利。明末清初，黄宗羲在《明夷待访录》中也提出了"工商皆本"的口号。王阳明这种对道德和利益的双重关切对现代中国的"治世"实践亦有巨大的启示：现代社会，商人为了追求超高的商业利益，不惜以损害人民的利益甚至健康为前提，食品安全问题、房屋建筑质量问题等等层出不穷。因此，不仅要加强对商业的法治建设，亦要加强对商人的道德教化。

第三，将自上而下的"治世"模式与自下而上的"治世"模式结合起来，降低了传统治理模式中对于统治者的依赖程度，对于提高民众的参政意识与参政能力具有重要作用。从孔子的德治到孟子的仁政，从荀子的礼治到朱熹的"德礼"为本，"刑政"为辅，为政者不管以德性教化百姓还是以礼法制约百姓，都是一种自上而下的治理社会的模式。儒者希望通过圣明的统治者将仁爱之心自上而下地推广到民众中去，实行仁政，以稳定民心，安定社会秩序，必要时，辅之以刑罚。因而，在以儒家思想为主导的中国古代社会中，为政者较少采取与百姓合作、互动的方式，百姓的参政意识和能力弱，基本依赖于在上者的治理。王阳明的"治世"理念与此不同，他将自上而下的"治世"模式与自下而上的"治世"模式结合起来，一方面重视德治，另一方面主张以心挽世。毫无疑问，这个心不仅仅是为政者之心，而是每一个老百姓的心。因此，王阳明将好的政治不仅寄托在为政者自上而下的仁政之中，更寄托在每一个民众的道德修养之中。这样，在"治世"问题上王阳明就实现了一个内转，治理家国天下

---

① 王守仁：《传习录拾遗》，《王阳明全集》，吴光、钱明、董平等编校，上海古籍出版社2011年版，第1291页。

② 朱承：《信念政治与社会教化——阳明学派的政治向度论略》，《贵阳学院学报》（社会科学版）2015年第1期。

究其根本就是要治理人心。且不谈这种道德之知在其现实性上究竟能否顺利地转化为行，它无疑提高了民众自身对于社会治理好坏的影响程度，表达了好的政治是民众的自我创造这一现代“治世”理念。

然而不可否认的是，由于王阳明“知行合一”理论最终走向以行归知，一以贯之地体现在治理社会的理论与实践中则表现为过分强调道德修养在整个治理过程中的重要作用：第一，“知行合一”将“行”看作“知”，消解了“知”与“行”的差别。“知”与“行”二者有关联，“知”主导“行”，“行”体现“知”，但二者亦有区分。以行归知，容易导致个体过分重视知识而忽略行动，最终流于与理学家相同的弊病。第二，以心挽世扩大了道德在社会治理中的功能与作用。李承贵教授在检讨儒家治理思想的三个环节——“治心”“治身”与“治家”时明确指出其缺陷为“功用扩大化”“效果绝对化”“标准亲情化”与“操作简单化”①，可以拓宽我们对王阳明“治世”思想中不足之处的思考。王阳明将“治世”的关键归结在“治心”上，认为只要人心治理好了，社会自然得到治理，这无疑扩大了“治心”的功能，将“治心”的效果绝对化。此“心”固然对人的行为具有约束作用，但不具备强制性，因此在现实中并不是每个人都能以高度的道德自觉意识去抵御私欲的侵蚀“以体悟扩充自己内在的良知善性”以达到对社会治理有所裨益的目的。且由于每个人的道德水平参差不齐，因而这种约束作用并不具有普遍性，不能有效地发挥其效用。

① 李承贵：《儒家治理社会的三个环节》，《华南师范大学学报》2011年第6期，第5—8页。

阳明的神迹

——以《年谱》为中心

崔海东*

在读阳明《年谱》时，会发现其中充满了对阳明一生各种神迹①的详尽描写。此与儒家传统的“不语怪力乱神”和对超自然领域保持“敬而远之”“存而不论”的态度迥然不同，若与先秦圣贤平和充粹的文本对比，这种冲击会极为强烈。当然，这不是我们现在才有的印象，明人已是如此，如冯梦龙在他“偶阅《年谱》”时，便觉得阳明与佛教和尚济公、道教仙人许逊极为类似，而后两者已有小说，故自己正可据《年谱》再创一篇，以并为三。② 可见《年谱》中阳明神迹之强烈，并非愚之孤论。下面探讨这些神迹的种类、形成以及影响。

---

* ［作者简介］崔海东（1975—），男，江苏南京人，江苏科技大学副教授，博士。主要研究方向：中国哲学、政治哲学。

① 笔者所讨论的“神迹”，指王门记载、流传下来的关于阳明生平事迹中种种悖乎理性、经验和常识的超自然现象，并非神秘主义体验，也不是悟道过程中的个人体验，关于后者，陈来先生已有过详细说明，见其《心学传统中的神秘主义问题》，载《有无之境——王阳明哲学的精神》，人民出版社 1991 年版，第 390—400 页。

② 冯梦龙在《三教偶拈·序》中云：“偶阅王文成公《年谱》，窃叹谓：文事武备，儒家第一流人物，暇日演为小传，使天下之学儒者，知学问必如文成，方为有用。因思向有济颠、旌阳小说，合之而三教备焉。夫释如济颠、道如旌阳，儒者未或过之，又安得以此而废彼也。”见魏同贤主编，《冯梦龙全集》第 30 册，上海古籍出版社 1993 年版，第 9—10 页。所谓济颠，就是后世所谓“济公”，济颠小说，即《济颠罗汉净慈寺显圣记》。旌阳，即传说中的晋朝仙人许逊，其曾任蜀旌阳县令，故称旌阳，其小说，即《许真君旌阳宫斩蛟传》。冯梦龙所作阳明小说，即《皇明大儒王阳明先生出身靖乱录》，可参见钱明《中晚明社会对王阳明的造神运动》，载《杭州师范大学学报》（社会科学版）2009 年第 3 期。

一 神迹的种类

以《年谱》为主，参其他记载，可将阳明的神迹按施受区分的不同如下：

1. 自身发生之神迹

其一，梦境。阳明一生有许多梦境，竟然在后来的岁月中逐一验证，当真匪夷所思。如《年谱》载："（阳明15岁时）一日，梦谒伏波将军庙，赋诗曰：'卷甲归来马伏波，早年兵法鬓毛皤。云埋铜柱雷轰折，六字题文尚不磨。'"[①] 伏波将军即平定西南之汉将马援（前14—49），伏波将军乃其官职。阳明57岁征思南，经梧州，"（十月）谒伏波庙。先生十五岁时尝梦谒伏波庙，至是拜祠下，宛然如梦中，谓兹行殆非偶然"[②]。并且写了两首诗，其中有"四十年前梦里诗，此行天定岂人为"。又如，阳明21岁时举浙江乡试，《年谱》载："是年场中夜半见二巨人，各衣绯绿，东西立，自言曰：'三人好作事。'忽不见。已而先生与孙忠烈燧、胡尚书世宁同举。其后宸濠之变，胡发其奸，孙死其难，先生平之，咸以为奇验。"[③] 此是说阳明三人同中举人，又同历宸濠之变，正验证当年考场仙人托梦。再如阳明28岁时，《年谱》载："先生未第时尝梦威宁伯遗以弓剑。是秋钦差督造威宁伯王越坟……事竣，威宁家以金帛谢，不受；乃出威宁所佩宝剑为赠，适与梦符，遂受之。"[④] 此是说，阳明曾梦到威宁伯王越（1426—1499，明代中期西北戍边名将）赠他弓剑，后来阳明督造王越之坟，果然得其佩剑。

儒家经典中会有梦境之描述，但通常只是表达理想之召唤。如孔子叹："久矣，吾不复梦见周公"，那是孔子表达对天下有道的夙夜所思、梦寐以求而已，至于周公只是一个符号，并未在也无须在现实中得到验证。而《年谱》中所津津乐道于梦境与现实之间一一被验证的神奇，已

---

① 《王阳明全集》，吴光、钱明、董平等编校，上海古籍出版社1992年版，第1222页。

② 同上书，第1322页。

③ 同上书，第1223页。

④ 同上书，第1224—1225页。

经超越了儒家的表达初衷与范围。

其二，法术。阳明因家族所传，学会道教法术（此详见下文），《年谱》载其31岁时在家乡“筑室阳明洞中，行导引术。久之，遂先知。一日坐洞中，友人王思舆等四人来访，方出五云门，先生即命仆迎之，且历语其来迹。仆遇诸途，与语良合。众惊异，以为得道”①。也就是说，他可以足不出户，却预先知晓外面即将发生的事情。弟子黄绾《行状》所载与此小异而大同，其云：“养病归越，辟阳明书院，究极仙经秘旨，静坐，为长生久视之道，久能预知。其友王思裕（舆）等四人欲访公，方出五云门，即命仆要于路，历语其故。四人惊以为神。”② 可见，此事在王门已是公论。当然，我们不讨论此道教法术的真伪，只是关注这份记录的神乎其神。

其三，事功。宸濠之难时，阳明48岁，《年谱》载：“闻变，返舟，值南风急，舟弗能前，乃焚香拜泣告天曰：‘天若哀悯生灵，许我匡扶社稷，愿即反风。若无意斯民，守仁无生望矣。’须臾，风渐止，北帆尽起。”③ 此记录已神似诸葛亮作法借东风了，即便此风向之变属实，但肯定不会是阳明祷告所致。甚至还有阳明门人塑造阳明在军中曾四十天不睡觉，如王遵岩问王畿：“先师阳明在军中，四十日未尝睡，有诸?”王畿曰：“然，此原是圣学，古人有息无睡。”④ 又云：“先师已造位神人，焚之火而心不与俱焚，溺之水而心不与俱溺者也。”⑤ 这已经完全把阳明当作神仙了。

2. 外力施予之神迹

其一，出身。《年谱》载：“是为（1472）九月三十日，太夫人郑娠十四月。祖母岑梦神人衣绯玉云中鼓吹，送儿授岑，岑警寤，已闻啼声。

① 《王阳明全集》，吴光、钱明、董平等编校，上海古籍出版社1992年版，第1225—1226页。

② 同上书，第1408页。

③ 同上书，第1261页。

④ 陈弘绪：《寒夜录》卷上，《豫章丛书（子部）》二，江西教育出版社2002年版，第194页。

⑤ 伍袁萃：《林居漫录》卷五，《清代禁毁书丛刊》第1辑，台湾伟文图书出版社1977年版，第549—560页。

祖竹轩公异之，即以云名。乡人传其梦，指所生楼曰瑞云楼。”[①] 历史上凡是著名人物特别是帝王将相的出生，往往附会神异现象，以自我圣化，区别凡庸，此在豪杰之辈，可以理解，然儒者如此，委实令人叹息，阳明亦不能免此俗也。

其二，说话。《年谱》载：“先生五岁不言。一日与群儿嬉。有神僧过之曰：‘好个孩儿，可惜道破。’竹轩公悟，更今名，即能言。”[②] 钱德洪《后瑞云楼记》与之微异，变为一道士，其云：“先生五岁尚未言，有道士至其家，戒竹轩公曰‘天机不可泄’。竹轩公觉之，乃更先生名，自是讳言梦矣。”[③]（《余姚县志》卷十四，《古迹》）此是说阳明幼时取名“王云”道破了仙人云中送子的出生秘密，所以受罚5岁不能讲话，后有神僧或仙道路过，点破这个问题，阳明祖父为阳明更名为“守仁”后，阳明立即开口说话了。其实，时间关系不等于因果关系，同时代的文徵明到8岁讲话还不清楚，即便阳明到6岁才开口讲话，虽然晚些亦属正常，又何需扯上仙释。

其三，相命。《年谱》载阳明11岁至京师，“（一日）与同学生走长安街，遇一相士。异之曰：‘吾为尔相，后须忆吾言。须拂领，其时入圣境；须至上丹台，其时结圣胎；须至下丹田，其时圣果圆’”[④]。此是说相士认为阳明一生可分为胡须长到衣领、丹田上方、丹田下方三大阶段，分别对应初入圣境、结成圣胎[⑤]、证成圣果。虽然《年谱》未作说明，但丝毫未出意外，此预测又一一验证。“须拂领”约略37岁“龙场悟道”，“须至上丹台”则是50岁提出“致良知”，当宸濠之乱之后，而“须至下丹田”即57岁征思田逝世时，所谓“吾心光明，夫复何言”。

其四，奇遇。《年谱》载阳明36岁遭刘瑾陷害被贬至龙场，但他不

---

① 《王阳明全集》，吴光、钱明、董平等编校，上海古籍出版社1992年版，第1220—1221页。

② 同上书，第1221页。

③ 《余姚县志》，1899年（清光绪二十五年）本。

④ 《王阳明全集》，吴光、钱明、董平等编校，上海古籍出版社1992年版，第1221页。

⑤ 简单地说，道教内丹派谓精气神合炼，即结金丹、结圣胎。阳明后来对此屡有自己的解释。如学生“问仙家元气、元神、元精。先生曰：‘只是一件：流行为气，凝聚为精，妙用为神’”。又如云“只念念要存天理，即是立志。能不忘乎此，久则自然心中凝聚，犹道家所谓结圣胎也”。分见《王阳明全集》卷一，第19、11页。

想去，“因附商船游舟山，偶遇飓风大作，一日夜至闽界。比登岸，奔山径数十里，夜扣一寺求宿，僧故不纳。趋野庙，倚香案卧，盖虎穴也。夜半，虎绕廊大吼，不敢入。黎明，僧意必毙于虎，将收其囊；见先生方熟睡，呼始醒，惊曰：‘公非常人也！不然，得无恙乎？’邀至寺。寺有异人，尝识于铁柱宫，约二十年相见海上；至是出诗，有‘二十年前曾见君，今来消息我先闻’之句”①。这里面有两个神奇的地方，一则猛虎居然不敢吃阳明，二则在寺中遇到江西铁柱宫的旧交道士②，两人曾约定海上相见，而且道士早就写好了诗：我就知道二十年之约到期了，你必定要到此寺中来见我！

3. 两点说明

其一，以上神迹具有两重真实性：一是客观真实性，即是否在阳明身上真实发生过；二是记录真实性，即王门上下是否“相信”阳明神迹是真实的并予以记录。对于前者，我们无法也无须考证。至于后者，阳明弟子钱德洪在编辑《阳明全书》时声明“取其少年未定之论，尽删而去之”③，故留下来的都是王门公认极有价值的材料。其中阳明《年谱》更是由其门人俊彦集数年之功多人分工合作而成④，故可以说，王门上下对《年谱》的真实性认可度极高。

其二，神迹的“主创”及比例。《年谱》所载神迹，不排除经部分门人作伪，但绝大多数当由阳明本人提供素材并定调，至于具体比例和细

---

① 《王阳明全集》，吴光、钱明、董平等编校，上海古籍出版社1992年版，第1227页。

② 《年谱》载阳明17岁时“七月，亲迎夫人诸氏于洪都。外舅诸公养和为江西布政司参议，先生就官署委禽。合卺之日，偶闲行入铁柱宫，遇道士趺坐一榻，即而叩之，因闻养生之说，遂相与对坐忘归。诸公遣人追之，次早始还”。见《王阳明全集》卷三十三，第1222页。

③ 《王阳明全集》，吴光、钱明、董平等编校，上海古籍出版社1992年版，第1571页。

④ 如钱明先生《阳明全书成书经过考》言：“《阳明年谱》最早是由薛侃、欧阳德、黄弘纲、何性之、王畿、张元冲分头搜集材料，邹守益汇总。嘉靖二十六年，钱德洪在嘉义书院率先完成了自阳明出生到谪龙场的一段年谱。十年后，邹守益委托钱德洪续其后，并编著了《王阳明先生图谱》一册。嘉靖四十一年，钱德洪与胡松赴江西安福丧吊邹守益，顺便将初稿拿到吉安，‘就正于念庵（罗洪先）诸君子。念庵子为之删繁举要，润饰是正，而补其阙轶，信乎其文删省，其事则赠矣。计为书七卷’（胡松《刻阳明先生年谱序》）。嘉靖四十二年，由胡松、王健初刻于杭州天真书院（浙江图书馆、名古屋市蓬左文库有藏，卷首载‘钱德洪编述，王畿补辑，罗洪先制删正，胡松等校正’）。”见《王阳明全集》卷四十一，第1645—1646页。

节，已无须细分，笔者视其为王门上下集体加工的结果（详见下文）。

二 阳明神迹的形成

上述《年谱》中阳明的诸种神迹是由外在仙释影响、儒家内部与朱子争正统、王门上下集体加工等多方面因素共同促成的。

1. 受仙释之影响

其一，“三教合一”的时代背景。阳明诸种神迹的形成离不开明道佛盛行的时代背景。自南宋起“三教合一”已略有规模，宋孝宗赵昚即云“以佛治心，以道养生，以儒治世”（《原道辨》）[①]。明代“三教合一”的趋势、规模和深度更胜往昔。首先是朝廷重视。明太祖曾栖身寺庙，故明廷素重佛教。明朝皇帝对道教也是非常推崇。成祖夺嫡后，在武当山大修宫观奉祀真武大帝，英宗组织道士编纂刊印大型道经丛书《正统道藏》，至世宗时，登峰造极，乃至出现了“青词[②]宰相”，即科举进士出身的第一等人才都必须为皇帝撰写道教青词，多人因此入阁，此举说明明朝中后期道教对处于庙堂上层的文化有着重大影响。其次，“三教合一”在民间更是生根发芽、风生水起。高度发达的民间俗文化，将“三教合一”以群众喜闻乐见的形式记载并传播开来，几乎重塑了国民信仰。如佛教题材的《西游记》、道教题材的《封神榜》大肆宣扬因果报应、神通法力等，以致一些传统的儒家题材，如描写上层精英的《三国演义》和下层草莽的《水浒传》都深受影响，将诸葛亮、吴用等人都写成了具有某些神仙法力的道教式人物，甚至到了“状诸葛之多智而近妖”[③] 的程度。

在此时代背景下，儒士受仙释影响乃至以之为高是极为正常的事，宋代那种激烈排斥二氏的风气已不复存在。阳明自称“出入佛老三十年”，

---

① 《全宋文》第 236 册，曾枣庄，刘琳主编，上海辞书出版社 2006 年版，第 297 页。

② 所谓“青词”，是一种产生于唐代的文体，又称绿章，是道教举行斋醮时献给上天的奏章祝文。一般为骈体，用红色颜料写在青藤纸上。如唐李肇《翰林志》：“凡太清宫道观荐告词文用青藤纸，朱字，谓之青词。”参柳存仁《明儒与道教》，载《和风堂文集》中册，上海古籍出版社 1991 年版，第 825 页。

③ 鲁迅：《中国小说史略》，东方出版社 1996 年版，第 101 页。

友人、门生、后学包括他自己也认为他为学有“五溺三变”[①]。虽然他自己认为龙场之后已悟二氏之非并彻底涤荡之，然而二氏对其影响并未止步于龙场，而是终其一生——前半生入，后半生出。

其二，家族的道教秘术熏陶。阳明家族史上深受道教影响。如六世祖王纲结识了著名道士赵缘督，赵预言王家后代必有名世者。[②] 四世祖王与准还学会了赵缘督所传授的道教功法，占卜预测“奇准”，[③] 特别是预测自己的再世子孙必然兴起。[④] 果然，阳明的父亲王华成化十七年高中状元。这种占卜的准确性不能不对整个家族产生重要影响，并促使其成员代代相传。显然阳明自己也亲自掌握、亲身体验了此家传秘术，如前引31岁时“筑室阳明洞中，行导引术。久之，遂先知”。

道教对阳明的影响要远远大于佛教。但后者也不容忽视，其自言

① 所谓“五溺”，如湛若水在《阳明先生墓志铭》中述其学状云“初溺于任侠之习，再溺于骑射之习，三溺于辞章之习，四溺于神仙之习，五溺于佛氏之习”。见《王阳明全集》卷三十八，第1401页。所谓“三变”有几种说法，如钱德洪云：“先生之学凡三变……少之时，驰骋于辞章；已而出入二氏；继乃居夷处困，豁然有得于圣贤之旨：是三变而至道也。”见钱德洪《刻文录序说》，《王阳明全集》卷四十一，第1574页。黄宗羲则云：“先生之学，始泛滥辞章，继而遍读考亭之书，循序格物，顾物理吾心终判为二，无所得入。于是出入佛、老者久之，及至居夷处困，动心忍性，因念圣人处此更有何道？忽悟格物致知之旨，圣人之道，吾性自足，不假外求。其学凡三变而始得其门。”（《明儒学案》卷十一《姚江学案》）阳明自己在《朱子晚年定论·序》中云：“守仁蚤岁举业，溺志辞章之习。既乃稍知从事正学，而苦于众说之纷忧疲薾，茫无可入，因求诸老、释，欣然有会于心，以为圣人之学在此矣。然于孔子之教间相出入，而措之日用，往往阙漏无归。依违往返，且信且疑。其后谪官龙场，居夷处困，动心忍性之余，恍若有悟。体验探求，再更寒暑，证诸《六经》四子，沛然若决江河而放之海也。”（《王阳明全集》卷七，第240页）

② 张壹民《王性常先生传》载：“‘性常先生’元末尝奉母避兵五泄山中。有道士夜投宿，性常异其气貌，礼敬之，曰‘君必有道者，愿闻姓字’。道士曰：‘吾终南山隐士赵缘督也。’与语达旦，因授以筮法，且为性常筮之曰：‘公后当有名世者矣。然公不克终牖下，今能从吾出游乎？’性常以母老，有难色。道士笑曰：‘公俗缘未断，吾固知之。’遂去。”见张壹民《王性常先生传》，《王阳明全集》卷三十八，第1380页。

③ 胡俨《遁石先生传》载：“翁闭门力学，尽读所遗书。……先世尝得筮书于异人，翁暇试取而究其术，为人筮，无不奇中。远近辐辏，县令亦遣人来邀筮。后益数数。日或二三至。翁厌苦之，取其书对使者焚之曰：‘王与准不能为术士，终日奔走公门，谈祸福。’令大衔之。翁因逃入四明山石室中，不归者年余。”见胡俨《遁石先生传》，《王阳明全集》卷三十八，第1381页。

④ “尝筮居秘图湖阴，遇‘大有’之‘震’，谓其子曰：‘吾先世盛极而衰，今衰极当复矣。然必吾后再世而始兴乎？兴必盛且久。”见胡俨《遁石先生传》，《王阳明全集》卷三十八，第1382页。

“切尝学佛，最所尊信，自谓悟得其蕴奥”[①]，所以，他的神迹中其实也掺杂着些许佛教的神通。

2. 出于和朱子争正统的需要

我们注意到一个有趣的现象。同属心学，象山睥睨万物，13 岁开口便道：“宇宙便是吾心，吾心即是宇宙。”[②] 这个气魄，是阳明所无的，阳明一生都笼罩在朱子阴影中。如《年谱》中载阳明 11 岁时“问塾师曰：‘何为第一等事？’塾师曰：‘惟读书登第耳。’先生疑曰：‘登第恐未为第一等事，或读书学圣贤耳’”[③]。18 岁时拜谒娄谅，娄谅教其“宋儒格物之学，谓‘圣人必可学而至’”[④]。有意思的是，《明史》则云：“年十七谒上饶娄谅，与论朱子格物大指”[⑤]，直接将《年谱》中遮遮掩掩的“宋儒”判为朱子。因为当时可读之书，可学之圣贤，就是朱子。另外，我们可以从他 21 岁时著名的格竹一例中看出，阳明实际上是严格遵循朱子学之理路的。正是因为他一直在学朱子，以朱子为学习、超越目标，所以，才会有龙场悟道，吾心自足，不假外求。故可以说，成阳明者，朱子；阳明欲出而不能出者，亦是朱子。

阳明一生都在与朱子争正统，学术上的对抗，众所皆知，不需赘述。愚以为，阳明之神迹，应该还有辟朱子之目的。明代朱子学一统天下，太过强大，无法撼动，故王门上下只有借助神力，以自我抬高争夺受众，特别是下层民众，此不失为一条方便高效之途径。

然而，悖离正常的学术讨论，利用神迹自我宣传，此实是儒门内部不健康的发展，其结果必是两败俱伤。时人已谓“守仁事不师古，言不称师。欲立异以为高，则非朱熹格物致知之论；知众论之不予，则为朱熹晚年定论之书。号召门徒，互相倡和。才美者乐其任意，庸鄙者借其虚声。传习转讹，背谬弥甚”[⑥]。故世宗亦谓：“守仁放言自肆，诋毁先儒，号召

---

① 《王阳明全集》，吴光、钱明、董平等编校，上海古籍出版社 1992 年版，第 295 页。

② 《陆九渊集》，钟哲点校，中华书局 1980 年版，第 483 页。

③ 《王阳明全集》，吴光、钱明、董平等编校，上海古籍出版社 1992 年版，第 1221 页。

④ 同上书，第 1223 页。

⑤ 张廷玉：《明史》，中华书局 1974 年版，第 5168 页。

⑥ 同上。

门徒，声附虚和，用诈任情，坏人心术，近年士子传习邪说，皆其倡导。”①

3. 王门上下的集体加工

上述的种种神迹与“神道设教”不同，“神道设教”是儒者自己不信而暂时肯定神道对民众外在的道德规范作用，但阳明是自己信、自己讲，弟子遂记录并宣传，故神迹的形成正是王门上下集体加工的结果。

其一，阳明自身所为。首先，阳明有意所为。一则他自己讲述并宣传。前文提及的“先知”“梦境”系列事件，很多都是阳明亲身经历的、私人性的，如幼梦伏波将军、长安街遇相士等等，他不讲，友人、弟子不可能知道。二则弟子的记录、扩散基本都是得到阳明首肯的，否则，就算知道，阳明不准传播，后人自然也看不到。三则阳明生前对神迹不辟反留，深刻地反映了阳明自己相信之。除梦境、相面在“现实中”被逐一验证外，先知术则是阳明确定掌握并验证功效的（虽然阳明后来又检讨说“此簸弄精神，非道也”，然而毕竟阳明自己也能达到这个水平，只是认为它层次比较低而舍弃）。这说明他自己是相信的，或半信半疑，至少是将信将疑的。我们甚至可以推断，不能完全排除阳明有自我圣化之可能，觉得自己不同凡响，不断自我催眠，加之又有事功加持，故更加深信不疑，一直生活在“天命”的幻象中，故而逝世前不久还感叹“此行天定岂人为”。其次，阳明的无心之过，如将良知的神秘化。阳明正常的对良知的学术讨论，如认为它是儒门的“正法眼藏”等，均无可厚非。并且阳明将一切都收归于良知，此立在他的人生境界上，也完全没有问题。但是阳明对良知无意中的“神话”，则容易让人视之为神仙法术。如王畿云：“尝问阳明先师‘人称用兵如神，何术以致之？’师云：‘我无秘术，但平生自信者良知，凡应机对敌，只此一点灵明，神感神应，一毫不为生死利害所动。所以发机慎密，敌不知其所从来。在我原是本分行持，世人

① 《明世宗实录》卷九十八，台湾“中央研究院”历史语言研究所校印1962年版，第2299—2300页。

误以为神尔。'"[①] 时人谓阳明"用兵如神"，阳明却以良知来解释，真是越解释越神秘。阳明在军事中的所谓"良知"，只是一种综合判断应变能力，兼有理性与直觉，既有天赋，又有后天学习历练。然而阳明没有具体剖析开来说，而是立在他自己的人生境界上比喻着说，无意中开了一个"故弄玄虚"的头，门人后来再据此发挥，一俟流布开来，对大众来说，此"良知"就完全没有下手之处、资接之方，只能目瞪口呆，视为神仙之术。

其二，弟子塑造。没有阳明生前授意（至少默许），王门弟子不可能这么编写《年谱》等。同时，没有弟子记录加工，推波助澜，阳明的神迹也不可能这么生动翔实。在此方面，王畿当仁不让，如前文所记的阳明在家乡修炼道术一事，到了王畿笔下，就变成阳明"究心于老佛之学，缘洞天精庐日夕勤修养，炼习伏藏，洞悉其要，其于彼家所谓见性抱一之旨，非惟通其义，盖已得其髓矣。自谓尝于静中内照形躯，如水晶宫，忘己忘物，忘天忘地，与空虚同体，光耀神奇，恍惚变幻，似欲言而忘其所以言，乃真境象也"[②]（《滁阳会语》）。此与阳明自叙在阳明洞中修炼导引术差别极大，几乎写成神仙小说了。

其他弟子也不遑少让，如董澐也是极力神化阳明，甚至借"五星聚"来为阳明登上神坛助力。其《题〈传习录〉后》云："斯道之在天下，虽天命人心之固有，其盛衰显晦，实由气数。……东井先祥，德星后聚，岂偶然哉？……以至于今，而笃生阳明夫子，提天下之耳，易天下之辙，海内学者，复响应焉，而五星聚室，是岂人力所能为哉？盖自孔子以迄于兹，凡四废兴矣。"[③]"五星聚"是中国历史上最重要的天象之一，古代人相信凡此天象出现，往往人间要有重要的事变或人物出现，如汤武革命、三代更替。故董澐此举可谓登峰造极、无与伦比了。

另外，钱德洪他们在编《年谱》时，不仅阳明如此，王门重要人物也服从必有神迹这样的"规律"，如阳明 47 岁时，大弟子也是其妹婿的

---

① 《王畿集》，吴震编校整理，凤凰出版社 2007 年版，第 302 页。

② 同上书，第 34—35 页。

③ 《徐爱·钱德洪·董澐集》，钱明编校整理，凤凰出版社 2007 年版，第 271 页。

徐爱死，时方31岁，徐爱在王门中的地位由阳明亲自定为“颜回”，故徐爱也享受到了神迹的待遇，《年谱》载其：“尝游南岳，梦一瞿昙抚其背曰：‘尔与颜子同德，亦与颜子同寿。’”① 而此瞿昙又是神僧的形象。

正因为阳明弟子的推波助澜，故后世云：“自道学之名立，儒之好名者虽日侈谈理道，而无实裨实用者多。若王守仁功业表著，原不系讲学为重轻，其致良知说盖由寻绎而得，非徒探索空虚者比，迨其后门徒浸广，欲夸授受之殊，以致辗转滋纷，渐生异说，遂抬訾议之口，不当专归咎师传也。”②（《余姚县志》卷二十三，《列传九·王守仁》）此亦是公允之语。

三　神迹的影响

以上分析了诸般神迹的类型与形成，下面来讨论其影响。

1. 事功之祛魅

在讨论之前，笔者将阳明略作祛魅，因其学术方面人言人殊，故笔者略去，只看事功，一则其事炳炳，无可逃也，相对争议较少；二则阳明的神迹，在很大程度上是因其门人、好事者崇拜其事功所发酵、扩散而成。

其一，边地教化。笔者以杨慎（1488—1559）来作对比。阳明长杨慎16岁，为同时代人，两人家世、出身、遭遇皆相仿。杨慎因“大礼议”遭廷杖，谪戍云南永昌卫（今保山），终至老死。杨慎在滇，一则勤作著述。明人简绍芳谓其：“自蒙难以来，呕心匠意，摹文读经，近搜百氏，穷探古迹，白首蓬藋，日月纂索，所不能尽……平生著述四百余种。”③《明史·杨慎传》载：“明世记诵之博，著作之富，推慎为第一。”④ 其中尤为难能可贵的是他对西南地区特别是西南少数民族的历史文化史料进行了搜集和整理，做了开创性的工作，著述有《滇侯记》《滇载记》《蜀志》《云南山川志》《南诏野史》等。二则竭力传播中原文化，兴办书院，

① 《王阳明全集》，吴光、钱明、董平等编校，上海古籍出版社1992年版，第1255页。

② 《余姚县志》，1899年（清光绪二十五年）本。

③ 简绍芳：《杨升庵先生年谱》，清道光年间本。

④ 张廷玉：《明史》，中华书局1974年版，第5083页。

广教弟子，培养出“杨门七学士”和数百名弟子，使所在的边远地区成为科举重镇，为云南的发展立下了丰功伟绩。相比而言，阳明在贵州龙场驿只有两年，他对地方的教化、对边地与中原文化交流所作的贡献无论如何是不能与杨慎相比的。

其二，生平事功。南赣、宸濠、思田是阳明平生三大事功。首先，这些事功是其谋略、胆识、军事各项才能的综合反映和集中体现，值得后人钦服。但是不必掺上神怪，除了天赋外，这与阳明自小有意识的学习是分不开的。如幼梦伏波将军，成年后又梦到威宁伯王越赠其弓剑，此两人皆是著名的戍边名将，足见阳明对军事倾慕之深。又如15岁时，“出游居庸三关，即慨然有经略四方之志：询诸夷种落，悉闻备御策；逐胡儿骑射，胡人不敢犯。经月始返”①。26岁时，“学兵法。当时边报甚急，朝廷推举将才，莫不遑遽。先生念武举之设，仅得骑射搏击之士，而不能收韬略统驭之才。于是留情武事，凡兵家秘书，莫不精究。每遇宾宴，尝聚果核列阵势为戏”②。甚至在钦差督造王越坟时，“驭役夫以什伍法，休食以时，暇即驱演‘八阵图’”③。可见在他统兵作战之前的数十年中，他一直在醉心学习、演练军事。

其次，阳明的事功若放在历代儒士中来看，其实并不能鳌头独占，比他出色者大有人在。如章太炎在《检论·议王》中云：

> 世人多其成功，以为度越先儒远甚。案其运筹制胜，阔清区夏，未若刘基也；转危为安，未若虞允文也；威慑强寇，未若种师道也。……此三子者，乘时立功，或桡之以致败，而敌多大于小侯俚酋。文成拟之，则劣矣。明世文吏能克敌者，韩雍盖与文成等夷，以无学术，世人未尝齿数。相提而论，宁有短少焉？④

此是认为，阳明的事功其实赶不上明初的开国名臣刘基，南宋采石之

---

① 《王阳明全集》，吴光、钱明、董平等编校，上海古籍出版社1992年版，第1222页。

② 同上书，第1224页。

③ 同上书，第1224—1225页。

④ 《章太炎全集》第3册，上海人民出版社1984年版，第458页。

战大破金兵的虞允文，北宋抗西夏名将、张载弟子种师道，这些都是历代文人带兵的典型，其敌人也远非小小侯王或边地酋长可比。单就明朝而言，阳明也不一定比儒将韩雍（1422—1478，长阳明50岁）更出色。后者平乱履历与王阳明惊人地相似，先是平定叶宗留、邓茂七起事，后是在右佥都御史、巡抚江西任上得罪宁王，后来与王阳明一样平定广西大藤峡。因此，王阳明的事功，放在明朝的背景下看，并非横空出世，更非空前绝后。①

2. 正面影响——推动“三教合一”的高潮到来

王门上下对这些神迹津津乐道，说明他们都认为这些是光彩的好事，至少没有辱没先师，这在两宋理学家那里是万万不可想象的。故而，由王门所为，恰好可以看到明“三教合一”程度之深入。同时，王门之神化阳明，又反过来推进了“三教合一”的大步发展。钱明先生认为，阳明后人利用道家道教资源对先师予以神化，此又与阳明本人根深蒂固的道家道教情结有密切关系，最后使阳明成了“阳儒阴道”的道士，进而使之由儒家心学大师变为被非主流社会顶礼膜拜的“三教合一”的“道祖”②。而阳明学又深深地影响了林兆恩（1517—1598），他创立了著名的“三一教”③，从此之后，民间“三教合一”如火如荼，以至于“天下几无日不讲学，无人不讲学，三教合一之说倡言无忌”④。

3. 负面影响——对儒家的健康发展形成一定伤害

除了前述与朱子争正统造成的伤害之外，阳明神迹对儒家健康发展还有以下弊端。

其一，推崇道佛，认为其高儒一等。儒者对超自然领域保持敬畏，

---

① 邓志峰：《王阳明与他的时代》，2017年4月13日（http://www.aisixiang.com/data/103958.html）。

② 钱明：《从“圣域”走向“神坛”的王阳明——中晚明神化王阳明的当代警示》，《贵阳学院学报》（社会科学版）2017年第2期。

③ 余英时：《士商互动与儒学转向》，《余英时文集》第3卷，广西师范大学出版社2004年版，第200—201页。

④ 陆世仪：《高顾两公语录大旨》，《陆桴亭遗集》卷一，清光绪年间本。

"敬而远之","存而不论",而道佛素矜为此领域的专家,儒者对此从不当真更无须置喙。然而,阳明却悖离此立场,主动弘扬二氏。在阳明这些神迹中,始终存在一种形象,那就是神僧、道士之类。他们都有未卜先知的神通法术,凡人包括儒者一生的命运或短期的行为,他们都能了若指掌,可以随机指点,然而儒者却愚庸至极,不能勘破天机,遑论掌握、改变命运。显然,王门上下,将仙、释置于比儒者更高的层次。阳明中年后已经洗心革面,[①] 然而王门弟子却乐此不疲,特别是在阳明逝世后,更是添油加醋。这对王门及整个儒家来说,无论如何并非有益的改革,而是无聊的伤害。若阳明一生均已前定,则其平生不过是机器木偶而已,这是另一种"吾心自足,不假外求",然则学术事功无有神奇?若阳明神迹属实,则阳明之事功是学法术而得,还是学军事为政历练而得呢?如果是前者,此又关良知何事?然则良知只是个神通而已,那人人学道即可,何必自称为儒?

其二,使阳明自己的学问最终沦为戏说,也促使王门作为一个儒家学派自我解体。王门之儒,在神迹上,已下降到汉儒谶纬的水平,将《年谱》几乎写成了《封神榜》,将阳明写成了《三国演义》中的诸葛亮。所以,前有阳明之《年谱》,后有冯梦龙《皇明大儒王阳明先生出身靖乱录》,使阳明最终与佛门济公、道教许逊一起并立封神。然而,谶纬从来都是恶搞,神仙一念即成妖魔,神通化最终必然庸俗化。在道教眼里,《封神榜》自然都是真的,这很正常,可是对儒家来说,如果不能坚守"敬而远之""存而不论"的底线,戏说的结果,所谓阳明就是一个神,王门就是一个教,良知就是一场戏,这个神化的儒家流派的自我瓦解也很快随之到来。历史正是如此上演的。

故而,王门上下的神话,当时就有人看不下去了,如阳明好友湛若水

---

① 如"或问至诚前知。先生曰:'诚是实理,只是一个良知。实理之妙用流行就是神,其萌动处就是几,诚神几曰圣人。圣人不贵前知,祸福之来,虽圣人有所不免。圣人只是知几,遇变而通耳。良知无前后,只知得见在的几,便是一了百了。若有个前知的心,就是私心,就是有趋避利害的意思。邵子必于前知,终是利害心未尽处。'"又如阳明云:"圣人只是一个良知,良知之外更无知也,有甚前知。其曰国家云云者,亦自其能前知者而言,圣人良知精精明明,随感随应,自能敷衍出去,此即是神。"分见《王阳明全集》卷三,第109页;《阳明先生遗言录》,载葛兆光主编《清华汉学研究:第一辑》(清华大学出版社1994年版,第184页)。

即是如此。如关于武夷山遇虎、重逢铁柱宫道士之类，湛若水认为完全不可信，其在《阳明先生墓志铭》中云："人或告曰：'阳明公至浙，沉于江矣。至福建始起矣，登鼓山之诗曰：海上曾为沧水使，山中又拜武夷君。有征矣'。甘泉子闻之笑曰：'此佯狂避世也。'故为之作诗，有云：'佯狂欲浮海，说梦痴人前。'及后数年，会于滁，乃吐实。彼夸虚执有以为神奇者，乌足以知公者哉。"[①] 可见，对阳明神迹之存疑与理性思考，亦非始于今日。

① 《王阳明全集》，吴光、钱明、董平等编校，上海古籍出版社1992年版，第1402页。

关于阳明学历程的差异化评论及其原因

罗高强*

阳明殁后，其学思发展就面临着盖棺定论。嘉靖十四年（1535），阳明晚年的一位重要弟子钱德洪在出版的阳明著作的序言中提出阳明经历了"学三变"和"教三变"的说法。自此以后，"三变"之说流布甚广，几成定论。可是在借用"三变"之说的过程中，许多学者（如王畿、罗洪先、黄绾、刘宗周、黄宗羲）的使用方法或多或少地产生了变异。对比各家的表述，则会发现他们之间存在着两种差异：第一，"三变"一词在词义上的差异，有的用于指代三个阶段，而有的则用于表示三次变化，即四个阶段；第二，"三变"之说对应的每个阶段——三个阶段或四个阶段的具体内容有所不同。揭示这些差异的作用不在于差异本身的文献学意义，而在于这些差异的制造者为什么有意识地选择这些差异性的表述来评论阳明学的发展历程。质言之，探讨这些差异的目的不是澄清哪种说法更加符合或者贴近所谓客观意义上的表达，而是要揭露出这些差异性的说法如何构成了一种视角，以便我们观测这些差异的制造者们如何制造差异，并且在制造过程中加塞了他们的哪些"意图"。

一　几种关于阳明学历程的差异化评论

在《刻文录叙说》中，钱德洪说："先生之学凡三变，其为教也亦三变：少之时，驰骋于辞章；已而出入二氏；继乃居夷处困，豁然有得于圣

* [作者简介] 罗高强（1986—），男，江西进贤人，西南政法大学讲师，博士。主要研究方向：明代哲学研究。

贤之旨：是三变而至道也。居贵阳时，首与学者为‘知行合一’之说；自滁阳后，多教学者静坐；江右以来，始单提‘致良知’三字，直指本体，令学者言下有悟：是教亦三变也。”① 这段话清楚地表达出六个时段，分别是（a1）少之时，驰骋于辞章；（a2）出入二氏；（a3）居夷处困，有得于圣贤之旨；（b1）居贵阳时，倡“知行合一”说；（b2）滁阳后，教习“静坐”；（b3）江右以后，只提“致良知”。（a1）（a2）和（a3）时期被钱氏纳为“学三变”；而（b1）（b2）和（b3）时期则被称为“教三变”。由此可知，“三变”之说仅是指代“三个阶段”，若以“变化”之义来论，便是“两变”。因此，在钱德洪看来，阳明的学习与教授的内容都曾发生过两次变化，名为“三变”，即三个阶段。同样以这种方式看待“三变”之说的，还有一些学者，比如黄绾、罗洪先、胡松、刘宗周。为了方便下文的讨论，遂将诸人对阳明学（教）变化的评论摘录于下。

黄绾说：

> “阳明先生……始随世俗学文，出入儒老释之间；中更窜谪流离之变，乃笃志为学；久之，深有省于《孟子》‘良知’之说，《大学》‘亲民’之旨，反身而求于道，充乎其自得也。”②

罗洪先说：

> “考先生之学，始而驰骋于词章，既以考索遇奇疾，乃学长生。居夷三年，困顿备尝，无复杂念，而一专意圣学。然在滁以前，喜人静中悟入，已而畏其沉空守寂，不可以经世宰物也。南都后，拳拳于存天理去人欲两言。……故辛巳（正德十六年）以后，方有致良知之说，而教人亦且三变。”③

胡松说：

① 《徐爱·钱德洪·董澐集》，钱明编校整理，凤凰出版社2007年版，第185页。

② 《黄绾集》，张宏敏校，上海古籍出版社2014年版，第227页。

③ 钱德洪、罗洪先：《阳明先生年谱》，1564年（嘉靖四十三年）本，第644页。

“先生之学与其教人，大抵无虑三变。始患学者之心纷扰而难定也，则教人静坐反观，专事收敛。学者执一而废百也，偏于静而遗事物，甚至厌世恶事，合眼习观，而几于禅矣，则揭言知行合一以省之。……其后，又恐学者之泥于言诠，而终不得其本心也，则专以‘致良知’为作圣为贤之要矣。”①

刘宗周说：

“先生之学，始出词章，继逃佛、老，终乃求之六经，而一变至道，世未有善学如先生者也，是谓学则。先生教人吃紧在去人欲而存天理，进之以知行合一之说，其要归于致良知，虽累千百言，不出此三言为转注，凡以使学者截去［缠］绕寻向上去而已，世未有善教如先生者也，是谓教法。”②

各家评论大致如下。见表1。

表 1

	(a1)	(a2)	(a3)	(b1)	(b2)	(b3)
钱德洪	少之时，驰骋于辞章	出入二氏	居夷处困，有得于圣贤之旨	居贵阳时，倡“知行合一”说	滁阳后，教习“静坐”	江右以后，只提“致良知”
黄绾	随世俗学文	出入儒老释之间	深有省于《孟子》“良知”之说			
罗洪先	驰骋于词章	以考索遇奇疾，乃学长生	居夷三年，专意圣学	在滁以前，喜人静中悟入	南都后，拳拳于存天理云人欲	辛巳以后，方有致良知之说

① 《胡庄肃公文集》，《四库全书存目丛书（集部）》第91册，齐鲁书社1997年版，第44页。

② 《刘宗周全集》第5册，吴光主编，浙江古籍出版社2007年版，第1页。

续表

	(a1)	(a2)	(a3)	(b1)	(b2)	(b3)
胡松				教人静坐反观，专事收敛	揭言知行合一以省之	专以“致良知”为作圣为贤之要
刘宗周	始出词章	继逃佛、老	终乃求之六经	去人欲而存天理	进之以知行合一之说	其要归于致良知

对比各家叙述，除了胡松没有论述之外，其余众人都认为阳明在（a1）时期内的主要学习对象是文学性的技术，如作诗赋词等。如果按照罗洪先的说法，这段时期大概结束在阳明二十七岁时，即弘治十一年（1498）。据《年谱》[①] 记载，1498 年阳明“自念辞章艺能不足以通至道”。同时，阳明还做了一件事，即改变旧习，循序致精地读书，却依然发现“物理吾心终若判而为二”，并使其“沉郁既久，旧疾复作”，却又“闻道士谈养生，遂有遗世入山之意”[②]。由此对比罗洪先关于（a2）时期的叙述——“以考索遇奇疾，乃学长生”，就不难发现罗洪先认为阳明转入“长生”之学——第（a2）期，是从此时开始的。而在（a2）时期内，众人的看法就开始渐露分歧。从表面上看，众人都谈到了佛、老之学术，可是黄绾提到了学习儒术的经历，而罗洪先又论及“考索致疾”的事件。对照《年谱》，不难发现所谓的“出入儒家”是指弘治二年（1489），拜谒娄谅；弘治五年（1492），学习“宋儒格物之学”和弘治十一年

① 王阳明的《年谱》存在很多种，以钱德洪编撰、罗洪先考订的最为详备。然钱、罗所编撰的《年谱》却有两种：一是单行本，刊印于嘉靖四十三年（1564）；二是全书本，也就是现存于《王阳明全集》中的。全书本《年谱》由嘉靖单行本《年谱》删改而成。杨正显认为钱德洪之所以要修改《年谱》，乃是为了“塑造一合于当时从祀标准的王阳明”（参见杨正显《觉世之道：王阳明良知说的形成》，北京师范大学出版社 2015 年版，第 287 页）。

② 可参见《王阳明全集·年谱》，第 1351—1352 页，或参见《阳明先生年谱》，第 493—494 页。

(1498)，又谈“读书之法”[①] 等行为。罗洪先的“考索致疾”则点出了阳明要转入“二氏”的原因。关于第（a3）时期，钱、罗两人都认为是回归“圣学”，与刘氏之“求之六经”相去不远，而黄绾的“深省良知之说”便有倒置之嫌。因为依照诸家叙述和《年谱》的记录，阳明关于“良知”的觉悟时间应该远远落后于黄绾对阳明第三个学习阶段的评论。除非黄绾的观点是对阳明此后所有阶段的概括和总结，那尚且可以保留些许的准确性。这样即使可以素描出阳明后期思想以“良知”为主，但同时也意味着放弃了精准把握阳明后期思想变化的机会。这点从黄绾对阳明后期思想没有评论，足可为证。

关于阳明“教三变”，即教授方法的三个阶段，四家评论就不如“学三变”那般具有较好的稳定性。对比诸家论述，他们关于三个阶段的时间划分要么没有明确标示（如胡松和刘宗周），要么就不统一（如钱德洪和罗洪先），这也就导致他们对具体内容的把握存在较大的差异。在钱、罗两人的叙述中，阳明的“教三变”的时间表较为清晰。钱氏提供的三个时间节点是（b1）贵阳时期（查《年谱》，阳明大致 38—42 岁），（b2）滁阳时期（42—45 岁），（b3）江右以后（46—58 岁）；而罗氏的时间点却是（b1）滁阳时期（38—44 岁），（b2）南都时期（45—50 岁），（b3）辛巳时期（51—58 岁）。罗洪先以“南都”（即南京）为界，与钱德洪的“江右”大致相差一年，因为阳明在正德十一年（1516），即 45 岁时抵达南京，而次年（46 岁）就移职赣州，进入江右地区。因此，罗氏所谓（b2）“南都以后”与（b3）“辛巳以后”合并在一起，大致就是钱氏所指（b3）“江右以后”，这足以看出钱、罗两人对于阳明后期教授方法的变化存在着不同要求与期待。同样，不难发现其他两位（胡松和刘宗周）对于阳明教法变化的看法也存在差异。这些差异到底说明了什么问题呢？下文将重点讨论。

然而，“三变”之说的复杂性并没有就此结束。“三变”也可以被理解成三次变化，即四个阶段，而持这种看法的学者就有王畿和黄宗羲。同样，先将他们的评论摘录如下：

---

① 可参见《王阳明全集·年谱》，第 1348、1348、1349 页，或参见《阳明先生年谱》，第 491、492、493—494 页。

王畿说：

“先师之学，凡三变而始入于悟，再变而所得始化而纯。其少……于学无所不窥，尝泛滥于词章，驰骋于孙吴……及为晦翁格物穷理之学，……乃始究心于老佛之学，……及至居夷处困，动忍之余，恍然神悟，不离伦物感应，而是是非非天则自见，征诸四子六经，殊言而同旨，始叹圣人之学坦如大路，……自此之后，尽去枝叶，一意本原，以默坐澄心为学的，亦复以此立教。……先师亦稍觉其教之有偏，故自滁、留以后，乃为动静合一、工夫本体之说以救之。……自江右以后，则专提‘致良知’三字，默不假坐，心不待澄，不习不虑，盎然出之，自有天则，乃是孔门易简直截根源。……逮居越以后，所操益熟，所得益化，……时时知是知非，时时无是无非，开口即得本心，更无假借凑泊……即一为万，即万为一，无一无万，而一亦忘矣。”①

黄宗羲说：

“先生之学，始泛滥于词章，继而遍读考亭之书，循序格物，顾物理吾心终判为二，无所得入。于是出于佛、老者久之。及至居夷处困，动心忍性，因念圣人处此更有何道？忽悟格物致知之旨……其学凡三变而始得其门。自此以后，尽去枝叶，一意本原，以默坐澄心为学的……江右以后，专提‘致良知’三字，默不假坐，心不待澄……知之真切笃实处即是行，行之明觉精察处即是知，无有二也。居越以后，所操益熟，所得益化，时时知是知非，时时无是无非，开口即得本心，更无假借凑泊，如赤日当空而万象毕照。是学成之后又有此三变也。”②

简列要点如下。见表2。

---

① 《王畿集》，吴震编校整理，凤凰出版社2007年版，第33页。

② 黄宗羲：《明儒学案》，沈芝盈点校，中华书局2008年版，第180页。

表 2

	王畿	黄宗羲
(a1)	于学无所不窥，尝泛滥于词章，驰骋于孙吴	始泛滥于词章
(a2)	为晦翁格物穷理之学	遍读考亭之书，循序格物，无所得人
(a3)	始究心于老佛之学	出于佛、老者久之
(a4)	至居夷处困，是是非非天则自见，征诸四子六经，殊言而同旨	至居夷处困，悟格物致知之旨
(b1)	以默坐澄心为学的，亦复以此立教	以默坐澄心为学的
(b2)	自滁、留以后，乃为动静合一、工夫本体之说以救之	江右以后，专提'致良知'三字，默不假坐，心不待澄
(b3)	自江右以后，则专提'致良知'三字，默不假坐，心不待澄，乃是孔门易简直截根源	居越以后，所操益熟，所得益化，时时知是知非，时时无是无非、开口即得本心，更无假借凑泊
(b4)	居越以后，所操益熟，所得益化，……时时知是知非，时时无是无非，开口即得本心，更无假借凑泊	

对照王、黄两人的评论，相同之处是阳明存在着四个学习阶段，不同之处在于黄宗羲比王畿少列了一个教授方法改变的阶段——"滁、留以后，乃为动静合一、工夫本体之说以救之"。除此之外，两人关于阳明学习和教授的内容基本相同，甚至在语言使用上也有承袭之处。故此认为黄宗羲的评论征引王畿，亦无不可①，但其用意却甚为不同，详细讨论参见下文。

---

① 刘述先和王晓昕等人都认为黄宗羲关于王阳明学思变化的评论皆是沿用于王畿，此可参见他们相关的如下论文。刘述先：《论王阳明的最后定见》，《中国文哲研究集刊》第 11 期；王晓昕：《王阳明为学历程探析》，《广西民族大学学报》（哲学社会科学版）2007 年第 4 期。其他论家亦有类似评论，就不一一列举。

两表相较，表1比表2少列了两项内容：一是在阳明学习阶段中的“为晦翁格物穷理之学”，或者说“遍读考亭之书，循序格物”；二是在教授阶段中的“居越以后，所操益熟，所得益化”。并且各项内容对应的时间亦有所不同，比如王、黄两人就重点提出“居越以后”这个时间节点。因此不难发现，各家评述在时间节点的划分与具体内容的标示上，都存在着诸多差别。虽然对于同一事物和对象存在不同意见，实属正常，但是造成这种差异的原因却成为一种了解隐藏在差异现象背后的观察者的有效视角。

二　导致评论差异化的原因

以上诸人中，钱德洪、王畿、罗洪先、刘宗周和黄宗羲在学术趣向上差异明显。钱、王两人早在“天泉证道”中就表露出各自学问的差异，一般认为钱德洪谨守师道，而王畿则对阳明学有所突破。可是，罗洪先认为王畿的突破其实是偏离师道，不合阳明之旨。对此，钱德洪认为罗洪先的批评虽有所助，却不免矫枉过正，仍然背离了阳明的宗旨。但是，刘宗周对罗洪先的看法颇有同感，故而极力称赞罗洪先之学，指责王畿开启王学末流之弊。同样，黄宗羲谨守其师刘宗周之论，认为罗洪先之学得阳明学之正，有功于王学。由此可知，以上五人皆自恃其学已得阳明学的真谛，相互臧否。既然在看待阳明学发展的道路上，诸人皆有异见，那么这种差异到底是由什么导致的呢？

对比钱、王两人，王畿的评论比钱德洪多出两项内容：一是阳明曾经有过一段朱子学的学习经历，或者说学习宋儒格物之学的经历①；二是阳明提倡“致良知”之后，还有一段进境。对钱德洪而言，阳明以“致良知教”为终乃是他坚信之事，亦为其他学者所认同，固然没有什么特别的目的。反倒是，王畿和黄宗羲不以“致良知”为阳明的终教，却别有用意，详论可见下文。所以现在值得注意的问题是，为什么钱德洪在

---

① 陈来先生指出，王阳明“在沉溺辞章之学与泛滥佛老之学这两个阶段之间，曾经有一个‘为宋儒格物之学’的重要环节”，并且认为这段经历与“龙场关于格物致知的证悟”（参见陈来《有无之境——王阳明哲学的精神》，人民出版社1991年版，第321页）有着重要的因果关系。

“学三变”中不提学习宋儒的经历？钱德洪在《阳明先生年谱序》中说：“（阳明）少有志于圣人之学，求之宋儒不得，穷思物理，卒遇危疾。”[①]在《年谱》中说：“是年（1492，阳明21岁）为宋儒格物之学。”[②]又在《阳明先生文录序》中说：“吾师阳明先生，蚤有志于圣人之道，求之俗习而无取也，求之世儒之学而无得也，乃一洗俗习之陋、世儒之说，而自证以吾之心焉，……乃豁然有见于良知。”[③]由是观之，阳明的良知学乃是在求取俗习、世儒之学无所得之后，自证本心而产生的，那么在钱氏看来，阳明的学习阶段必然有过一段求取世儒之学的经历。所以说，钱氏并非没有注意到王畿和黄宗羲所论的（a2）阶段，可是在他的“学三变”内容中始终没有任何反映。粗观之，就容易生起一种错觉——阳明在“龙场悟道”中要“求之于六经”来验证其思想符合道统的意图和做法仿佛凭空而来。这种“失误”是钱德洪有意为之，还是无意之过呢？据钱德洪的说法，他这样做是有意为之，他说：“先生之言，世之信从者日众矣。特其文字之行于世者，或杂夫少年未定之论。愚惧后之乱先生之学者，即是先生之言始也，乃取少年未定之论，尽删而去之。”[④]钱氏在这里虽然旨在表达他删定《阳明文录》的态度和原因，但亦可窥见他鉴评阳明学术发展的谨慎。依照这种态度和目的，在“学三变”中不曾体现出学习宋儒之学（世儒之学）的经历，应该就是他计划之内的事情。有人不免生疑：为什么钱氏又要在“学三变”中提到俗习——文学性技术或者军事技能和佛老异端之学呢？这个问题不难理解。钱氏无论是编定《文录》，还是评鉴阳明的学思变化，皆是面对儒家学者，所以对于立志成圣的儒者而言，鉴别和抵制俗习和异端自然要比防止儒家内部不成熟的学问来得容易和简单。换言之，对钱德洪而言，在阳明的学习经历中提出俗习和异端的学习经历并不会引起阳明学信徒或其他儒者的误解，以至走入歧途，反倒是加入学习宋儒的经历容易引入误解和走向歧途。另外，就钱德洪评论的本身而言，他关于阳明早期为学经历的划定也存在一些问题，比如忽略了阳明早期的另外一些学习经历——“溺于任侠”与“溺

---

① 《徐爱·钱德洪·董澐集》，钱明编校整理，凤凰出版社2007年版，第190页。

② 《王阳明全集》，吴光、钱明、董平等编校，上海古籍出版社2011年版，第1348页。

③ 《徐爱·钱德洪·董澐集》，钱明编校整理，凤凰出版社2007年版，第183页。

④ 同上。

于骑射”[①]，还有将“龙场悟道”作为阳明入道的关键，即所谓三变而至道，与湛甘泉的“五溺”而一变至道，甚有不同。钱德洪的“经三变而至道”的时间是以龙场大悟为界，即1508年，而湛氏的“一变而至道”的时间却是丙寅年（1506），两者有所不同。并且据陈来的分析，钱氏的龙场悟道说是针对宋学而言，而甘泉的丙寅至道说是针对泛滥异学而言。[②] 并且陈先生还指出：针对宋学的龙场悟道是儒学（“正学”）内部的为学路向之变，属于“同质之变”，而甘泉针对异学的丙寅至道说是“异质之变”，所以钱德洪的评论重视“同质之变”，并将其视为阳明为学之变略有不妥。因此，钱德洪关于阳明早期为学经历的评论的确存在一些问题。不过，这也可以反过来印证钱德洪的评论主要是针对儒学内部而言的，以此彰显阳明学在儒学内部（主要是针对宋学）的正确性和正统性，以便使得阳明学摆脱当时尴尬的学术地位——将阳明学视为佛老异端之学，如桂萼、陈建等人。[③]

钱德洪认为阳明最终的教法就是“致良知”，这也已经得到很多学者的认同。可是，王畿又提出“致良知”之后还有一个“居越以后”的阶段，而且，对此阶段仅仅只有“致良知”进境的描述，并没有指出具体的教法内容。这种安排的意图是什么呢？要对此做出较好的解释就需要回归到王畿对阳明学的理解中。在王畿对阳明学的理解历程中最具标志的事件就是“天泉证道”。他与钱德洪对阳明学的理解产生了分歧，而这种差

① 湛甘泉在阳明的墓志铭中提出：“初溺于任侠之习；再溺于骑射之习；三溺于辞章之习；四溺于神仙之习；五溺于佛氏之习。正德丙寅，始归正于圣贤之学。”（《王阳明全集》，第1538—1539页）秦家懿则指出：“‘五溺’指阳明归正于圣学之前的多种嗜好；并非先的发生之事，而常是同时持有的兴趣。”（秦家懿：《王阳明》，东大图书股份有限公司1987年版，第38页）

② 陈来：《有无之境——王阳明哲学的精神》，人民出版社1991年版，第324页。

③ 桂萼曾说：“守仁事不师古，言不称师。欲立异以为高，则非朱熹格物致知之论；知众论之不予，则为朱熹晚年定论之书。号召门徒，互相倡和。才美者乐其任意，庸鄙者借其虚声。传习转讹，背谬弥甚。但剿捕巨贼，擒获叛藩，功有足录，宜免追夺伯爵以章大信，禁邪说以正人心。”（见张廷玉等《明史》，中华书局1974年版，第5168页）陈建也曾在1548年出版《学蔀通辨》，斥责阳明学为佛老异端之论。参见陈建《学蔀通辨》之《近年一种学术议论类》一卷，《四库全书存目丛书》，明嘉靖二十七年刻本。虽然陈氏言论的出版时间晚于钱德洪提出“三变说”的时间（1535），但如陈氏之流的斥责却并不晚于“三变说”，如罗钦顺在与王阳明的通信中对阳明学的批评。

异在王畿的长期渲染下，逐渐地演变为“四有”（亦称“四句教”）和“四无”之说的争论。这场争论的潜台词就是哪种理解方式才是阳明教的正统。为了证明“四无说”在阳明学中的正统地位，王畿在《天泉证道纪》中索性将“四句教”（即“四有说”）解释成阳明的权变之教，而非教人之定本。[①] 这就说明在王畿心中其实存在着一个所谓阳明之教的“定本”。而从他的学术主张中，不难发现这个“定本”就应该是他的“四无”之说。倘若要坐实“四无说”是阳明之教的定本，那必须从阳明的教、学活动和论述中获得可信的证据。可是，麻烦的问题就在于“四无说”从未得到阳明的正面倡导，而仅仅是王畿对阳明学说所做的逻辑或者说义理上的拓展性解读。换言之，“四无说”只是阳明学（教）在王畿心中的逻辑结果，或者是在价值取向下应然呈现的义理系统。客观地来看，王畿对阳明学的理解已然造成了偏离阳明本人思想的事实。只不过，他并不愿意承认这种差异是背离师门之教的表现，故而需要将这种差异安顿在阳明本人的思想发展中，从而坐实他的理解才是阳明思想的真谛。因此，这就造成了王畿需要在当时流行的“致良知”——“四句教”之外，将他的“四无说”隐晦地表达出来。而这点从他关于“居越以后”的描述可窥一斑。比如说“知即无善无恶之知”，前一个“知”是“知善知恶”，即良知之运用，后一个“知”是“无善无恶”，即良知之本体。这看似有些矛盾，而王畿无非在表达判断是非善恶的标准不可能从是非善恶的价值表象中被觉知，只能在“是非善恶”之外或之上被赋予，从而价值知觉本身就是“无是无非”“无善无恶”。这就如同事物的长度可以由尺子来衡量，而“一尺”本身的长度就无法再由尺子来丈量。因此，“知即无善无恶之知”就可以理解成“在运用层面，良知具有知善知恶的功能，而在其本体层面，又是无善无恶的自体实相”，同时也表明良知在运用上经常地（时间序列之内）发挥知善知恶的功能，而良知之所以如此的原因在于恒常地（时间序列之外）摆脱了善恶的执着，亦即“时时知善知恶，时时又无善无恶”，再进一步就是“时时（笔者按：时间序列之内）知是知非，时时（笔者按：时间序列之外）无是无非”。由此可知，王畿对于阳明（b4）时期内容的描述表面上是“致良知”进境的泛泛之

① 《王畿集》，吴震编校整理，凤凰出版社 2007 年版，第 1 页。

谈，其实早已“偷梁换柱”成了王畿的“四无”之说。因此，就不难理解王畿为什么要在“致良知”之后安排一个“居越以后”的学问进境。

再来考察一下罗洪先的评论，罗氏关于（a2）时期——“考索遇奇疾，乃学长生”的评论与其余诸家甚为不同。可是，罗氏之说并非无据。据《年谱》载，阳明在戊午年（1498）学习宋儒读书之法，而“旧疾复作”，同时，钱德洪亦有说明——“阳明先生出，少有志于圣人之学，求之宋儒不得，穷思物理，卒遇危疾，乃筑室阳明洞天，为养生之术”①。那么罗氏为什么要在（a2）时期中凸显阳明学习“长生”的经历呢？其实，这点与罗洪先早年因患病而求长生的经历极其相似，他曾向聂豹（号双江）自倒苦水——“少多病，当其未闻养生之说，而畏死之速也，……吾之爱生之心真实故也”，以致“问药抄方，形之梦寐，恨不能越疆而往就其人”②。因此，不难理解罗洪先特意突出阳明因病求长生的学习经历，无非为自身经历找到一种外部合理性或同情性的理解，而且这种理解同时有利于他应对当时王门诸人对他致学方向——“主静无欲”的批评。这点也可以从他对（b2）时期的描述中得到印证。罗氏将（b2）描述成“拳拳于存天理去人欲”，又异于众人（除了刘宗周和胡松）之说。其实，这依然是为了佐证罗氏自身的问学宗旨——“无欲主静”在王学内部的合理性。换言之，在王门后学——钱德洪和王畿等人指责罗洪先的“无欲”之学已偏离王学宗旨时，罗氏想要从阳明之学的经历中挑选出有利于合理化其学术取向的证据。因此，罗氏关于阳明学之变化的评论已然隐藏着自证其学的意图。倘若这点能得到成立，那么他立足于自身之学针对某些王门弟子（如王畿等人）的批评，就绝非基于意气之争，而是发于维护学术正统之苦心，即如批评王畿时说：“终日谈本体，不说工夫，才拈工夫，便指为外道，此等处，恐使阳明先生复生，亦当攒眉也。”基于罗氏同样的理由，刘宗周也将阳明（b1）阶段描述成“去人欲而存天理”，亦是有见于王门末流荡越之弊，而引发的正本清源之论。

众所周知，黄宗羲继承了其师刘宗周对王学及后学的评价和判断，对于由王畿所引导的越中王门（这也泛指操行实践存在流弊的王门后学）

① 《徐爱·钱德洪·董澐集》，钱明编校整理，凤凰出版社2007年版，第190页。

② 《罗洪先集》，徐儒宗编校整理，凤凰出版社2007年版，第182页。

表达了不满，而对以罗洪先为代表的江右王门表现出好感，认为江右对王学流弊有救正之功。可是，有趣的是黄宗羲对王阳明学思变化的评论基本吸收了王畿的思想。这看似有些反常。当然，对于这种反常也可以得到一项辩护性的理由，即黄氏并不认同王畿之流的学术宗旨，却可以接受他对于王阳明学问思想的评论。从表面来看，这种情况也有可能出现。但是依常理推之，如果黄宗羲对王畿之学（王门流弊）不满，那么他对于阳明之教的评价应该回归到通常流行的见解——以“致良知”为阳明学终教的可能性会更大些，而不是顺承王畿之说——阳明之终教并非止于“致良知”。因此，黄宗羲的反常之举必定另有深意。据刘述先的考察，黄宗羲如此评论阳明之学的变化，特别是他指出在阳明的“致良知”教法之后还有一个“居越以后”的阶段，的确表达了他的另一番考虑：维护和推崇师（刘宗周）教。①

与刘宗周一样，黄宗羲也认为阳明教应当对王学流弊负有不可推诿的责任。换言之，王门末流之弊一方面是因为后学对阳明学宗旨的误解，另一方面也是由于阳明学本身宗旨有待商榷，或者说“致良知”并非道统之终教。因此，黄宗羲认为阳明学（教），至少是以“致良知”为代表性宗旨的阳明教，并不尽善。黄宗羲在《子刘子行状》中记录了刘宗周对阳明及王畿的批评：“先生（刘宗周）以谓新建之流弊，亦新建之择焉而不精、语焉而不详有以启之也。其驳《天泉证道记》曰：‘新建言无善无恶者心之体，有善有恶者意之动，知善知恶是良知，为善去恶是格物。如心体果是无善无恶，则有善有恶之意，又从何处来？知善知恶之知，又从何处起？为善去恶之功，又从何处用？无乃语语绝流断港乎？’其驳良知说曰：‘知善知恶，从有善有恶而言者也。因有善有恶，而后知善知恶，是知为意奴也，良在何处？又反无善无恶而言者也。本无善无恶，而又知善知恶，是知为心祟也，良在何处？止因新建将意字认坏，故不得不进而求良于知，仍将知字认粗，故不得不进而求精于心，非《大学》之本旨，明矣。’盖先生于新建之学凡三变：始而疑，中而信，终而辨难不遗余力，而新建之旨复显。”② 从这番叙述中不难看出，刘宗周认为王畿之流对阳明学的理解已经失去了王阳明的宗旨，甚至将矛头直接指向阳明学本

① 刘述先：《论王阳明的最后定见》，《中国文哲研究集刊》1997 年第 11 期。

② 《黄宗羲全集》第 1 册，沈善洪主编，浙江古籍出版社 1985 年版，第 253—254 页。

身的精准性和完满性。无疑，黄宗羲是认同刘宗周这种观察和评价的，他说：“此（笔者按：刘宗周）指出，真是南辕北辙，界限清楚，有宋以来所未有也。识者谓五星聚奎，濂、洛、关、闽出焉；五星聚室，阳明子之说昌；五星聚张，子刘子之道通，岂非天哉！岂非天哉！”① 这里，黄宗羲高抬宗周之意已跃然纸上，认为刘宗周的“诚意慎独”之教可以代替王阳明的“致良知”教，成为儒学的最终教法，或者说最圆满的义理系统。这点还可以从以《蕺山学案》作为《明儒学案》压轴之举中，窥得其中深意。即使如此，黄宗羲也没有像其师那般将批评的矛头既指向王学流弊，又指向王阳明本人，他采取了折衷的态度：一方面，不遗余力地抨击王畿和王门末流，而另一方面，却抱着为贤者讳的心态，委婉地表达出阳明学的缺点。黄氏的具体操作就是否认阳明教止于“致良知”之说，并为阳明渲染出一个“后良知教”——“居越以后”的说法。可是，他对“居越以后”的阳明教法却不知如何恰当地评论，故而只好袭用王畿之说。因此在表面上，王、黄两人都认为阳明之教并没有止步于“致良知”，但两人的意图截然不同。王畿取用阳明“居越以后”的教法为自己的“四无说”张目，黄宗羲意却在于为师说取代王学作出铺垫。总之，黄宗羲这种为贤者讳的做法表现出三方面的好处：其一，没有像刘宗周那样直接否定阳明学；其二，使得他对由王畿所引导的王门末流的批评拥有更内在的证据，王门末流总以“致良知”为阳明宗旨，而其实这并非阳明的最终宗旨，故而他们便是曲解宗门，不合师教；其三，又为刘宗周批评王门末流甚至阳明本人提供了更多的合理性，进而烘托出刘宗周之学的终教形象。

三 结 语

对比王门后学诸人对阳明学思想发展的评论，不难发现众人的观点彼此之间竟然有许多不同之处。这些差异绝非一些毫无意义的意见分歧，而是隐藏着这些评论者各自的视角，甚至是各自的“图谋”。比如说：钱德洪未将王阳明学习世儒之学的经历反映到“学三变”中，就是为了避免

① 黄宗羲：《明儒学案》，沈芝盈点校，中华书局2008年版，第1514—1515页。

引起阳明学信徒或其他儒者的误解，而偏离阳明学的宗旨。在罗洪先的叙述中，他反复强调王阳明在生命困境中的磨砺，甚至在疾病中的超脱，竟然是为了凸显自身相似经历的合理性，以便立足于他的学问主张——“无欲主静”和“重视致知的艰难性”对以王畿为代表的“良知现成说”进行批评。王畿则在阳明为人熟知的“致良知”教法之后，另外添加一个阳明的终教定本——“居越以后……”，而此举只不过是替他自己的“四无说”张目，以期让他的“四无说”在王学的内在逻辑上获得合法性。更有趣的是，黄宗羲为了维护和推崇师教，竟然仿效王畿在“致良知”教法上添加一个所谓阳明“居越以后”的境界。而他这样做的目的既是以阳明还有更高的为学境界作为理由，对王门末流整日口念“致良知”而无实行的空疏学风进行批评，又是为刘宗周批评阳明的“致良知教”提供阳明学的学理背景，同时也就烘托出以宗周之学取代阳明学的必要性。

然而，这段讨论也引发了两方面的思考。第一，所谓客观地了解文本和作者是否可能？第二，倘若无法真正客观地了解文本和作者，那么又应该如何去理解文本和作者？通过上文的分析，不难发现评论者对于阳明及其文本的理解都或多或少地带有各自的情感、意图和视域，所以这些评论者的观念以及观念所指向的现象并非文本和作者本身应该具有的。当然，这种论断也存在着一个逻辑困境——我们依据什么来判断这些评论不符合文本和作者的原意？如果我们能够判断他者的理解不符合文本和作者，那么他者的理解又为什么不可以基于同样的理由来断定他们的理解就是文本和作者的原意呢？这种“子非鱼，焉知鱼之乐”以及“子非我，焉知我不知鱼之乐”的争辩将无法终止。而这种逻辑困境的根源在于文本和作者毕竟“已死”——哲学上的说法就是“他者不可知”，无法重新活过来，成为所有理解的仲裁者。可是，我们对于文本和作者的理解是要让“已死”之物“活”过来，这就暗示着我们的理解活动是一种“活化”文本和作者的过程。至于如何“活化”，却不能要求我们抱着一种让“已死”之物重新如其所示的方式“活起来”的“妄想”——在对象上获得对象本身的冲动。因此，“活化”的主题则是要在主体身上折射出对象的虚景——而非对象本身，这有些类似于“人能弘道”或“以己证道”。但是，“主体折射说”并非让主体任意裁量对象，而是以包含着主体某些价值追求方式的“自由裁量”。质言之，具体理解者的理解不是关于文本和作者的理解本身，而是理解者基于自身的局限性追问自我认知能力的一种结果。因此理解者应该谦虚地认识到具体的理解不可能代替文本和作者向所有理解宣示其唯一性，即不可能成为文本和作者的“活着的代言人”。于是，主体的“自由裁量”主要是针对自身认知能力和局限性在价值观上的裁量，所以理解文本和作品就是理解主体自身，而文本和作者只是一种理解自己的工具。至于文本和作者的独立性和客观性问题只不过是一个“伪问题”，因为它只能在“活着”的主体建构其意义的过程中才会被虚设出来。如果文本和作者没有经由主体的意义建构，那么它只会是一团死物，成为绝对无意义的“无”。

第三篇　阳明后学研究

王畿易学思想新探

章 林*

阳明后学认为王阳明“致良知”学说直承孔孟学脉，只是“致良知”是王阳明晚年所提，尚未同当时学者或弟子深入探讨，所以阳明后学的一项重要的工作便是对“致良知”一说进行进一步的探源、扩充，并且也正是在对“致良知”解释上的差异，造成了阳明后学的分歧。在对阳明学说的进一步解释和阐发中，王畿可以说是中坚人物。王阳明生前就对王畿说：“吾非以一第为子荣也，顾吾之学，疑信者半，子之京师，可以发明耳。”① 可见王阳明对其期许之高，而王畿也不负其师所望，以其和易婉转的风格，使得其师门人日众。

与其他阳明后学有着较大的不同，王畿对王阳明“致良知”的解释和发挥在很大程度上是通过援引《易经》来完成的。王畿通过援引《易经》来为其师的良知教提供“经学”的依据，从而从宋儒对《易经》理学化的解释中挣脱出来，实现了对其心学化的解释。虽然易学在王畿思想中十分重要，但是相关的专门研究却不是很多，只是在与王畿相关的著作和文章中有所涉及。其内容都是较为关注王畿利用易学对于王阳明心学的建构。② 但是，事实上王畿在继承了其师“致良知”学说的同时，也对其进

---

* ［作者简介］章林（1983—），男，安徽舒城人，安庆师范大学副教授，博士。主要研究方向：宋明儒学。

① 黄宗羲：《明儒学案》，沈芝盈点校，中华书局 2008 年版，第 237 页。

② 朱伯崑在其《易学哲学史》中较早地讨论了王畿的易学思想，主要讨论了易为心学以及先天统后天的思想。后来，方祖猷在《王畿评传》中单辟一章论述王畿的易学思想，主要思路却是继承了朱伯崑。台湾中兴大学周古阳 2000 年时的硕士论文《王龙溪的心学与易学》可以说是较早的专门论述王畿易学思想的文章，文章已经试图系统把握心学和易学的关系，（转下页注）

行了极大的发展，这点表现在他对“四句教”一以贯之的理解上。所以讨论王畿的易学思想，一方面要注意他易学思想的心学化倾向，这种倾向其实是明代易学的一种普遍情况；而另一方面也要同他自身独特的心学思想结合起来，这样才能通过王畿自身的思想来探讨他对《易经》义理内涵的丰富和发展，反过来也可以通过他对《易经》的解释来进一步认识他的心学思想。

一 易、天地与良知

从《系辞》开始，便把《周易》视为对天地万物及其运动变化的效仿。《系辞》认为《易》便是伏羲仰观俯察，近取诸身，远取诸物而创造出来的，“是故《易》者，象也，象也者，像也。彖者，才也。爻也者，效天下之动者也”（《系辞下》）。因为《易》的卦爻象征天地之道，所以“《易》与天地准”，并且在对天地之道效仿的基础上，还能够进一步“弥纶天地之道”，最终达到范围、曲成的效果。《系辞》对《易》的解释为后人制定了基本的范式，王畿也不例外。他对“易与天地准”一段做了专门的解释，他说：“天地之间，一气而已。易者，日月之象，阴阳往来之体，随时变易，道存其中矣。其气之灵，谓之良知。虚明寂照，无前后内外，浑然一体者也。”[①]王畿依然是把易同天地之道等同起来，但是他同时也引入了气和良知两个概念。易所表明的是阴阳往来，不断变易的天地之道，但是这种阴阳变易是以通乎天地的“气”为载体的。简言之，易所表明的正是气的阴阳消息之道。王畿进一步把良知同气结合起来，认为良知是“气之灵”“造化之精灵”[②]，“贯彻天地之灵气”[③]，“天地之灵气

（接上页注）但是论证不够深入。杨月清在《周易研究》2004年第6期上发表《试论王龙溪的易学哲学》一文，文章注重讨论了“易是心易”以及以《复》卦谈论“一念之微”，文章的主要思路依然是说明王畿易学是心学派易学发展的高峰，而没有把王畿的易学思想同他本人的心学思想联系起来。台湾中央大学的贺广如在《中国文化研究所学报》2011年第1期上发表《心学〈易〉之发展：杨慈湖和王龙溪的〈易〉学比较》一文，文章特别提到王龙溪对“天根月窟”说的重视，作为其致良知的功夫论。这点确实是王畿易学当中一个非常重要的部分，但是这篇文章重点是对杨慈湖和王龙溪的易学思想进行比较，而没有进一步阐释王畿本人的易学体系。

① 《王畿集》，吴震编校整理，凤凰出版社2007年版，第183页。

② 同上书，第85页。

③ 同上书，第12页。

结而为心，心之灵明谓之知”[①]。

（一）以易解良知的三重特征

这样一个作为“心之灵明”的良知在王畿的思想中具有三种特性，而王畿对这三种特性的阐释都依托了《易经》：

1. “乾知大始”：良知的创生性

王畿说：“吾之精灵，生天生地生万物，而万物复归于无。”[②] 良知一方面是集天地之灵气而成，另一方面又创生了天地，这点王畿是直接继承了王阳明关于良知的教义，在此就不作赘述。需要注意的是，王畿为了论证良知的创生性，对《系辞》“乾知大始”做了创造性解释。关于“乾知大始”，孔颖达注曰：“乾知大始者，以乾是天阳之气，万物皆始在于气，故云知其大始也。”（《周易正义》）朱熹注曰：“知犹主也。乾主始物，而坤作成之，……大抵阳先阴后，阳施阴后，阳之轻清未形，而阴之重浊有迹也。”[③] 朱熹的注释和孔颖达的没有本质的区别，以天之阳气为万物之始。但是王畿却将“乾知”连读，并将其等同于“良知”。王畿说：“《易》曰‘乾知大始’，乾知即良知，乃混沌初开第一窍，为万物之始，不与万物作对，故谓之‘独’。以其自知，故谓之‘独知’。”[④]

2. “性命之灵枢”：良知的统贯性

作为万物之始的良知同样是贯穿天地创生、流行的整个过程的。王畿借助《易》对神与气、性与命、身与心等宋儒关心的范畴进行了分类。王畿说：“《易》以道阴阳，仰观俯察，类万物之情，近取而得之，不越乎身心两字而已。心即乾之阳也，身即坤之阴也。心中之神，身中之气，

---

① 《王畿集》，吴震编校整理，凤凰出版社 2007 年版，第 386 页。

② 同上书，第 85 页。

③ 朱熹：《朱子全书》，朱杰人、严佐之、刘永翔主编，上海古籍出版社 2008 年版，第 124 页。

④ 《王畿集》，吴震编校整理，凤凰出版社 2007 年版，第 131 页。

即坎离之交也。”[①] 又曰：“乾属心，坤属身；心是神，身是气。”[②] 王畿一方面把良知视为乾知，认为良知同乾卦一样具有创生之德，但另一方面，良知又是统贯乾坤、阴阳、神气的。[③] 王畿说：“良知之主宰，即所谓神；良知之流行，即所谓气。尽此谓之尽性，立此谓之立命。”[④]“神为性，气为命，良知者，神气之奥，性命之灵枢也。良知致，则神气交而性命全，其机不外乎一念之微。”[⑤] 他又说：“先师提出良知两字，范围三教之宗，即性即命，即寂即感，至虚而实，至无而有。”[⑥]

3. “良知即天”：良知的自然性

良知之所以具有一贯的特性，原因在于王畿把其师提出的良知等同于“自然”来理解。“良知是造化的精灵，吾人当以造化为学”[⑦]。造化创生万物，良知也创生万物，良知作为造化的精灵，所以应该以造化为师。造化也就是自然，王畿说：“良知先天而不违，天即良知也；良知后天而奉时，良知即天也。”[⑧] 良知也就是自然之天则。

（二）良知：无极而太极

良知的自然性、创生性和统贯性又是有内在联系的。良知的统贯性表明良知是自然性和创生性的统一，良知创生万物是本诸自然的。自然之运行从根本上来看是“何思何虑”，无善无恶的，王畿进而认为良知同自然一样，就其本体而言也是无善无恶的。

---

① 同上书，第418页。

② 同上书，第85页。

③ 需要注意的是，如果以西方哲学主客二分的思维来看，王畿关于气、心和良知的解释是不够清晰的。因为他既说“天地之灵气结而为心”，又说良知是“贯彻天地之灵气”，但是良知毕竟是一种“知”，是“心之灵明”。其实这种混乱是属于我们现代的解释者，而不属于王畿思想自身。良知和心甚至也不同于现代科学中大脑和意识的关系，良知、心和气是一贯的，也就是说在王畿思想中，“知”和“物”是一贯的，而不是二分的。良知之主宰是神，良知之流行是气，神、气和良知三者是一贯的，而良知在其中更是处于一种中枢的地位。

④ 《王畿集》，吴震编校整理，凤凰出版社2007年版，第419页。

⑤ 同上书，第508页。

⑥ 同上书，第85页。

⑦ 同上。

⑧ 同上书，第419页。

王畿因为对王阳明“四句教”的“四无”的解释在阳明后学中独树一帜，也引起了广泛的争论。在其书信当中可以看到他经常跟别人解释他的观点，其中最著名的便是他同聂双江之间的往复辩论。后来黄宗羲对他也颇有微词，说：“唐荆川谓先生笃于自信，不为形迹为防，包荒为大，无净秽之择，故世之议先生者不一而足。……虽云真性流行，自见天则，而于儒者之矩矱，未免有出入矣。”① 黄宗羲之所以指责王畿与儒家矩矱有所出入是因为王畿对王阳明的四句教作了进一步的发挥。与钱德洪认定四句教为定理不同，王畿认为阳明的四句教只是权法，如果认识到心体本来无善无恶，那么意、知、物都一并无善无恶。也就是说，作为自然流行之世界从根本上来说，本来是无所谓善和恶的，从究竟处说，世界源于寂静又将归于寂静，善恶不是从心体上说的，心体无善无恶，但凡有了善恶之分，便已经是到了“意”的层面了。在这点上，聂双江同王畿是一致的，但是聂双江把本源之寂静同感应之流行又分离开来，认为为学就是要复那个寂然不动之体，致良知也就是要致那寂然不动之体。而王畿则认为寂和感、体和用、心和意都是统一于良知的，良知是即寂即感、即体即用的，致良知也并不是要回复到寂然不动之体，而是要依据良知自然流行之天则。

这些争论可以说都是毫厘之争，但是却事关重大。在王畿和聂双江辩论之后，依然有很多人问王畿关于良知的解释，可以说他关于良知的解释在当时就引起了很多的疑惑，也就出现了像黄宗羲那样对他的指责，认为他已经掺入佛老的思想，而脱离儒家的矩矱了。在面对这些疑惑和批评的时候，王畿再次在《周易》中为其“致良知”思想寻找依据，他这次所解释的与其说是王阳明的思想，还不如说是他自己进一步发展“致良知”说之后的思想。王畿对《易传》中“无极而太极”做了全新的解释，为其良知即寂即感，即体即用，即神即气的思想寻找到了《易》学的根据。王畿在《太极亭记》中说：

> 夫千古圣人之学，心学也。太极者，心之极也。有无相生，动静相承，自无极而太极，而阴阳五行，而万物。自无而向于有，所谓顺

① 黄宗羲：《明儒学案》，沈芝盈点校，中华书局2008年版，第239页。

> 也；由万物而五行阴阳，而太极，而无极，自有而归于无，所谓逆也。一顺一逆，造化生成之机也。粤自圣学失传，心极之义不明。汉儒之学，以有为宗，仁义、道德、礼乐、法度、典章，一切执为典要，有可循守，若以为太极矣。不知太极本无极，胡可以有言？佛氏之学，以空为宗，仁义为幻，礼乐为赘，并其典章法度而弃之，一切归于寂灭，无可致诘，若以为无极矣。不知无极而太极，胡可以无言也？一则泥于迹，知顺而不知逆；一则沦于空，知逆而不知顺。……良知知是知非，而实无是无非。无中之有，有中之无，大易之旨也。①

王畿首先对这句话做了心学的解释，认为太极是心之极。这样的话，“无极而太极”这句在宋代理学家那里表示宇宙创生过程的命题就变成了主观化的心灵之道德活动了。而良知即寂即感，即体即用的特征正是“无极而太极”所要表达的真实内涵。王畿强调这句话的“顺”和“逆”两个方面：顺是自无而有，逆是自有而无，一顺一逆在一起才构成一个完整的创生活动，片面强调某个单方面的过程都会沦为异端。所以，良知之于善恶也是如此，良知之本体便是太极，是无善无恶的；但是良知的发用流行处，便自然能知善知恶，也就是无极而太极。良知无极而太极的过程其实也就是即自然而创生的过程。

二 致良知：虚心而感与天根月窟

王畿用“无极而太极”来解释说明良知寂感一体，即寂即感的特性，他一方面强调良知之本性虚寂，另一方面又强调其发用流行。所以，王畿的致良知工夫也就有自己的特点：一方面，与世俗功利之学不同，他特别强调回复良知无善无恶之寂然之体；另一方面，与聂双江不同，他不同意聂双江分寂和感为两截，又强调于一念发动处用功。同样在致良知的工夫上，王畿也借用了《易经》，与宋儒常见的把《复》卦和《剥》卦并列来看不同，王畿把《复》卦和《姤》卦作为一对并列的卦象，并同邵雍

① 《王畿集》，吴震编校整理，凤凰出版社2007年版，第481页。

的“天根月窟”说联系其来，以说明其致良知工夫寂感一体的特征。

(一)《复》卦：一念之“微与为学”等级

王畿的良知观是从王阳明脱胎而来，但是和其师又有着很大的不同。王阳明认为良知本体知是知非，但是他同时也强调通过后天致良知的工夫，使得良知由本然状态达到自觉状态。而王畿则把良知视为天则之流行，当体自足，所谓工夫只是要人从私欲中挣脱出来，复归良知本体。所以在阳明那里，致良知是向外的过程，致良知于事事物物；而在王畿这里，致良知则是一个返回的过程，复归到良知的自然天则。① 为了阐清其独特的致良知工夫，王畿对《复》卦进行了创造性的解释：

> 天地灵气，非独圣人有之，人皆有之。今人乍见孺子入井，皆有怵惕恻隐之心，乃其最初无欲一念，所谓元也。转念则为纳交要誉，恶其声而然，流于欲矣。元者始也，亨通、利遂、贞正，皆本于最初一念，统天也。最初一念，即《易》之所谓复，“复，其见天地之心”，意、必、固、我有一焉，便与天地不相似。②

就整个卦象来看，王畿把初九之一阳解释为“最初无欲一念”，虽然最初一念，其始甚微，却是心之本体，无欲之乾德的不息之机。“夫天地灵气，结而为心。无欲者，心之本体，即伏羲所谓乾也。刚健中正纯粹精，天德也”③。可见，《复》卦在王畿这里成为对致知工夫的最好说明，致知也就是在一念之微处戒慎明察，以求复其心之无欲本体。所以，与程颐和朱熹将《复》卦之一阳理解为天地生物不息之生气不同，王畿同样将其心学化，解释为本于纯乾无欲之德的最初一念，而这一念之微正是致知用力之处。王畿说：“然吾人今日之学，亦无庸于他求者，其用力不出

① 关于王畿对王阳明良知本体的发展，杨国荣在其《王畿与王学的衍化》一文中提出：“王阳明强调先天本体和后天之致的合一。……王畿则将良知视为现成本体，并由此提出现成良知说。”董平在其《王畿哲学的本体论与方法论》一文中也认为良知在王阳明那里是尚未开显的状态，需要致知的工夫；而在王畿那里则处于已经开显的状态，只需要“一念灵明”便可获得。

② 《王畿集》，吴震编校整理，凤凰出版社 2007 年版，第 112 页。

③ 同上。

于性情耳目伦物应感之迹，其所慎之机不出于一念独知之微。是故一念戒惧，则中和得，而性情理矣；一念摄持，则聪明悉，而耳目官矣；一念明察，则仁义行，而伦物审矣。慎于独知，所谓致知也；用力于感应之迹，所谓格物也。”①

从《复》卦整体卦象和卦义来看，它表明的是要从一念之微处复归心之本体。而通过对六爻的各自解释，王畿认为《复》卦正好表明不同资质的人在致知过程中的远近、难易之差别。王阳明曾经就针对王畿对四句教的理解，认为他适合向具有上等资质的人说教，并且教导他要同钱德洪相互取益。纵观王畿思想的发展，可以看出他也确实听取了王阳明的嘱咐，在传播和发展阳明致良知思想的过程中，也尝试接纳中下等根器的人。在《松原晤语》（1562）中，王畿区分了致知顿、渐两种途径。他说：“夫圣贤之学，致知虽一，而所入不同。从顿入者，即本体为功夫，天机常运，终日兢业保任，不离性体，虽有欲念，一觉便化，不致为累，所谓性之也。从渐入者，用功夫以复本体，终日扫荡欲根，祛除杂念，以顺其天机，不使为累，所谓反之也。若其心以去欲为主，求复其性，则顿与渐未尝异也。”② 而在八年后的《建初山房会籍申约》（1570）中，王畿通过对《复》卦各爻的进一步解释，更加细致地指出了致知的各个层次和情况：

> 夫有失而后有复，圣人无复，以其无失也。今者之失，既或不免于纷扰混杂之为病，则求复一言，正所谓对病之药，不可以不讲也。“《易》为君子谋”。“复，其见天地之心”。“良知者，造化之灵机，天地之心也”。《复》之六爻皆发此义。初复者，复之始，才动即觉，才觉即化，一念初机，不待远而后复，颜子之所以修身也。学贵近仁，二比于初，谓之休复。学务于恒，三失于中正，谓之频复。……资有纯驳，故复有远迩、功有难易，学之等也。”③

① 《王畿集》，吴震编校整理，凤凰出版社2007年版，第51页。

② 同上书，第43页。

③ 同上书，第50页。

圣人是没有过失的，所以不需要“复”这个环节。自圣人以下，颜回之纯到沉迷于私欲之人都是要“复”的工夫的。王畿按照六爻的次序，区别了初复、休复、频复、独复、敦复、迷复六个致知工夫层次。在这六个层次中，只有以颜回为代表的初复是顿入，于一念发动处，便回复其本性。后面五种，自近及远，自易及难，都需要渐入的工夫。

王畿晚年总体上是越来越强调渐入工夫的重要性，但是在很长的时间里，他都是暗自里把渐入和顿入相对立，秉承王阳明的观点，认为渐顿之法是同资质纯驳相连的。但是在1573年，他受李世达、陆光祖之邀到滁州讲会期间，为李世达住所“渐庵”著文时，其中关于渐顿的关系有了细微的变化。而在这篇《渐庵说》中，王畿同样是通过《易经》中的《渐》卦来表明其思想的变化的：

> 或问渐之说，予曰：“昉诸大《易》：‘山上有木，渐之象也。’其高有因，则其进有序，所以为渐也。……致知之功，存乎一念之微，虚以适变，不为典要，寂以通感，不涉思为，以渐而进，悠游以俟其化，非可以躐等而求。”……渐顿之别，亦概言之耳。顿渐一机，虚实之辩，乾坤一道，刚柔之节也。理乘顿悟，事属渐修。悟以启修，修以徵悟。根有利钝，故法有顿渐。要之，顿亦由渐而入，所谓上智兼修中下也。真修之人，乃有真悟，用功不密而遽云顿悟者，皆堕情识，非真修也。①

可以看到，此时王畿已有意图弥合早年关于顿渐之间对立的倾向，更加强调渐修的重要性。尤为关键的是，他通过对《渐》卦的阐释，表明顿是离不开渐的，此是天地万物运行之道，也同样是致知为学之道。王畿并且以孔子为例，认为孔子自十五而有志于学，一直到随心所欲不逾矩之间都是渐修的过程。所以，他认为孔子之学，“自理观之，谓之顿可也；自事观之，谓之渐亦可也”②。

① 《王畿集》，吴震编校整理，凤凰出版社2007年版，第500—501页。

② 同上书，第501页。

（二）《姤》卦：退藏于密

程颐和朱熹在阐述《复》卦时，喜欢同《剥》卦对比来说，认为“剥尽于上，则复生于下，其间不容息也”，以此来表明天地生生之道。而王畿则对邵雍的“天根月窟”说进行了改造，将《复》卦同《姤》卦联系起来，认为天根月窟是邵雍一生受用的底本，他解释道：

> 天地之间，一阴一阳而已矣。乾，阳物也；坤，阴物也。阳主动，阴主静。坤逢震，为天根，所谓“复”也；乾逢巽，为月窟，所谓“姤”也。震为长子，巽为长女；长子代父，长女代母。乾坤，先天也，自一阳之复而临、而泰、而大壮、而夬，以至于乾；自一阴之姤而遯、而否、而观、而剥，以至于坤，由后天以返于先天，奉天时也。根主发生，鼓万物之出机；窟主闭藏，鼓万物之入机，阳往阴来之义也。①

可见，王畿认为由复而至于乾，由姤而至于坤，正好标志着由先天而后天，再由后天而返先天的整体过程。复姤相对，不仅是宇宙创生意义上由无极而太极，而太极又本于无极的双向过程，王畿更是将其道德化，认为后者是前者一个逆向互补的致知路径。王畿说：

> 古之人仰观俯察，类万物之情，而近取诸身，造化非外也。一念出萌，洪濛始判，粹然至善，谓之“复”。复者，阳之动也。当念摄持，翕聚保合，不动于妄，谓之“姤”。姤者，阴之静也。一动一静之间，天地人之至妙者也。夫“一阴一阳之谓道，继之者善”，即谓之复，“成之者性”，即谓之姤。……，知复而不知姤，则孤阳易荡而藏不密；知姤而不知复，则独阴易滞而应不神。知复之姤，乾坤互用，动静不失其时，圣学之脉也。②

---

① 《王畿集》，吴震编校整理，凤凰出版社2007年版，第185—186页。

② 同上书，第186页。

王畿对于《复》卦的重视，可以看到是受到了理学家的影响，但是王畿独特的一点是他把《复》卦和《姤》卦联系起来，作为其工夫论中的相反相成的互补路径，所以王畿对《姤》卦所表示的翕聚保合之道的阐释就更加重要。王畿曾将其扁堂命名为“凝道”，所谓凝道，也正是《姤》卦所暗含的翕聚保合之道，王畿说：“凝是凝翕之意，乃学问大基本。……不专一则不能直遂，不翕聚则不能发散，……吾人精神易于发泄，气象易于浮动，只是不密，密即所谓凝也。”① 王畿对于姤的重视同宋代理学整体趋势相比是有其现实层面的原因的。程颐和朱熹时代人人谈佛、家家说禅的情况较甚，所以他们更加重视以生生之机来抗衡佛教寂灭的思想。而阳明和王畿的时代，私欲渐炽，人心浮动，所以他们更加强调摄持保密之功。所以，同他对良知的理解一致，良知是即感即寂、即无即有的，所以致良知的工夫中，一方面要强调良知之发散，但同时更要强调良知的翕合；一方面要强调感，另一方面要强调寂。而在某种程度上，翕合之道更为根本，因为在王畿看来，只有中心虚寂，才能感而无滞，感而无余。

（三）《咸》卦：虚心而感

程颐和朱熹都非常重视《咸》卦，因为此卦所象征的感应之道可以说是儒家对宇宙万物运行法则的一个基本的总结。程颐说：“咸之义感也。……天地二气交感而化生万物，圣人至诚以感亿兆之心而天下和平。”② 而在对《象辞》“山上有泽，咸，君子以虚受人”的解释中，程颐也认识到感通和虚寂的关系。他说：“君子观山泽通气之象，而虚其中以受于人。夫人中虚则能受，实则不能入矣。虚中者，无我也。中无私主，则无感不通。”③

程颐（包括后来的朱熹）尽管都认识到中心虚寂在感通中的重要性，但是他们都没有特别强调这一点。而王畿则更进一步，从道之本源的意义上肯定了虚在感中的地位。王畿说：“夫心性虚无，千圣之学脉也。譬之

---

① 《王畿集》，吴震编校整理，凤凰出版社 2007 年版，第 117 页。

② 程颢、程颐：《二程集》，中华书局 2004 年版，第 855 页。

③ 同上书，第 855—856 页。

日月之临照，万变纷纭而实虚也，万象呈露而实无也。不虚则无以周流而适变，不无则无以致寂而通感，不虚不无则无以入微而成德业。此所谓求端用力之地也。”① 王畿既强调心的发散，同样也强调心的翕聚，但是在这两者当中，他认为后者要更加根本。在寂—感的过程中，不单单是如程颐所说的只有中心虚寂才能无感不通，而是从根本上说，心之本体本身就是虚寂的，所谓“致虚”，无非是回到心之本来面目而已。而心之所以能感，也仅仅是因为它本来便是虚寂的。王畿说：“虚者，道之源也。目惟虚，故能受天下之色；耳惟虚，故能受天下之声；心惟虚，故能受天下之善。舜居深山，心本虚也。一有感触，沛然若决而莫御，以虚而受也。……君子之学，致虚所以立本也。”②

从上面王畿认为人心本虚的观点看，他的理论同禅宗的看法非常相似了。但是王畿一直注意他自己思想同佛教教义之间的毫厘之辨。他所说的心体本虚并非如南宗禅那样彻底的否定，心体本虚并不是说其中空无一物，而是指心之活动完全顺应天则自然，直心而动。王畿认为《咸》卦所示的感应之道正是“无心之感”，而无心之感也就是《系辞》所说的“何思何虑”。王畿认为，“何思何虑”并不是说“无思无虑”，是一种没有任何规定性的纯粹的虚无，而是“直心而动，出于自然，终日思虑而未尝虑有所思虑”③。这样一种直心而动，虚心而感，正如日月往来，寒暑交替，全都出于造化的自然，虽然时刻运动而实未尝动。这样一种理想的状态下，人心随机而发，时刻感应，处理各种日用伦常，但是在感应的过程中，时刻顺应良知的天则，一如自然的运行，即感即寂，即寂即感。

三 《艮》卦：“思不出其位”的境界论

王畿对于“无心之感”的进一步规定正是通过对《艮》卦的解释来进行的。王畿认为《艮》卦上下皆山，在八卦中，除了乾坤二卦，“雷风水火与泽皆有往来之义，惟艮两山并峙，不相往来，止之象也”④。然而，

① 朱熹：《朱子全书》，朱杰人、严佐之、刘永翔主编，上海古籍出版社2008年版，第47页。

② 《王畿集》，吴震编校整理，凤凰出版社2007年版，第662页。

③ 同上书，第663页。

④ 同上书，第184页。

这样一种两山并立对峙之象，并不是表示上下两山不相感应，而是表示这种感应能够止于其所当止。王畿说：“阴阳和则交，不和则不交。艮止上下，阴应于阴，阳应于阳，应而不和，若相敌然，故曰上下敌应，不相与也。惟得其所止，是以不获其身，不见其人，忘己忘物，而无咎也。天地之道，一感一应而已。和则交，谓之和应；不和则不交，谓之绝应。和应，凡夫俗学也；绝应，二乘禅学也。应而不与，不堕二见，谓之敌应，吾儒圣学也。”①

在上面一段话中，王畿区分了感应的三种类别：俗学之“和应”、禅学之“绝应”以及圣学之“敌应”。敌应是感应之道的最高境界，既不流于世俗，逐物而感，又不如木石那样槁枯无心，寂而不感，而是应而不与。所以，敌应就是“感”和“止”的统一，感是性之生机，触事而发；“止”则是发而中节，当止则止。前文已经指出，王畿特别强调良知的自然义，以自然流行来说明良知。这样一种观点从表面上看便与告子的“生之谓性”的观点极为相似了，便有可能造成以食色为天性而等同于良知的认识。而他的学生中恰恰有人问出了这样的问题：

> 圣人之学，惟在致良知，是矣。然人见食则知食，见色则知好，有痛痒、则知搔摩，皆出于天性，不可不谓良知也。若即是为良知，与“食色性也”“生之为性”何异？若曰别是一知，与良知不同，是二知也。人无二心，则宜无二知。敢请所以。②

这个问题可以说是王畿思想要说明的重要问题，所以他后来还专门写了《孟子告子之学》来说明这个问题。他是这样说的：

> 人生而静，天命之性也。性无不善，故知无不良。感物而动，动即为欲，非生理之本然矣。见食知食，见色知好，可谓之知，不得谓之良知。良知自有天则，随时酌损，不可得而过也。孟子云：“口之于味、目之于色，性也，然有命焉。”立命正所以尽性。故曰“天命

① 《王畿集》，吴震编校整理，凤凰出版社 2007 年版，第 183—184 页。

② 同上书，第 68—69 页。

之谓性。”若徒知食色为生之性，而不知性之出于天，将流于欲而无节。君子不谓之性也。知，一也，不动于欲，则为天性之知，动于欲，则非良矣。①

王畿为了解答学生的质疑，借用了孟子关于性命的理论，认为食色作为人的本能，只能成为“知”，而不能称为良知。良知自有天则，要随时对本能的欲望进行酌损，让其止于其所当止之处。这样一种对本能欲望的酌损，王畿便称之为“立命以尽性”。在此，王畿同样是借助对卦辞中“艮其背”三字的创造性解释来更深入地说明这个问题：

> “艮其背”三字，是孔子提出千圣立命真根子。艮，止也。艮其背，止其所也。耳目口鼻四体诸根之用，皆在于面，惟背为不动，故以取象。目之于色，耳之于声，鼻之于嗅，口之于味，四体之于安逸，皆自然之生理，故曰性也，然有命焉，立命所以尽性也。目之于视色，如以背视，则目不为色所引，而视止于明矣；耳之听声，如以背听，则耳不为声所引，而听止于聪矣。所谓先立乎其大者，立命之符也。②

也就是说，在王畿看来，致知工夫无非就是由性而至命，从流于物欲之知回到天则良知的过程，而这个过程的起点便是“一念之微”处。王畿认为“良知以自然为宗”，并强调通过致知工夫回到天则良知，但是良知所效法的“自然”绝对不是一种没有任何规定性放任自流，而是具有内在的天则。致良知工夫最终达到性命合一的境界，也就是“思不出其位”，他说：“艮非无心，同于木石。心之官以思为职，所谓天职也。位为所居之位，不出其位，犹云‘止其所’也。不出其位之思，谓之无思之思，如北辰之居其所，摄持万化而未尝动也；如日月之贞明，万物毕照而常止也。”③ 这样一种“摄持万化而未尝动，万物毕照而常止”的境界

---

① 《王畿集》，吴震编校整理，凤凰出版社2007年版，第69页。

② 同上书，第183页。

③ 同上书，第184页。

也就是“思不出其位”的境界，也就是良知无极而太极的顺逆双向过程，也就是致知工夫《复》《姤》双修的工夫。通过《复》《姤》两卦所示的发散、翕合工夫，回到无极而太极的良知本体，就可以“思不出其位”，从而达到一种感而常寂，寂而常感的境界。这样一种良知自然可以说是剥离了种种物欲之后方能呈现的自然的天则。

黄绾礼学思想简述

张宏敏*

一　黄绾的生平与著作

黄绾，字宗贤，号石龙，又号久庵山人、久庵居士、石龙山人等，后世学者称久庵先生、久翁先生。明浙江布政司台州府黄岩县（今浙江省台州市黄岩区北城街道新宅村）人。生于明宪宗成化十年二月十一日（公元 1480 年 3 月 31 日），卒于明世宗嘉靖三十三年九月初四日（公元 1554 年 9 月 30 日），享年七十五岁。

作为政治家与社会活动家的黄绾，一生历经明成化、弘治、正德、嘉靖四朝。为官二十余载，先后四次出仕，又四次请归，穿梭往返于南北两京（京师、南都），历任后军都督府都事、南京都察院经历司经历、南京工部营缮司员外郎、南京刑部员外郎、《明伦大典》纂修官、光禄寺少卿、大理寺左少卿、詹事府少詹事兼翰林院侍讲学士、詹事府詹事、南京礼部右侍郎、礼部左侍郎、礼部尚书兼翰林院学士等官职。任南京都察院经历之时，因积极参与了嘉靖三年的“大礼议”活动并与张璁、桂萼、席书、黄宗明、方献夫等一起支持嘉靖帝，极力主张“继统而不继嗣”；任礼部左侍郎之时，作为钦差，成功抚勘了“大同兵变”，因而受到嘉靖帝的赏识与信任，黄绾官至礼部尚书兼翰林院学士即可为证。

作为思想家、哲学家、文学家的黄绾，一生学富五车，“志在天下”，以立志学“圣人之学”，以“明道”为己任。青年时期师从浙南台州理学

* ［作者简介］张宏敏（1982—），男，河北邢台人，浙江省社会科学院副研究员，浙江国际阳明学研究中心秘书长，博士。主要研究方向：王阳明与阳明学派。

名家谢铎而“刻苦”用功于程朱理学；中年时期与王阳明、湛若水等心学大家结盟共学，曾一度服膺于阳明先生的“致良知”之教，并创办“石龙书院”而致力于在浙南一代传播弘扬阳明学，阳明殁后，多次上疏为阳明争取“名分”，撰写了《阳明先生行状》，辑刊过阳明存世文献，还嫁女于阳明哲嗣王正亿并将其抚养成人；晚年因出使安南未果而“落职闲住”于黄岩老家，遂隐居翠屏山，以读书、著书、讲学终老，并能自觉地开展对宋明诸儒学术思想的批判，从而提出了具有复古倾向与自家理论特色的“艮止、执中之学”，堪称中晚明时期阳明学阵营内部具有自觉批判意识、主动修正阳明心学之“先驱者”。

黄绾“好古深思、闳览博物”，一生著述宏富：经学著作有《易经原古》《书经原古》《诗经原古》《礼经原古》《春秋原古》《四书原古》《中庸古今注》《庙制考议》；政论著作有《思古堂笔记》《知罪录》《石龙奏议》《云中奏稿》《边事奏稿》《边事疏稿》；哲学、文学著作有《困蒙稿》《恐负卷》《石龙集》《久庵先生文选》《明道编》（《久庵日录》）；家乘编纂有《洞黄黄氏世德录》《家训》；此外，参修过《明伦大典》，编理了《阳明先生存稿》《桃溪类稿》《宋杜清献公集》等。黄绾遗稿尽管号数百卷，惜大多“以海寇残毁散逸”而不存。①

黄绾早年即习“礼”、研“礼”，在青年、中年、晚年时期，黄绾均撰有一种经学著作，即《礼经》《庙制考议》和《礼经原古》三种。笔者主要依据黄绾礼学著作之书目，对其礼学思想略作检讨。

二 《礼经》成因考

《礼经》系黄绾青年时代所编订的礼学著作，约成书于弘治十四年至十六年间（1501—1503），它系黄绾在放弃科举时文之后，用功于圣贤之学的成果之一。至于青年黄绾编订《礼经》之缘由，其在《与王东瀛论〈礼经〉书》中有说明。

---

① 2008—2016年间，笔者倾尽全力，展开了对海内外有关黄绾存世著作文献的查访、裒辑工作，最终编校整理完成了50多万字的《黄绾集》（2014年12月由上海古籍出版社作为“阳明后学文献丛书”之一种出版）。同时还编写了《黄绾年谱简编》（其中收录有黄绾佚著《家训》一种，2017年1月由上海古籍出版社作为“台州文化研究丛书”之一种出版）。

传统儒家经典文献的表述之中，一般以“礼”“仪”并称，记载“礼”的典籍称《议礼》，亦称《礼经》。至于《礼经》作者，有两种说法，一说周公旦所作，一说孔子手定。笔者认为，《礼经》系周公制作，孔子删定而成的说法或许更为符合历史的真实面貌。“礼”之用有“仪”，有“义”：“仪”以言其节文，即指礼节、仪式；“义”以言其理意，即指道理、含义（“礼者，理也”）。而在黄绾看来，“议礼”之“礼”即“经礼三百、曲礼三千”，就其目而言，主要是士人君子在“冠、婚、丧、祭”“吉、凶、军、宾、嘉”时所行之礼节。

儒家传世“五经”（亦曰“六经”）之中，以《礼经》缺讹最为严重，“六经残缺，惟《礼》为甚”。东周王室衰微之时，“诸侯放恣，而《礼》最为所恶，故未经秦火而《礼》已亡其七八”。而汉儒所成《仪礼》《周礼》及“大、小戴记”皆掇拾傅会、干时进取之作，且多糜文失义，已“非周公、孔子制作、删定之遗经”[①]。即便是朱熹《仪礼经传通解》、吴澄《三礼考注》等礼学名作，在青年黄绾看来，皆不过是“据陈言于尺素，因讹谬以踵袭”，而不足以反映周公制作、孔子删定《礼经》之原貌。缘此，黄绾以“精求二圣（周、孔）经世作述之意”为目的，以《仪礼经传》《三礼考注》为蓝本，“存其同以去其异”，别为《礼经》一书。

《礼经》成书之后，黄绾即呈请乡先贤王东瀛指教，即上引《与王东瀛论〈礼经〉书》。[②]

三 《庙制考议》成因、时间考

《雍正浙江通志》《光绪黄岩县志》《民国台州府志》《台州经籍志》《台学统》《台州艺文略》均录有“《庙制考议》二卷，黄绾著”字样，遗憾的是，《庙制考议》一书，今佚而不存。

嘉靖四年（1525），因明世宗即嘉靖帝生父称号问题而引起的政治纷争——“大礼议”基本结束。但是光禄寺丞何渊为献媚于嘉靖帝，请建

① 《黄绾集》，张宏敏编校整理，上海古籍出版社2014年版，第301页。

② 同上。

世室祀献皇帝于太庙。嘉靖帝命礼官集议，席书、张璁多次上疏“力言不可”[①]，时任南京都察院经历的黄绾与时任南京刑部郎中的黄宗明亦参与了“何渊请建世室之议”，与席书、张璁等“议礼派”官员主张一样，“斥何渊之谬”[②]。《明世宗实录》卷五十二“嘉靖四年六月癸卯”条记：黄绾与黄宗明联名上疏，言：“何渊献议谬妄，干天下万世之公议，宜正其罪。”[③] 而《久庵先生文选》之中载有黄绾向嘉靖帝指斥“何渊献议谬妄”的两道奏疏，即《谏止献帝入太庙疏》[④]《论上下情隔疏》[⑤]。最终在“议礼派”官员的齐力反对之下，嘉靖帝暂时让步，“议别立祢庙，而世室之议竟寝”。

藉此推断，《庙制考议》很可能是中年黄绾在嘉靖四年为指斥“何渊献议谬妄”而成专论朱明一朝皇室庙制之礼学著作。

四 《礼经原古》及其“序”文之解读

《嘉庆太平县志》《台学统》录有“《礼经原古》，黄绾著”的字样，遗憾的是，原著已佚失，卷数亦不明。其中《台学统》记：“（《礼经原古》）以身、事、世为三重，身者容貌之属、事者冠昏之属、世者朝聘之属。于经虽乱，甚资取用。见《学案》《太平志》”[⑥]。让人稍感欣慰的是，黄宗羲《明儒学案》之中录有黄绾《礼经原古·序》文一种。[⑦]

黄绾早年即志于治《礼》（上文提到的《礼经》便是例证），“思学诸身者未有所得，故置其稿（《礼经》）于箧中以俟时。迨仕而或出或处，

---

① 张廷玉：《明史》，中华书局2000年版，第3470页。

② 同上书，第3479页。

③ 张溪、张居正等撰：《明世宗实录》卷五十二，台湾“中研院”历史语言研究所1962年版，第1304页。

④ 黄绾：《久庵先生文选》卷十三，1585年（明万历十三年）本，第10—11页。

⑤ 同上书，第11—14页。

⑥ 王棻：《性理之学》三十二，《台学统》卷四十四，刘氏嘉业堂1918年版，第14页。参阅笔者下段行文之中关于黄宗羲对《礼经原古》的概述，可知王棻之评论转自《明儒学案》，但是“于经虽乱，甚资取用”云云，则系王棻本人检阅黄绾《礼经原古·序》文之后的评论。

⑦ 《明儒学案·浙中王门学案三》，《黄宗羲全集》第7册，吴光主编，浙江古籍出版社2005年版，第326—328页。

南北靡常，皆有未暇”。嘉靖十八年（1539），黄绾在去职投林之后，先是撰《四书原古》，而后著《五经原古》，其中《礼经原古》为最后完成。在此，我们还可以推断，黄绾晚年所成《礼经原古》就是在其青年时期所成《礼经》基础上增订而成。兹据《礼经原古·序》，对黄绾的礼学思想再略作阐发。

1. “三重之礼原于天地、始于人伦”

对于“礼”之来源、制“礼”之依据，黄绾在《礼经原古·序》文中指出：《礼》之作原于天地，《礼》之制始于人伦。对此，黄绾作如是解读：

> 夫《礼》之作，自天地来矣。有天地然后有男女，有男女然后有夫妇，有夫妇然后有父子，有父子然后有君臣，有君臣然后有上下、亲疏、长幼、朋友，而礼有所错，则礼之制自人伦始矣。①

不难发现，黄绾关于礼制源自人伦的解读范式，借用了孔子《易传·序卦传》的说法：“有天地，然后有万物；有万物，然后有男女；有男女，然后有夫妇；有夫妇，然后有父子；有父子，然后有君臣；有君臣，然后有上下；有上下，然后礼义有所错。”②《礼经原古·序》进而提到：天地之贵在人，人之贵在性，人性即仁、义、礼、智、信；儒家圣人（周公）在制礼之时即考虑因人性而为之“礼”，“礼”错之于上下、亲疏、长幼、朋友诸人伦而为之“条理”，必合乎仁、义、智、信而出之，然后行乎天地而成乎人伦，即《孟子》文本所引“父子有亲、君臣有义，夫妇有别，长幼有叙，朋友有信”云云。

在黄绾看来，《礼经》所述君子所行之礼，共有“三重”即身、事、世，且有“纲”、有“目”：“总三者之纲言之，曰经礼三百，曲礼三千③。总三者之目言之，曰冠、婚、丧、祭，曰吉、凶、军、宾、嘉。”

---

① 《明儒学案·浙中王门学案三》，《黄宗羲全集》第7册，吴光主编，浙江古籍出版社2005年版，第326—327页。

② 朱熹：《周易本义》，廖名春点校，中华书局2009年版，第269页。

③ 《礼记·礼器》云：“经礼三百，曲礼三千。”《中庸》说：“礼仪三百，威仪三千。”

分而言之，身之礼指容貌之类，事之礼系冠婚之类，世之礼为朝聘之类。这是黄绾对“礼”的“三重”分类法。作为君子，其立身处世、言行举止必须以“三重”之礼为行为规范，“斯须不可去，造次颠沛不可违，在身所以周身，在事所以周事，在世所以周世，谓之周旋中礼”①。西周盛世，君子周行“三重”之礼，施之于家国天下，而臻天下雍熙太和之景象。

2. 孔子定礼与古《礼》之流传

关于圣人所制之礼，孔子以为，夏商周三代相因，损益可知：“殷因于夏礼，所损益，可知也；周因于殷礼，所损益，可知也；其或继周者，虽百世可知也”②。在黄绾看来，三代之礼尽管损益不断，但是身、事、世“三重”之礼“原于天地、始于人伦者，则未尝一日有间”。周公集诸“礼”之大成，使周礼甚盛；周王室衰微，“礼坏乐崩”“天下无道”“礼乐征伐自诸侯出”③，因记载“礼经”的典籍给诸侯僭越礼制法度制造了障碍，故“恶其害己，皆去其籍”。至孔子之时，载礼之典籍已损失殆尽，孔子有言：“夏礼吾能言之，杞不足征也；殷礼吾能言之，宋不足征也。”④“周监于二代，郁郁乎文哉，吾从周。”⑤因鲁国系周公封地，故时曰“周礼尽在于鲁”。孔子任职鲁国之时，曾看到过记载“周礼”的典籍；晚年自卫返鲁，即开始“定礼”，并“定此籍为经也”，是谓《礼经》，这就是周公制作、孔子删定《礼经》之由来。

孔子定《礼》，但其非在位之君王，《礼》只能私藏并私传于门生弟子，《礼》亦未能大行于世。孔子没而微言绝，七十子丧而大义乖。黄绾《礼经原古·序》文依据《汉书》卷三十《艺文志第十》所记：“及周之衰，诸侯将逾法度，恶其害己，皆灭去其籍，自孔子时而不具，至秦大坏。汉兴，鲁高堂生传《士礼》十七篇”，对《礼》自东周（战国）→

① 《明儒学案·浙中王门学案三》，《黄宗羲全集》第7册，吴光主编，浙江古籍出版社2005年版，第327页。

② 朱熹：《四书章句集注》，中华书局1983年版，第59页。

③ 同上书，第171页。

④ 同上书，第63页。

⑤ 同上书，第65页。

秦→汉的流传经过予以盘点：战国之世，诸侯恣横，《礼》最为所恶，故而周、孔所制作、删定之《礼》，“不待秦火秦禁先已散亡”（“未经秦火而《礼》已亡其七八”）；直至汉武帝之世，“弛挟书之禁，建收书之策”，先前藏于孔壁、散于山泽之《礼》渐出，如高堂生所传、二戴所记、《艺文志》所载；世历唐、宋至明代中叶，云“古《礼》或存者，惟此而已，此外更无所谓《礼》者”①。

总之，《六经》残缺，惟《礼》为甚，是一个不争的历史事实。

3.《礼经原古》的编订体例

至明代中叶，古《礼》散亡日久，虽有高堂生、二戴、《艺文志》所存遗简，然已茫无头绪，“孰为先王之作？孰为后世之为？孰为洙泗之传？孰为汉儒之附会？孰为天子、诸侯、卿、大夫、士、庶人之礼？”无从辨之。纵或辨之，亦不能全。

作为经学家的黄绾，为了尽可能地恢复孔子所定古《礼》之原貌，在晚年隐居著述之时，即以上文所及“礼”之“三重”分类法，重新订定、辑校古《礼》：“凡言身者，以身为类；凡言事者，以事为类；凡言世者，以世为类。所谓纲与目者，亦次第其间。又取朱子《仪礼经传》数篇益之，以成一经之纲领，总谓之曰《礼经原古》。”②

黄宗羲在《明儒学案·黄绾传》中对黄绾《礼经原古》的编辑思路有说明：“以身、事、世为三重，凡言身者以身为类（容貌之类），凡言事者以事为类（冠婚之类），凡言世者以世为类（朝聘之类）。”③ 这也就是黄绾《礼经原古》的编订体例。黄绾对自己订定而成的《礼经原古》是充满自信的，有“俾学《礼》者知其源委，寻其脉络；以为三重之条理，以立大本、以经大经、以赞化育，庶几或少补于明时”④ 云云。

客观地讲，作为明代中期思想家、政治家的黄绾，其礼学理论水平与实际应用能力，在明代中期嘉靖一朝的儒家士大夫群体之中，也是有一定

---

①《明儒学案·浙中王门学案三》，《黄宗羲全集》第7册，吴光主编，浙江古籍出版社2005年版，第327页。

② 同上书，第328页。

③ 同上书，第319页。

④ 同上书，第328页。

的社会地位与影响力的。比如他在嘉靖三年（1524）参与了“大礼议”的政治活动；嘉靖五年至七年（1526—1528）间参与编修了《明伦大典》。嘉靖七年至十二年（1528—1533）间，曾任南京礼部右侍郎；嘉靖十二年至嘉靖十四年（1533—1535）升任礼部左侍郎；嘉靖十八年（1539）一度出任礼部尚书等职。凡此种种，足以说明黄绾的“礼学”理论功底与实践应用能力。

朱得之《庄子通义》的儒学立场与心学意涵

王志俊*

一　归本儒家，维护圣人

朱得之，字本思，号近斋，直隶靖江人，为阳明入室弟子，南中王门代表人物之一。据《明儒学案·南中王门学案》载："南中名王氏学者，阳明在时，王心斋、黄五岳、朱得之、戚南玄、周道通、冯南江，其著也。"① 从阳明语录《稽山承语》来看，近斋当于阳明晚年归越并讲学于稽山书院时拜师受学。具体而言，近斋最晚于嘉靖四年（1525）十月师侍阳明，并于嘉靖六年（1527）七月离开书院。② 两年之后，即嘉靖八年（1529），朱得之四十四岁，而阳明殁于赣南。虽然说，近斋亲炙阳明时间并不长，但受阳明良知学说影响颇深，从其所笔录《稽山承语》可见一端。

关于近斋求学于王门的渊源及其学问倾向，《光绪靖江县志》称："（近斋）少负大志，闻王文成公良知之说，心契之，遂往受学，文公尝

* ［作者简介］王志俊（1989—），女，河南信阳人，中山大学博士研究生。主要研究方向：宋明理学。

① 黄宗羲：《明儒学案》，沈芝盈点校，中华书局 2008 年版，第 578 页。

② 《稽山承语》为朱得之所记的阳明语录，其中第十条附录云："此乙酉（嘉靖四年）十月与宗范、正之、惟中闻于侍坐时者，丁亥七月追念而记之，已属渺茫，不若当时之释然，不见师友之形骸、堂宇之限隔也"；另，第四十条语录："嘉靖丁亥（嘉靖六年）得之将告归，请益。"此即近斋嘉靖四年十月问学于阳明，嘉靖六年七月归家之明证。（《王阳明全集》卷六，吴光、钱明等编校，浙江古籍出版社 2010 年版，第 1608—1614 页）

以‘入道最勇，可与任重致远’称之。大抵得之之学，体虚静，宗自然，最得力处在立志之真。自起居食息一言一动，皆以真心检点。其间虽幽独，无少懈，教人亦以立志为先。”[①] 近斋心契阳明学问宗旨的良知说，又自觉服膺于阳明为学“大头脑”之立志[②]，渐得心学之真。因此，近斋为学，时时处处以立志为事，并以此教人。阳明晚年以“致良知”为其学术宗旨，而致良知的工夫入手处就在于立志。具体而言，“志”是良知心体的直接呈现，立志的同时，良知心体便起主宰作用。“以立志为先”“以真心检点”，表明近斋直接把握到阳明为学要义。由此可知，作为阳明的嫡传弟子，近斋于立志真切、工夫着实处，贯穿着阳明良知之教，其有志于圣人之学，也充分展现了儒者的自我认同。

但不能否认的是，近斋晚年曾作《庄子通义》《老子通义》并《列子通义》等道家著述，学问路数倾向于《靖江县志》所称“体虚静，宗自然”的道家一脉，甚至连黄宗羲也评点：“其学颇近于老氏，盖学焉而得其性之所近者也。”[③] 如此看来，近斋性情颇近于道家，著述也多与老庄思想有所关联。就《庄子通义》来说，其基本体例是采用随文注疏的形式，于每段正文之下列近斋的“通义”，然后较多附录南宋褚伯秀《南华真经义海纂微》之“管见”，偶尔加一些旁注。而褚伯秀为宋末道士，纂集庄学著作可能出于道家立场，《庄子通义》又是“明代第一部完整、系统的庄子学大著，对当时和后世都有一定影响”[④]。作为阳明弟子，近斋是否在其晚年背离师说，通过注解《庄子》的形式表达其道家的思想倾向呢？

首先，就《庄子通义》的体例来说。褚伯秀《南华真经义海纂微》所辑录的多为两宋理学家的庄学著述，侧面反映出褚伯秀学术思想中带有一定的理学精神。“管见”为褚伯秀自己的庄学见解，多是对两宋诸家解《庄》的辨析订正或疏解。而宋代庄学受王安石、苏轼影响较大，尤其是调和庄子与儒家思想的关系，甚至从有为入世的角度诠释经世治国之道，

---

① 叶滋森：《光绪靖江县志》卷十四，1879 年（清光绪五年）本。

② 阳明尝言：“大抵吾人为学紧要大头脑，只是立志。”（见陈荣捷《王阳明〈传习录〉详注集评》，华东师范大学出版社 2009 年版，第 119 页。）

③ 黄宗羲：《明儒学案》，沈芝盈点校，中华书局 2008 年版，第 585 页。

④ 方勇：《庄子学史》，人民出版社 2008 年版，第 339 页。

表现出明显的儒学化倾向。[①] 在一定程度上，褚伯秀也受此风气影响，如"《祠堂记》中尝谓'庄子之言，皆实予而文不予，阳挤而阴助之'，则以烛其立言救弊之本心矣"（《南华真经义海纂微》卷九十二），"南华之功不在孟子之下，后世必有以为然者"（《南华真经义海纂微》卷三十九）。褚伯秀同意苏轼的观点，从立言救弊之心的角度认为庄子并未诋訾儒家圣人，其宣扬圣道之功不在孟子之下。近斋所引"管见"如"惟有神尧在位，斯有许由在野。气类相感召，理有由然。尧之忧天下也深……非获大任而不移，无以见尧之真知卓绝"[②]。这基本上扭转了庄子訾由非尧的态度，与宋儒为儒家圣贤辩护的立场保持一致。由此可知，褚伯秀编撰与注解庄子受时代影响，展现出儒学化庄子的倾向。而《庄子通义》直接大量援引《南华真经义海纂微》，很大一部分是出于以儒解庄来调和儒道关系，并使庄学符合儒家思想的考量。

再仔细考察《庄子通义》文本，近斋以儒解庄的思想倾向分外明显，注解极力维护儒家圣人形象，表明了其对儒者身份的强烈认同，同时也为庄子辩护，使其思想契合于儒家义理。正如《庄子学史》一书所说，近斋偏离《庄子》中的孔子形象，着重分疏庄子学继老子，而老子和孔子又相通相许，有着师承授受关系，因此尊信老子的庄子也必然笃信孔子。近斋不仅把庄子对孔子的诋訾阐释成对孔子的推崇，并且和孟子思想也是相互印证的。至于诋毁圣人，和儒家思想相互背离之处可能不是庄子本人手笔。[③] 上述讨论站在儒者角度为近斋的学术立场作了辩护，有一定的道理。近斋于《读庄评》尝言：

> 庄子之学，由静而入，极虚而安，盖祖巢、由而尊老、列，嘉尧、舜而掖孔、颜，悲龙逢、比干、夷、齐而孩管、晏者。凡其不满

---

① 按王安石《庄周论》和苏轼《庄子祠堂记》，以专论形式分析庄子思想，采取以儒论庄的方法调和儒道关系，提出"矫弊"说以诠释庄子的治世之道。这种研究思路和观点在当时引起很多响应，也成为宋代庄学研究的普遍倾向。（详见肖海燕《宋代庄学思想研究》，华中师范大学出版社2011年版，第211—214页）

② 朱得之：《庄子通义》，浩然斋1560年（明嘉靖三十九年）本，第195页。

③ 方勇：《庄子学史》，人民出版社2008年版，第369—376页。

先圣者，皆以天机未忘，所务有迹时也。[①]

具体而言，近斋认为庄子不仅尊崇道家宗师老子、列子，而且对于儒家圣王及贤人也一并赞许。世人不满于儒家圣人之处，在于其执著于表面之形迹而未达言辞背后之深意。至于言语讥诮，冷嘲热讽之语，近斋认为不合于庄子之器宇，进而推论并非出于庄子之口。[②] 而庄子思想中和儒家学说相互抵牾之处，近斋并非单单都否认出自庄子之手，而是援引心学义理为之辩护。如“南华主于老氏绝仁弃义之说，凡欲扬道德而抑仁义，必指尧舜为首，意在拔本塞源，拂尘洗迹，不得不尔。观者当求其主意，无惑于绪言可也”。阳明曾作《拔本塞源论》，意在教人“克其私去其蔽，以复心体之同然”[③]。而“主意”一词也为阳明所常用，通常和“工夫”连用，表示统率、目的，而主意和工夫的关系也可以说是头脑与条目的关系。近斋这里是说，庄子之所以每每提及尧舜包括孔孟来毁弃仁义道德是不得已而为之，并非针对儒家圣贤本身。世儒为私欲闻见遮蔽，所讲求之仁义并非仁义之实，而是徒有仁义之名。因此，研究庄子之学，要把握主意头脑，也即作者之本义，不能为言语表象所蒙蔽。

综上所述，近斋作《三子通义》，学问看似近于老庄思想，但他有意扭转《庄子》本义而尊崇儒家圣贤，表明了对儒者身份的基本认同。并且，在阳明良知学说的影响下，近斋多采用心学话语为庄子辩护，从而使庄学义理和儒家思想并行不悖。而《读庄评》已经透露出近斋调和儒道关系，扫除形迹之遮蔽以打通儒释道之限隔的努力。会通三教，将庄学纳入儒家圣人之学的义理系统之中正是阳明心学一系基本认同之一。

二 调和儒道,会通三教

《庄子通义》共十卷，成书于嘉靖三十九年，此时近斋已经七十五

---

① 朱得之：《庄子通义》，浩然斋 1560 年（明嘉靖三十九年）本，第 182 页。

② 如近斋为《列御寇》“宋人有曹商者”一节作通义云：“曹商以偶然之得，自骄小人也。今鄙之过甚，殆非庄子之器宇也。”通义“人有见宋王者”云：“此校舐痔大意颇同，亦非庄子之语也。”见朱得之《庄子通义》，浩然斋 1560 年（明嘉靖三十九年）本，第 403—406 页。

③ 陈荣捷：《王阳明〈传习录〉详注集评》，华东师范大学出版社 2009 年版，第 115 页。

岁，可知，《庄子通义》为近斋晚年著作，代表了他思想成熟时期对庄子学说的理解。近斋曾自述其著述缘由：

> 间尝阅之（《庄子》），而有觉其与孔孟相发者，又自疑其一人之见也。纵观古注，互有得失，亦未免于一人之见，盖学未齐庄，意自不能尽契，言有尽而意无穷焉。知庄子之意果若是乎？否也。是以据所见而为之通，亦所以见庄子非枯寂之学，后世犹有知其一二者。①

近斋认为前人注疏互有得失，或囿于一己之成见，并不能真正窥探庄子的言外之意，因而依据自家见解疏通其大意。所得结论就是：庄子并非“枯寂之学”，而是与孔孟相互发明。而“《庄子通义》之所以叫做‘通义’，乃在于近斋想打破儒、道的界限，将庄子与孔、孟之间能够相互发明的义理陈之于世，故谓之‘通义’者，贯通庄、孔之义也。”② 此说将近斋注庄之初衷表露无遗。这也表明，近斋并非站在道家立场，而是以儒家义理诠释《庄子》以会通儒道。这一思想特色在卷首《刻〈庄子通义〉引》即有呈现：

> 庄子，乐天悯世之徒，学继老列，尝与鲁哀公论儒道，公谓国无其方。郭子玄称其文为百家之冠，厥有指矣。或乃以其命辞跌宕，设喻奇险，遂谓其荒唐谬悠，与《诗》《书》平易中常者异，而摈黜于儒门。不知其异者，辞也；不异者，道也。③

依近斋之见，庄子之学虽然承自老列，但亦可通于儒学。郭象称庄子文冠百家，也是就此而言。但后世学者却拘泥于词章譬喻不同于平易中和的《诗》《书》等经典，而将《庄子》摒弃于儒门之外。但究其根本，儒道两家“辞异”而“道同”，即仅是语言表达形式不同，而在思想主旨上却一致。其实经过宋代苏轼“阴助”说和王安石“救弊”说的大力倡

① 朱得之：《庄子通义》，浩然斋1560年（明嘉靖三十九年）本，第184页。

② 黄冠文：《朱得之〈庄子通义〉研究》，中山大学，2013年。

③ 朱得之：《庄子通义》，浩然斋1560年（明嘉靖三十九年）本，第181页。

导，儒道关系已经得以缓和。朱得之上述看法可谓是因循旧说，并无多少新意。但儒道两家同归于道，此“道”非道家之“道”，也非儒家之“道”，而是超越儒释道三教之“大道”，却是阳明心学的独到见解。在《读庄评》中，近斋道：“或谓二氏之书不当以儒者之学训。窃谓道在天地间，一而已矣。初无三教之异，犹夫方言异而意不殊，针砭异而还元同也。苟不得于大同，则夫子、夫妇亦有不同者，孰知自私用知之为蔽而溃裂夫道哉？”[①] 所谓“二氏”即释道，“儒者之学”多半指涉近斋所认可的心学。因为在儒释道三教关系问题上，宋儒严守夷夏之辨，多以异端视佛老二教，而心学一系多持会通三教的立场。在近斋看来，三教之所以会通，归于“大同”，在于“道”“一而已矣”。也就是说，本无三教之异的问题，儒道之间也只不过是门户之别，最终会归于一“道”。在此，近斋关于三教之判的思想可谓是直接承自阳明，尤其以“道一而已”来统摄调和三教。

“道一而已”最初出自《孟子·滕文公》，朱子释“道”为“言也”[②]，本无深意。而阳明本人却多次引用以阐明三教关系，如嘉靖五年（1526）指点弟子邹东廓：

> 道一而已，仁者见之谓之仁，智者见之谓之智。释氏之所以为释，老氏之所以为老，百姓日用而不知，皆是道也，宁有二乎？……世之儒者，各就其一偏之见，而又饰之以比拟仿像之功，文之以章句假借之训，其为习熟既足以自信，而条目又足以自安，此其所以诳己诳人，终身没溺而不悟焉耳！[③]

按照秦家懿的解释，“道一而已”意谓真理只有一个。“而这真理，即是与万物一体的‘心’。这‘心’与这‘道’既不能说是佛老的，也不能说是儒家的。它超乎门户之别，是非之见。它也超乎善恶之别。”[④]“道”在这里被赋予了超越性、普遍性，不能执著于言语名相、闻见知解

① 朱得之：《庄子通义》，浩然斋1560年（明嘉靖三十九年）本，第184页。

② 朱熹：《四书章句集注》，中华书局2012年版，第254页。

③ 《王阳明全集》，吴光、钱明、董平等编校，浙江古籍出版社2010年版，第219页。

④ 秦家懿：《王阳明》，生活·读书·新知三联书店2011年版，第172页。

强自分别为儒之“道”或佛老之“道”。因为“三教均为见道之‘一偏’，‘教’虽是三，其‘道’却是一。意识到‘偏’，即已不偏，即当超越一己之偏，而成就大道之全”①。特别需要注意的是，此“道”超出门户之见，因而儒佛道均为道之一偏，也非俗儒眼中的儒家之道所能统括。并且，在阳明那里，“道即是良知”“这心体即所谓道”。“道”最终指向良知，也即心体。良知作为心之本体，是超越具体形器之“道”。又“夫良知即是道，良知之在人心，不但圣贤，虽常人亦无不如此。若无有物欲牵蔽，但循着良知发用流行将去，即无不是道”②。良知即道，而习见物欲等本质上却是一种蔽。去除心体之遮蔽，良知自然发用流行。也就是说，体认虚灵明觉之良知，超越三教之分别见，最终会通三教为一“道”，亦可说会归于“良知教”③。

近斋于稽山书院拜入阳明门下时，也曾记录阳明关于三教异同的看法：

> 或问三教同异。阳明先生曰：道大无名，若曰各道其道，是小其道矣。心学纯明之时，天下同风，各求自尽。就如此厅事，元是统成一间，其后子孙分居，便有中有傍。又传，渐设藩篱，犹能往来相助。再久来，渐有相较相争，甚而至于相敌。其初只是一家，去其藩篱，仍旧是一家。三教之分，亦只如此，其初各以资质相近处，学成片段，再传至四五，则失其本之同，而从之者亦各以资质之近者而往，是以遂不相通。名利所在，至于相争相敌，亦其势然也。故曰：仁者见之谓之仁，智者见之谓之智。才有所见，便有所偏。④

如同一个大厅，三教原本一家。由于子孙分居而厅分三间，世人囿于

---

① 陈立胜：《王阳明三教之判中的五个向度》，《宗教与哲学》第二辑，社会科学文献出版社2013年版。

② 陈荣捷：《王阳明〈传习录〉详注集评》，华东师范大学出版社2009年版，第139页。

③ 正如陈立胜教授在《王阳明三教之判中的五个向度》一文中所分析：“就阳明本人而论，其所最终认同之教实是超越了三教之教。观阳明将二氏之教与世儒之教并称之文本，阳明正面所推崇的乃是‘圣人之道’‘圣学之全’‘简易广大’的‘圣人之学’，此是阳明本人所虔诚归宗者、所终极认同者，这不再是与佛老鼎足而立的儒教，而是‘良知教’。”

④ 《王阳明全集》，吴光、钱明、董平等编校，浙江古籍出版社2010年版，第1611页。

门户之见而三教纷争。去除藩篱才能还原大厅的本来面目，三教各去其偏见才能见大道之全。此时三教不再相互限隔，而是超越三足鼎立的儒释道，会归于总持三教的良知教。这才是阳明最终所认同的真正的儒者之学，也即是其孜孜以求的圣人之学。

总而言之，近斋站在儒者的立场疏通《庄子通义》，注重调和儒道关系，庄子之学也不再是儒家圣学之外的异端，而是和孔孟之道相互发明的。近斋沿袭阳明会通三教的思想，认为儒道之见不过是门户之别，最终超越一己之偏的儒释道，而归于一“道”，也即总持三教之良知教。基于阳明心学会通三教的诠释框架，庄学被纳入心学良知教范畴之中。阳明关于三教之判的思想，贯穿于近斋《庄子通义》之始终。

三　扫迹率性与良知之“无”

前文是从处理儒释道三教关系的角度，得出近斋认为庄子与孔孟相互发明，儒道可以互通进而会归于阳明良知教，以此展现《庄子通义》不同于严守儒道之别的理学一系的心学特色。作为阳明弟子，近斋疏通《庄子》，主要阐发对阳明良知说的理解，在义理上以“扫迹率性”概括庄学主旨，强调心性本来所具有的无执不滞性，以及学问工夫上化除粘滞执著，从而发挥了阳明良知之“无”的面向。

在《庄子通义·读庄评》中，近斋直言：“君师之道，寻迹而不率性则贼己，有迹可循则贼人。……凡其不满先圣者，皆以天机未忘，所务有迹时也。故三十三篇皆以扫迹为义。”[①] 儒家圣人尊崇天地君亲师，君师之道也即圣人之道。近斋认为，求圣人之道寻迹而不率性则害人害己。再结合“大抵有心则有迹，有迹则可循，寻迹则非率性矣”，“故谓仁义有情有迹，不足以尽性”[②] 的说法，可知“迹”指有心而为、有意而为，有迹、寻迹则不足以尽性、率性。也就是说，寻迹和尽性正相对相反，惟有扫迹方可率性。在近斋看来，圣人之学才真正做到了扫迹率性，而《庄子》“皆以扫迹为义”，再次将庄学纳入圣人之学的范畴。那么，何谓

---

① 朱得之：《庄子通义》，浩然斋1560年（明嘉靖三十九年）本，第182页。

② 同上。

"迹"，何谓"性"？这同"心"，同阳明之良知说有何关联？

《庄子·天运》篇记载孔子和老聃的问答，着重讨论了"迹"和"所以迹"的问题：

> 孔子谓老聃曰："丘治《诗》《书》《礼》《乐》《易》《春秋》六经，自以为久矣，孰知其故矣；以奸者七十二君，论先王之道而明周召之迹，一君无所钩用。甚矣夫！人之难说也，道之难明耶？"
>
> 老子曰："幸矣，子之不遇治世之君也！夫六经，先王之陈迹也，岂其所以迹哉！今子之所言，犹迹也。夫迹，履之所出，而迹岂履哉！"①

郭象注释为："所以迹者，真性也。夫任物之真性者，其迹则六经也。……况今之人事，则以自然为履，六经为迹。"② 在郭象这里，"迹"即形迹，泛指可观可感之外在表象，此处特指作为先王言教之承载的六经；"所以迹"即现象背后的原因，事物之自然本性，也即真性。而"迹"和"所以迹"的关系，亦即"迹"和"履"的关系。"迹"为"履"之迹，"履"为"迹"之本，二者不一亦不二。需要指出的是，郭象所说的"履""迹"关系类似于体用关系，最终是为了说明自然与名教相合。郭象不仅以先王之言教为陈迹，礼乐亦可说是形迹。如"信行容体而顺乎自然之节文者，其迹则礼也"③。礼乐之本为内心自然而然的真情实感，以礼乐仪式展现出来则为其"迹"。真正的圣人看似"有迹"而实则"无迹"，或者说不囿于形迹。"虽在庙堂之上，然其心无异于山林之中"④ 正谓此意。

郭象对六经（"迹"）与真性（"所以迹"）的讨论在前，近斋于此，也有关注，但近斋并没有在体用的意义上使用"履""迹"，其"扫迹"说更类似于"破执"。正如其为"孔子谓老聃"节所作通义：

---

① 郭庆藩：《庄子集释》，中华书局2012年版，第533页。

② 同上书，第534页。

③ 同上书，第550页。

④ 同上书，第32页。

知迹之非履，则经不足恃矣。知言之非道，则内省当豁然矣。物生相感，性不尽同。亦犹人性刚柔昏明不可以礼法易，穷达寿夭不可以知行变。如时运流行，不能挽而止息。大道不当起是非以成执滞也。……言有我则形骸角立，岂能使人相忘于道化耶。①

在近斋这里，“经”和“言”均属于“迹”而非“履”，即六经和言辞只是圣人之道的显现而非圣人之道本身。进而可以引申，世人不能执滞于先王遗留的足迹祈求修齐治平之治，而只能体贴先王治世之本心。因此，欲成就圣人之道，不能执著于书册典籍和耳目见闻。并且，六经讲习如果拘泥于经传注疏和文辞训诂，易流为是非成见等门户之争而阻碍圣人之道的达成。这也就是近斋所说的“执滞”“有我”之弊端。因此，要去除“执滞”和“有我”，也即滞于物欲成见的执著意向和“有我”之私。这无疑是对阳明良知心体在意象结构上无有执著的发挥，突显了良知之“无”的品格。

在近斋之前，阳明曾于嘉靖四年（1525）作《稽山书院尊经阁记》，专门诠释六经与吾心之关系：

故六经者，吾心之记籍也。而六经之实则具于吾心，犹之产业库藏之实积，种种色色具存于其家。其记籍者，特名状数目而已。②

在阳明看来，六经相当于登记库藏名状数目的登记簿，而不是宝藏本身。要想发掘这些宝藏，不是要去典籍书册中考究，而是要发明本心。因为经典不过是“吾心之记籍”，并非吾心良知本身。而“世之学者不知求六经之实于吾心，而徒考索于影响之间，牵制于文义之末，硁硁然以为六经是矣。……尚功利，崇邪说，是谓乱经；习训诂，传记诵，没溺于浅闻小见以涂天下之耳目，是谓侮经；侈淫辞，竞诡辩，饰奸心，盗行逐世，垄断而自以为通经，是谓贼经。……世之学者既得吾说而求诸其心，其亦

① 朱得之：《庄子通义》，浩然斋1560年（明嘉靖三十九年）本，第291页。

② 《王阳明全集》，吴光、钱明、董平等编校，浙江古籍出版社2010年版，第271—272页。

庶乎知所以为尊经也矣"[1]。世俗儒者舍本逐末，颠倒了吾心和六经的关系，从而有"乱经""侮经"和"贼经"之举。真正尊经，则在于"求诸其心"，也即在作为道德主体的良知上用功。

阳明作《稽山书院尊经阁记》不久，近斋即拜入王门。因此，近斋对六经的看法很有可能会受阳明影响。在为《人间世》"孔子适楚"节作通义时，近斋道："此借圣人以警世意，以圣如孔子而泥迹犹有蔽，况不及孔子而假名干禄乎？"[2] 此处之言同阳明"夫学贵得之于心。求之于心而非也，虽其言之出于孔子，不敢以为是也。而况其未及孔子者乎？"[3]如出一辙。阳明认为学贵自得于心，不能屈从于圣人孔子及其言论，何况世儒多不及孔子，因此更不能拘泥于经传注疏。近斋则更进一步，认为即便是孔子，若拘泥于是非成见也有弊端，更何况以六经求取功名利禄的俗儒。总之，六经非道、非良知心体本身，沉溺于训诂章句、穷索名物制度等不能见道，因此不可屈从于外在的经典权威，这应当是阳明及近斋等心学家的共识。[4]

不仅六经为陈迹，近斋认为世儒所执守之仁义亦为陈迹。如前文所言"仁义有情有迹，不足以尽性"。当仁义流为"迹"，即仅在言语上讲求、行为上模仿时，已经阻碍了本心本性的发用流行。近斋所批评的正是现实生活中的仁义之迹，并不是针对真正的仁义。如《老子通义·凡例》所说："尚道德而黜仁义，非黜仁义，黜其迹也。"[5] 之所以如此，在于世俗所追求的仁义多为"违天背德，假仁袭义"[6]，而非出于圣人本心之自然。礼也是如此。"礼者，世俗之所为；真者，所以受于天也。二语故足以辨世儒之学。孰知礼者天然之物，则非止于器数也。此曰世俗之所为，则指

---

① 《王阳明全集》，吴光、钱明、董平等编校，浙江古籍出版社2010年版，第272页。

② 朱得之：《庄子通义》，浩然斋1560年（明嘉靖三十九年）本，第221页。

③ 陈荣捷：《王阳明〈传习录〉详注集评》，华东师范大学出版社2009年版，第173页。

④ 当然，阳明心学强调简易直截的道德培壅方式，并非是要抛弃经典，束书不观。六经为先王之遗迹，吾人可以在经典学习中存天理去人欲，除去成见滞碍而呈现本心，再现先王之教化。

⑤ 朱得之：《老子通义》，浩然斋1565年（明嘉靖四十四年）本。

⑥ 朱得之：《庄子通义》，浩然斋1560年（明嘉靖三十九年）本，第255页。

后世习于仪文之弊，正孟子所谓‘非礼’之礼也。”[①] 在近斋看来，礼本为禀受于天之“真”，是天然的本性情感。而世俗之礼并非出自内在的道德本心和道德情感，仅于名物度数、仪节规范上讲求，流为“仪文之弊”，是“非礼”之“礼”。阳明也视形名器数、仪节规范等为“末”为“迹”。如“世儒之支离，外索于形名器数之末，以求明其所谓物理者，而不知吾心即物理，初无假于外也”[②]，又，“世儒之说，复外性以求理，遂谓礼止于器数制度之间，而议拟仿像于影响形迹，以为天下之礼尽在是矣”[③]。在阳明看来，礼即理也，世儒“外性以求理”，只顾向外求索形名度数，在礼义方面也止于节目仪式等制度规范，而不顾向内成就自家心体。用近斋的话来说，就是泥于“迹”而非率性。

总之，近斋归结《庄子通义》一书大旨为“扫迹”。结合上文分析，“迹”有两层含义：一是指有心而为、有意而为，也就是在心体上起念而有攀援执著之心，即生起寻迹、有迹之心；二是说世儒执守的六经、仁义、礼乐等均为先王之陈迹，具体表现为不反求内心而沉溺于经传训诂、名物度数以及仪式节目等。

就第一层含义来说，“扫迹”就是针对“有心”“有意”而言的去除执著心。因为，在近斋看来，“有心为善，善亦恶也”（《明儒学案·南中王门学案》）。从功夫实践的角度来讲，寻迹、有迹则不足以尽性、率性。因而“扫迹”也可说是对治有迹和寻迹，目的在于尽性、率性。郭注和成疏中多有“率性”“任真”之语，意谓随顺万物之自然本性，而近斋所言之率性自然意为无心造作。因而，在一定意义上可说，扫迹即是率性，即是无心造作，无意作为，不假安排。而这正是阳明良知心体在境界论意义上的无执不滞的向度，或者说良知之“无”。

关于良知之“无”的面向，阳明曾明确阐释道：“良知本体原来无有，本体只是太虚，太虚之中，日月星辰雨露风霜阴霾曀气，何物不有？而又何一物得为太虚之障？人心本体亦复如是，太虚无形，一过而化，亦何费纤毫力气！”[④] 就是说，良知心体如同太虚的性质一样。日月星辰雨

---

① 朱得之：《庄子通义》，浩然斋1560年（明嘉靖三十九年）本，第400页。

② 《王阳明全集》，吴光、钱明、董平等编校，浙江古籍出版社2010年版，第261页。

③ 同上书，第259—260页。

④ 同上书，第1317页。

露风霜等在太虚中往来出没，却不会成为太虚的障碍，太虚的本然之体依然是一无所有。人心本体也是毫无滞碍的，对于情感念虑，心之应感无迹，一过而化，无有任何滞留。[①] 良知之无执不滞、过而不留的向度在《庄子通义》中也有明显体现，如《则阳》篇通义："日与万物迁化者，以其所存之一未尝化也，此即过化存神之旨。"[②]《在宥》篇通义直接阐释阳明"过化存神"之意："'在'则神常存，'宥'则事不滞，不滞即化也。神则不淫，化则不迁。"[③] 一过而化，不滞不留，可谓是近斋对阳明良知之"无"的直接继承。

就第二层含义来说，"扫迹"意在消解对于六经以及世儒所拘泥的名物度数、仪式节目等的执著。这同阳明认为圣人之学在于求得本心之良知，视六经为成就自家心体的助缘，反对"外性以求理"等看法一脉相承。因而近斋尽可能将良知与闻见区分开来，并将"经""言""仁义之迹"以及"仪文之弊"等归为"扫"之对象。具体而言，指向固执于六经文本的训诂辞章之学，以及徒有仁义礼乐形式的虚伪之习等。除此之外，依据《庄子通义》的措辞，近斋逐渐将扫除的对象，从外在的六经、仪节等收敛到对自我本身的意识，具体而言，指对掺入物欲意见等私己的执著，如主体我之"有意""有心""有知"等。进而，通过否定性的"忘"的方式，达于"无意""无心""无知"的境地。也就是说，不仅良知心体无有滞碍、应感无迹，"良知流行发用都应是自然而然、无有任何执意与造作的"[④]。在这里，近斋再次从学问功夫方面印证了其师阳明良知之"无"的思想。

诚如前述，近斋以"扫迹"对治主体我的滞碍攀援之心，但其具体功夫则表现为"忘"的方式。在通义《大宗师》"坐忘"节，近斋道：

> 此举圣功，以忘为极。而乃先仁义、此礼乐者，正指世俗假仁袭义之弊而言。忘仁义，不落欢虞也；忘礼乐，自脱桎梏也；坐忘者，

---

① 陈来：《有无之境——王阳明哲学的精神》，北京大学出版社2013年版，第191页。

② 朱得之：《庄子通义》，浩然斋1560年（明嘉靖三十九年）本，第367页。

③ 同上书，第257页。

④ 这在彭国翔看来，即是良知之"无"。（参见彭国翔《良知学的展开——王龙溪与中晚明的阳明学》，生活·读书·新知三联书店2005年版，第36页）

不特忘形骸，并其知亦忘矣。[①]

日本学者三浦秀一对此解读得较为精当，他认为近斋于此提倡一种从“忘仁义”，接着“忘礼乐”，至于“坐忘”的实践次第。具体而言，首先不陷溺于欢乐情状，进而超越外在规范（僵化的仁义）的桎梏，最后不仅消解肉体的限制，而是“并其知亦忘矣”的坐忘境界。这意味着最终达到的境界，是连实践主体也一并忘却的状态。[②③④] 从三浦秀一的分析可知，忘“知”也即“无我”，无“私我”而存“真我”。之所以要忘“知”，在于有“知”即有“意”、有“心”。正如近斋注解《在宥》“心养”一节：“才加一知，即有意矣。此语指点大同之道，最精。”[⑤] 有知（知识意见之“知”），便有意作为、有心造作。因此，近斋扫“知”，也是要破执。通过“坐忘”的实践方式，达到“忘知”“无知”的境界。而此“良知本无知”，无知即是阳明之良知心体。在通义《大宗师》“进于知”一语时，近斋道：“知者，良知也。进于知，犹曰造于无知。”[⑥] 这里的“知”是良知本体、是非之知，而非上文所说的知识意见。近斋以良知解释无知，依然是以阳明的良知说为依据。如《传习录》所载：

> 良知无不知，本体原是如此。譬如日未尝有心照物。而自无物不照。无照无不照，原是日的本体。良知本无知，今却要有知；本无不知，今却疑有不知，只是信不及耳。[⑦]

在阳明的良知学说中，就“有”的层面来讲，“知是心之本体，心自然会知”；就“无”的层面来讲，良知无知而无不知，即良知不滞于见

---

① 朱得之：《庄子通义》，浩然斋 1560 年（明嘉靖三十九年）本，第 239 页。

② 三浦秀一：《王门朱得之的师说理解及其〈庄子〉注》，郑吉雄等主编《台日学者论经典诠释中的语文分析》，学生书局 2010 年版。

③ 彭国翔：《良知学的展开——王龙溪与中晚明的阳明学》，生活·读书·新知三联书店 2005 年版。

④ 龚晓康：《王阳明对道教的判释与抉择》，《贵阳学院学报》（社会科学版）2012 年第 4 期。

⑤ 朱得之：《庄子通义》，浩然斋 1560 年（明嘉靖三十九年）本，第 255 页。

⑥ 同上书，第 237 页。

⑦ 陈荣捷：《王阳明〈传习录〉详注集评》，华东师范大学出版社 2009 年版，第 201 页。

闻。近斋以“无知”解良知，正是强调不泥陈迹，冲破耳目见闻之滞碍，也即是良知之“无”的向度。这既是“扫迹”说的重要内涵，也是心学一系义理脉络之一。

阳明晚年较为关注于良知之“无”的面向，王龙溪更是将这一高妙层面发挥得淋漓尽致。[①] 受此影响，近斋疏解《庄子通义》，时时流露出对于阳明良知学说的继承和发挥，尤其是良知无执不滞、无心造作之“无”的向度。但近斋也有其理论创新，如对于良知之“无”亦不执著，不执著于“扫迹”，不为“扫迹”而有意“扫迹”。近斋曾以此疏通《逍遥游》“无用”之旨：“此旨于养生之者为易见，若主于修德，当察无用之旨。若谓意甘于无用而后能见物之情，意安于无用而后免于物累，是尚有意也。”[②] 若为“见于物情”“免于物累”而刻意“无用”，依然是“有”，真正的“无”是不刻意抱持任何对象指向性。因此，近斋特别强调无意于“无用”，无意于“无知”，或者说无意于“无”或“忘”。

四　结　语

综上所述，近斋《庄子通义》基本上是围绕着阳明心学义理展开的，或者说解庄正是为了阐发阳明心学思想。虽然在思想倾向颇近于道家，但近斋对儒者身份有着强烈的认同，对于阳明的良知学说多有继承。《庄子通义》一方面力图打通儒释道之限隔，将庄学纳入儒家圣人之学的义理系统之中，会通儒道进而归之于良知教；另一方面在义理内部以“扫迹率性”概括庄学主旨，强调心性本来所具有的无执不滞性，以及学问工夫上化除粘滞执著，从而发挥了阳明良知之“无”的面向，因而带有明显的心学色彩。援引心学义理诠释庄子，是近斋解庄方法的独特之处。

从明代庄学发展背景来看，庄学的繁荣实际得益于阳明心学的兴起。当然，阳明本人也曾受老庄思想影响。相较程朱来说，阳明并未严守三教之别，斥老庄为异端，而是认为儒释道三教同源。作为弟子的近斋在吸收

---

① 如王龙溪曾说：“良知无知，然后能知是非。无者，圣学之宗也。……良知无知而无不知，人知良知之为知，而不知无知之所以为知也”（见《王龙溪先生全集》卷八，道光二年会稽莫晋刻本，第573页），甚至将良知之“无”提高到圣学之宗的高度。

② 朱得之：《庄子通义》，浩然斋1560年（明嘉靖三十九年）本，第198页。

宋元学者以儒解庄、援庄入儒等思想方法的基础上，注重以阳明心学义理诠释庄子，试图打通儒释道之限隔，实质上是阳明对三教关系和良知学说的推进。就诠释方法来说，郭象《庄子注》极力弥缝自然与名教的关系，实开以儒解庄的先河。近斋在继承宋元儒者以儒解庄的传统上，采用阳明的良知学说，尤其以良知之“无”的向度诠释庄子。《庄子通义》作为明代第一部系统而完整的庄学著作，近斋可说是以心学解庄的第一人，对明代庄学的发展有着很大的影响。近斋以心学解庄之后，三教会通也逐渐成为时代潮流，以心学解庄、以佛解庄、以道解庄、以庄解庄等诠释路径也蔚为大观。

论泰州王学后劲焦竑的平民儒学思想

陈寒鸣*

一

明代中后期，与社会生活中商品经济的孕生与初步发展、新兴市民阶层的产生相适应，泰州学派于民间崛起。王艮、颜钧、罗汝芳、何心隐、李贽等前承后继，鼓倡、推扬起具有“异端”特色的平民儒学思潮。① 焦竑乃是这思潮发展过程中的一位重要人物。

焦竑（1540—1619），字弱侯，又字从吾、叔度，号漪园，又号澹园，著文亦常自署漪南生、澹园子、澹园居士、澹园老人、太史氏、秘石渠旧史等，南京人。他是明代后期著名的博学者、思想家与文章家，一生勤于写作著述、编刻书稿，故而著作甚多，尤以《澹园集》（又名《欣赏斋集》）《焦氏笔乘》《焦弱侯问答》《老子翼》《庄子翼》《易筌》等最能反映其学说思想。

从学说师承及所受影响来看，焦竑首先是由耿定向（字在伦，号天台）、史惺堂（名桂芳，字景实，以号行）导入明代理学，尤其是阳明心学系统。据《明名臣言行录·焦竑传》记载，焦竑自幼聪慧颖悟，更在其父兄督导下勤奋读书，除科举考试必需的经书之外，诸子百家靡不披

---

* ［作者简介］陈寒鸣（1960—），男，江苏镇江人，天津市工会管理干部学院副教授，中国哲学史学会理事。主要研究方向：中国文化史、中国思想史、中国儒学史。

① 请参拙作《明代中后叶的平民儒学与“异端”运动》（《浙江学刊》1993 年第 3 期）、《论明代中后叶的平民儒学》（《河北学刊》1993 年第 5 期）、《王艮、何心隐世俗化的儒学政治思想》（《晋阳学刊》1995 年第 3 期）、《〈颜钧集〉与明代中后叶的平民儒学》（《中州学刊》1997 年第 3 期）。

览。即使经书，他也不专注朝廷立为功令的朱熹《集注》，而是广泛阅读古注疏。这使他少年时代就已有了较为广博的学术基础。焦竑16岁应童子试，获第一名，入南京兆学（应天府学）读书，受到试官及南直隶督学使者赵方泉等的赏识。嘉靖四十一年（1562），泰州学派学者耿定向[①]以监察御史身份督导南畿学政。到任后，正学风、迪士类，建书院、聘师长，大力弘扬王阳明“良知”之学。他对焦竑十分器重，以“国士”待之，以“良知之学”相规，又命其为崇正书院的学长，甚至还让其代为掌教席。定向在《与焦弱侯》中曰：“念贤兹当知命之年，乃有此一着，天非徒以荣名授贤，度所以命之者，意笃至矣。贤毋谓方才释褐，优游闲局，尚未有重大担子。余观贤时即一念一语，便系斯道明晦，便系天下国事从违，贤能不亦自廪廪，以凡众寻常自处耶?”[②] 焦竑名声因之大震，很多人受他的启发而在良知之学上获得领悟，有的还成为有一定影响的儒者。[③] 所以，耿定向不仅是将焦竑导入阳明心学之途的引路人，而且更对其有知遇、奖励、提携之恩。焦竑对耿氏多有称颂，如曰：

国朝白沙、阳明两公，特起于千载之外，明孔子之学，以寤后之学者，可谓盛矣。而承学之士，浸失其真，溺清虚之旨而荡于检柙，守循习之辙而迷其宗趣，贸贸焉非一日也。先生声著中朝，士闻其风

---

① 耿定向一生学无常师，但自认思想上私淑王艮（心斋）。其仲弟耿定理直接影响了他思想的形成，而定理则是李贽的知己好友，又与方湛一、邓豁渠、何心隐意气相投。此外，罗汝芳等泰州学派著名传人对耿定向思想也有直接影响。所以，黄宗羲编著《明儒学案》，将耿定向归入泰州学派，是有道理的。

② 《耿定向集》，傅秋涛点校，华东师范大学出版社2015年版，第98页。

③ 如农夫夏廷美即是受启于焦竑而获悟泰州学派的“百姓日用之学”的。《明儒学案》卷三十一之《泰州学案一》记述道，夏廷美曾专程到湖北访耿定向拜师问学，定向向他推荐曰：“汝乡焦弱侯可师也。”廷美遂“归从弱侯游，得自然旨趣。弱侯曰：‘要自然便不自然，可将汝自然抛去。’叟闻而有省。叟故未尝读书，弱侯命之读《四书》，乐诵久之，喟然曰：‘吾阅《集注》，不能了了。以本文反身体贴，如思知人，不可以不知天。窃谓仁者人也，人原是天，人不知天，便不是人。如何能事亲称孝子？《论语》所谓异端者，谓其端异也。吾人须研究自己为学初念，其发端果是为何，乃是正学。今人读孔、孟书，袛为荣肥计，便是异端，如何又辟异端？’又曰：‘吾人须是自心作得主宰，凡事只依本心而行，便是大丈夫。若为世味牵引，依违从物，皆妾妇道也。’又曰：‘天理人欲，谁氏作此分别？侬反身细求，只在迷悟间。悟则人欲即天理，迷则天理亦人欲也。’”（《明儒学案》下册，中华书局1985年版，第720—721页）

彩，不严而栗。至则取简书所云崇正学、迪正道者，准为功令，赏殿罚最，壹奉无私以行之，士心大服。[①]（《澹园集》卷二十，《先师天台耿先生堂记》）

由于耿氏事务颇繁，故请时任应天府学博士的史惺堂“委曲接引之”，协助指导焦竑。惺堂本是陈献章（白沙）的再传弟子，属于白沙——湛甘泉（若水）学派的学者，后与罗汝芳（近溪）、耿定向交往，讲论心性之学。“时，谈（学）者以解悟相高，先生取‘行其所止’而止，不轻信也。其学以知耻为端，以改过迁善为实，以亲师取友为攸助。若夫抉隐造微，则俟人之自得，不数数然也。天台曰：‘史惺堂，苦行修持人也。’”[②]（《明儒学案》卷六，《白沙学案下》）耿定向尝称：“平生得三益友，皆良药也。胡庐山为正气散，罗近溪为越鞠丸，史惺堂为排毒散”[③]，可见其对惺堂人品的认可，这才会委托惺堂代为指导焦竑。焦竑回忆惺堂对他的教育方法道：

余弱冠为弟子员时，耿师以督学至，闻余资稍近，托史惺堂先生委曲接引之，每过余只谈举业，久之觉无忤也，渐以修身立政教之，无一言略及于道。[④]（《澹园集》卷四十七，《崇正堂答问》）

不是一上来就空泛地谈学论道，而是先“只谈举业”“觉无忤”后方才“渐以修身立政教之”，从而一步步地将受教者引入圣学正途。这对焦竑的影响很大。他自谓年少气壮之时，心高气傲，既不可检柙，亦未知所向往，幸遇耿定向和史惺堂两位老师开悟的教导，志始有定。他说：“余幼好刚使性，……年二十有三，闻师友之训，稍志于学。”[⑤]（《澹园集》卷十四，《老子翼序》）可见，焦竑是在耿定向、史惺堂的接引、诱导下才步入心学殿堂的。

---

① 焦竑：《澹园集》，中华书局1999年版，第243页。

② 黄宗羲：《明儒学案》，沈芝盈点校，中华书局1985年版，第107页。

③ 同上。

④ 焦竑：《澹园集》，中华书局1999年版，第716页。

⑤ 同上书，第136页。

其次，焦竑又以王襞、罗汝芳为师，并深受他们思想的影响。王襞，字顺宗，号东崖，是泰州学派创始人王艮的次子，又尝从学于王畿（龙溪）。王艮去世后，他承继乃父讲席，往来各州府主持讲事，对泰州王学的传扬贡献很大。嘉靖四十四年（1565），龙溪、东崖师徒来南京讲学，宣讲“良知”之学的主旨。焦竑参加了这次讲学之会，得到了一次亲聆二王教诲的良机。万历元年（1573），罗汝芳起复赴京，途经南京、扬州等地，均与当地缙绅士友聚会讲学，《盱坛直诠》卷下记其南京讲学之事：

> 万历癸酉，师应诏起，复过留都。儒时游辟雍，谒师江干，留都诸缙绅毕集。儒与澹园焦君、秋潭翟君及秋官大夫卓吾李公、乾斋甘公俱。①

万历二年（1574），王襞再次到金陵主持讲学之会，四方学者云集，连榻累旬，博问精讨，学者莫不餍其欲而去。焦竑亦前往听讲，并正式拜王襞为师，受益极深。又，《明儒王东崖先生集》卷首《年谱纪略》“（万历）二年甲戌，先生六十四岁”条载：“耿公定向迁南京户部尚书，聘先生主会金陵，发明先学格物宗旨。”② 耿定向《观生记》“万历二年”条则说：“二年甲戌，我生五十一岁。春，奉命鲁府，册封过沛，著《知命解》。还过维扬，焦弱侯偕王东崖逆之真州，东崖为余述其父曰‘童仆之往来及中’云，余诘之曰：‘闻尊君少时偕侣商贩山东，因谒孔陵而奋发学孔之志。想当时商贩于山东，诸侣之往来道上皆此中也，惟尊君发念谒孔陵，即今士绅之谒孔陵者亦众矣，往来道上亦此中也，惟尊君发念愿学孔子，何也？’与商切逾数宿而别。弱侯送余至和州，为述仲子‘颜子不迁怒不贰过解’，弱侯深有契。因过里便省。是年八月，升本司少卿。”③（《附编二》）两说孰确？难以定夺。而由焦竑《澹园集》（卷三十一）《王东崖先生墓志铭》来看，王襞此年曾到金陵主持讲学之会，而弱

---

① 《罗汝芳集（上）》，方祖猷，梁一群，李庆龙等编校整理，凤凰出版社2007年版，第400页。

② 《明儒王东崖先生集》，东台袁氏刻本。

③ 《耿定向集》，傅秋涛点校，华东师范大学出版社2015年版，第811页。

侯于此时正式拜东崖为师当为事实。罗汝芳，字惟德，号近溪，颜钧（山农）弟子，泰州学派重要学者。其学专主“赤子之心，不学不虑”，认为良知之理“生生不息，不须把持，不须接续，当下浑沦顺适。工夫难得凑泊，即以不屑凑泊为工夫，胸次茫无畔岸，便以不依畔岸为胸次，解缆放船，顺风放棹，无之非是”①（《明儒学案》卷三十四，《泰州学案三》）。嘉靖二十九年（1550），他到南京讲学，大会同志，参加听讲者甚众。焦竑时年十一，虽未及向罗汝芳求学问道，但对其讲学用范和当日讲学盛况留下了深刻印象。万历十四年（1586），罗汝芳再至金陵讲学，一时学者名士靡不毕集，李登、翟得哥、杨起元、汤显祖、姚汝循等一时的学者名士与文艺家皆来听其讲学。时年四十七的焦竑虽已学者名声大著，但一听罗氏讲学便大为折服，拜为老师。他不仅聆听了罗汝芳的公开讲学，而且还与姚凤麓一道前去专门拜谒，汝芳与他们讲论明明德之学，记其事云：

> 往丙戌罗近溪先生至金陵，余与公诣之。先生论“明明德”之学，公曰：“德犹鉴也，匪翳弗昏，匪磨弗明。”先生笑曰：“明德无体，非喻所及。且公一人耳，为鉴为翳，复为磨者，可乎？”②（《澹园集》卷二十七，《中宪大夫直隶大名府知府凤麓姚公墓表》）

焦竑对罗汝芳的学问、思想及其讲学活动均有极高评价，称：“盖当支离困敝之余，（罗汝芳）直指本心以示之，学者霍然如梏得脱，客得归，始信圣人之必可为，而阳明非欺我也。”③（《澹园集》卷二十，《罗杨二先生祠堂记》）罗汝芳也很欣赏焦竑，赞其具大力，异日必弘斯道。因此，从焦竑本人学思成长历程来看，如果说耿定向、史惺堂将他引入了心学殿堂，那末，王襞、罗汝芳则使他确立了对泰州王学的坚定信念。焦竑后来所以能够承荫泰州王学后劲，实与王、罗二氏对他的深刻影响有重大关系。

---

① 黄宗羲：《明儒学案》，沈芝盈点校，中华书局1985年版，第762页。

② 焦竑：《澹园集》，中华书局1999年版，第386页。

③ 同上书，第245页。

第三，尤为值得一提的是焦竑与李贽为莫逆之交，这对他思想的影响无疑是很深刻的。李贽，又名载贽，号卓吾，又号宏甫、温陵居士、百泉居士、秃翁等等，福建泉州晋江人。他孤高耿介，愤世嫉俗，以圣自期，独立特行，随缘任性，自我超越，直心而动，潇洒做人；又自居“异端”，公开表明对正宗儒学传统的叛逆态度，并对儒家正宗文化进行批判。李贽平生最瞧不起那些追人脚跟、求人庇护的人们，讥之曰：“今之人皆受庇于人者也，初不知有庇人事也。居家则庇荫于父母，居官则庇荫于官长，立朝则求庇荫于宰臣，为边帅则求庇荫于中官，为圣贤则求庇荫于孔、孟，为文章则求庇荫于班、马。种种自视，莫不皆自以为男儿，而其实则皆孩子而不知也。豪杰凡民之分，只从庇人与庇荫于人处识取。”①（《焚书》卷二，《别刘肖川书》）但在学术渊源上，他拜王襞为师，且私淑罗汝芳，盛赞何心隐，对王畿亦极为佩服，故与浙中王学、泰州王学都有很深的关系。他从王阳明、王艮（心斋）、王龙溪、王东崖、罗汝芳诸前辈思想中汲取滋养，个性显明，力主独立、自由、平等、开放的思想。无论是为人性格，或是学术师承，还是思想主张，焦竑同李贽都大体相近以至一致。这成为他们相互交往并建立起深厚友谊的牢固基础。

长焦竑十四岁的李贽，早在嘉靖四十二年（1563）即已获闻白下焦弱侯之名，而焦、李二人相识约在隆庆元年（1567）之后，至于他们正式订交并有比较密切的交往，则要到隆庆四年（1569）。此后，焦竑与李贽志趣相投，相交日趋莫逆。他们切磋学问，共论人生，思想上互有影响，这在晚明儒学史上演出了一段动人的佳话。李贽极力推许弱侯，称之为“千古人”，引为知己，并说自己的许多学问是从他那儿学来的，曾自谓：“宏甫之学，虽无所授，其得之弱侯者，亦甚有力。”“世之愿交侯者众矣：其为文章欲以立言则师弱侯；为制科以资进取，显功名不世之业则师弱侯……世之为不朽故以交于侯者，非一宏甫也，然惟宏甫为深知侯，故弱侯亦自以为宏甫知己。”②（《续焚书》卷二，《寿焦太史尊翁后渠公八秩华诞序》）焦竑也十分推尊卓吾，对卓吾之学最为信服，沈德符《万历野获篇》卷三十七记焦竑尝称许卓吾为圣人。时或有人不同意他对李

---

① 李贽：《焚书·续焚书》，岳麓书社 1990 年版，第 57—58 页。

② 同上书，第 336 页。

贽的如此盛赞，焦竑则必为之辩护，如据朱国桢《涌潼小品》记："焦弱侯推尊卓吾，无所不圣。谈及，余每不应。一日，弱侯问曰：'兄有所不足耶？即未必是圣人，可肩一狂字，可坐圣门第二席'！"从这里不仅可以看出焦、李二人确实互相引为知己，而且也可想见他们相互间的思想交流和影响均很深刻。此外，焦竑不仅自己称许李贽，信服其学，而且还逢人即推扬卓吾其人其学。如他向前来就学的袁宗道（伯修）大力推介李贽。伯修与其弟宏道（中郎）、中道（小修）即因之而知道卓吾，其后又数度至龙湖向卓吾问学，[①] 并一见倾心，对卓吾敬服不已。三袁在李贽思想的深刻影响下，形成自己的文学思想并创立公安派，推动了著名的文学革新运动的发生，这与焦竑亦有重大关系。

既论及焦竑和李贽之间的交往与情谊，则对焦氏在李贽同耿定向论争中所持立场及所采取的态度便不能不略予辨析。发生于万历十二年至二十年（1584—1592）的耿、李之争，是晚明学术思想史上的一件大事。这一事件不仅充分反映了耿、李二人思想观念和处世态度等方面的重大分歧，而且对卓吾本人的人格心态、思想趋向等均有很大影响。[②] 而这论争双方，一位是对焦竑有知遇之恩的学术引路人——耿定向，一位则是焦竑的挚友——李贽，这自然使夹于其间的焦竑陷于一种两难之地：弱侯敬重老师，但与耿氏思想颇有不合，[③] 且更不赞成保守势力对李贽的恶意诋毁、围攻以至迫害，故而绝不可能站在天台立场上参与打压卓吾；另一方面，弱侯既视卓吾至少"可坐圣门第二席"，并与之心心相印，思想上有

---

① 关于三袁访卓吾之次数，学术界有两次、三次之说，而左东岭在所著《李贽与晚明文学思想》（天津人民出版社 1997 年版）一书中则考证为起码有五次。

② 关于耿定向与李贽之间的论争，黄宗羲《明儒学案》卷三十五，《泰州学案四》谓：定向"因李卓吾鼓倡狂禅，学者靡然从风，故每每以实地为主，苦口匡救。然又拖泥带水，于佛学半信半不信，终无以压服卓吾。乃卓吾所以恨先生者，何心隐之狱，唯先生与江陵（张居正）厚善，且主杀心隐之李义河又先生之讲学友也，斯时救心隐固不难，先生不敢沾手，恐以此犯江陵不说学之忌"。表面看来，是由于对待禅学的态度导致了耿、李反目乃至论争，而实质乃是维护文化专制与提倡思想解放、言论自由的歧异。李贽的《焚书》集中反映了他与耿定向根本异趣的思想及部分耿、李论争的景况，而耿定向则编有《求儆书》，汇集了他与李贽论辩的文章（此书未见，《耿天台全书》卷四有《〈求儆书〉后》一篇）。

③ 如在对待佛学的态度上，焦竑即与其师耿定向有很大不同，曾著文与之辩难，这也是王艮以来泰州学派平民儒者注重发挥自我"良知"作用而敢于突破师说的传统精神在弱侯那儿的体现。

许多共通之处，则其在耿、李论争中主观上自然会对卓吾有所偏袒，对卓吾的境遇有所同情。[①] 但他又并不很认同卓吾激昂、有时甚至偏激的态度，况且与之对垒的毕竟是其恩师，故而他也不可能为挚友而与自己的学术引路人反目（卓吾亦绝不可能如此要求弱侯）。如此两难，使得焦竑在耿、李论战过程中只能表面上采取一种中立的立场。我们对此应予以同情性的理解。况且，耿、李论争过程中，焦竑还曾遭遇父丧，忙于守制，沉浸在哀伤之情中。但中立的立场绝不意味着焦竑与李贽关系的疏远，更未影响他们之间的友谊。相反的，无论是李贽生前或者死后，在耿、李交恶的背景下，焦竑都尽心竭力地帮助卓吾编辑文集，为之撰序，著文追荐，给予其很高的评价。如李贽蒙冤而殁、著作遭禁，焦竑获讯即作《荐李卓吾疏》，悲愤地写道：

> 痛逝者之如斯，伤谮人（者）之已甚。虽有志者不忘在沟壑之念，而杀［一作残］人者宁不干阴阳之和！[②]

其后，他又主持编辑刻印了《李氏遗书》《续焚书》，将最能体现卓吾思想，并对天台有许多批评之语的《焚书》重新编辑付梓，还亲自为《焚书》作序，极力称赞李贽刚正不阿的人格精神，再次对迫害卓吾者发出抗议之声："宏甫快口直肠，目空一世，愤激过甚，不顾人有忤者；然犹虑人必忤，而托言于'焚'，亦可悲矣！乃卒以笔舌杀身，诛求者竟以其所著付之烈焰，抑何虐也！岂遽成其谶乎？宋元丰间，禁长公（苏辙）之笔墨，家藏墨钞，抄割殆尽，见者若祟。不逾时而征求鼎沸，断简残沈，等于吉光片羽。焚不焚，何关于宏甫！其宏甫又何尝利人之不焚以为重者？今焚后而宏甫之传乃逾广。然则此书之焚，其布之有火浣哉！"[③]

---

① 李贽在黄安、麻城曾三度遭地方官驱逐迫害。袁宏道对此极为关注，他十分担忧李贽的安危，在给友人的信函中说："弟谓老卓南中既相宜，不必撺掇去湖上也。亭州人虽多，有相知如弱侯老师者乎？山水有如栖霞、牛首者乎？房舍有如天界、报恩者乎？一郡巾簪势不相容，老年人岂能堪此？愿公为此老计长久，幸勿造次。"（《袁宏道集笺校》卷二十一，《寄杨乌枢》，上海古籍出版社 1981 年版）细味语气，不难感受到中郎对迫害卓吾者的强烈愤怒和对卓吾处境深切关注的双重心情。宏道尚且如此，又遑论与卓吾知己之交的焦竑呢？

② 潘曾竑：《李温陵外纪》卷一，清康熙年间本。

③ 李贽：《焚书·续焚书》，岳麓书社 1990 年版，第 274 页。

像这样盛赞卓吾，鞭挞迫害者，并指出愈迫害愈显示出卓吾思想的真价值，不正表明焦竑确实堪称李贽的同志吗？

二

就焦竑的儒学思想而论，最值得注意者主要有下列三端：

其一，“孔、孟之学，尽性至命之学也”。

焦竑认为，学问之本在于“求诸自性”，在“身心性情”而不在“外索”。所以，学问的目标应是“尽性至命”。真正能够体现出这种学术精神的是心学，而心学传统则应上溯到孔圣孟贤，因为“孔孟之学，尽性至命之学也”[①]（《澹园集》卷十二，《答耿师》）。而“某所谓尽性至命，非舍下学而妄意上达也。学期于上达，譬掘井期于及泉也。泉之弗及，掘井何为？性命之不讲，学将安用？”[②]（《澹园集》卷十二，《答耿师》）这样的“尽性至命之学”是诠释人对于自身心、性的认识以及疑惑与是非等问题的。在焦竑看来，汉唐诸儒沉湎于章句训诂，致使此“尽性至命之学”若明若暗、若存若续，宋儒一意外索，“旁搜物理”，实亦轻视此学，故“孔、孟之学至宋而晦，盖自伊川、元晦误解‘格物致知’，故使学者尽其精力，旁搜物理，而于一片身上心反置之不讲”[③]（《澹园集》卷十二，《答友人问》）。只是到了明代，由于有了白沙、阳明之学的勃兴，“尽性至命之学”才真正兴盛发展起来。他说：

> 汉、唐、宋以来，学术有明若晦，而莫盛于国朝。河东薛先生实始倡之，虽学主复性，而孤倡于久晦之余，其说犹郁而未畅。至白沙、阳明两先生，横发直指，孔孟之宗豁然若揭日月而行诸天，弗可尚矣。[④]（《澹园集》卷十四，《国朝从祀四先生要语序》）

所以，焦竑力赞王阳明是返还孔、孟传统，讲求“尽性至命之学”

① 焦竑：《澹园集》，中华书局 1999 年版，第 82 页。
② 同上书，第 80 页。
③ 同上书，第 87 页。
④ 同上书，第 131 页。

的大功臣，谓："孔、孟之学至近世而大明，如日之中天，非无目者未尝不知而仰之，则阳明先生力也。"① 他又对王艮、王畿、王襞、罗汝芳等在心性之学上的贡献予以高度评价，如称："心斋先生以修身为格物，故其学独重立本。是时谈良知，间有猖狂自恣者。得此一提掇，为功甚大，故阳明门人，先生最得力。其后徐波石、赵大洲、罗近溪、杨复所诸公皆自此出，至今流播海内，火传而无尽。盖其人不由文字，超悟于鱼盐之中，可谓旷代之伟人。"②（《澹园集》卷四十九，《明德堂答问》）又赞："国朝之学，至阳明先生深切著明，为一时之盛。是时法席大行，海内莫逾于心斋先生。传心斋之学者，几与其师中分鲁国，而维得罗（汝芳）先生衍其余绪，则可谓横发直指，无复余蕴矣。"③（《澹园集》卷二十，《罗杨二先生祠堂记》）

焦竑如此注重的"尽性至命之学"，涉及诸多方面的问题，如天与人的关系等等，但主要表述的乃是一种内向的人性与思想道德品质的修养方法。他把这种修养方法分为两步，一是"知性"，二是"复性"。

所谓"知性"，就是人对人性的自我解悟，即通过返光内照对作为本然之性的性质与价值的悟知和体认。焦竑认为，为学的目的就在于"知性"："夫学，知性而已。性之弗知，即博闻强记，瑰行尊伐，炫耀千古而不能当达者之一盼"④（《澹园集·续集》卷一，《王顺渠先生集序》）。但"知性"绝非易事，需随时随地"精思以求之"，于平常生活中"加意著察"，久之，方能豁然贯通。在一封与友人的通信中，他自述其精思求性的体会道："弟所言参求者，以性未易知，不得不精思以求之，非随事体察之谓也。知性则人伦日用不必致力而自当，若本之未立，但逐事检点，即自以为当，只落世儒义，袭巢臼，而于道愈远矣。孟子言：'明于庶物，察以人伦。'盖人生种种，不离'伦''物'二字。于此种种中加意著察，久之一旦豁然，把柄在我，信手拈来，无非仁义，所谓'由仁义行也'。若不能明察，傍前人格式做去，所谓'行仁义'者耳。'行仁

① 《阳明先生祀堂记》，《上元县志·高贤艺文》，清道光年间刻本。此书今有江苏广陵古籍刻印社1989年版。今见《澹园续集》卷四，《澹园集》下册，中华书局1999年版，第844页。

② 焦竑：《澹园集》，中华书局1999年版，第746页。

③ 同上书，第245页。

④ 同上书，第763页。

义'与'由仁义行'，真伪、圣凡之路，实判于此。不可不慎也。"[①]（《澹园集》卷十三，《答周翰检》）

"知性"固然重要，却尚是基础，人要获道，优入圣域，还须更上一层，达到"逐生死、外祸福，成天下之务"的境界。这就是"复性"之功。焦竑对此看得极重，他说："学求复性而已矣。颜子之学，复性之学也。"[②]（《澹园集·续集》卷四，《国朝理学名公祠记》）他把"复性"作为为学纲领来提倡，指出：

> 孟子曰："尽其心者，知其性也。知其性则知天矣。"天即清静本然之性耳。人患不能复性，性不复则心不尽。不尽者，喜、怒、哀、乐未忘之谓也。由喜、怒、哀、乐变心为情，情为主宰，故心不尽。若能于喜、怒、哀、乐之中，随顺皆应，使虽有喜、怒、哀、乐，而其根皆亡。情根内亡，应之以性，则发必中节，而和理出焉。如是，则有喜非喜、有怒非怒、有哀乐非哀乐，是为尽心复性。心尽性纯，不谓之天，不可得已。[③]（《焦氏笔乘·续集》卷一，《读孟子》）

可见，所谓"复性"就是在"知性"的基础上，透过内在的"尽心"功夫，除去物欲之障蔽，复归"清静本然之性"。在焦竑看来，喜怒哀乐乃"情"之根，此根不除，无以净化心性，故学者只有涤情归性，培养内在的良知良能之本，并使之落入"有喜非喜，有怒非怒，有哀乐非哀乐"的本然状态。这才是"尽心复性"，才能"心尽性纯"。而惟有如此，一旦豁然得其肯綮，则与天合一，方成真受用，始为真学问，即"谓之天"又有何妨？

焦竑认为，这以"知性""复性"为内涵的"尽心至命之学"，不但是个人修养的法宝，而且还是治国平天下的秘术。他说："人之不能治世者，只为此心未得此理，故私意纠棼，触途成窒。苟得于心矣，虽无意求

---

① 焦竑：《澹园集》，中华书局1999年版，第117—118页。

② 同上书，第826页。

③ 焦竑：《焦氏笔乘》，上海古籍出版社1986年版，第224页。

治天下，而本立道生，理所当然。所谓‘正其本，万事理’也。藉令悟于心而不可治天下，则治天下果何以，而良知为无用之物矣。”①（《澹园集》卷十二，《答友人问》）

其二，“尽扫古人之刍狗，从自己胸中辟取一片乾坤”。

晚明儒林文苑，涌现出一批有着“狂者胸次”的学者文士。由他们鼓荡而成的狂放思潮，在中国思想文化史上留下了光彩夺目的一页。自王阳明点示“狂者胸次”②，高扬个性、提倡自由以来，学者文士多不甘拘缚而谋解舟放缆。泰州一脉学者，更自信自立，勇于承当，多具狂豪之气。王艮初入阳明之门，即被阳明称赞曰：“此真学圣人者！”“吾党今得一狂者！”③ 颜钧主张放开思想，顺应自然，倡言：“顶天立地丈夫身，不淫不屈不移真。世界高超姑舍是，直期上与古人盟。”④（《颜钧集》卷八，《自吟》）李贽更称颂富于进取、独创精神的狂者道：“盖狂者，下视古人，高视一身，以为古人虽高，其迹往矣，何必践彼迹为也。是谓志

① 焦竑：《澹园集》，中华书局1999年版，第87页。

② “狂者胸次”，最早是由王阳明明确标示出来的。据《传心录下》载：“薛尚谦、邹谦之、马子莘、王汝止侍坐，因叹先生自征宁藩已来，天下谤议益众，请各言其故。有言先生功业势位日隆，天下忌之者日众；有言先生之学日明，故为宋学争是非者亦日博；有言先生自南都以后，同志信从者日众，而四方排阻者日益力。先生曰：‘诸君之言，信皆有之，但吾一段自知处，诸君俱未道及耳。’诸友请问。先生曰：‘我在南都已前，尚有些子乡愿的意思在。我今信得这良知真是真非，信手行去，更不着些覆藏。我今才做得个狂者的胸次，使天下之人都说我行不掩言也罢。’尚谦出，曰：‘信得此处，方是圣人的真血脉。’”由这段记载可以看出三点：其一，王阳明承认其经历过由“尚有些子乡愿的意思在”到“更不着些子覆藏”“行不掩言”的“狂者”的发展过程。其二，王阳明自谓其所以能够“做得个狂者的胸次”，及是因其“信得这良知真是真非”。其三，王阳明所谓“狂者的胸次”甫一提出，便激起很大反响，被称之为“信得此处，方是圣人的真血脉”。就王阳明而论，他是凭藉着对“良知真是真非”的绝对自信，方才完全摆脱“些子乡愿的意思”，达到“狂者的胸次”境地。他又依据着这“狂者胸次”，以“良知”为衡估学说思想是非的标准，敢于说：“夫学贵得之心，求之于心而非也，虽其言之出于孔子，不敢以为是也，而况其未及孔子者乎！求之于心而是也，虽其言之出于庸常，不敢以为非也，而况出于孔子者乎！”又说：“夫道，天下之公道也；学，天下之公学也。非朱子可得而私也，非孔子可得而私也。天下之公也，公言之而已矣。故言之而是，虽异于己，乃益于己也；言之而非，虽同于己，适损于己也。”（吴光等编：《王阳明全集》，上海古籍出版社1992年版，第76、78页）显然，王阳明在这里流露出的乃是高扬个性、倡导自由的思想倾向。

③ 据耿定力等编《重镌心斋先生全集》卷二《年谱》，卷五欧阳德《奠文》，明万历年间海陵丛刻本。

④ 《颜钧集》，黄宣民标点整理，中国社会科学出版社1996年版，第73页。

大。以故放言高论，凡其身之所不能为，与其所不敢为者，亦率意妄言之。是谓大言。固宜其行不掩耳。何也？其情其势自不能相掩故也。……渠见世之桎梏已甚，卑鄙可厌，益以肆其狂言。”[①]（《焚书》卷二，《与友人书》）而作为泰州王学后劲的焦竑则以其充溢着独立精神、主体意识的学术豪气，回应着这具有时代特征的音符。

焦竑因王阳明的“良知”说是“取成于心，非外索也”，即是通过独立思考而形成的自得之学，故而赞之曰：“顷阳明揭‘良知’之宗，嗣起者赓续以发之，为力至矣。迨今日而其明无以复加，非独积发使然，由其取成于心，非外索也。”[②]（《澹园集》卷二十，《罗杨二先生祠堂记》）他又因王艮依靠自身努力，尽性至命于性命之学，不仅能“自得于心”，完成自身的“超悟”，而且更由不识字的盐丁成长为“契圣归真”的“生知之亚”，并创建起影响深巨的泰州学派，故而称之曰：“王汝止（艮）先生超悟于鱼盐之中，不繇文字，故从之游者往往简易直截。盖明兴之学，至是云翳尽披，而羲晖益朗矣。”又引赵贞吉所作王艮《墓志铭》说：“盖先生之学以悟性为宗，以格物为要，以孝悌为实，以太虚为宅，以古今为旦暮，以明学启后为重任，以九二见龙为正位，以孔氏为家法，可谓契圣归真，生知之亚者也。”[③]（《焦氏笔乘》卷三，《王先生》）此外，焦竑对王畿倡导的“学须自证自悟，不从人脚跟转。若执著师门权法认为定本，未免滞为言诠，亦非善学也”[④]（《龙溪先生全集》卷一，《天泉证道记》）之说很是欣赏，认为“越中（龙溪）良知、淮南（心斋）格物，如车两轮，实贯一毂”[⑤]（《焦氏笔乘》卷三，《王先生》），都拱卫着“尽性至命”的“良知”之学。

承袭着白沙、阳明思想传统，又深受心斋、龙溪、近溪、卓吾等思想影响的焦竑，强调独立思考，看重自身超悟，主张解放思想，反对依傍门户以增声势。他指出：

---

① 李贽：《焚书·续焚书》，岳麓书社1990年版，第75页。

② 焦竑：《澹园集》，中华书局1999年版，第246页。

③ 焦竑：《焦氏笔乘》，上海古籍出版社1986年版，第77—79页。

④ 《王畿集》，吴震编校整理，凤凰出版社2007年版，第1页。

⑤ 焦竑：《焦氏笔乘》，上海古籍出版社1986年版，第79页。

盖圣人之教，为事详，而其妙则不可思；为物博，而其精则不可为。圣人使渐靡涵泳以由之，而其不可思与为者，从容以听其自悟，如此而已。故学者天机与器数，日相触而不知。其调剂者在身心性情，而其适用者在天下国家。教之行，至于民化俗成，而流风余韵，犹足以垂于不泯。……余考古者礼乐行艺，靡物不举，即论政、谳囚、献狱，皆必于学，而弦诵其小者也。今直诵而已，况其抱残守陋，斤斤然求合有司之尺寸，又非古之所谓诵也。乃近世新会（白沙陈献章）、余姚（阳明王守仁）诸君子，独抱遗经，求诸自性，于其不可思与为者，时有契焉。是学有废兴，而理之在人心，终不为回变如此。[1]（《澹园集》卷二十，《内黄县重修儒学记》）

依据这种思想认识，他对汉宋诸儒死守师门章句之学，不于心性智慧之开发上用功的学风深致不满，尤对宋儒死读程朱注疏而不能独立思考的陋习予以批评，斥曰："第学者童习白粉，翻成玩狎，唐疏宋注，锢我聪明。"又责"汉宋诸儒之所疏，其糟粕"[2]（《焦氏笔乘·续集》卷二，《支谈上》）。他还讥笑那些缺乏主体精神，一味"向外寻求"者道："今人劳劳攘攘，似件件都欠缺的一般，岂知性中无所不有，所以孟子说'万物皆备于我'。我实备之，我不能受用，却逐逐然向外寻求，此所谓'抛却自家无尽藏，沿门持钵效贫儿'也。"[3]（《澹园集》卷四十九，《明德堂答问》）与之针锋相对，他明确宣示"我即是道"[4]（《澹园集·续集》卷五，《答苏抚州》），并发出呐喊："学道者当尽扫古人之刍狗，从自己胸中辟取一片乾坤，方成真受用，何至甘心死人脚下？"[5]（《焦氏笔乘·续集》卷二，《支谈上》）我们今天可以批评焦竑对前人、特别是宋儒的指责过于苛刻，因为前贤，尤其是包括程朱理学家在内的宋儒还是颇具创造性思维，并据之而对儒学作出一定创新性贡献的。但对于焦竑来说，他正是通过这种严批苛责，在摆脱了旧权威束缚，坚挺起独立的主体

---

① 焦竑：《澹园集》，中华书局 1999 年版，第 234—235 页。
② 焦竑：《焦氏笔乘》，上海古籍出版社 1986 年版，第 227—229 页。
③ 焦竑：《澹园集》，中华书局 1999 年版，第 744 页。
④ 同上书，第 863 页。
⑤ 焦竑：《焦氏笔乘》，上海古籍出版社 1986 年版，第 230 页。

精神之后，才显示出其豪迈、自信的学术气象的。而这种学术气象，又正是晚明时代精神的体现。曾受过焦竑启发的袁宏道及其领军的公安派，明确反对“以圣斥狂”“以古折今”，称狂者“以横吹之声刺空容之响也”，其论乃“南冈之新垒”，他们揭橥“不拘格套，独抒性灵”之帜，主张学者冲破传统囚缚，做真人、作真文、发真声，使文学复古主义雾霾为之一扫，天下人始知“疏沦性灵，披剔慧性”，文坛遂出现“芽甲一新，精彩八面，丽雅新声，络绎奔会”的清新局面。这不同样也与焦氏之论异曲同工，体现了晚明的时代精神吗？

其三，“释氏之典一通，孔孟之言立悟”。

因袭释、老二氏以创发其所谓儒学新论，这是宋儒以来的传统。发展至晚明，“三教合一”思潮遂颇盛行，而焦竑正是这思潮的鼓倡者之一。与多数儒者借取剽掠而又要严辨儒、释的做法不同，焦竑不仅从不讳言他从释氏那里汲取滋养，而且对正宗儒者的所谓“辟佛”之论提出批评，尝曰：

> 道一也，达者契之，众人宗之。在中国者，曰孔、孟、老、庄，其至自西域者为释氏。由此推之，八荒之表，万古之上，莫不有先达者为之师，非止此数人而已。昧者见迹而不见道，往往瓜分之，而又株守之。[①]（《澹园集》卷十七，《赠吴礼部序》）

他从这种“道一”观出发，认为二程、朱熹的辟佛导致了自我局限，表现出来的不过是孤陋寡闻而已。焦竑主张打破正宗儒者的门户之见，以平实眼光看待儒、释异同，而切不可“见迹而不见道”，谓：“道是吾自有之物，只烦宣尼（孔子）与瞿昙（释迦牟尼）道破耳，非圣人一‘道’、佛又一‘道’也。大抵为儒、佛辨者，如童子与邻人之子，各诧其家之月曰：‘尔之月不如我之月也。’不知家有尔我，天无二月。”[②]（《澹园集》卷四十九，《明德堂答问》）又说：“性命之理，孔子罕言之，老子累言之，释氏则极言之。孔子罕言，待其人也，故曰：‘不愤不启，

① 焦竑：《澹园集》，中华书局 1999 年版，第 195 页。

② 同上书，第 745 页。

不悱不发。中人以下，不可以语上也。'”[①]（《焦氏笔乘·续集》卷二，《支谈上》）

在焦竑那里，不仅儒、佛并无高下优劣之别，而且在本质上还有其内在的相通之处，“佛言心性，与孔、孟何异?”[②]（《澹园集》卷四十七，《崇正堂答问》）他甚至还认为释氏的心性之学发挥了孔、孟原旨，比后儒所说更为精密入微。他说：

> 伯淳，宋儒之巨擘也，然其学去孔、孟则远矣。孔孟之学，尽性至念之学也。独其言约旨微，世之学者又束缚于注疏，玩狎于口耳，不能骤通其意。释氏诸经所发明，皆其理也。苛能发明此理，为吾性命之指南，则释氏诸经，即孔、孟之义疏也，而又何病焉![③]（《澹园集》卷十二，《答耿师》）

所以，他很大胆地提出：“六经、《语》、《孟》，无非禅，尧、舜、周、孔即为佛。”[④]（《澹园集》卷十六，《刻大方广佛华严经序》）“释氏之典一通，孔子之言立悟，无二理也”[⑤]（《焦氏笔乘·续集》卷二，《支谈上》）。按：在晚明“三教合一”思潮极盛之时，释门智旭《灵峰宗论》倡言：“大道之在人心，古今唯此一理，非佛祖、圣贤所得私也。统乎至异，汇乎至同，非儒、释、道所能局也。克实论之，道非世间、非出世间，而以道入真，则名出世；以道入俗，则名世间。真与俗皆迹也，迹不离道，而执迹以言道，则道隐。”“道无一，安得执一以为道？道无三，安得分三教以求道?”此可谓与焦氏同调。

然而，不管撰著《灵峰宗论》的智旭怎样援儒入佛，却终究是位释家子，焦竑也并不因援佛入儒而放失了儒学立场，成为一位佞佛者。焦竑倡导三教同源，认为儒、释、道本质一致，但他是站在儒学立场上作此讲论的，换言之，其所谓源、所谓质，乃是孔、孟以来儒家素所注重的

① 焦竑：《焦氏笔乘》，上海古籍出版社1986年版，第227页。

② 焦竑：《澹园集》，中华书局1999年版，第719页。

③ 同上书，第82页。

④ 同上书，第183页。

⑤ 焦竑：《焦氏笔乘》，上海古籍出版社1986年版，第227页。

“仁”、“良知”（“良心”）、“孝悌”诸德性。他有见于当世儒者为学病在支离，难得其真，而释氏却能“明心见性”“直指人心”，并无世儒之病，能使吾儒收就正所学之效，故而提倡儒者应在释学上多用功力。他认为王阳明在这方面已做了表率，说：

> 盖人心一物，而仁也、良知也、孝悌也，则皆其名耳。诚因其名以造其实，则知所谓良知，则知所谓人伦物理，无复有所谓良知。即欲屏而绝之，岂可得哉？此理，儒书具之，特学者为注疏所惑溺，不得其真，而释氏直指人心，无儒者支离缠绕之病。故阳明偶于此得力，推之儒书，始知其理断断乎非后儒之所讲解者。张商英云“吾学佛而后知儒”，亦犹此也。[①]（《澹园集》卷十二，《答友人问》）

可见，焦竑的目的并非为了弘扬佛法，而是为了体认并发展儒学，不是要援佛于儒，而是要融儒于佛，或以儒理改造佛学。一句话，他是要以佛“证”儒，以儒学收摄二氏，通过汲取释老精华来匡正俗儒之病，发扬光大吾儒之学。正因其持此立场，故对佛理（佛学明心见性之理）与佛迹（佛教的戒律、仪规等等）予以明确区分，并指出佛教“自是异方之俗，决不可施于中国”[②]（《澹园集》卷四十八，《古城答问》）。这充分表明焦竑仍然是一位立场坚定、旗帜鲜明的儒家学者。

三

在中国儒学发展史上，泰州学派的平民儒学自有其特色。笔者曾对此举出六端：其一，抛开传注，任意解释经典；其二，打破封建士大夫对文化的垄断，强调学术的平民性，将文化与学术社会化、普及化，从而使儒学真正深入民间，渗透到普通民众日用生活之中；其三，以平民利益为出发点阐发自己的思想主张；其四，启迪大众，使之“乐学”向善；其五，以伦理道德为主建构其思想体系；其六，无论是思想内容，或者是传道方

---

① 焦竑：《澹园集》，中华书局 1999 年版，第 87 页。

② 同上书，第 738 页。

式，都有明显的宗教色彩。[①] 黄宣民先生在《颜钧集·前言》中更精辟地指出："（颜钧）继承了泰州学派的平民儒学传统，思想上具有鲜明的平民性格。"他从"传道对象面向平民大从""简化儒学理论""心性自然化倾向""传道活动的神秘色彩""道德化的社会理想"五个方面对颜钧以至所有平民儒者的思想特色予以深刻论析。焦竑继承、发扬了泰州学派的平民儒学传统，而又具有自身的思想个性，并形成自己独具特质的儒学理论体系，且在学术上做出多方面的卓越贡献，故其堪称泰州学派平民儒学的后劲。

以商品经济的孕生与初步发展以及新兴市民阶层的崛起为社会背景而活跃在晚明儒林的泰州学派，提倡"百姓日用即是道"，批评董仲舒的"正其谊（义）不谋其利，明其道不计其功"之说，更反对程朱理学家"存天理，去人欲"的绝对禁欲主义。焦竑继承了这种思想传统，并在理论上略有发挥。他说："昔子贡废著粥财于齐鲁之间，孔子曰：'未若贫而乐，富而好礼也。'然子贡结驷连骑，卒成夫子之名，亦何必褐衣蓬户，乃为愉快乎哉？"[②]（《澹园集》卷二十八，《鸿胪寺序班高君子晦墓志铭》）他肯定汉代桑弘羊的理财思想，认为桑氏所论合乎《易》道，说："自世猥以仁义、功利为二途，不知即功利而条理之乃义也。《易》云：'理财正辞，禁民为非曰义。'而岂以弃财为义哉！桑弘羊当武帝兵兴，为三法以济之，中如酒榷，诚末事矣。乃诸当输官者，令各输土所饶，平其值，于他所货之。输者既便，官有余利，亦善法也。至筦山泽之利，置盐铁之官，不益赋而用饶，奈何病之？"[③]（《澹园集》卷二十二，《书〈盐铁论〉后》）他对当世社会生活中善于谋划经营，且能行侠仗义重然诺的商贾更有高度评价。[④] 他还充分肯定商人通过正当的商业活动而产生的资金、财富之增值，说："钱者，泉也，弥汲则弥新。彼壅以为已

---

① 参阅拙作《论明代中后叶的平民儒学》，《河北学刊》1993 年第 5 期。拙著《中国文化史纲》（江苏人民出版社 1993 年版）亦有专节论析明代中后叶的平民儒学，可资参阅。

② 焦竑：《澹园集》，中华书局 1999 年版，第 414 页。

③ 同上书，第 272 页。

④ 《澹园集》卷五之《熊长君传》《上园朱封公传》，《澹园集》上册，中华书局 1999 年版。

有者，如室其原而翼其流，增不可得也。”①

泰州学派，自王艮以来，诸子多致力于儒学平民化、社会化活动。他们讲学于民间，既提高了大众的思想、文化水平，又使其所讲求的“百姓日用之学”在现实社会生活中发生了相当大的影响。如颜钧初在家乡设“三都萃和会”，“乡闾老壮男妇几近七百余人”听其讲学耕读孝悌，众皆“各透心性灵窍，信口各自吟哦，为诗为歌，为颂为赞，学所得，虽皆刍荛俚句，实发精神活机……众皆通悟，浩歌散睡，真犹唐虞瑟僩，喧赫震村谷，闾里为仁风也”②（《颜钧集》卷三，《自传》）。其后，颜钧又在大江南北四处讲学，皈依其“大成仁道”者几千百众。罗汝芳亦如管东溟（《惕若斋集》卷二，《答焦状头漪园丈书》）所说动辄“以大会为快”，像丙戌（万历十四年，1586）在南京鸡鸣寺凭虚阁之会，“绅衿之士，外及缁黄，下逮仆从，殆万人”③ 即为其诸多讲会中的一例。焦竑对此一传统亦有所继承。他虽然有着很高的社会地位和学术声望，但并不高居于纯学术殿堂，也从不以从学理到学理的抽象思辨为事，而是十分注重在现实社会生活中向广大民众讲学传道，进一步推展儒学社会化、平民化的运动。譬如：焦竑不仅积极参与泰州儒者及其他心学家发起主持的讲会，而且充分注意到新安地区士大夫及一般商人百姓的讲学之风，还应邀亲赴新安还古书院主持讲习，讲学传道十余日。据其学生谢与栋说，新安人闻焦竑至，自缙绅先生至儿童牧竖，四方人众聚集者二千余人，咸听其讲学。而焦氏则“随机指点，言简意尽，一时闻者咸悚震踊跃”，深受启迪。众人“如旅而归，如寐而觉，如凋饥而享太牢。以此知性之相近，而尧舜之可为也”④（《澹园集》卷四十八，《古城答问》）。如此讲学风

① 王艮开创的泰州学派，通过其倡导并推展的平民化、社会化运动而使儒学由庙堂重返民间，其功厥伟。艮之弟子王栋对此评曰：“自古士农工商，业虽不同，然人人皆可共学。孔门弟子三千，而身通六艺者才七十二，其余则皆无知鄙夫耳。至秦灭学，汉兴，惟记诵古人遗经者，起为经师，于是指此学独为经生文士之业，而千古圣人与人人共明共成之学遂泯没而不传矣。天生我师，崛起海滨，慨然独悟，直超孔孟，直指人心，然后愚夫俗子，不识一字之人，皆知自性自灵，自完自足，不暇闻见，不烦口耳，而二千年不传之消息，一朝复明。先师之功，可谓天高而地厚矣！”（《王一庵先生全集》卷上《会语正集》）

② 《颜钧集》，黄宣民标点整理，中国社会科学出版社 1996 年版，第 24 页。

③ 《文塘黎先生墓志铭》，《杨复所先生家藏文集》，明万历年间本。

④ 焦竑：《澹园集》，中华书局 1999 年版，第 727 页。

范、盛况及效果，同其前辈王艮、颜钧、罗汝芳、王襞正相仿佛。

当然，焦竑并没有全然照袭着泰州王学传统，而是在继承、发扬泰州王学传统的同时，又形成并保持着他自己的思想特色。这使他虽与泰州后学，特别是李贽、杨复所诸人有非常密切、友好的关系，且在思想上又多息息相通，但毕竟也还与之有一定差异。如其同卓吾情深意笃，思想上颇多共通之处，且或因受卓吾影响而与乃师天台思想日渐不合[①]，然而，他又并未完全认同、接受李贽的思想及其行为、处世方式。他不仅批评"李氏持论，不无过激"[②]（《澹园集·续集》卷五，《答许绳斋》），而且在对颜钧、何心隐一系狂禅派平民儒者的评价上亦与李贽有明显分歧，如李贽称"山农以布衣讲学，雄视一世而遭诬陷"，实乃"英雄也"[③]（《焚书》卷二，《为黄安二上人三首·大孝》），而焦竑则借颜钧强取同门师兄弟朱泉钱财事，对山农批评道："我明之学，开于白沙、阳明两公，至心斋则横发直指，无余蕴矣。一再传，而顾为浮游诞妄者之所托，何教之难欤？"[④]（《澹园集》卷二十八，《荣府纪善圖泉朱公墓志铭》）又，李贽曾

---

① 按，耿定向实乃背叛泰州平民儒学传统，自觉充任专制政权帮凶的伪道学者。由颜钧《自传》所述其蒙冤受难经过看，颜钧是被耿定向诱捕的，所谓被"耿定向所擒获，意欲送至盛汝谦手搥死"。何心隐冤案，或与其无直接关系，且如其自述，还曾致书抚台"辩其学盖所谓差毫厘而谬千里者，如人所言有他，则重诬也"，并"遇书李司空为之解"，但亦如其所自述，一旦有人对其言"政府左右且藉此中公也，公兹从中救人耶？"遂不敢为之援手，而依违其间，听任心隐被"毙楚狱"（耿定向：《里中三异传》，《明文海》卷三九九）。这就难怪李贽要愤而责曰："然公（何心隐）岂诚不畏死者？时无张子房，谁为活项伯？时无鲁朱家，谁为脱季布？吾又因是而益信谈道者之假也。由今而观，彼其含怒称冤者，皆其未尝识面之夫。其坐视公之死反从而下石者，则尽其聚徒讲学之人。然而匹夫无假，故不能掩其本心，谈道无真，故必欲划其出类，又可知矣。夫惟世无真谈道者，故公死而其文遂丧，公之死顾不重耶？"（《何心隐论》，《焚书·续焚书》，岳麓书社1990年版，第89页）对耿定向在"何心隐狱"上，因恐"犯江陵不说学之忌"，而"不敢沾手"（按：耿本"与江陵善"，"且主杀心隐之李义河"，又其"讲学友"），李贽固然深恨之（此据黄宗羲《明儒学案》卷三十五，《泰州学案四·耿定向传》所说），但李贽更不满意其伪善，这由刊入其《焚书》中的与耿论学的多封信件可见。耿定向对此自感愧愤，遂作《求儆书》进行反噬，又指使其学生蔡毅中著《焚书辩》攻击李贽，更唆使地方士绅诬蔑李贽为"左道惑众"，并加以恫吓和驱逐，致使李贽无法再在麻城安居。焦竑在耿、李论战过程中虽因各种原因而不得不采取中立立场，但以其个性，当了解天台其人后，与天台思想日益不合当极有可能。当然，此尚为笔者之臆测，未经证实也。

② 焦竑：《澹园集》，中华书局1999年版，第857页。

③ 李贽：《焚书·续焚书》，岳麓书社1990年版，第80页。

④ 焦竑：《澹园集》，中华书局1999年版，第410页。

称何心隐为“老英雄”，而焦竑则对心隐从不赞一辞，且将心隐与其师山农目之为“浮游诞妄”之徒、败坏了“白沙、阳明两公”开启的“我明之学”者流。诸如此类，既体现出泰州王学传承过程中出现的歧异，又从一个侧面反映出焦竑自身思想的特质（即具有一定绅士气息，这与后来的刘宗周有点相似之处），现值得论者注意。焦竑曾说：

> 晚近世上失其道，人奋其私智，家操乎异说，假令探微索隐，足以雄长于学林，祇以树之樊而益其障耳。其立论弥高，其去仁弥远，无足怪者。[①]（《澹园集》卷二十，《同仁书院记》）

但他并未像其师耿定向那样固守礼法以卫圣道，亦未像其友李贽那样以激昂的态度表现出叛逆精神，而是提倡以中庸态度待人处世、处理问题，故其既主张思想解放，不依傍古人前人，又认为应遵守一定法度，不搞索隐作怪，这是贯穿焦竑整个心路历程的一个重要特点。或许正因为他平和地追求着个性独立、思想解放，才使他既能够提出许多具有启蒙意义的思想主张，成为后期泰州王学的劲旅；又能够从容治学，运思于书斋，并以其多方面的学术成就而成为晚明卓越的博学者。而这后一方面对于深化作为平民儒学的泰州王学的学术性，无疑是有益的。

---

① 焦竑：《澹园集》，中华书局1999年版，第247页。

“主静”的政治

——聂豹政治思想研究

贾乾初*

聂豹（1487—1563），字文蔚，号双江，世称“双江先生”，江西吉安永丰人，为政德十二年（1517）进士，曾任华亭知县、福建道监察御史、苏州知府、平阳知府、陕西按察副史、兵部尚书等，累进太子太保，谥“贞襄”。传世有《双江聂先生文集》十四卷，今有吴可为编校整理的《聂豹集》（凤凰出版社 2007 年版）行世。

聂豹是阳明后学中的重要思想家之一，历来研究其思想者多着重于从其哲学思想入手，而对其政治思想关注极少。但事实上，聂豹自任华亭知县始即有政声：“立身行政，自其身始。”① 他一生有着长期的政治实践，吴可为在《聂豹集》的《编校整理说明》中特地指出：“双江子之为政也，其在府县则宽仁以安民，通变以利众，革习除弊，惩奸警猾，禀公持正，决断刚毅，所至之处，多有贪吏墨役闻其风而解印绶去者。政事之余，则兴学重教，正励风俗，奖掖后进，作养人才，一方令才美质，往往尽入其门下。是则双江子之为政也，不唯保有一方士民之安利，亦根极于人伦教化之所由系。凡为政者，或将有取于斯夫?”② 可见聂豹的为政实践是颇有可参鉴之处的，而其为政实践必受其思想所支配，这表明聂豹自有其值得深入探究的政治思想。

---

* ［作者简介］贾乾初（1971—），男，河北沧县人，山东大学副教授，博士。主要研究方向：中国政治思想史与政治文化。

① 聂豹：《聂贞襄公本传》，《聂豹集》附录，凤凰出版社 2007 年版，第 623 页。

② 吴可为：《编校整理说明》，《聂豹集》卷首，凤凰出版社 2007 年版，第 1—2 页。

一 “归寂”“主静”与安民之政

1. “归寂”“主静”的思想主旨

阳明后学诸儒，对阳明先生“良知”学多有自己的理解，众说纷纭，不一而足。聂豹则属阳明后学中“归寂”一派的代表学者，据黄宗羲《明儒学案》所记，聂豹“归寂”“主静”的思想有一个顿悟的过程：

> 先生之学，狱中闲久静极，忽见此心真体，光明莹彻，万物皆备。乃喜曰：“此未发之中也，守是不失，天下之理皆从此出矣。”及出，与来学立静坐法，使之归寂以通感，执体以应用。①

明人尹台概括聂豹思想的主旨为：“以归视寂为宗，以入虚守寂为入德不易之极。”② 吴震亦总结说：“双江在其思想形成过程中，目睹阳明后学中所存在的那种趋于‘知觉’主义或‘现成’主义的思想倾向，最终形成了‘虚寂为本’‘学惟主静’的思想，从而提出‘归寂’‘致虚’‘守静’等工夫论主张，欲以此来矫正后学末流之弊。”③ 聂豹的“归寂主静”思想主旨确是基于矫治阳明后学某些弊端而提出的，但这只是一方面，另一方面还应看到，这种思想又是顺承宋明理学传统而来的。儒家“主静”之说肇自北宋，周敦颐《太极图说》率先提出：“圣人定之以中正仁义，而主静，立人极焉”④，二程紧随其后地以“静”为入德之始基，认为“静”能养德，“静坐”为心性修养之最佳途径，唯有善“静坐”者方堪称“善学”，“静坐”教法遂演为故事如“程门立雪”之类。朱熹见程门弟子多流入禅，在将“静坐”作为读书穷理之调节方式的同时，更承程颐晚年之训，少说静而只说敬。至是，理学中人流入禅者渐少，但又滋生出耽于读书考索的弊端。明初学界为朱学所垄断，陈献章打破

---

① 黄宗羲：《江右王门学案（二）》，《明儒学案》卷十七，沈芝盈点校，中华书局1985年版，第372页。

② 尹台：《双江先生文集序》，《聂豹集》附录，凤凰出版社2007年版，第612页。

③ 吴震：《聂豹罗洪先评传》，南京大学出版社2001年版，第165页。

④ 《周敦颐集》，中华书局1990年版，第6页。

“此亦一述朱，彼亦一述朱”的思想僵化局面，直溯周子，倡言“主静”，提出：“为学当求诸心，必得所谓虚明静一者为之主”①，并认为“静”是“心学法门也”②。同时的程敏政亦毅然超迈朱熹，直溯周敦颐和二程兄弟（尤其是程颢），竭力强调“静”的意义。王阳明虽重视“静处体悟”，却同时更加强调“事上磨炼”，因此，他的思想体系虽倾向“主静”，但未偏言“主静”。阳明殁后，由聂豹掀波、罗洪先助澜，阳明后学中“主静”遂成为重要流派。

在聂豹看来，良知（心）本体是寂静的，他强调：“寂静是心之本体，不可以时言。时有动静，寂则无分于动静。”③ 在写与邹守益（1491—1562，号东廓）的书信中，他进一步解释道：“夫无时不寂，无时不感者，心之体也；感惟其时，而主之以寂者，学问之功也。故谓寂感有二时者，非也；谓工夫无分于寂感，而不知归寂以主夫感者，又是岂得为是哉？盖天下之感皆生于寂，不寂则无以为感，非坤则无以为震。”④ 而所谓的学问功夫，不过是“归寂主静”以达于寂静的良知本体。因而，他确然不移地指出“虚寂”之体的核心地位说：“窃谓虚寂乃大《易》提出感应之体以示人，使学者知所从事。盖尧舜相传以来，只有此义。即此义而精之，则天下之用备于我矣，尚何以思虑为哉？”⑤ 又说：“盖寂者性命之源，神应之枢，原无一物，而无物不备；一无所知，而无所不知。譬之鉴空衡平，而妍媸轻重若其中之所素具者，可类而推也。”⑥

聂豹倡“归寂”“主静”说，又与其所处时代相关。晚明朝政腐败，政治环境十分险恶。于此如何自处？对儒者来说，实为一大问题。聂豹认为这是一种锻炼，而承受锻炼的关键则在于能够守之以“素”。他解释

---

① 乾初谨按：此引原断句作“为学当求诸心必得，所谓虚明静一者为之主”（见陈献章《书自题大塘书屋诗后》，《陈献章集（上册）》卷一，中华书局1987年版，第68页），未妥，是改。

② 陈献章：《书自题大塘书屋诗后》，《陈献章集（上册）》卷一，中华书局1987年版，第68页。

③ 聂豹：《答王龙溪》，《聂豹集》卷十一，凤凰出版社2007年版，第396页。

④ 聂豹：《答东廓邹司成四首》，《聂豹集》卷八，凤凰出版社2007年版，第261页。

⑤ 聂豹：《寄王龙溪二首》，《聂豹集》卷八，凤凰出版社2007年版，第267页。

⑥ 聂豹：《答唐荆川太史二首》，《聂豹集》卷八，凤凰出版社2007年版，第273页。

“素”说：

> 素者，本吾性所固有，而豫养于己者也。位之所值，虽有富贵、贫贱、夷狄、患难之不同，然不以富贵处富贵而素乎富贵，不以贫贱处贫贱而素乎贫贱。大行不加，穷居不损，而富贵、贫贱、夷狄、患难处之一，一则无入而不自得。得者，得其素也。正己居易，皆反求诸身之素也。不怨、不尤，非有所强也。《易》曰：“素履之位，独行愿也。”故不愿乎外，愿外便有不得，怨尤之念兴而侥幸之事作矣。大意全在素字上。素即温故之故、豫立之豫、先天之先、前定之前，故养之有素者，随其所值，坦然由之而无疑，卒然临之而不惊，无故加之而不惧。①

这是聂豹在诏狱中所体悟出的处世之道，或者说是处危难之道。而要能够守得住“素”，就须做“归寂”“主静”的工夫。

不过，对于双江来说，他提倡“归寂”“主静”，并非仅为了个人的心性修养，而更重要的是自觉地将此说作为其政治思想的哲学基础。依照儒家素来的致思逻辑，明体达用的修治主张，一定要落实到政治的实践当中。循此，聂豹所标举的虚寂之体及其“归”“致”，亦不出意外地指向君臣天下的伦常秩序。归致到虚寂之体，才能体认得“未发之中”的状态，才是立得根本。正因为普通天下通过教化的方式，都有了这样的根本，家国天下才会是一种理想的伦常秩序。他说：

> 归也，致也，灵之所聚也，是故艮以止言，咸以虚言，感以寂言。寂以通天下之感，虚以妙天下之应，止以研天下之虑。知止定，致虚极，守寂笃，是谓未发之中，大本之立。夫然与天地合德，日月合明，四时合序，鬼神合吉凶，灵之致也。于是应之父子而止慈孝，天下之为父子者定；应之君臣而止仁敬，天下之为君臣者定；应之昆弟而止友恭，天下之为昆弟者定。朋友、夫妇应之，而止于信，止于别，天下之为朋友、夫妇者定。天下之为君臣、父子、夫妇、长幼、

---

① 聂豹：《辩素》，《聂豹集》卷十四，凤凰出版社 2007 年版，第 572 页。

朋友者定，教之至也。①

毫无疑问，这是聂豹政治思想的哲学基础。

2. 安民之政

聂豹所生活的时代，是大明朝廷内忧外患都极为严重的时代。北方蒙古部侵扰不已，东南又有严重的倭寇之害，内地民众为了生存，此起彼伏地不断反抗苛政。作为朝廷中上层行政官员的聂豹，在自己的文字中不断地透露出自己的焦虑："今凶歉遍天下，斗米值银三钱。宣大危甚，京师饥莩盈城野，而虏包祸心不悔，加以岛夷煽乱，东南毒痛，而山东、河南之盗又窃发无时，不谓时势之难，遘会亦至于此。"② 这种严重的政治危机，甚至令他有手足无措的煎熬感，他在书信中说："某病愦中，静思天下事势，真如一鼎俱沸，更无下手处，未尝不椎心顿足，而自恨出处之欠审也。"③ 他认为，解决这些问题，不外乎就是要广泛地赈济，减轻民间的徭役和赋税，但问题好像已不可为了："弭乱大端，要在博赈、省徭赋，而各省库贮，搜括殆尽，至于军马钱粮，虽锱铢杪忽，司农争之如仇。悬槽枵腹，各边士马疲乏，极矣，尚何望富强之有日也？"④ "尚何望富强之有日"几乎可以令人想见他的绝望心情。然而儒家毕竟不是逃世者，"知其不可为而为之"的道德理想主义是影响着他们作为的主流。

所以，尽管现实政治的靡烂似乎已不可收拾，却并不妨碍作为强调事功的阳明后学者基于个人持守的政治思考。在这里，他强调的虚寂之体与"归寂""主静"功夫的哲学思考，很自然发展为在具体政治与行政领域对"安民之政"的思考。他认为："夫人生而静，天之性也。感于物而动，性之欲也。"⑤ 基于人的这种天性，那种不扰民的安和之政，既是符合人性的政治举措，更是"因时而治"的时代政治要求。聂豹关于"安民之政"思考的主要内容有如下数端：

---

① 聂豹：《赠周以道分教青阳序》，《聂豹集》卷四，凤凰出版社2007年版，第91页。

② 聂豹：《寄王龙溪二首》，《聂豹集》卷八，凤凰出版社2007年版，第266页。

③ 聂豹：《答玉林许佥宪三首》，《聂豹集》卷八，凤凰出版社2007年版，第251页。

④ 聂豹：《答陈明水三首》，《聂豹集》卷九，凤凰出版社2007年版，第298页。

⑤ 聂豹：《养静楼记》，《聂豹集》卷五，凤凰出版社2007年版，第141页。

第一，国家立法行政的目的在于“抚疲惫”和“靖安人民”。

聂豹认为，对于国家行政官员来讲，“言不贵陈而贵行，法不贵立而贵守”①。具体来说就是要做到四条：

一曰用良吏以抚疲惫。

二曰严关隘以截往来。

三曰开抚谕以安反侧。

四曰严禁约以杜今残。②

这四条的核心内容，不过是要求国家行政官员以安抚百姓作为主要的行政内容。而之所以国家立法行政极其重视监察官员，就是因为，监察官员即所谓“风宪之官”能够通过严整吏治，以“靖安人民”为主要职守。他说：“窃详祖宗立法，其所以责备风宪之官若是其重且严者，无非欲其激暴锄贪，肃寮贞度以靖安人民为职也。”③

第二，天下之治“政不欲速”，要“畜之以宽”。

面对天下汹汹、扰攘不休的严重政治局面，他着重强调，“政不欲速，不屑近利，和易平实，宜民宜人”④，就是不严苛地搜刮百姓，只求官员自身突出的政绩，而以“和易平实，宜民宜人”为目的，这才是正确的应对之策，亦即是他讲的“治贵知体”，他认为，“治贵知体。今天下之治，不已严急乎？乃能畜之以宽而事不废，镇之经静而民不扰”⑤。他借表彰吉安的地方官，申明他“休息安养之政”的主张说：“羞口给而尚躬暗，清简忠实，无声光可人，而休息安养之政，民实赖之。”⑥ 对于底层民众来说，他们最需要和最依赖的不过是那种“清简忠实”的“休息安养之政”。基于此，他对于当时急务的处理，更是强调安缓和抚恤的办法。“今之论者，谓目前要务，在节财用，而足食足兵，以图安攘，又不可作第二义看。二者势若相反，而实则相成，惟智者灼见。夫相成之

① 聂豹：《严法守以靖地方疏》，《聂豹集》卷一，凤凰出版社2007年版，第22页。

② 同上书，第24页。

③ 聂豹：《自劾不职以申明宪纲疏》，《聂豹集》卷二，凤凰出版社2007年版，第30页。

④ 聂豹：《修东新金斗二桥记》，《聂豹集》卷五，凤凰出版社2007年版，第125页。

⑤ 聂豹：《赠新参李南桥吉行序》，《聂豹集》卷四，凤凰出版社2007年版，第80页。

⑥ 同上。

机，则指背之轻重，不待言矣"①。"中国御戎狄，守为上，计胜之，而抚恤疮痍，安集商贾，尤目前至急之务"②。

第三，安民之政需要各级行政官员"与民休息""约己裕民"。

在他看来，为政者应该是有仁心的贤才。为政者若丧失了"仁心"，虚荣而好利，那么民众的命运就非常值得忧虑了。他说："今天下方多事，……诡时好者欲速报以要誉，丰己私者利博纳以计得，有一于此，仁心亡矣。仁心亡，而生民之命始蹙也。"③ 有仁心的贤才，必须是"安静悃愊之士"才行。所以，他又强调说："所贵于贤且才者，以其能因时制治，而天下赖之以安。今顾不足以安天下，又从而扰之，是谓之庸人也固宜。予尝考古今治乱之机，及追悔平日之所以扰天下者，卒皆不免夫庸人之过。思欲与民休息，非得夫安静悃愊之士，未可以语治也。"④ 换言之，要那种有仁心而不扰民的贤才做各级官员，是"与民休息"的关键所在。假若各级官员都能"约己裕民"，则在整体政治败坏的"一鼎俱沸"境况之中，为民众送来一丝"清凉"希望。"约己裕民，而煦之以廉静安和之政，若起沈疴而濯以清风，讵为一鼎俱沸而尚有清凉处可歇脚与?"⑤ 可以想象，这种"安和之政"一定是"其始也，民恬然易之；已乃疑而畏，久则帖然服也。输不后期，庭无嚚讼。有弗令，令其行；有弗道，道其从。观政者入其境，晏晏然鸡犬无惊色"⑥，然后，"仁以义洽，政以仁通，民以政和，官事备矣"⑦。

第四，反对"和同之政"。

自西周史伯以来的"和同论"，强调的精髓是"和而不同"，强调的是政治包容性，而不是简单的同一。聂豹这里提出的"和同之政"，盖指"和而不同"的反义，说的是那种没有价值持守、没有是非好恶区别，而只为谋取自身利益，并将之作为唯一标准的"乡愿之学"造成的结果：

---

① 聂豹：《寄陈芹山》，《聂豹集》卷八，凤凰出版社2007年版，第275页。
② 聂豹：《寄李克斋司马七首》，《聂豹集》卷八，凤凰出版社2007年版，第280页。
③ 聂豹：《赠邑侯陈雨亭入觐序》，《聂豹集》卷四，凤凰出版社2007年版，第107页。
④ 聂豹：《赠郡推许古泉考绩序》，《聂豹集》卷四，凤凰出版社2007年版，第76页。
⑤ 聂豹：《赠邑侯凌海楼入觐序》，《聂豹集》卷四，凤凰出版社2007年版，第100页。
⑥ 聂豹：《赠邑侯陈雨亭入觐序》，《聂豹集》卷四，凤凰出版社2007年版，第107页。
⑦ 聂豹：《冰雪堂记》，《聂豹集》卷五，凤凰出版社2007年版，第144页。

“自夫乡愿之学行而和同之政作，和同之政作而好恶之公泯，而天下之祸乱，日相寻于无形也。故曰：生于其心，害于其事；作于其事，害于其政。”① 他一再指出这个问题的严重性：“生心害事，生事害政，其端已大见于天下。”② 反对“和同之政”，无疑包含着不扰民，以宽和待民的意涵在内。

如前所述，聂豹“安民之政”的思想一方面是他“归寂”“主静”的思想主旨在政治实践方面的符合逻辑地展开；另一方面也是当时民族矛盾与阶级矛盾尖锐的现实政治要求。无论是有效应对外患，还是稳定国内政治秩序，都必须要采取“安民之政”的策略来缓和国内矛盾，从而复苏国力。作为有着丰富政治经验的官员，他提出的“安民之政”，的确是富有针对性的。

二　批判举业与得才之法

聂豹以育才、识才为时人及史书所称颂。被其赏识提掖的著名人物莫过于后来任内阁首辅的徐阶（1503—1583，号存斋）。据《聂贞襄公本传》：“先生才既高，县事蝟集，应手立判，情法允当，豪右屏息，尤以兴学育才为急。时少师存斋徐公在诸生中，方弱冠，先生试其文，即以台辅期之。诸生执经授业入陶冶者，后多为名士。”③ 徐阶在为聂豹写的墓志铭中也记述说：“先生才既高，治县多暇，惓惓以兴起学校，作养人才为事。”④ 聂豹的政治生涯中以育才、识才为务，是与他对于人才与政治关系的深刻认识联系在一起的。

首先，他认为“得贤才”乃是治天下的根本。

他在上疏中说：“臣闻治天下，以正风俗得贤才为本。”⑤ 正因如此，“得贤才”并不是一件很容易的事情。他强调：“予闻山川之融产，惟才

① 聂豹：《送彭山季子擢长沙序》，《聂豹集》卷四，凤凰出版社 2007 年版，第 86 页。

② 聂豹：《寄罗念庵太史十六首》，《聂豹集》卷九，凤凰出版社 2007 年版，第 290 页。

③ 聂豹：《聂贞襄公本传》，《聂豹集》附录，凤凰出版社 2007 年版，第 626 页。

④ 徐阶：《明故太子太保兵部尚书赠少保谥贞襄聂公墓志铭》，《聂豹集》附录，凤凰出版社 2007 年版，第 640 页。

⑤ 聂豹：《应诏陈言以弭灾异疏》，《聂豹集》卷一，凤凰出版社 2007 年版，第 4 页。

为难，而珠玉金帛，麻缕菽粟，其次之。”[①] 又说：“盖为政以人才为念，世固难其人矣。”[②] 这里，他实际上将人才问题上升到为政的首要问题来看待了。在他看来，本来人才之“出产”就很难，再加上那些“以人才为念”的人识才就更难。聂豹在这方面无疑是有着很深的忧患意识，他在实践中极其重视育才和识才，恐怕就与他的忧患意识有关。

其次，他批判“举业移人，不足以养真才”。

科举自隋唐之后日趋兴盛，的确为王权专制的朝廷拔取了大量人才。但到了明代中后期，科举的诸多弊端日益暴露。聂豹本就是科举出身，对其中的利弊更是感同身受。他将当时人才难题的根源归结为科举的弊害。之所以“国家之兴，百六十余年矣，然而至今人才未振”[③]，其原因在于科举已乖离了选拔真正贤能人才的本意，反而成为压制人才的桎梏，不能服务于国家的政治实践需要。故而他尖锐地批判道：“科举程式之趋，岂所以端本原而出治道?”[④]

在他看来，科举所带来的严重问题至少有两个方面：一是举业“移人”“夺志”，因此非但不能很好地造就人才，反而是摧残人才。聂豹指出：“天下未尝无才，特被科举潜驱默夺以去，是以不能大有所成，此非才之罪也；志为利所分，才为志所夺故耳。”[⑤] 另外，他又从古今对比出发，指明了举业之所以不能育真才的“移人”之处：“臣窃以为古之所谓才者，曰齐圣广渊，明允笃诚也；曰忠肃共懿，宣慈惠和也。今之所谓才者，曰记诵词章也，曰意见谈说也。古人致君事业，曰巍巍荡荡也，熙熙皞皞也；今之事君者，亦曰期会簿书，智力把持而已耳。其与古人致治之本，创治之功，规模器局，力量才识，相去何啻天壤之不相为侔耶?……是举业移人，不足以养真才，古今通患也。”[⑥] 二是科举已颠倒了目的与手段。科举本是选拔人才的手段，而并非目的本身，但科举的导向作用却愈来愈偏离了人才本身这个目的。聂豹借为人作序表达了自己的批评意

---

① 聂豹：《平阳府人物题名记》，《聂豹集》卷五，凤凰出版社 2007 年版，第 115 页。

② 聂豹：《群英阁记》，《聂豹集》卷五，凤凰出版社 2007 年版，第 114 页。

③ 聂豹：《应诏陈言以弭灾异疏》，《聂豹集》卷一，凤凰出版社 2007 年版，第 4 页。

④ 同上。

⑤ 聂豹：《应诏陈言以弭灾异疏》，《聂豹集》卷一，凤凰出版社 2007 年版，第 4 页。

⑥ 同上书，第 14—15 页。

见，他强调说："科第不足以荣人，科第以人荣也；文不足传，传者人也。"[①] 他甚至沉痛地说："伎俩日精，本实日丧，率天下冥于伪而莫之悟者，其惟举业乎？是岂圣朝科制之本意哉？制以举业试士者，正以考其实也，不谓其流而伪也。"[②]

再次，养人才之法在正学校，而"深加敦本尚实之教"。

聂豹认为，国家的兴盛责任主要在士大夫、在求贤才、在正风俗，而这一切都与学校有着最直接的关系。所以他在给皇帝的上疏中提出了养人才的纲领：

> 欲正今日之学校，以养今日之人才，当于科举学校之中，深加敦本尚实之教，而教之之法，则《周礼》大司徒之三物，乃其准的也。[③]

在这个纲领指导下，聂豹又提出了具体的方法：

第一是"必须仿《周礼》大司徒以乡三物教万民之法而立之教"[④]，所谓"三物"即"六德"：智、仁、圣、义、中、和；"六行"：孝、友、睦、姻、任、恤；"六艺"：礼、乐、射、御、书、数；再加上"经义"，是谓"四物"。聂豹将之作为学校教育的核心内容。

第二是在天下国子、府、州、县学中，各设"行实""经义"二斋，前者注重考"德行道义"，后者"考经义"。在二斋的基础上，分别立"上上""上中""中中""中下"四等簿，教官们分别以考试成绩填注在这四等簿之中，以分别激励考生，各级科举考试都应实行这个办法。聂豹对此很自信："既以德行道义教养之，又以行实才学升进而选用之，而又以是考察之，则天下之士皆知行检之当励，虚词之不足贵，忠孝材德之士，岂无卓然出于其间者哉？"[⑤]

第三是取得皇帝的高度认同和支持，颁布天下，立为常制。"陛下试

---

① 聂豹：《重刻一峰先生文集序》，《聂豹集》卷五，凤凰出版社2007年版，第49页。

② 聂豹：《重刻二业合一论序》，《聂豹集》卷五，凤凰出版社2007年版，第46页。

③ 聂豹：《应诏陈言以弭灾异疏》，《聂豹集》卷一，凤凰出版社2007年版，第4页。

④ 同上书，第5页。

⑤ 同上书，第8页。

择臣言，以四物之教、二斋之设、四等簿之立，自下而上考校之法，乞挥宸翰作为学箴，颁降天下之学，刻为碑文，竖于明伦堂庭中，如今府州县官箴之制，与太祖皇帝立卧碑于明伦堂之左，前饬后申，辉光相映，使学官学徒知所向，方提调、提学等官守若画一，数年之后，士风民俗亦或可望其少变也。"① 聂豹很明白，他的养才之法，离开了体制中的推行，离开了皇帝的支持，也不过等同画饼而已。

三　学与仕:政莫要于辨学

依儒家修齐治平的逻辑，学术与政治根本就应是一事，政治不过是学术的延伸与实践。所以究其根本，学与仕联系之紧密是无法真正能剥离开的。宋儒张载便曾深以政、学的分裂为忧："朝廷以道学政术为二事，此正自古之可忧者"②。王阳明更是强调指出政务与学术的一致性："簿书讼狱之间，无非实学；若离了事物为学，却是著空"③，在阳明后学中，大都对此深以为然，王畿甚至专门作《政学合一论》予以申述。其他人如邹守益说："学与政匪异辙也。"④ 欧阳德说："政学本非二事。"⑤ 又说："无政非学，无学非政。"⑥ 罗洪先说："即学与政总是一件。"⑦ 王艮说："学外无政，政外无学。"⑧ 王艮弟子林春亦发挥说："古人即政是学，即学是政。"⑨ 等等，举不胜举。聂豹也不例外，他对此亦多有论列，其要点如下：

---

① 聂豹:《应诏陈言以弭灾异疏》,《聂豹集》卷一，凤凰出版社 2007 年版，第 8 页。

② 张载:《答范巽之》,《张载集》，中华书局 1978 年版，第 349 页。

③ 王守仁:《语录三》,《王阳明全集》卷三，吴光、钱明、董平等编校，上海古籍出版社 1992 年版，第 95 页。

④ 邹守益:《虔州申赠》,《邹守益集》卷三，凤凰出版社 2007 年版，第 100 页。

⑤ 欧阳德:《答方三河》,《欧阳德集》卷二，陈永革编校整理，凤凰出版社 2007 年版，第 59 页。

⑥ 欧阳德:《答王仁仲》,《欧阳德集》卷三，陈永革编校整理，凤凰出版社 2007 年版，第 81 页。

⑦ 罗洪先:《寄李株山姻友其二》,《罗洪先集》卷九，凤凰出版社 2007 年版，第 364 页。

⑧ 王艮:《与林子仁》,《王心斋先生遗集》卷二，袁承业编校本，1912 年版，第 14（下）页。

⑨ 林春:《答林巽峰》,《林东城文集》卷下，刻本，泰州：海陵丛刻 1920 年版。

1. 君子之仕，行其学也

儒家是讲究“学而优则仕”（《论语·子张》），这与儒家思想的政治指向密不可分。儒家的修治之学并不是目的，而“安人”“安百姓”，一言以蔽之，“平天下”才是儒家之学的目的，而入仕做官是必由之路。聂豹对此理解得很到位：

> 君子之仕，行其学也。学道，爱人，孔氏之家法。故正已以格物，例以视民如伤，无二道，学之而分定故也。[①]

又说：

> 学与仕，一也，……学足以自信，而真能不失其本心，则天真流动，可以贯金石，感鬼神，孚禽兽草木，而况于人乎？获上治民，本于诚身，此孔门传授家法也。[②]

君子之仕乃是为了实践其所学，而在从政过程中能够做到“视民如伤”之类，也不过是因为“学之而分定故也”，学与仕根本就是一回事。所以他一再强调“士贵知学”[③]，否则入仕之后，便手足无措，因为他还强调要“治贵知体”[④]，“治贵知体”分明是基于“士贵知学”方能达到的。这对“君子之仕，行其学也”是个很好的说明。另，聂豹在《赠江元山令新宁序》中，借谈县令一职责任之重，再次以感叹的口吻指明：“令之职，重以哉！盖天下之利病，系守令之贤否。百责攸萃，而一方生灵之命脉所寄。然令之贤不贤，岂天之降才尔殊哉？由于学不学，心之尽不尽焉耳。”[⑤] 他将这一重要职位的实践要点归结为“学不学，心之尽不

① 聂豹：《赠黄明山赴召序》，《聂豹集》卷四，凤凰出版社2007年版，第81页。

② 聂豹：《书董明建就选北上卷后》，《聂豹集》卷十三，凤凰出版社2007年版，第537页。

③ 聂豹：《赠新参李南桥吉行序》，《聂豹集》卷四，凤凰出版社2007年版，第80页。

④ 同上。

⑤ 聂豹：《赠江元山令新宁序》，《聂豹集》卷四，凤凰出版社2007年版，第95页。

尽"，这又一次强化了对"君子之仕，行其学也"的论断。在《启阳明先生》中，聂豹表达了对阳明"簿书讼狱之间，无非实学"的高度认同。他说："天下岂有仕外之学哉？仕即学也，学即仕也。自十五志学以圣于从心，自乘田委吏以至于司寇，是亦为政无非仕也。有民人焉，有社稷焉，无非学也。"[①] 他举孔子成长的例子，再次将"仕"与"学"融贯在一起，以仕为学，乃至仕外无学，论证"学与仕，一也"的观点。这表现了他显明的儒家思想特征。

2. 政莫要于辨学

聂豹认为，"世道之升降，士习之污隆系焉"[②]。所以"士习"如何关系世道，问题在于"士习之污隆"如何把握和解决呢？聂豹认为只有一个办法，那就是崇正学，"君子欲立极而正俗，莫若讲明正学而力行孝弟忠信以倡之"[③]，正学以正心，使那种不顾廉耻的乡愿之学不得流行，那么士习自然会有一个很大的改观。所以，他郑重指出："政莫要于辨学"[④]。"辨学"对于政治与行政的重要性，无可比拟。如果不能很好地辨明学术，那种"生心害事，生事害政"的可怕后果是无法避免的。聂豹说："昔孟子以学术晦明为气运盛衰、世道治乱之机，邪说害人，至比之洪水猛兽、夷狄篡弑之祸，甚言其所关非细也。今之称教主，宣之口而笔诸书者，律之以杨、墨、告、许之徒，均之不经。然杨、墨、告、许则言如其行，非若今之背其言而驰之。生心害事，生事害政，其端已大见于天下。使孟子复生，能免七篇之载见乎？先天下之忧而忧，公自不能忘情于天下也。坐视尧舜之学破裂溃烂，而莫之救，使后学无所适从，得非与于不仁者乎？"[⑤] 聂豹指出："今之以学为乱者不少。孟子惧而距诐行，放淫词，息邪说，以承三圣，其功不在禹下。杨、墨、告、许之辈，是何等身分？而惑世诬民，其祸比之洪水猛兽、夷狄篡弑，识者能无动心乎？"[⑥]

---

① 聂豹：《启阳明先生》，《聂豹集》卷八，凤凰出版社 2007 年版，第 233 页。

② 聂豹：《送大理卿胡象冈归省序》，《聂豹集》卷四，凤凰出版社 2007 年版，第 90 页。

③ 聂豹：《答戴伯常》，《聂豹集》卷十，凤凰出版社 2007 年版，第 345 页。

④ 聂豹：《送彭山季子擢长沙序》，《聂豹集》卷四，凤凰出版社 2007 年版，第 86 页。

⑤ 聂豹：《寄罗念庵太史十六首》，《聂豹集》卷九，凤凰出版社 2007 年版，第 290 页。

⑥ 聂豹：《答何吉阳》，《聂豹集》卷九，凤凰出版社 2007 年版，第 305 页。

这样看来，为政者不“辨学”是断然不行的，因为它会直接危害到政治。站在政治与行政角度，“辨学”的目的无非有二：一是杜绝“以学为乱”的情况；二是取得“正经以兴民”[①] 的积极效果。

3. 仕所以行其志也

如前所述，“君子之仕，行其学也”，政治与行政的实践，是儒家之学的发扬与验证。但这里无论是“仕”还是“学”，都有一个更重要的内容，即“志”。在儒家心目中，有了“志”的把持，无论做何事业，都是意义重大，价值非凡的。而相反，没有了“志”的主导，“仕”也好，“学”也好，皆是一种有害的陷溺。所以，聂豹在强调“君子之仕，行其学也”的同时，更深刻指明“仕所以行其志也”：

> 仕所以行其志也。平生所志者何事？顾其所志而决择之所向，自是不凡。倘非其志，纵使谈王说伯，于生民未必有益。志于尧舜，虽簿书奔走，亦便是尧舜事业。古之人得志，泽加于民，志定而治成也。[②]

聂豹有充分理由相信“志定而治成”，这既是“行其学也”的最好结果，也是“行其学也”的题中应有之义。聂豹说：“讲明学术，谓非首事不可，但不必提出另作一题目。只自我而发者，罔小大，莫非精诚，则周召之业自著。”[③] 之所以无论小大，都是“周召之业”，其间无疑有“志”在主导着，这一点毋庸赘言。

四　结　语

必须指出的是，聂豹的政治思想中也体现了浓厚的复古情结。如他

---

① 聂豹：《答何吉阳》，《聂豹集》卷九，凤凰出版社2007年版，第305页。
② 聂豹：《答亢水阳》，《聂豹集》卷九，凤凰出版社2007年版，第310页。
③ 聂豹：《答张浮峰二首》，《聂豹集》卷九，凤凰出版社2007年版，第309页。

认为“王者之化，莫备于井田”[①]，以《周礼》中的“三物”为主作为改革学校学习内容，再如，他说“故欲复唐虞三代之治者，当求唐虞三代之学”[②]；“欲还古治，当求古人；欲求古人，当复古学”[③④]，这与向往唐虞三代黄金之世的儒家主流政治想象并无二致。其间的区别在于：聂豹从他“归寂”“主静”的思想主旨出发，尤其强调不扰民的宽和之政；从选真才的角度，深刻批判了科举所带来的弊端；他强调学术与政治的一体性，突出“辨学”之于政治的极端重要性。但正如他提出了具体的养人才的纲领和办法后，注重请求皇帝予以大力认同和支持一样，这意味着聂豹相当明白，自己富有儒家道德理想主义特征的政治思想，在王权专制之害日益酷烈的现实政治条件下，真正实践起来会是多么艰难。这令我们至少形成这样的基本看法：如聂豹一般的士大夫之儒既无法突破王权专制的现实政治体制，更无法突破儒家以三代为标准带有复古色彩的政治想象，他们的政治思想所能做的不过是在这两重限制之下，不断地阐述、论证、批判和修补。

---

① 聂豹：《永丰乡约后序》，《聂豹集》卷四，凤凰出版社 2007 年版，第 51 页。

② 聂豹：《道心堂记》，《聂豹集》卷五，凤凰出版社 2007 年版，第 121 页。

③ 聂豹：《复古书院记》，《聂豹集》卷五，凤凰出版社 2007 年版，第 133 页。

④ 罗高强：《“良知现成”与“世间那有现成良知？”——论泰州学派与罗洪先的哲学差别》，《贵阳学院学报》（社会科学版）2015 年第 5 期。

论泰州学派的平民讲学

——基于政治社会化的视角

贾乾初*

站在个人角度，“人们关于政治传统或政治角色以及与之相关的行为的知识不是生而具有的，政治社会化就是获取这些知识的一种过程或多种过程”①。站在民族或国家角度，“政治社会化是政治文化形成、维持和改变的过程”②。因之，有学者将政治社会化界定为：“政治社会化是一个民族维系、延传政治文化的过程；对于个人来说则是其学习、获取和形成政治文化，成长为政治人的过程。”③ 该学者同时指出：“中国传统政治文化的政治社会化过程是全方位的和具有鲜明特点的。……传统中国的政治社会化途径和方式是面向全社会的。政治社会化的效果是积极有效的、可圈可点的，在维系政治系统和政治文化延传方面起到了不可替代的作用。中国古代社会的君主政治之所以延续两千多年，政治社会化的强势与完备是其重要原因之一。”④ 由是，中国政治文化显示出广泛的弥散性与强势的覆盖性特点。另外，其他学者在定义“政治社会化”时强调指出：政治

---

* ［作者简介］贾乾初（1971—），男，河北沧县人，山东大学副教授、硕士生导师，博士。主要研究方向：中国政治思想史与政治文化。

① 《布莱克维尔政治制度百科全书》，邓正来主编，中国政法大学出版社 2011 年版，第 505 页。

② G. A. 阿尔蒙德、小鲍威尔：《比较政治学：体系、过程和政策》，曹沛霖、郑世平、公婷等译，上海译文出版社 1987 年版，第 91 页。

③ 葛荃：《中国政治文化教程》，高等教育出版社 2006 年版，第 251 页。

④ 同上书，第 253—254 页。

社会化是一个能动性的过程。[①] 中国传统政治文化的弥散性与覆盖性背后，其实都有能动性在发挥着重要作用。

在中国这种“面向全社会的”“积极有效”的政治社会化过程和方式的观察中，中国传统政治文化中的“教化之道”得以凸显。“教化”一词，在古代通常在两个层面上使用。“首先，指一种和政治处于同一高度的治国方略，所谓‘美教化，移风俗’正是此意，它是儒家治理国家的理想途径”；“第二个层面的意思是指个体的心灵由于受到某种具有普遍性的文化思想和价值理念的引导，从而摆脱了原有的特殊性状态的过程”[②]。董仲舒说：“圣人之道，不能独以威势成政，必有教化。”[③] 可见，“教化”作为治民的手段，发挥化民的积极效果，是被孔子以及历代统治者所高度认可的。我们站在现代政治学立场，“教化之道”就是传统中国人用自己的方式所述说的政治社会化。

所谓“教化”，就是中国古代的统治者通过学校和其他手段教育民众，将儒家文化内涵的政治价值、政治理念和道德规范等灌输给人们，使得一般社会成员都能接受或认同符合统治者根本利益的理念和观念，并以此修习道德，僵固头脑、束缚心性，最终成为合乎君主统治需要的孝子、忠臣和顺民，从而保证了政治秩序的稳定。[④]

刘泽华先生明确指出：“‘教化’作为君主政治的基本职能之一，成为最主要的攻治社会化途径。”[⑤] 那么，一般社会成员为什么要接受“教化”呢？“如果他们接受儒学所支持的社会规范，那么他们就会被整个社会所容纳接受，从而获得一种安全感和归属感；如果一旦违反这些规范，他们就是反社会的，就有被社会、家族所抛弃的危险。”[⑥] 问题在于，“教

---

① 王浦劬等人将“政治社会化”定义为：“人们在特定的政治关系中，通过社会政治生活和政治实践活动，逐步获得政治知识和能力，形成和改变自己的政治心理和政治思想的能动过程”（《政治学基础》［第二版］，北京大学出版社 2006 年版，第 281 页）。

② 刘静：《走向民间生活的明代儒学教化研究》，华东师范大学，博士学位论文，2004 年，第 4—5 页。

③ 董仲舒：《为人者天》，《春秋繁露》卷十，上海古籍出版社 1989 年版，第 65 页。

④ 葛荃：《中国政治文化教程》，高等教育出版社 2006 年版，第 258 页。

⑤ 刘泽华：《中国政治思想史集》第三卷，人民出版社 2008 年版，第 41 页。

⑥ 刘静：《走向民间生活的明代儒学教化研究》，华东师范大学，博士学位论文，2004 年，第 7 页。

化”的主体仅仅只是居于上位的统治者吗？作为施治者，以“教化”为治民手段，则他们是必然的“教化”主体。但“教化之道”教而化之的积极功效又造成了这样一种现象：在中国传统文化中有一批人不但能够接受“教化”，而且能够进行自我“教化”，乃至主动去“教化”别人——他们在作为“教化”对象的同时，也往往成为“教化”的主体。明代泰州学派的平民儒者就是这样的一批人。他们的教化方式主要是以处于社会生活底层的平民身份而热衷讲学，其信心依据：一是儒学所蕴含的政治价值，一是泰州学派的师道理论，由前者表现出他们与儒学传统相同的一面，而由后者可见其独具个性的特征，两相比较，后者更为重要。总之，平民儒者及其讲学活动的存在，有力推进和拓展了传统的社会政治社会化，并在这种推展中赋予传统的政治社会化一定的新特点。

一　泰州学派的平民讲学及特征

讲学是自孔子以来的儒家传统，但讲学的内容和方式历代有所不同。陈时龙指出明代讲学的特殊性说：“明代讲学区别于前代讲学的特殊性，即在讲会。讲会是明代讲学的最重要、影响最大的一种模式，也可以说是最典型的一种模式。大概从16世纪起，明代的讲学者中绝大部分参与或组织过讲会。”[①] 王阳明及其后学者们都是讲会的积极组织者和参与者。王阳明所提倡的良知学说，由于强调了“良知良能，愚夫愚妇与圣人同”[②]，尤其是讲会活动，进一步促进了向布衣阶层的渗透，从而大大推动了儒学的“世俗化”进程。“16世纪以后的明代知识界，其所要承担或将要面临的历史任务已然完全不同，随着阳明心学的诞生及其在士人中间、庶民阶层的广泛传播，其所指向的目标就不仅仅是对朱子学的反动，也不在于重建儒学的知识体系，而是要推动并加速儒学精神的‘普世化’‘通俗化’的历史进程。这一进程又具体地表现为由上至下的渗透、由君

① 陈时龙：《明代中晚期讲学运动（1522—1626）》，复旦大学出版社2007年版，第7页。

② 王守仁：《答顾东桥书》，《王阳明全集》上册，吴光、钱明、董平等点校，上海古籍出版社1992年版，第49页。

子向小人的延伸。”[①] 作为阳明后学，王艮所开创的泰州学派中大量布衣儒者的出现，并热衷于讲学活动，便是这一历史进程的生动体现。

1. 平民儒者讲学及讲会的情况

吴震所著《明代知识界讲学活动系年（1522—1602）》一书，很好地展现了明代讲学活动的风貌。其中涉及泰州学派平民儒者的内容甚多，我们从中可以看到王艮（心斋）、王襞（东厓）、颜钧（山农）、何心隐、邓豁渠（邓鹤）、夏廷美（田夫夏叟）等泰州学派平民儒者参与讲学与讲会的身影。如果我们翻检泰州学派的其他文献，则上述诸者以及韩贞（乐吾）等参与组织平民讲会的盛况，更是不胜枚举。[②] 正如泰州后学陶望龄所形容的那样：“心斋父子盛时，升堂谈道，万众咸集。既退，虽皂隶臧获，人人意满若怀宝而去者。”[③]

泰州学派的讲学活动大略有这样一些特征：“首先是不分社会等级、贫富贵贱之不同，或行商坐贾，或乡村野老，或缙绅先生，或衣冠大盗，一概迎而不拒，‘平等’待之；其次，不论是大江南北，还是穷乡僻壤，行迹所至，‘周遍乡县’；再次，以讲学为乐，以讲学为人生一大要事；最后，从其讲学内容来看，也已经全然不同于传统的章句注疏或宋代书院式的思辨分析。总之，他们不是为讲学而讲学，而是作为一种切身的体道修践工夫而从事讲学。”[④]

这里所说的平民讲学，是指泰州学派平民儒者参与或主导，主要以社会底层民众为对象的讲学活动。而所谓平民讲会，则是平民为讲学而进行的聚会。宣朝庆将泰州学派的平民讲会划分为三个阶段：初创期（1522—1539），高度发展期（1540—1579），沉潜期（1579—1640）。[⑤] 不

---

① 吴震：《明代知识界讲学活动系年（1522—1602）》，学林出版社 2003 年版，第 3 页。

② 平民讲学与布衣讲会在当时具有普遍性。吕妙芬谈到“某些地方志对于该地阳明学者的记录较仔细，甚至布衣学者的讲学活动都有记录，像宁国府的太平县就有不少布衣讲学者以及地方家庭支持的讲会记录，同样的情形也发生在金华的《永康县志》和《东阳县志》内”。（吕妙芬：《阳明学士人社群——历史思想与实践》，新星出版社 2006 年版，第 223 页）

③ 陶望龄：《罗近溪先生语要序》，转引自陈时龙《明代中晚期讲学运动（1522—1626）》，复旦大学出版社 2007 年版，第 256 页。

④ 吴震：《明代知识界讲学活动系年（1522—1602）》，学林出版社 2003 年版，第 29 页。

⑤ 宣朝庆：《泰州学派的精神世界与乡村建设》，中华书局 2010 年版，第 200—203 页。

容否认的是，王艮具有平民性的讲学，其实是与士大夫一系的讲学无法分开的，就是说，平民讲学始终是在士大夫讲学之风盛行背景之下的一种展开。一方面，平民讲学与士大夫讲学具有不可分割的联系，但另一方面也显示出“在阳明学的内部，讲学活动也逐渐分为两系：一系自王阳明、王畿、钱绪山、邹守益而始，是精英式的、学院式的讲学；一系自王艮始，是庶民式的讲学”[①]。这里，学院式讲学与庶民式讲学的分野也是显明的，“学院式讲学的代表人物，通常是进入过仕途甚至在仕途上颇为辉煌的讲学者，他们是政治和讲学的精英；庶民式讲学的代表人物，大多是处于社会中下层的低级官僚或布衣百姓，在政治上常受迫害，一生命运多舛，像何心隐、邓鹤、李贽都不得善终。虽然，作为讲学者，庶民式讲学者们与学院式讲学者们有千丝万缕的关系，并且常常受到后者的庇护，但是却又与后者之间充斥了辩论和问难”[②]。庶民式讲学即平民讲学既有与学院式讲学即与士大夫讲学有同质之处，又存在着不同的利益取向和分歧。这使平民讲学与讲会具有明显的自身特征。

2. 平民讲学的特征[③]

首先，平民儒者以讲学为性命。

平民儒者受阳明“圣愚无间”的良知学的发启，又揭“百姓日用即道”的旗帜，遂怀有“道”的自信，将满腔激情发于讲学活动，并以通过讲学教化他人为自己道德责任。因之，平民儒者大多以讲学为性命。

王艮抱有“千载绝学，天启吾师，可使天下有不及闻者乎”[④] 的强烈信念，到处启发愚蒙，积极进行平民讲学活动。在他看来，儒家三代理想

---

① 陈时龙：《明代中晚期讲学运动（1522—1626）》，复旦大学出版社2007年版，第278页。

② 同上。

③ 这里，笔者是站在平民讲学角度来分析其特征的。有学者站在平民讲会的角度对其特征也作了分析，如宣朝庆将泰州学派的平民讲会特点概括为成员平民化、教育风格简易化、讲会制度化三个方面。（见宣朝庆《泰州学派的精神世界与乡村建设》，中华书局2010年版，第212—219页）

④ 王艮：《王心斋全集》，江苏教育出版社2001年版，第84页。

社会的主要政治活动也不过是讲学而已，“唐虞君臣，只是相与讲学”①。刘元卿记述王艮的平民讲学活动道：

> 先生学既有得，毅然以倡道化俗为己任，无问工贾佣隶咸从之游，随机因质诱诲之，顾化而善良得以千数。每秋获毕，群弟子班荆趺坐，论学数日，兴尽则拏舟偕之，赓歌互咏，如别村聚所，常与讲如前，逾数日又移舟如所欲往，盖遍所知交居村乃还。翱翔清江，扁舟泛泛，下上歌声洋洋，与棹音欵乃相应和，睹闻者欣赏，若群仙子嬉游于瀛阆间也。②

这一记述确实颇有诗意，抛开其文学因素，我们无法否认王艮所从事平民讲学的积极效果。关于他讲学活动的效果及影响，时人评价说：“阳明而下，以辩才推龙溪，然有信有不信，唯先生于眉睫之间，省觉人最多。其为人骨刚气和，性灵澄澈，音咳顾盼，使人意消，往往别及他事以破本疑，机应响疾，精蕴毕露，故顽廉懦立，感及齐氓，而化民成俗之功，且不在阳明下也。”③ 一时竟将他的教化活动的效果与王阳明并称。

王艮的弟子王栋（号一庵，1503—1581）也是王艮的族弟，尽管做过14年的府、县训导、教谕、学正等基层教育官员，但贫寒一生，继承心斋之学，始终以布衣讲会为务，因此“一庵堪称继心斋后杰出的平民儒者”④。他以讲学为性命，直至辞世时“只有会学一事叮咛，并不及他事”⑤（卷首，《年谱纪略》）。他曾以鱼水来比喻学者与讲会的关系说：“学者之于会，如鱼之于水，鸟之于林。鱼失水则死，鸟失林则危，学无师友之会则便精神散漫，生意枯槁。于何取益？于何日新？”⑥ （卷一，《会语续集》）在他看来，荟萃师友的讲会是学者的生命所系，有会有讲，

---

① 王艮：《王心斋全集》，江苏教育出版社2001年版，第16页。

② 刘元卿：《诸儒学案·心斋王先生要语》，《影印刻本（四库存目丛书）》，明万历年间本，第420页。

③ 王艮：《王心斋全集》，江苏教育出版社2001年版，第84页。

④ 贾乾初，陈寒鸣：《王一庵平民儒学思想析论》，《湖南大学学报》（社会科学版）2012年第2期。

⑤ 王栋：《明儒王一庵先生遗集》，明朝年间刻本，第12页。

⑥ 同上书，第35页。

则生机一片，无会无讲，则枯槁濒危。

何心隐（本名梁汝元，号夫山，1517—1579）尤其能体现以讲学为性命之特点。何氏前半生从事过“聚和堂”的理想社会实践，后半生基本都是在讲学中度过的，而他被朝廷逮捕，亦自认为是“为讲学被毒”[①]（卷四，《上建新张大尹书》）。何心隐不但半生以讲学为务，而且对讲学进行了理论上的阐述，他的代表性著作就是《原学原讲》。何心隐在《原学原讲》的开篇便强调道：“学则学矣，奚必讲耶？必学必讲也，必原以有事于学于讲，必不容不学不讲也。”[②]（卷一，《原学原讲》）

吴震指明，《原学原讲》的主旨在于：“他力图证明讲学作为人的身体要求及其精神体现，发源于儒家并且存在于尧舜至孔孟的一脉相承的道统之中。当然，同时也是为心隐自己从事讲学寻找其合理性。”[③] 何心隐的理论申述，无法抵挡当政者的政治暴力，卒被杖杀，遂真正为讲学丢了性命。

其次，讲学是平民儒者的政治参与方式。

现代政治学理论认为，所谓“政治参与”乃是“参与制订、通过或贯彻公共政策的行动”[④]，它是公民政治权利的实现形式，这种直接涉入公共政策的制订等相关活动的“政治参与”意识，显然是泰州学派平民儒者不可能具有的。并且，我们甚至若说他们热衷讲学，仅仅是为了传播儒家意识形态化的政治价值，从而彰显其自身的作用与意义，恐亦会为大多数学者所不能同意。但是，作为“教化”方式，平民儒者的讲学活动本身就蕴含着道德实践与政治实践两重意义。吴震在分析王艮的观念时指出：“在心斋的观念中，讲学具有两层基本涵义：第一，讲学作为个体的修身实践，是孔子以来的儒学传统；第二，讲学作为上层的政治实践，是为政的一项主要内容。由此可以说，心斋所理解的讲学，已经大大超出了‘以文会友’这一先秦儒家所说的讲学涵义，而具有了某种普遍的意义，

---

① 《何心隐集》，容肇祖整理，中华书局1960年版，第85页。

② 同上书，第1页。

③ 吴震：《泰州学派研究》，中国人民大学出版社2009年版，第310页。

④ 《布莱克维尔政治制度百科全书》，邓正来主编，中国政法大学出版社2011年版，第493页。

是贯穿于政治与学术之间的人的本质活动，甚至与人的生命贯穿始终。”[①]另外，“儒家的基本命题就是如何建立秩序。……秩序的建立有两条途径，一条是政治取向即通过皇帝和官僚来推行，一条是社会取向即通过社会讲学来获得推行”[②]。这又从秩序的建立方面强调了讲学活动的政治性质。吕妙芬也认为，“明代理学同志聚集的讲会及其师友之间的联属，就像任何的宗教组织一般，不仅提供精神灵性的追寻与满足、生命的定位与情感的认同，也必涉入现实社会种种的政治运作”[③]。据此来考察，我们似又可把讲学视为王权专制条件下平民儒者的政治参与方式。

何心隐对于讲会的“会”这一组织，曾专文论述，他在其中指出：“必身以主会而家以会，乃君子其身其家也，乃君子以显以藏乎士农工商其身其家于会也。乃仲尼其君子而身而家于国于天下，以显以藏以会也。”[④]（卷二，《语会》）这无疑明确揭示出“会”的政治指向与政治意蕴。

因之，平民儒者的讲学活动，正是平民儒者的政治参与方式。就其实质而言，儒学本就是道德与政治合一的一种学术体系，并且它的主要载体——士大夫又同时兼有学者与官员的两重身份，这样，讲学活动若不与政治发生紧密联系，反而令人奇怪了。值得指出的是，平民儒者的平民身份，使其在日常生活中尽管抱有“道”的自信，但因其没有或主动放弃“学而优则仕”——进入政治体制内的道路，所以，参与讲学活动可以说是他们主要的政治参与方式。他们“觉民行道”的参与激情显得比体制内的士大夫讲学更加激烈。当然，平民儒者是在“有限主体性参与意识”[⑤]的导引下通过讲学活动来进行其政治参与的，故其身处政权系统之外会像王艮那样不受“君子思不出位”的拘缚或像何心隐那样敢于放言议政，而若进入权力系统，则会“当理不避其难，临患忘利遗生行义，

---

① 吴震：《泰州学派研究》，中国人民大学出版社 2009 年版，第 171 页。

② 陈时龙：《明代中晚期讲学运动（1522—1626）》，复旦大学出版社 2007 年版，第 280 页。

③ 吕妙芬：《阳明学士人社群——历史思想与实践》，新星出版社 2006 年版，第 259 页。

④ 《何心隐集》，容肇祖整理，中华书局 1960 年版，第 29 页。

⑤ 刘泽华指出：“有限主体性参与意识是王权主义内在调节机制的产物。这种意识在实际政治运行中，从根本上起着维护王权、提高君主政治安全系数的作用。”（刘泽华：《中国政治思想史集》第 3 卷，人民出版社 2008 年版，第 37 页）

视死如归”[1]，像泰州后学当中的士大夫一系如徐樾、罗汝芳那样。

最后，平民讲学发挥了独特政治功能。

站在“教化”这一政治社会化立场，平民讲学具有一定的政治功能，自不需置疑。然而，他们的讲学活动何以会发挥“独特”的政治功能呢？“独特”在何处？

其一是平民儒者平民身份所具有的亲民立场。因为他们生活在农、工、商平民阶层之中，十分熟悉他们的物质与精神需要，能够把握他们的利益诉求。他们更善于用简易化的、生活化的直接而活泼的方式来“教化”庶众。王阳明当年指点弟子钱德洪等人说：“你们拿一个圣人去与人讲学，人见圣人来，都怕走了，如何讲得行！须做得个愚夫愚妇，方可与人讲学！”[2] 王艮等平民儒者显然沿此道路走得更扎实。王艮所强调的“百姓日用即道”的思想，将阳明开创的儒学“世俗化”路向更推展为“家常化”“简易化”。他说：

> 圣人之道，无异于百姓日用；凡有划者，皆谓之异端。
>
> 百姓日用条理处，即是圣人之条理处。圣人知，便不失，百姓不知，便会失。
>
> 圣人经世只是家常事。
>
> 此学是愚夫愚妇与能知能行，圣人之道，不过欲人皆知皆行，即是位天地育万物。[3]（王士维《心斋先生学谱》）

再加上王艮提倡的“乐学”观念，在平民讲学的过程中，底层民众的接受程度与接受效果固可以想见。在愉悦的听讲过程中，接受了王权专制的政治价值灌输。即是如前文所引“虽皂隶臧获，人人意满若怀宝而去者”，或者“无问工、贾、佣、隶，咸从之游，随机因质诱诲之，化而

---

① 《吕氏春秋·士节》，《百子全书》下册，浙江古籍出版社1998年版，第799页。

② 王守仁：《语录三》，《王阳明全集（新编本）》卷三（第1册），钱德洪编述，王畿补辑，罗洪先删正，胡松等校正，吴光、钱明、董平等编校，浙江古籍出版社2010年版，第128页。

③ 王艮：《王心斋全集》，江苏教育出版社2001年版，第90—91页。

善良者以千数”[1]（耿定向《陶人传》）。

其二是平民儒者具有“自我教化”与“化民”的两种积极主动性。以“自我教化”过的具有充分自觉性的底层臣民典范来“教化”底层平民，其政治调节功能是难以替代的。最典型的例子莫过于泰州后学中陶工出身的韩贞（号乐吾，1509—1585）了。在遭逢灾荒之年时，他首先认为这是锻炼、磨砺自己意志与工夫的大好时机，因而写诗表述道：“百岁饥荒有几年，工夫到此好加鞭。楞楞瘦骨撑天地，凛凛冰心继圣贤。道合乾坤生死在，眼同日月古今悬。放开百尺竿头步，踏破濂溪太极图。”[2]（韩贞《樵歌》）“楞楞瘦骨”的痛苦生活正好映衬出“凛凛冰心”的道德信仰。韩贞讲学影响很大，“远近来学者，门外屡常满，惓惓以明道化人为己责，虽田夫、樵子，未尝不提命之，餍其意而去”[3]（许子桂等《乐吾韩先生遗事》）。这使他的教化对象扩大到社会的角落，并且取得了很好的效果，这是官方以学校为主体的教化活动所不能及的。政治社会化也是个政治传播过程，在这个过程中，平民儒者对于政治传播的弥散性、渗透性、全员性所作的贡献是不可磨灭的。中国传统政治社会化的全体性特点端赖此乎。

二　大成师道及其政治文化意涵

韩愈作《师说》，郑重其事地提出了“师道”这一概念，并予以解说，将“师”的内涵界定为“传道、授业、解惑”，这标志性地表明了师道的兴起。邓志峰在他的专著《王学与晚明的师道复兴运动》中，对“师道”及其意涵、矛盾、发展作了系统地梳理。按照他的叙述，我们很容易发现“师道”与“君道”的微妙关系，可见“师道”及“师道复兴”是有着明确的政治关注的。这样，以王艮为代表的泰州学派的意义又得以凸显：

① 《韩贞集》，《颜钧集》，黄宣民点校，中国社会科学出版社 1996 年版，第 188 页。

② 同上书，第 181 页。

③ 同上书，第 191 页。

王守仁以师道自任，但却不敢明显以师道自居，这与他本人的政治处境有关，不必苛求。真正昌言师道耸动学林的是其弟子王艮所领导的泰州师道派。王艮的淮南格物之说，实即大成师道之学。以帝师自命，以见龙自居，对知识分子主体精神的彰显最为深切。[①]

站在政治文化研究立场，上引材料至少包含着这样的意涵："以帝师自命"代表着师道对君道的某种制衡意味；"以师道自任"也表明了王艮等儒者的主体觉醒。除此之外，"师道"的高扬本身意味着高质量的讲学与传授亦即教化，因此它有着更为普遍的政治社会化意义。

1. 王艮的"大成师道"及其讲学实践

王艮在乃师王守仁逝后，在学术上有两个显著的变化：一是比较多地谈论传道的问题；二是比较多地谈论授业的问题。[②] 这形成了王艮这一学派的突出特点即注重师道和讲学实践。时人往往讥讽泰州学派人士"好为人师"。王栋对此辩解道："自先师发明任师同乐之旨，直接孔孟正传，而出其门下者往往以讲学自任。然又自责不厚，操养欠真，或于进退辞受察伦明物之间不免气习用事，所以多不服人，而成功因而鲜也。今海内有话柄云：凡出心斋门下，大抵好为人师，斯言岂其诬哉？亦吾辈有以取之耳！"[③]（王栋《明儒王一庵先生遗集·会语》）

王艮于师道及以师道自任，有着确然不拔的认识为其基础。他关于师道的主要言论如下：

大丈夫存不忍人之心，而以天地万物依于己。故出则必为帝者师，处则必为天下万世师。出不为帝者师，失其本矣；处不为天下万世师，遗其末矣。进不失本，退不遗末，止至善之道也。[④]（王艮《明儒王心斋先生遗集》卷一，《语录》）

门人问先生云："出则为帝者师，然则天下无为人臣者矣。"曰：

---

① 邓志峰：《王学与晚明的师道复兴运动》，社会科学文献出版社2004年版，第50页。

② 龚杰：《王艮评传》，南京师范大学出版社2001年版，第44—48页。

③ 王艮：《王心斋全集》，江苏教育出版社2001年版，第170页。

④ 同上书，第13页。

"不然。学也者，所以学为师也，学为长也，学为君也。帝者尊信吾道，而吾道传于帝，是为帝者师也。吾道传于公卿大夫，是为公卿大夫师也。不待其尊信而炫玉以求售，则为人役，是在我者不能自为之主宰矣。其道可由而得行哉！道既不行，虽出，徒出也。若为禄仕，则乘田委吏，牛羊茁壮，会计当，尽其职而已矣。道在其中而非所以行道也。不为禄仕，则莫之为矣。[1]（王艮《明儒王心斋先生遗集》卷一，《语录》）

《通书》曰："曷为天下善？曰'师'。师者，立乎中，善乎同类者也。"故师道立，则善人多，善人多，则朝廷正，而天下治矣。[2]（王艮《明儒王心斋先生遗集》卷一，《安定书院讲学别言》）

"出则必为帝者师，处则必为天下万世师"之语颇显狂放，但王艮认为，以师道自任乃是"止至善之道"。面对质疑，他的回答遵循着这样的认知逻辑：学就是学为人师，因为"师道立，则善人多，善人多，则朝廷正，而天下治"。这个逻辑用政治学话语来解释，无疑是说，传播政治价值的师在政治社会化过程中发挥着不可替代的重大作用，可以培育出众多符合王权政治需要的"善人"即忠臣、顺民，这样的人愈益多起来，就可以形成稳固的王权专制政治秩序。"师"正是这样一个政治社会化过程中的重要环节，"师道"则是教化之道的集中表现。因此，以师道自任表现了一个儒者的道德情怀与政治责任感，即便被时人讥之为"好为人师"又何足惜。

王艮以师道自任，所悉心传授的乃是他自己体认总结出来的"大成之学"。他所讲的"大成"盖是出自《孟子·万章下》："孔子之谓集大成。大成也者，金声而玉振之也"。由是可知，王艮的"大成之学"乃是他所理解和阐释的孔孟之道。他曾著了一篇《大成学歌寄罗念庵》，集中表述了他的"大成之学"内容。龚杰认为《大成学歌寄罗念庵》概括了王艮一生的学术特色、观点和理想。其中特色有三："1. 言必托孔孟，以孔孟之名，弘己见之实；2. 言不离为圣为师，以'随大随小随我学'为

① 王艮：《王心斋全集》，江苏教育出版社 2001 年版，第 20 页。

② 同上书，第 268 页。

己任；3. 言不忘人的‘至尊至贵’，以实现人人‘快乐’为鹄的。”[①] 笔者认为，王艮这里既是对自己“大成之学”的概括，又是其以“大成之学”为师道传授内容即“大成师道”的宣示。

王襞认为其父王艮之学有早、中、晚“三变”，而晚期之变则是以著《大成学歌寄罗念庵》为代表。他说：“其晚也，明大圣人出处之义，本良知一体之怀，而妙运世之则，学师法乎帝也而出为帝者师，学师法乎天下万世也而处为天下万世师。此龙德正中而修身见世之矩，与点乐偕童冠之义，非遗世独乐者侔，委身屈辱者伦也，皆《大学》修身立本之言，不袭时位而握主宰化育之柄，出然也、处然也，是之谓大成之圣，著《大成学歌》。”[②] 这无疑表明，王艮的“大成之学”的成熟同时也是大成师道观念的成熟。那么，大成师道主要内容不过是这样几点：一是出处皆以师道自任；二是以“良知”和“《大学》修身立本之言”为实践前提；三是以“不袭时位而握主宰化育之柄”为实践目标；四是教育内容是简易的，方式是灵活的。基于此，有学者认为，“王艮思想的真正核心，是他在晚年才最终领悟的大成师道之学”[③]。王艮的讲学实践正是在此认知基础上推展开来的，他的讲学与大成师道的政治指向是一以贯之的。

就王艮而言，大成师道既是他“自我教化”的一种结果，又进一步强化了他参与“教化”并且“握主宰化育之柄”的热情与主动性，这样，大成师道便成为他乃至泰州学派积极从事教化活动的旗帜。其教化实践效果针对群体，效果卓著，文献当中“四方来学”“万众咸集”等材料甚多，兹不赘引。而针对个体，朋友、弟子们所表述的个体体验也极令人能感受到王艮大成师道实践的效果与魅力。如友人罗洪先（号念庵，1504—1564）说：“余两日闻心斋公言，虽未能尽领，至正己物正处，却令人有洒然鼓舞处。”[④]（王艮《明儒王心斋先生遗集》卷三，《年谱》）弟子林春（号东城，1498—1541）也说：“近与二三同志，两月一谒心斋师。郡中士人稍稍响慕，不敢强，不敢弃也。归来觉得此学真是性命，有

① 邓志峰：《王学与晚明的师道复兴运动》，社会科学文献出版社2004年版，第52页。

② 王襞：《明儒王东崖先生遗集》卷一《启名公书略》，载《王心斋全集》，江苏教育出版社2001年版，第217—218页。此处所引书标点有误，径改。

③ 邓志峰：《王学与晚明的师道复兴运动》，社会科学文献出版社2004年版，第213页。

④ 王艮：《王心斋全集》，江苏教育出版社2001年版，第76页。

不容一时一念不为者。为之自我，率之无迹，自然神泰，意摅人与物洽，真如一体，意思纵不能浃洽，亦人已无失，退无后悔。盖和气充周，不间宇宙，於其中不著一毫私意参之，坦坦平平，随事随分。尽心未接也，不见人已之迹；既接也，不见贤智之先，自然顺适，日用间举无难处之事矣。但会朋友之时，意思甚佳。前侍心斋师，觉得夜无梦，气亦充体，吾浑身充塞，无纤毫渗漏怠倦者、真气足矣，故如是耳。”[①]

2. 王栋的大成师道阐释及实践

王艮弟子王栋慨然以师道自任，躬行教化，在“日用常行”中做“以道觉民”的工作。邓志峰专门勾画出一个“泰州师道派”的轮廓，并将王栋作为师道派的嫡传。[②] 据《年谱》所记，王栋与士绅名流的交游寥若晨星，语焉不详，惟“集布衣为会，兴起益众”，“开门受徒，远近信者日众”[③]（卷首，《年谱纪略·附出处事迹》）的记录清晰可见。他的教育对象主体是“布衣”即平民，显然他是十分认同王艮教化“鄙夫俗子”的平民教育路径的。他忠实继承了王艮以师道自任，“随处觉人”的“大成之学”。他说：“今学者苟知随处觉人，不徒善善一身而已，虽不能为大成之圣，是亦大成之学也。此先师扩孟子所未发处。”[④]（卷一，《会语续集》）在他看来，在“君、师之职”已相违离的当下，毅然以师道自任，拿起被帝王抛弃的师教大权，奉行平民教育，乃是造成安定平和理想社会的根本手段。他说：

天生烝民，作之君、作之师。自古帝王君天下，皆只师天下也。后世人主不知修身慎德，为生民立极，而君师之职离矣。孔子悯天下之不治皆缘天下之无师，故遂毅然自任，无位而擅帝王师教之大权，与作《春秋》同一不得已之志。况不俟时位，随人接引，则杷柄在手，而在在成能，此其所以贤尧舜而集大成者，凡以任师道故也。观其汲汲周流，无非欲与斯人共明斯道，或上而君卿大夫、下而士农工

① 林春：《简王龙溪年兄》，《林东城文集》卷下，海陵1920年版。

② 邓志峰：《王学与晚明的师道复兴运动》，社会科学文献出版社2004年版，第213页。

③ 王栋：《明儒王一庵先生遗集》，明朝年间本。

④ 同上。

贾，苟可以得其人，斯足以慰其望矣。孔，孟既没，世鲜能师。至宋周子曰“师道立而善人多”，程子曰“以兴起斯文为己任”，真得孔、孟任师家法，但不力主其说，以为运世承统第一事功。吾先师所以不得不自任也，而亦岂所得已哉?[1]（卷一，《会语续集》）

这里王栋为老师王艮和自己“毅然自任”师道所做的辩解，完全是出于政治的原因——“天下不治皆缘天下无师”，要想达到“天下治”的理想政治局面，必须有人要站出来“任师道”。于是，王栋终生不懈地从事平民讲学，从家庭、宗族的“劝善”入手，实行教化。他说：“吾人诚欲以善善世，必自有蔼然亲爱实意，先得其心，然后言易入而善易从也。如欲善父母，必亲爱父母，而得父母之心；欲善兄弟妻子，亦必亲之爱之，而各得其心。以至于宗族亲戚、朋友乡党，获上获下，莫不皆然。未有情意不孚，而教化可行者也。故君子亲得天下人，然后教得天下人。”[2]（卷一，《会语续集》）无疑，在他这里，由血亲情感出发，以情感人，是“劝善”施教的教化工作取得理想效果的起点。泰州学派尤其重视从宣扬孝悌入手，肯定也是这种教化思路。

王栋也写了不少浅白顺口的诗歌，来做这方面的工作。他同泰州学派其他人一样，将明太祖朱元璋于洪武三十年（1397）颁布的“孝顺父母、尊敬长上、和睦乡里、教训子孙、各安生理、毋作非为”[3]（中研院史语所校印本，洪武三十年辛亥条）的所谓圣谕六言作诗在民间宣教。这种半文半白、朗朗上口以诗歌为形式的教化活动，一方面表明了大成师道的易简、灵活特征与“以师道自任”的教化主动性，另一方面也表明了大成师道对现实王权的高度认同。

3. 大成师道的政治文化意涵

王艮所鼓倡的大成师道无疑带有泰州学派的标志性特点。站在政治文化研究立场，我们至少可以对大成师道的意涵作如下解读：

---

① 王栋：《明儒王一庵先生遗集》，明朝年间本。

② 同上。

③ 《明太祖实录》卷二五五，上海书店 1984 年版，第 3677 页。

其一，自我教化促进了平民阶层主体性的成长。

如前所言，政治社会化对于个体而言，乃是“其学习、获取和形成政治文化，成长为政治人的过程”。在中国传统社会，这个“政治文化”就是以儒学经典为载体的儒家文化。传统中国的“教化之道”正是一个政治社会化过程。在泰州学派的平民儒者当中，令我们印象深刻的，除了这班平民儒者出于“道”的担当而成为教化主体四处讲学之外，他们那种自我教化的行迹，更富有个性，更为突出和显明。

据《年谱》载，灶丁出身的王艮直到38岁的时候才执贽阳明门下。之前，主要以自我教化为主。25岁时，“客山东，过阙里谒孔圣颜曾思孟诸庙，瞻拜感激，奋然有任道之志。归则日诵《孝经》《论语》《大学》，置其书袖中，逢人质义”[①]（王艮《明儒王心斋先生遗集》卷三，《年谱》）。27岁时，“默坐体道，有所未悟则闭关静思，夜以继日，寒暑无间，务期于有得。自是有必为圣贤之志”[②]（王艮《明儒王心斋先生遗集》卷三，《年谱》）。他进行自我教化的内容是《孝经》《论语》《大学》等儒家经典，自我教化的目标则是“任道”和“必为圣贤”。

泰州后学平民儒者中的邓豁渠（号太湖，生卒不详），起初虽以赵贞吉（号大洲，1508—1575）为师，但之后“不相闻者数十年”，“一旦弃家出游，遍访知学者，以为性命甚重，非拖泥带水可以成就，遂落发为僧。访李中溪元阳于大理，访邹东廓、刘师泉于江右，访王东涯于泰州，访蒋道林于武陵，访耿楚倥于黄安”[③]。邓豁渠所遍访的“知学者”皆是阳明学派中的翘楚，他甚至不惜以“落发为僧”作代价。他那种强烈的自我教化的状态我们可以想见。至若樵夫朱恕，每每到王艮的讲堂外“偷听”，“樵听心斋语，浸浸有味。于是每樵必造阶下听之。饥则向都养

---

① 王艮：《王心斋全集》，江苏教育出版社2001年版，第68页。

② 同上。

③ 黄宗羲：《泰州学案一》，《明儒学案》卷三十二，沈芝盈点校，中华书局1985年版，第705页。

乞浆，解裹饭以食。听毕则浩歌负薪而去”①。

所谓自我教化，“是一种以自主和自愿为前提进行的教化活动”②。泰州学派一班平民学者积极的自我教化行为，凸显了他们的主体性成长。当然，他们的这种主体性更多地体现为道德主体性。当他们的主体性成长，一旦融入王艮所创造的大成师道的领会与实践中来，则会表现得更为理性与激越。因为王艮一方面把王阳明开创的本体主体化思维现实化，提出了“保身”“尊身”的观点；另一方面，又把“百姓日用”提升到“道”的高度，“实际上便以曲折的形式论证了市民生活的合理性”③。这就为之后平民儒者那种自发的自我教化行为，提供了理论支持，从而使他们的自我教化上升为自觉，乃至在自我教化的同时，全身心地投入到基层的教化活动中去。蒋国保先生也指明：“倡导‘爱我’，对泰州学派来说，不仅仅是为了确立其为百姓敢于担当的大丈夫意识，也是为了引导百姓借学以确立自己的独立意识。”④ 这里讲的“独立意识”之确立正是强调的主体性成长。那么，在平民儒者的讲学教化实践中，道德主体性的成长是不容否认的。如果我们认同传统中国政治文化政治与道德互化的基本特征，那么，我们就不能否认，这种道德主体性的成长其中包含着一定程度政治主体性的成长。从一定程度上讲，大成师道也是主体性成长的标志。

其二，平民讲学彰显了政治社会化的时代特点。

中国传统的政治社会化即“教化之道”，在组织上是相当完善的，葛荃教授将传统政治社会化的组织要点概括为三个方面：“一是家庭（族）的组织性很强，政治社会化的功能显著。二是学校教育极为发达，在一定意义上具有政治组织的功能和效果。三是‘政治录用’具有某种政治社会化的实效。”⑤ 平民讲学显然是介于家庭与学校之间的一种组织方式。这种讲学方式既有随机的宣讲，亦有以讲会形式存在的定期宣讲。但无论

① 黄宗羲：《泰州学案一》，《明儒学案》卷三十二，沈芝盈点校，中华书局 1985 年版，第 719 页。

② 李双龙：《从自我教化方式看中晚明泰州学派士人的心态》，《社会科学论坛》2011 年第 3 期。

③ 张怀承：《略论泰州学派对王学的改造与背离》，《船山学刊》1994 年第 1 期。

④ 蒋国保：《儒学的民间化与世俗化——论泰州学派对“阳明学”的超越》，《南京大学学报》（哲学·人文科学·社会科学）2007 年第 6 期。

⑤ 葛荃：《中国政治文化教程》，高等教育出版社 2006 年版，第 254 页。

何者，平民讲学都彰显了晚明时代政治社会化的时代特点。

首先，平民讲学这种方式是明代讲学风潮背景下形成的，并随着讲学风潮的消弭而消失。平民讲学同士大夫讲学一起，在一定程度上扫清了教化活动的“死角”，将道德（政治）传播的触角延伸到了社会最底层。因为“事实上，在很长一段时间，泰州以外的王学，都是一个近乎封闭的士大夫群体，他们并不热衷于向平民宣教”①。平民讲学之可贵正在于此。如邓豁渠在《南询录》中描述所见王襞讲会的情况时说：“是会也，四众咸集，虽衙门书手，街上卖钱、卖酒、脚子之徒，皆与席听讲。”② 王襞的讲会除了士、农、工、商“四众咸集”外，更有那些社会地位更低微的底层民众参与③，其覆盖性是士大夫讲会所无法比拟的。平民儒者韩贞讲学“无问工、贾、佣、隶，咸从之游，随机因质诱诲之，化而善良者以千数”④（耿定向《陶人传》）。正是因为这种平民讲会的存在，才进一步彰显了中国传统政治社会化的全体性特征。

其次，平民讲学所具有的简易化、世俗化且方式灵活、贴近底层民众生活的特征，使晚明时代特别是底层民众的政治价值认同乃至王朝认同加深，这表明平民讲学对晚明时代的政治社会化是发挥了一定作用的。平民讲学既然面向底层民众，那么如何使这种教化活动达到理想的效果，自然是平民儒者们必须重视的，所以泰州学派特别强调“乐学”观念的传达，王艮专门作了一首《乐学歌》，强调“不学不是乐，不乐不是学”，将这种观念在文化教育水平低下的平民阶层中加以推广。

蒋国保先生认为泰州学派诸人在儒学民间化运动中始终存在“两个警惕”：一是不切百姓现实生活的空谈世事；二是寻章摘句的枯燥说教。他说：“前一个警惕，使泰州学派的儒学民间化运动始终重在安顿百姓的心灵，揭示儒学对于百姓体悟世俗生活意义的价值；后一个警惕，则使泰州学派的儒学民间化运动始终注意避免将‘讲会’开成像书院中儒生讲

---

① 邓志峰：《王学与晚明的师道复兴运动》，社会科学文献出版社 2004 年版，第 226 页。

② 邓豁渠：《〈南询录〉校注》，邓红校注，武汉理工大学出版社 2008 年版，第 29 页。

③ 按：明制“倡优隶卒之子不许入学”（伍袁萃：《畸集》，《林居漫录》卷五，明万历四十年刻本）是不能够入学校接受教育并参加科举考试的。因而王襞等平民儒者在讲学中将这一部分人也纳入进来，诚可谓教化无“死角”了。

④ 《韩贞集》，《颜钧集》，黄宣民点校，中国社会科学出版社 1996 年版，第 188 页。

经似的程式化、教条化的枯燥说教。如果说王艮、王襞注重在前一个方面推动儒学民间化的话，那么颜钧、何心隐对儒学民间化的推动则注意在后一个方面。这也就是说，探讨迎合百姓之心理与习惯的儒学传播方式，是颜钧、何心隐关注的重心。”①

平民讲学是泰州学派儒学民间化运动的最直接表现。站在政治文化角度，平民儒者努力消除“两个警惕”的讲学实践，的确是发挥了重要的政治社会化作用的。它促进了晚明时代底层民众对王朝和现实政治秩序的高度认同。作为被统治者的平民儒者十分积极地参与到了以统治者为主体的政治社会化过程中，并发挥了重要的政治功能。如韩贞在家乡灾荒之年到处讲学，使“民为之感动，故虽卖妻鬻子，而邑中无萑符之警，先生之化也”②（许子桂等《乐吾韩先生遗事》）。如此，则大成师道的政治社会化作用可见一斑。

三　平民讲学的没落

明代包括泰州学派平民讲学在内社会讲学风潮的勃兴，是与儒学的“世俗化”——阳明学的广泛传播联系在一起的。从社会史角度看，这与晚明“士人阶层中生员过剩、仕途壅塞”“官僚人数的饱和”等政治现实以及商品经济与市场发展对社会的影响有关，这使个体存在方式有了较为多元化的选择。吕妙芬罗列完明代讲会及相关情况后说：“这些现象不仅显示明代讲会有更深的地方草根性，地方士人以群体的方式主导讲学活动等特色，同时也反映了明代仕途艰难，士大夫普遍提早致仕的现象，当然也关系着明代儒学在政治经世之外另辟社会参与、再思生命理想与价值的可能性。”③ 在这种背景下，平民讲学大行其道。平民讲学尤其是泰州学派大成师道的彰显，发挥了极大的政治社会化功用，为明代政治文化写上了具有重要时代特征的一笔。这种普遍存在的平民讲学活动，只在晚明时

---

① 蒋国保：《儒学的民间化与世俗化——论泰州学派对“阳明学”的超越》，《南京大学学报》（哲学·人文科学·社会科学）2007年第6期。

② 《韩贞集》，《颜钧集》，黄宣民点校，中国社会科学出版社1996年版，第194页。

③ 吕妙芬：《阳明学士人社群——历史思想与实践》，新星出版社2006年版，第360—361页。

期昙花一现，令人心动的光芒短时间装点了明代思想文化史之后，就没落下去了。原因何在？是否亦有政治文化意蕴在内呢？我们对此做一简略分析。

1. 外部原因

平民讲学没落的外部原因，首先是时人对泰州学派平民儒者的批判。泰州学派平民儒者诸人以布衣倡道、行事高调本身就极易招来非议。时人以“好为人师”讥讽之，自然是对泰州学派意料之中的批评。其实，在泰州学派平民讲学发展的同时，他的负面影响一直也在发酵。“在理论上流于空虚，是泰州之学与王畿为代表的江右之学共同的弊病；在实践上由平民讲学而趋于狂、流于侠，则是泰州学派的专利。”① 身为泰州后学中人的邓豁渠也直接点明了当时存在的这种弊端。他说当时的人们“学阳明不成，纵恣而无廉耻；学心斋不成，狂荡而无藉赖”②。平民讲学如何能轰轰烈烈、影响巨大呢？因为平民儒者能够站在平民阶层的物质与精神需求方面思考问题，给他们的日常生活提供理性解释，并紧扣这些问题来宣讲。黄宗羲引用顾宪成批评何心隐的话便能透露个中信息。他说：“心隐辈坐在利欲胶漆盆中，所以能鼓动得人。”③ 尤其是站在庙堂儒学和士大夫主流立场上对平民儒学所进行的批判，从一定程度上影响了平民讲学的作用和走向。当然，这更与阳明学在整体上逐渐走向没落有着紧密的关系。

其次，是以张居正为代表的当政者禁讲学、毁书院带来的影响。“1579 年，明政府禁讲学，毁天下书院，正应天府以下，凡六十四处。受到政治气候的影响，罗汝芳、何心隐先后遭到迫害，泰州学派的讲会活动一度中落。”④ 以讲学为性命的何心隐，卒因讲学而罹难。有学者认为，何心隐的遭遇影响了当时人们的选择，因为“何心隐死于讲学形象地昭

---

① 陈时龙：《明代中晚期讲学运动（1522—1626）》，复旦大学出版社 2007 年版，第 260 页。

② 邓豁渠：《〈南询录〉校注》，邓红校注，武汉理工大学出版社 2008 年版，第 35 页。

③ 黄宗羲：《泰州学案一》，《明儒学案》卷三十二，沈芝盈点校，中华书局 1985 年版，第 703 页。

④ 宣朝庆：《泰州学派的精神世界与乡村建设》，中华书局 2010 年版，第 202 页。

示了泰州学派行动路向的高风险性，迫使许多人对泰州学派的新思想及其行为方式做出回避的姿态。”① 从统治者角度讲，泰州学派特别富有行动热情的讲学活动的确具有某种破坏统治秩序的危险性。这一点日本学者岛田虔次也特别强调了出来，他说：“心斋对多次使阳明自身及其弟子们感到危惧的讲学，抱有非同寻常的、直率的热情和信念（后来这也是所谓泰州学派，特别是颜山农、何心隐一派的共同特征）。这种直率性与其学说的内容相辅相成，渐渐呈现出一种社会性精神运动的状态。这种社会性的精神运动，后来发展到对社会的安宁产生威胁，终于受到严厉的镇压。”② 这样，思想上的批判与政治上的打压，成为从外部促使泰州平民讲学没落的主要原因。

2. 内部原因

宣朝庆认为，平民讲会衰落的内部原因，主要表现在泰州后学的道德素质和学养两个问题上。他主要以颜钧为例解说了这两个问题。③ 应该讲，颜钧个人的道德素质在泰州学派平民儒者中并不具有代表性，但他学养上的总体欠缺，却是平民儒者中普遍存在的现象。总体而言，平民学者们大多没有接受过完整的儒学教育，理论与学术水准都不很理想。再加上，他们在讲会中惯常使用的简易化、日常化乃至宗教化的办法，更弱化了他们所讲授内容的内在吸引力与体系性。“在知识的传播过程中，为了便于普通人的理解，而将知识简单化、条理化，往往会牺牲知识的根源与体系，造成知识的贫乏化，使知识遭到粗俗的理解。泰州学派在平民讲会中对知识的处理就是如此，如韩贞强调一切满足于当下，彻底忽视文化知识，或者如颜钧靠制造新奇来吸引人，都包藏着极为有害的趋向。”④ 这无疑是平民讲学中一个具有矛盾性的重大问题。当他们惯用的简易化、日常化、宗教化手段失去新鲜感与吸引力之后，理论与学养的苍白，必然会造成平民讲学的没落。

---

① 宣朝庆：《泰州学派的精神世界与乡村建设》，中华书局2010年版，第236页。

② 岛田虔次：《中国近代思维的挫折》，甘万萍译，江苏人民出版社2005年版，第38—39页。

③ 宣朝庆：《泰州学派的精神世界与乡村建设》，中华书局2010年版，第209—211页。

④ 同上。

在我看来，平民讲学的衰落还有一个重要的内部原因，这就是师道精神的退缩。王艮阐明创发的大成师道作为泰州学派的平民讲学旗帜，是与以王艮为首的一班平民儒者勇于承担的实践精神相颉颃的。他们在讲学实践中所表现出来的狂侠气象远过于祖师爷王阳明所讲的“狂者胸次”。这种气象，以颜钧、何心隐的讲学实践活动为最高峰。大成师道给予他们积极用世的理论依据，成为他们的理论支撑。何心隐曾专门著《师说》一文阐论师道说：“师也，至善也。非道而尽道，道之至也。非学而尽学，学之至也。可以相交而友，不落于友也。可以相友而师，不落于师也。此天地之所以为大也。惟大为泰也，师其至乎！”[①]（卷二，《师说》）颜、何之后，泰州后学的师道精神并没有更大的发展，而且呈现出某种退缩的倾向。邓志峰在分析罗汝芳的师道观时就已指明，即便是具有“任道之勇”的罗汝芳，竟然“不以师席自居”[②]，他的师道观念与王艮“出则必为帝者师，处则必为天下万世师”的大成师道有所不同了，“他不再用追尊孔子的办法来构建师道对君道的地位优势，而是把作为君道最大代表的朱元璋纳入到师道的系统当中，……这种方案，以君道为掩护，在扩张儒学对社会影响力的同时，也在提升着师道的地位。同时，在君道面前甘拉第二把小提琴的师道，也以一种隐晦的方式被君道所认可。罗汝芳、杨起元等一批君师折中派，之所以能够在万历以后成为显学，得益于他们在理论上对师道的这一定位”[③]。当然，与颜、何二人不同，这里的罗汝芳、杨起元皆是泰州后学中的士大夫。随着具有狂侠风格的平民儒者的寥落，他们那体制外的“为帝者师”的高昂师道精神，一变而退缩为士大夫体制内的与君道合一或甘居之下的一种师道观念。当颜、何等人之后，再没有平民儒者扛起大成师道的旗帜，那么，平民讲学的没落就无可挽回了。

---

① 《何心隐集》，容肇祖整理，中华书局1960年版，第27—28页。

② 《近溪罗先生一贯编·心性（上）》，熊傧辑，钱启忠重订，“四库存目丛书”，长松馆明朝年间本。

③ 邓志峰：《王学与晚明的师道复兴运动》，社会科学文献出版社2004年版，第307—308页。

四 结 语

传统政治文化中的教化之道就其实质而言，既是统治者高明的治民手段，又是现代政治学理论意义上的政治社会化活动。王艮等秉承着大成师道精神的平民儒者们，以平民讲学和讲会为主要方式，积极地参与到教化活动当中去，很好地推进了那个时代的政治社会化，发挥了独特的政治功能。然而，我们却不能简单地将泰州学派平民儒学的讲学教化活动理解为对统治者治民手段的积极辅助，责之者甚至以“帮凶”目之。正如前文我们曾说明的那样，平民儒者积极参与讲学与讲会活动的信心和动力，一是来源于他们所信仰的基本政治价值；二是来源于泰州学派的大成师道理论。实际上，平民儒者的讲学活动始终是具有两重性的。一方面，平民讲学的教化实践上的确有助于维护统治秩序与社会安定；但另一方面，他们的师道理论认知以及参与教化活动的主动性表明了他们的主体性觉醒，而这种主体性觉醒与他们真率、狂放性格以及热衷实践的整体趋向结合后，反而让当政者明显地感觉到对既定政治秩序有危险性和破坏性的气息，以至对之打压迫害。这似乎让我们感受到了那个时代政治文化的某种异动。然而，这种异动还未更加清晰起来时，平民讲学便随着晚明时代阳明学的没落，也随之没落了，之后更是随着明清之际“天崩地解”般的社会历史格局变化而消失。王艮和他的大成师道所蕴涵的平民阶层主体觉醒，最终也冲决不了小农经济时代王权专制条件下经济、政治格局的“网罗”。真正的突破与作为政治主体的自我树立，直到中国近代以后有了全新的平民阶层——无产阶级之后才有可能。而无产阶级的政治社会化又与传统政治文化中的教化之道有了根本的区别。

阳明后学周汝登的工夫论及相关理论向度的探析

田　探*

周汝登（字继元，号海门，1547—1629）是晚明浙江地区的大儒。他崇尚并推广王畿的“四无”说，因而被时贤誉为“今之龙溪”。刘宗周在《祭海门先生文》中称：“龙溪之门于吾越最著者为先生（海门）。先生于阳明之门，笃信而谨守之。”① 周汝登推崇王畿“四无说”，自然如龙溪一样，面临儒门内部的诘难。其中，最具代表性的是万历二十年（1592），他与许孚远（字孟中，号敬庵）在南京展开的“九谛九解”之辩。在这场争论中，许孚远严厉批评了周汝登所推崇的“四无”说，指责其说“学无根本”，言下之意，周汝登之学背离了儒学正统，沦为空虚狂荡的佛老之学。其实，不仅是许孚远，后来的黄宗羲、吕留良等儒者都纷纷指责他的学问流于禅学。② 儒者们如此评价周汝登的学问，原因就在于他们认为“无善无恶心之体”瓦解了良知至善心体，“无迹”的工夫主张回避了艰苦而漫长的心性磨砺和道德实践。因此，从龙溪到周汝登，“四无”说始终被儒门所指责。除此之外，周汝登常常以“空”“无”等佛老言辞来阐述心体，更是为儒者们所批评。

---

* ［作者简介］田探（1983—），男，陕西汉中人，重庆大学讲师，博士。主要研究方向：宋明理学、政治哲学。

① 刘宗周：《祭海门先生文》，《刘宗周全集》第 4 册，吴光主编，浙江古籍出版社 2007 年版，第 313 页。

② 黄宗羲指责周汝登“无善无恶，即释氏之所谓空也”。见黄宗羲《明儒学案·泰州学案五》，中华书局，2008 年，第 854 页。吕留良认为王畿“周汝登谓禅正是圣学也”。见吕留良《四书讲义》卷 35，《续修四库全书》165 册，上海古籍出版社 1995—2002 年版，第 623 页。

蔡仁厚先生曾在《周海门“九谛九解”之辩的疏解》一文中，厘清了“无善无恶说”的本体内涵，还其儒学面目。他同时指出，周汝登的工夫以“无迹”为本，凸显的是无造作的自然工夫。以自然无迹形容工夫是为了破除理学家对道德实践的知性观看，从而让道德回归于具体的履践。实际上，周汝登也强调平正切实的工夫，在他看来，“顿悟”与“渐修”是道德工夫的一体两面，它的理论内涵直接关涉教统与道统的关系，以及不同群体的学问路径问题。这些内容不但与儒学的传承相关，更指向了政治秩序的稳定。因此，我们有必要重新考察周汝登的工夫论，探索其中所蕴含的理论资源。

一

1. 悟、修关系

许孚远在“九谛九解”中说：“以孔子之圣，自谓下学而上达，好古敏求，忘食废寝，有终身而不能已者焉。”而周汝登之学“直欲顿悟无善之宗，立跻圣神之地”，使得格、致、诚、正的工夫“俱无下手处矣”！他认为，周汝登所倡导的“无善无恶”说将学问引向空虚流荡，失去了孔门平正切实的为学工夫，背离了儒学正脉。

诚然，过于强调顿悟工夫，容易导致学者避开艰难的道德实践，而满足于虚幻的心理体验。然而，周汝登明确反对截然二分“悟”与“修”，他说：“今学者执积累而病直截之无功。执直截而病积累之有待。彼此相非，盲人妄度，夫子之微宗绝矣。”[①]（《东越证学录》卷三，《武林会语》）又说：“有所见者又必然修持。若忽不修持，见亦非真。”[②]（《东越证学录》卷四，《越中会语》）在他看来，顿悟与渐修作为道德工夫的两种途径，在现实中相互依存，相互渗透，不可二分。在具体实践中，不可偏重于一端，否则会“盲人妄度”。值得说明的是，有论者据此认为，周汝登的工夫论可以归为顿悟、渐修并重说。这种简单的并列，实际上是周

---

① 周汝登：《东越证学录》，《四库全书存目丛书（集部）》第165册，齐鲁书社1997年版，第458页。

② 同上书，第469页。

汝登所反对的：

> 今天下学有二病，其一谈玄渺而忽行持，其一执涂辙而昧著察。谈玄渺而忽行持，则如狂人自厌户庭而梦想瀛岛，尽是悬驰。执涂辙而昧著察，则如生盲不见日月而舞蹈康庄，终成履错。盖自两者之见分，则转相非而相矫，而学病矣。解之者曰：悟与修不可偏废也。悟必兼修，修必兼悟。夫使悟必兼修，则是修外有悟。修外之悟可云悟乎？是所谓悬驰而已矣。使修必兼悟，则是悟外有修，悟外之修可云修乎？是所谓履错而已矣。故真悟不必言修，真修不必言悟。彼为悟修之说者，方便之辞。而执以为真，则亦子莫之见耳。（《祁生壁语序》）

他认为，悟、修并重的折中式路径无助于解决道德修养中“忽行持”与“昧著察”的难题。在心学语境中，“修”的含义为“正其不正”，而“正”作为道德行为必定包含内心对道德的体悟，心体对道德本心的“知”和“悟”是道德行为的逻辑前提，也是道德实践的指引。悟、修作为人们道德活动的两个方面，只是一种逻辑的分解，现实的道德实践是人们有目的、有意识的行为，它是浑然一体的。这种浑然一体可以理解为“修”中有“悟”，“悟”中有“修”，“修”“悟”一致论。也就是说，对道德的践行以“悟”（理解）为前提，而“悟”（理解）又渗透于践行的整个过程之中。因此，悟、修并重的提法不仅未能把握道德实践的整体性，反而会在逻辑中分解，片面地放大实践领域，导致了知、行二分的困境。所以，为了打破学者执守一端的迷惘，周汝登提出“修为无迹，斯真修为”的工夫论宗旨。

2. 修为无迹，斯真修为

所谓“修为无迹”，是指在道德实践中，不要刻意做作，纯任良知心体的自然发用。周汝登以孟子所言“乍见孺子入井”的典故为例，证明善行“岂知有善而行之者乎？……此不安排，彼不意必，一而已矣”[①]。

① 周汝登：《东越证学录》，《四库全书存目丛书（集部）》第165册，齐鲁书社1997年版，第442页。

恻隐心之动，即是良心的发动，它没有丝毫的勉强。强调道德行为的自然性，其目的是为了破除着善着恶之心。周汝登说："无有作好作恶之心，是秉彝之良，是直道而行。着善着恶，便作好作恶，非直矣。"以心体的本来面目来迎对万物，摒除私虑的干扰，这就是"直道"。若心中执守善、恶之名，则反而不利于行道。原因在于："惟彼着善之人，皆世所谓贤人君子者，不知本自无善，妄作善见，舍彼去此，拈一放一，谓诚意而意实不能诚，谓正心而心实不能正。""着善之人"将良知视为认知的对象，强行分隔心、意、知、物，用经验性的"已发"，去思虑超越经验的"未发"，浑然不知"未发而廓然寂然，已发亦只是廓然寂然。知未发已发不二，则知心、意、知、物，难以分析"[①]（《东越证学录》卷一，《南都会语》）。如果强行地区分未发与已发，最终一定会走向伪善。[②]周汝登对"着善"的批判，不仅延续了心学的内在逻辑，更是对先秦儒学仁学思想的继承。

在先秦儒学中，仁是一种道德性的情感。孟子说"仁者爱人"，又说"仁，人心也"。显然，仁是人心中所表现出来的好恶情感，它是人类所共同具有的，如游酢所言："好善而恶恶，天下之同情。"[③]可是，孔子又指出："惟仁者能好人，能恶人。"言下之意，并不是每个人的好、恶之情都具有道德性。对此，焦循说："仁者好人之所好，恶人之所恶，故为能好能恶。"[④]这就是说，仁者的好、恶之情不是个体私己的好、恶，而是通达众人的好、恶之情。在这里，众人的好、恶之情，即"同情"是毋庸质疑的，它既是先天内在的事实，也是理论探讨的逻辑前提。因此，为仁的根本不在于我们先去认识人性的本质规定是什么，而在于对先天既有之善性的明悟，以及与此直接相关的如何保持和扩充它。周汝

① 周汝登：《东越证学录》，《四库全书存目丛书（集部）》第165册，齐鲁书社1997年版，第432—435页。

② 田探：《从"有无互成"到"天人相合"——周汝登本体论思想考察》，《学术界》2016年第1期。

③ 朱熹：《四书章句集注》，《朱子全书》第6册，朱人杰、严佐之、刘永翔主编，上海古籍出版社2002年版，第93页。

④ 程树德：《论语集释》，转引自焦循《论语补疏》，中华书局2014年版，第298页。

登说："人性本善者，至善也。不明至善，便成蔽陷。"①（《东越证学录》卷一，《南都会语》）又说："下手工夫，只是明善。明则诚，而格致诚正之功更无别法。"显然，这里强调的是"明"，而非"知"。老子有云："自知者明。"（《道德经》三十三章）"明"是对自性的理解和明悟，以及对生命本性的昭著。它所涉及的是道德实践的方向。在"明"中，对"善"的智性观照消匿于对性情的当下了悟，从而使生命本身转向"诚"。《孟子》有言："思诚者，人之道。"《中庸》亦讲："诚之者，人之道。"而《大学》更是将"诚意"作为身修家齐的根本要素。朱熹释"诚"为"实"，"诚意"之义即为"实其心之所发，欲其一于善而无自欺也"。在朱熹那里，"诚"指代心之所知与身之所行的统一。周汝登则干脆说："诚意乃无意之谓。"他解释说："好好色，恶恶臭，触着便应，曾容得一毫意乎？"②（《四书宗旨·诚意章》）可见，无论是"诚意"，还是"无意"，他们都表达了身、心统一的观念。身体的实践要顺从源初的人性；而人性的顺遂，又有赖于心体的明悟，以及心之志对身体的引导。在这个意义上，我们说，周汝登所提倡的"修为无迹"是以"无意"的表述来继承和发扬先秦"志于仁""诚意"等仁学思想。

二

周汝登认为，无论是透显真实的性情之悟，还是出处进退之间的切磋琢磨，都应以"学"作为根基。所谓"工夫问学，生知、学知、困知，一也。岂生知之圣不待学而自能哉。"③（《东越证学录》卷二，《东粤会语》）无论个体的天生气禀资质如何，只有通过学，才能真正地向仁者挺进。因而，在他的工夫论体系中，"学"具有至关重要的地位。

---

① 周汝登：《东越证学录》，《四库全书存目丛书（集部）》第165册，齐鲁书社1997年版，第432页。

② 周汝登：《四书宗旨》，中华子学名著集成编印基金会1978年版，第248页。

③ 周汝登：《东越证学录》，《四库全书存目丛书（集部）》第165册，齐鲁书社1997年版，第450页。

1. 学即觉

《论语》将《学而》篇作为开端，体现了“学”在儒家义理体系中的基础性意义。《白虎通·辟雍》释“学”为“觉”，言“觉悟所不知也”。许慎、皇侃等人亦以“觉”或“悟”释“学”。朱熹训“学”为“效”，意乃后觉者效法先觉者之所为。周汝登指出：以“觉”释“学”才显学之本义，“知学是觉，则知时习是常觉”[①]（《四书宗旨·学而章》）。他甚至将学理解为生命中最为普遍的现象。

> 觉是通乎昼夜的觉，故焉往而非觉，而学是觉，则学亦为焉往而非学。……学者，觉也。子何往而不觉乎？觉寒、觉暑、觉痛、觉痒，以至于夜寐、沉寂，觉未尝少。岂待持之、使之而后觉？焉往非觉，则焉往非学矣。曰：“此觉则人人同之矣，何以书学不学？”曰：“虽同，而不觉此觉，日用不知也。求觉此觉，明明德也。未觉，求觉；既觉，则觉之而已。觉则无觉，而况于觉？觉无觉之觉，方可为觉，故曰，始终为觉耳。（《彭子卷跋》）

从这段文献看出，周汝登所说的“觉”实际包含了两层含义：其一，觉为知觉义，它是身体感知外界的直观能力，它是被动的“他觉”；其二，觉为思考反省义，是心体的道德省察能力，因而是“自觉”。前者是人的本能；后者虽然也是人的天赋，却并非都能实现。可是，这难道不是一个常识吗？众人皆知身心官能不能混同，周汝登刻意地把它们都解释为“觉”，这是否意味着混淆了身体与心体的官能？若如此，道德实践不就可以不学而能吗？照此推论，不就有把德性等同于本能的危险吗？

对此，周汝登以“日用不知”和“明明德”再次明晰了“觉”的概念，并指出“觉”的关键在于“觉无觉之觉”，即自觉地意识到“日用不知”之觉。这可能会让我们迷惑：一般来说，道德意识的自觉指的是对心体所作判断是否进行过道德的反省，简而言之，是对意识的意识。而这里，周汝登指示我们去反省自身的知觉，究竟有何含义呢？

---

① 周汝登：《四书宗旨》，中华子学名著集成编印基金会1978年版，第281页。

我们知道，身体知觉的本能是生活中最普通的事情，可正因为它太普通、太平常，以至于我们日用而不知，感受不到它的运作，忽视它的存在。当用意识去反省这种本能的时候，并不能增加或减损知觉本身的功能，更不能由此确立起道德性的一般法则。然而，这种工夫有其独特的作用。周汝登在文中以痛、痒、寒、暑来说明最直接的感觉，可是，外部的直观感受之后呢？紧随其后的各种反应不也是人的一种本能吗？这些反应归纳起来无非两种：或喜好，或厌恶。而这不正是儒家所言的好、恶之情吗？因此，周汝登所谓的“不觉之觉”实则指的是人们最基础的好、恶之情。只不过，此时的好、恶之情是人们下意识的反应，称不上道德意识。于是，第二个层次“觉”的意义就十分关键。通过觉悟自身最普遍的好、恶本能，由此推及他人的好、恶，从而使“好人之所好，恶人之所恶”的道德意识得以可能。所以，在自觉意义上觉并不要求确立起道德的法则，而只是一种提点。可以说，“觉”的工夫的实质是为了使人们能够从最普通的好、恶之感上跳跃一层，意识到众人皆有好、恶之情，以此来调适、规范行为。这样的意识就是良知，这种行为就是道德行为。可见，周汝登所理解的“学”，并不主张寻求道德是什么，而重在引导人们思考道德在哪里。这样的思路必然要求他以最容易理解的事物作为切入点，引导人们醒悟道德的源头。这种工夫论的重点不在于规范具体的道德步骤，而在于引导法门的方便性和多样性。所以，周汝登看似落入了禅门的打机锋，实际是他工夫论的高明之处。

如上文所述，因开悟式的工夫不重视对道德的知识性考察，因而缺乏一套规范的、可传达的道德知识。而这引出一个非常重要的议题，即如何保障众人的道德领悟和具体的道德实践不会与道统发生抵牾？这也是许孚远指责周汝登工夫论的主要原因。

2. 道统与道德实践

在“九谛九解”中，许孚远指责“无善无恶”宗旨时说：“圣学源流，历历可考而知也。今皆舍置不论，而一以无善无恶为宗，则经传皆非。”如果以“无善无恶”为学问宗旨，“则人将安所趋舍者与？”言下之意，“无善无恶”背离经传，不能立教。许孚远的指责可谓非常严厉，他揭示出了儒学道统与具体道德实践间的紧张关系。

我们知道，孔子述作六经，将历代帝王的政教经验纳入仁学系统中，这既弘扬了儒家之道，同时，通过上溯先王，构筑了一条具有内在一致性的道统谱系，以作为儒学合法性的历史资源。在历代儒者的追溯中，逐渐形成一套完整的儒家道统，并成为儒者们进行身份认同的关键。当儒学被确立为国家意识形态后，学派意义上的身份认同就上升为国家层面的政治认同，乃至文明认同。至此，道统及其所追溯的先圣先贤便具有了政治上的至高权威性。立教和行道的宗旨必须以之为依归，任何有悖道统的学问都会被视为异端之学。正如王廷相所言："言道而不本于六经，九流将足以乱其真。"① 在儒门中，学问若被认定为与道统不符，就等于被宣判为异端，失去了教化人心的资格。在周汝登与许孚远的争辩中，许孚远最后指责"无善无恶"说"学无根本"，暗指其学违背了儒学道统。他明确告诫周汝登，教化之道应该严格恪守经传，不要试图僭越道统。在许孚远看来，道统与教化应是绝对的同一关系。周汝登却认为，许孚远对道统与行道关系的理解过于拘谨，会扼杀儒家之道本身的丰富性，他认为，道统与道德实践有着更加丰富的互动。

首先，道统确实负载着圣贤的精神命脉，因此，道统与道有着直接的关联性。然而，道统却不能简单地等同于道，《中庸》言："天地之大也，人犹有所憾。"天地之大，即使是圣人，也有不知和不能，因而无法穷尽所有道的可能性。进而言之，道不只囿于人为领域，更在人们所不能抵达的广阔的天地里实现自身。因而，我们可说，道统之道分有了道，不可说道统就是道。即使是道统之道，它在历史进程中也呈现出多种形态，有丰富的诠释可能。从先秦至明清，儒学所历经的理论范式变迁不正证明了这一点吗？所以，如果将道束缚于经传中，不仅遮蔽了道统蕴意的丰富性，造成理论僵化，而且会使经传成为扼杀道的真实朗现。

正是对此危害有敏锐的洞察，周汝登提出："圣人立教，俱是应病设方。病尽方消，初无实法，言有非真，……若惟言是泥，则何言非碍。"②（《东越证学录》卷一，《南都会语》）他甚至说："自古圣人未尝有一法

① 《王廷相集》，王孝鱼点校，中华书局 1989 年版，第 399 页。

② 周汝登：《东越证学录》，《四库全书存目丛书（集部）》第 165 册，齐鲁书社 1997 年版，第 436 页。

与人，亦无有一法授于人。前无辙迹可循，后无典要可据。见者自见，闻者自闻，知者自知。”[①]（《圣学宗传·孟子》）他提醒人们：经传是为了导人入善而作，妄想通过寻章摘句的工夫来进德修业，无疑是南辕北辙。道德实践还应建立在“自见”“自闻”“自知”的内向省察上。

当道德实践与经传体系，或者说道统的关系有了一定程度的松绑，修道就获得了更宽广的领域。周汝登说：“道本无奇功，惟见在。为士子则习举业，为农夫则事耕田，为比丘则诵经课，为宰官则修政绩，各素其位，各安其心，而道存乎其间矣。”[②]（《东越证学录》卷十，《与范损之》）很明显，道就在百姓日用伦常的生活中。所以，修道的场所就是日常生活的所有可能区域。这就为儒学在民间的普及提供了理论的支持。

其次，在道统与道德实践关系中，道统只有依赖于“觉”方能真正地回到自身，这无疑确立了“觉”在教化中的基础性地位。因而，周汝登说：“今不求觉，而欲谈伊、周之事业者，吾不知之矣。”[③]（《东越证学录》卷三，《武林会语》）缺乏学者之“觉”，伊尹、周公的经验依然是远离我们血肉的抽象道理。只有通过“觉”，将它们安顿在具体的道德行动中，伊、周的事业方能再度开显出来。这表明，在周汝登那里，道统不是死的传统，而是与时偕在的活泼泼的精神。它需要借助修道者在道德实践中不断地打开自身。由此看来，在道统的教化与修道者的学习次序上，与其说教在学先，不如说学在教先。

最后，前文指出，千圣之法仅是一种导人内省的法门，重要在于对心性的觉悟。周汝登说：“千圣相传，只传此心而已。”[④]（《东越证学录》卷二，《新安会语》）“觉”的意识的突出，力图使人们意识到，道统并不是道德法则的根源，只有良知心体才是所有道德法则的本源。而这只不过是说：具体的道德规则是由良知心体依据个体性的道德实践而产生的，换句话说，良知心体在工夫层面的作用，决定着具体的道德规则。显然，这

① 周汝登：《圣学宗传》，《续修四库全书（史部）》第513册，上海古籍出版社2002年版，第69页。

② 周汝登：《东越证学录》，《四库全书存目丛书（集部）》第165册，齐鲁书社1997年版，第600页。

③ 同上书，第456页。

④ 同上书，第443页。

与黄宗羲提倡的“工夫所至，即其本体”的宗旨具有精神上的一致性。

当然，这里会产生一个问题：个体的差别性必然会使道德的实践领域各不相同，士、农、工、商，各善其事，他们的道德规则不会产生冲突吗？对此，他说：“盖圣贤与庸愚一心，臭腐与神奇一理。”[①]（《类选唐诗助道微机·序》）良知心体是天之所赋，人皆有之，这决定了道德规则的普遍性。道统之所以重要，就在于它把这种普遍性揭示出来。在此意义上，虽然道德实践有赖于个体的觉悟，可是这绝不意味着修道者可以背离道统所揭示出的普遍性。周汝登曾以千金之子为喻，其行必“稽基业所自”，必“溯统系所承”，必“有难忘之制节”，否则会成为“漫信者”“漫为盲”，“终身负贩之雄而止已”[②]（《东越证学录》卷六，《重刻心斋王先生语录序》）。周汝登的告诫无疑是深刻的。道德规则无非是共同生活所遵守的秩序，无论表现为制度、法令，还是风俗、习惯，都由历史积淀而成，为人们所普遍接受的行为准则，因此具有现实的客观性和历史的正当性。《孟子·离娄上》云：“今有仁心仁闻而民不被其泽，不可法于后世者，不行先王之道也。”即使有仁心，如果在具体的实践中不能照顾到先王之礼文，也会阻滞仁政。

综上所言，在周汝登的工夫论中，道统与道德实践之间严格的同一性被弱化了，两者由此获得了更加丰富和更具弹性的互动关系。当然，从某种层面来讲，行道者被赋予了更大的自主权，可能使道统的权威性地位有所下降。这样的改变虽然有助于改变死守经传的僵化行为，但也会产生对道统“普遍性”精神的质疑。这对于传统儒学究竟意味着什么，需另文撰述。

3. 即心便是天

在谈到工夫论的根据时，周汝登将“本心”与“本天”说合为一体：

> 后世论学，有本心、本天之判，然观虞廷，则止言心矣。明道谓

---

① 方如骐：《类选唐诗助道微机》，明朝十竹斋本。

② 周汝登：《东越证学录》，《四库全书存目丛书（集部）》第165册，齐鲁书社1997年版，第524页。

“即心便是天，更不可外求”。邵子亦谓“自然之外别无天”，自然者，即吾心不学不虑之良也。故天与心不可判，判天与心而二之者，非“惟一”之旨矣。先后诸儒皆明大舜“惟心”之旨，夫“惟心”乃所以“惟一”也。①

其实，人们所行之道，既可以视为天道自身的扩展和延伸，又可以理解为独立于天道的自作自为。然而，从自然本体论的角度看，人的一切生命活动最终必须服从宇宙的一般规律，这也就是说，人道必须以天道为根据。《中庸》说“天命之谓性”；从理学的角度说，性即天道；从心学的角度说，心即理；周汝登将舜的“惟心”解释为“惟一”，以证“天与心不可判”，均是儒学的“天人合一”之旨。但周汝登的独特之处却在于以传统儒学的“天人合一”来论说他的“悟、修一致”的工夫论，他把天道与良知心体统一在人们行道过程中，这样的道德实践就不仅是良知心体的自觉要求，同时也因此具有天道的正当性。从这个意义上说，道统的延续，即良知心体在历史中的彰显，也就具有了天道的支持。这样，学的工夫，即一整套道德实践的工夫把良知心体、天道、道统连接在一起。行道由天道获得了正当性，天道由行道而彰显出无限的丰富性；行道是道统形成的基础，道统也因行道得以不断地延续和更新。如果说良知心体是本，而道德实践为用的话，那么，它们就构成了一套体用不二的整体结构。在其中，心之体与学之用作为两端，俱不可废。可以说，这是周汝登从体用层面对悟、修关系的深化。

三

许孚远在“九谛九解”中曾有“四无”说使人“不待学而能”的疑问，表达出对周汝登的工夫论有陷入空疏狂荡之学可能的担忧。根据以上的论述，要想达到“为善去恶而无迹”的境界无疑是十分困难的，既然对上根之人都如此艰难，那么普通的百姓如何能够做到呢？换句话说，觉

① 周汝登：《圣学宗传》，《续修四库全书（史部）》第513册，上海古籍出版社2002年版，第15页。

悟的工夫如何保证在所有人那里都能展开呢？

让所有人都具有能够觉悟心体，进而展开自觉的道德工夫是不具有现实性的。其实，周汝登在“九谛九解”中说：“维世范俗，以为善去恶为提防；而尽性知天，必无善无恶为究竟。”[①]（《东越证学录》卷一，《南都会语》）尽性知天者即有志于学者，在对天性的保有和发用中必然需要体察自性，他们不仅是接纳天道和教统之人，也是能够“弘道”之人，而这只有达到超迈境界之人方能做到。对于普通人而言，以“无善无恶”为宗未免强人所难。孔子云：“民可使由之，不可使知之。”（《论语·泰伯》）程颐解释说：“圣人设教，非不欲家喻而户晓也。然不能使之知，但能使之由之尔。”[②] 既然不能让所有人都觉悟内心，那么就以有形有迹的规范来引导人们的日常生活，使一般的百姓在具体道德准则的浸染中逐渐趋于道德的生活，这就是“维世范俗”，而民众对具体规则的遵从与认同就是为善去恶的工夫。

可见，针对不同的共同体，工夫实践是不一样的。如果说君子所代表的士人共同体的道德工夫之重在“学”，那么，普通的民众的工夫之重却在“效”。学的重心是“千圣之心”，而“效”的目标却在已有的成规。《孟子·离娄上》云：“遵先王之法而过者，未之有也。”治理国家不能没有客观有效的规则法度。对于圣人来讲，应循先王之法；对于一般民众来说，则应遵守其最基本的规范，否则“朝不信道，工不信度，君子犯义，小人犯刑，国之所存者幸也”（《孟子·离娄上》）。

在心学的系统中，由于过度强调内在心性的作用，甚至将“心即理”的主张放大到心之所发均是合理的程度（如王学左派），这就将情欲与良知、世人与圣人的界限完全打破：这种放大，一方面混淆了良知与情欲、圣人与世人的区别，另一方面又导致天理对人欲的引导、统摄作用的消解。然而，世人心灵的一般状态与心学家所企慕的理想良知是两回事，可以为善与能为善迥然有别，等同两者，就有以世人的一般情欲取代理想良知状态的可能，其必然的结果便是瓦解现有的历史传统和社会秩序。黄宗

① 周汝登：《东越证学录》，《四库全书存目丛书（集部）》第165册，齐鲁书社1997年版，第429—430页。

② 朱熹：《四书章句集注》，《朱子全书》第6册，朱人杰、严佐之、刘永翔主编，上海古籍出版社2002年版，第134页。

羲说："阳明先生之学，有泰州、龙溪而风行天下，亦因泰州、龙溪而渐失其传。"[①] 之所以对他们持否定态度，原因即在于此。

周汝登作为心学传人，亦认为"人人本同，人人本圣"[②]（《东越证学录》卷六，《重刻心斋王先生语录序》），但其论说的本意是说人人皆有可以为善的潜能，而非将圣人与一般之人直接等同。其意旨在于，打通民众上升为君子的通道，把君子和民众的区别建基在"学"的工夫之上，从而使君子道德之学真正下降到民间，从而起到化民成俗的作用。这就与放大"心"的作用而不免流弊的心学家们不同，而有了积极的意义。正因他认识到"觉"的学问境界过高，而且有脱离道统的危险，所以，他在工夫论中始终坚持"决不许求奇"[③]（《东越证学录》卷十，《与刘冲倩》）的指向，拒绝把道德实践作智性的观看。以"觉"释"学"，把"学"解释为人类社会最普遍的现象，既让有志于君子之道者行"尽性知天"之途，也使普通百姓在日常生活中可以行"素位安职"之学。这样，既保证了道德之学不会沦为士大夫空泛的玄谈，也维护了已有的秩序，使儒学道统不坠。

① 黄宗羲：《泰州学案》，《明儒学案》卷32，沈芝盈点校，中华书局2008年版，第703页。

② 周汝登：《东越证学录》，《四库全书存目丛书（集部）》第165册，齐鲁书社1997年版，第524页。

③ 同上书，第625页。

第四篇　陆王心学与其他学说研究

杨慈湖的道德修养论

——以“改过”说为中心

陈碧强*

杨简（1141—1226），字敬仲，谥文元，学者称慈湖先生，南宋著名的思想家、教育家。他在“扇讼之悟”后师事象山，一生勇猛精进，著作等身，乃众弟子中最具创造力、影响最大的一位，被誉为“象山弟子之冠”①。全祖望诗曰：“淳熙正学推四公，慈湖先生为最雄。”② 清代学者说：“宋儒之学，至陆九渊始以超悟为宗。诸弟子中，最号得传者莫如杨简。”③ 至于其学说宗旨，“已开新会、余姚之派”④（《四库全书提要》），足见他在陆王心学中不可或缺的地位。

慈湖心学以“心即道”和“心之精神是谓圣”为存有论的基本肯认，本心即道，既是伦理道德的源泉，又是宇宙存在的根据。本心精一无二，神妙万物，超越血气形质的感性层面和思索意虑的知性层面，乃一超越时空、遍在宇宙的精神实体。本心人人皆有，圣贤非有余，愚鄙非不足，只要自觉、自知、自信本心，道德之成就便永远可能。为了保持本心的至善澄明，需要“不起意”的道德修养工夫，慈湖对“意”进行了全面的考

---

* ［作者简介］陈碧强（1985—），男，云南昆明人，湖南大学助教，博士。主要研究方向：先秦儒学与宋明理学。

① 杨简：《杨氏易传》，《儒藏精华编四册经部易类》，曾凡朝点校，北京大学出版社2009年版，第441页。

② 全祖望：《全祖望集汇校集注》中册，上海古籍出版社2000年版，第2393页。

③ 永瑢：《四库全书总目》上册，中华书局1997年版，第1253页。

④ 杨简：《先圣大训》，《四库全书珍本》七集，王云五主编，台湾商务印书馆1971年版，第2页。

察，使之成为其心学思想里的重要概念。正由于此，黄宗羲认为“慈湖以不起意为宗，是师门之的传也”①。

或许因为《宋元学案》的影响太大和慈湖著作里对“意”着墨太多，以至于给人留下了“不起意”乃慈湖唯一修养工夫的印象。② 然而，这与事实不符。所谓的“宗”，其义为“主”，尚无“唯一”的内涵。慈湖的道德修养论的确以“不起意”为主，但在此之外，还有其他的辅助工夫。笔者在研究的过程中发现，“改过”在慈湖心性修养中具有仅次于“不起意”的重要地位，二者关联紧密，互为补充，故不揣鄙陋，以“改过”为中心，试图展现慈湖心学工夫论的另一面向，使我们对他的道德修养学说有更为全面的认识。

一 “改过”说小史

对“过”的讨论由来已久，“改过”思想同样源远流长。《周易》作为群经之首，《易经》六十四卦中就有《大过》《小过》两卦，对“中道”“时中”“正位”等观念非常重视，认为从初爻至上爻皆应当位，否则即为“失道”，也就是“过”。《益》卦之《象》辞则对“改过”有清晰直接地表述：“风雷，益。君子以见善则迁，有过则改。”③

“改过”是儒家向来非常重视的观念，《论语》中有“观过知仁”的说法，又有“过则毋惮改”的教诲，孔子称许颜回，很重要的原因便在于后者除了好学之外，还能做到“不贰过”。孔子认为“过”之本身并非“过”，“过而不改，是谓过矣”（《论语·卫灵公》）。如果意识到自己的“过”还不改正，那才是真正的“过”，是“困而不学”的表现。

孟子也认为人应该勇于改过：“人恒过，然后能改”（《孟子·告子

---

① 黄宗羲：《宋元学案》，全祖望补修，陈金生、梁运华点校，中华书局1986年版，第2479页。

② 如董金裕说：“（杨简）以不起意为唯一工夫，简则简矣，可是缺乏具体的着手方式，并非每个人都能做到，而且极容易蹈于虚空恍惚。”（董金裕：《杨简的心学及其评价》，《国立政治大学学报》1990年第61期，第41页）

③ 杨简：《杨氏易传》，《儒藏精华编四册经部易类》，曾凡朝点校，北京大学出版社2009年版，第631页。

下》)。他以太甲和子路为改过的典范:“三年,太甲悔过,自怨自艾。”(《孟子·万章上》)又说:“子路,人告之以过,则喜。”(《孟子·公孙丑上》)他将古今君子对“过”的态度作了对比:

> 古之君子,过则改之;今之君子,过则顺之。古之君子,其过也,如日月之食,民皆见之;及其更也,民皆仰之。今之君子,岂徒顺之,又从为之辞。(《孟子·公孙丑下》)

“改过”并非易事,需要恳切的向道之心,敢于真诚地面对自己的缺点,继而见之于果决的行动。现实中,文过饰非的人比比皆是,君子更应该坚定信念,努力修持,为世人树立起效法的榜样。

周敦颐提出了“圣可学”的口号,认为通过逐级效法可达到圣人的境界,曰:“圣希天,贤希圣,士希贤。”[①]“贤”为君子的同义词,而君子是勇于改过的典范:

> 仲由喜闻过,令名无穷焉。[②]
>
> 人之生,不幸不闻过……闻过,则可贤。[③]
>
> (人)孰无过,焉知其不能改?改则为君子矣。[④]

改过则为君子,为善,是谓“闻过则喜”;不改则为小人,为恶,是谓“文过饰非”。文过饰非的人不胜其多,周敦颐将其与讳疾忌医相等同:“今人有过,不喜人规,如护疾而忌医,宁灭其身而无悟也。噫!”[⑤]为恶之人终将被上天厌弃,此乃人之大不幸,但君子和小人的区别不是绝对的,通过改过的工夫,小人也能成为君子。

程颐理学对“改过”也有关注:

---

① 周敦颐:《周子通书》,徐洪兴导读,上海古籍出版社2000年版,第35页。

② 同上书,第39页。

③ 同上书,第34页。

④ 同上书,第37页。

⑤ 同上书,第39页。

> 又问："颜子如何学孔子到此深邃?"曰："颜子所以大过人者，只是得一善则拳拳服膺，与能屡空耳。"棣问："去骄吝，可以为屡空否?"曰："然。骄吝最是不善之总名。骄，只为有己。吝，如不能改过，亦是吝。"①

他将"改过"与去除骄吝结合起来，认为人执着于一己之私，所以会有骄吝之气，器局不够阔大。"改过"恰恰就是将此骄吝之气克掉，以实现与至善至大的天理合一，从而变化气质。

朱熹说："欲胜已者亲，无如改过之不吝。"② 在他的理学话语中，"己"意味着私欲，而私欲又和天理相对立，可见他是从克除私欲，恢复天理的高度来讨论改过，不可谓不重视。他引周敦颐的话说："君子乾乾不息于诚，然必惩忿窒欲，迁善改过而后至。"③"诚"是内心的一种真诚恭敬的状态，需要通过"改过"的实际行为才能体现，否则只是一句空言而已。

象山则视"改过"为圣人"血脉骨髓"④，其地位无以复加；就连自己学问的入手处，亦不过"改过"二字：

> 或问："先生之学，当来自何处入?"
> 曰："不过切己自反，改过迁善。"⑤

这里的"切己自反，改过迁善"是"切问而近思"的同义语，"切己"是指切合自身的实际，不空谈义理；"自反"即反观本心，当下落实为改过迁善的工夫。依象山心学，本心人人皆有，它以仁义礼智信为基本的伦理规定，其本质内涵乃是道德的善。心学注重行动，本心的立场即内在地包含实践，改过作为道德修养的实践，目标就在于发明本心，所以本心既是改过的动力，又是改过的目的。对于这一点，时人已经有所关注：

---

① 程颢、程颐：《二程遗书》，潘富恩导读，上海古籍出版社2000年版，第334页。

② 朱熹、吕祖谦：《近思录》，严佐之导读，上海古籍出版社2000年版，第47页。

③ 同上书，第74页。

④ 陆九渊：《象山语录》，杨国荣导读，上海古籍出版社2000年版，第75页。

⑤ 同上书，第24页。

有一士大夫云："陆丈与他人不同，却许人改过。"[1]

"过"只是暂时的，并非本心的真实表现，若能自觉自知、反躬自省，那么恢复本心之善就有可能。同样是追求成就道德，在象山这里，天人交战的紧张感明显要少些，相反，却多了一份优游涵泳的从容。象山认为"斯人千古不磨心"，他对本心绝对信任，一旦改过，心体之善就会当下呈现，这为慈湖后来心学化的"改过"说提供了理论支撑。

二　慈湖论"过"的内涵

慈湖所言之"过"主要包括两方面：第一指过度，第二指不合理的行为。兹分别论述。

1. 作为过度之"过"

《论语》中有"过犹不及"的说法，慈湖之论"过"首先亦就此而言。他说："夫道，惟其正而已矣，惟其是而已矣。"[2] 上大道中正平实，无偏无倚，若有所偏倚，则要么失之过，要么失之不及。过与不及，其害一也。他的中道思想与《易经》关系紧密，其在解《节》卦九五爻"甘节，吉，往有尚"时说：

> 五得中道，故制节不至于过，故曰"甘节"则"吉"，则可以往而有可嘉尚也，言往必利必嘉也。[3]

解《小过》卦《彖》辞"小过，小者过而亨也。过以利贞，与时行也。柔得中，是以小事吉也"时说：

> 力过而亨，未为失道，过而不正，斯失道矣，是故利于贞正。过

---

① 陆九渊：《象山语录》，杨国荣导读，上海古籍出版社2000年版，第33页。

② 杨简：《石鱼偶记》，《四明丛书本》，台湾"国防研究院"1966年版，第33页。

③ 杨简：《杨氏易传》，《儒藏精华编四册经部易类》，曾凡朝点校，北京大学出版社2009年版，第697页。

而贞正，与时行也。[①]

慈湖论“过”明显汲取了易道的思想，但又不止于此。他把“道”与“心”直接等同起来，将“道”作心学化的理解：“舜曰‘道心’，非心外复有道”[②]。提出了“人心即道”[③]的观点，慈湖所言的“人心”是人之所以为人之心，与“道心”同义。[④]道中正平常，人心亦如此。他说：“中者，道也。……中本虚名，特无所倚之名。道心人所自有，有所倚则失之，有所倚则偏党，为私为过。”[⑤]

慈湖反对过度的思想在他论“中庸”时表现得尤其明显：

> 中庸，不偏不倚之谓。《洪范》曰：“无偏无陂，无党无偏。”……学者往往以中为实体而致意焉，则有所倚，倚即偏，非中也。尧舜“允执厥中”，亦不过不偏不倚耳。庸，常也。中道初不深远，不过庸常而已，而智者自过之，愚者又自不及，贤者自过之，不肖者又不及。切实言之曰：庸，常而已矣。[⑥]

慈湖主张道器不离，道即器、器即道，故求道不必诉诸幽深玄远，只需从身边的事情做起，恪守中庸原则，自能体认大道。“中”并非实体，而是本心原有的状态；“庸”则进一步表明本心的原有状态就是平常，所谓“中庸”就是“用中”，即遵从本心的要求，以平常心面对世界。站在中道的立场上，慈湖对“兴观群怨”也有自己的理解：“怨而不过，怨之

---

① 杨简：《杨氏易传》，《儒藏精华编四册经部易类》，曾凡朝点校，北京大学出版社2009年版，第701页。

② 杨简：《慈湖遗书》，《四明丛书本》，台湾“国防研究院”1966年版，第190页。

③ 同上书，第191页。

④ 慈湖偶尔对“人心”的说明又与程朱相同，如他说：“舜曰‘道心’，明心即道，动乎意则为人心。”（《蒋秉信墓铭》，《慈湖遗书》卷五，第221页）这里的“人心”便和“道心”在内涵上相矛盾，可见慈湖在使用概念时不够严谨。但我们也不能对古人吹毛求疵，毕竟他在通常情况下对“人心”和“道心”的规定具有稳定性，只是为了言说的方便，在具体的语境下会稍作调整。

⑤ 杨简：《杨氏易传》，《儒藏精华编四册经部易类》；曾凡朝点校，北京大学出版社2009年版，第662页。

⑥ 杨简：《慈湖遗书》，《四明丛书本》，台湾“国防研究院”1966年版，第370页。

正也。”[①] 他尊重和正视人的感情，但将其纳入道德理性的规范之内，使之与本心相符。

2. 作为不合理的行为之“过”

其次是行为上的过失，凡不合理的行为都是“过”。孔子说他到七十岁才能做到“从心所欲，不逾矩”，曾子每日“三省吾身”，自讼不已。可见，过失无时无刻不在，几乎伴随人的一生，人在任何一件事情上都有可能犯错。对治这个问题，惟有自觉自信，常抓不懈。慈湖说：“日用变化岂无胶扰，但当改过迁善而止。”[②] 又说：“汝自觉，汝心有不顺即改而为顺，自觉此心有不勤即勉而为勤，无可待也。”[③]（《康诰》卷一）人心知善知恶，能够当下做出判断，发出道德命令，如其诗曰：“恶习起时能自讼，谁知此是天然勇。”[④] 慈湖深信“人性善，终不磨灭”[⑤]，坚持认为“本心之善，未始磨灭”[⑥]，改过的最终力量从自身而来，若能真诚悔过，则无异重生：“悔过之心，圣人取焉”[⑦]。他解《晋》卦上九爻辞“晋其角，维用伐邑，历吉，无咎，贞吝”一语曰：

> 天下事不可穷也，上穷不已，维可用于改过。“伐邑”，自攻治其己也。自攻治己过，则穷治不解为吉。虽攻己太急，亦恐乱而不堪，然大体则吉，虽为贞正，亦异乎《蒙》之“养正”矣，故吝。[⑧]

---

① 杨简：《慈湖诗传》，《儒藏精华编二五册经部诗类》，王承略、陈锦春、王正一等点校，北京大学出版社 2009 年版，第 749 页。

② 杨简：《慈湖遗书》，《四明丛书本》，台湾“国防研究院”1966 年版，第 473 页。

③ 杨简：《五诰解》，《百部丛书集成·墨海金壶本》，艺文印书馆 1964—1970 年版，第 5 页上。

④ 杨简：《慈湖遗书》，《四明丛书本》，台湾“国防研究院”1966 年版，第 236 页。

⑤ 杨简：《慈湖诗传》，《儒藏精华编二五册经部诗类》，王承略、陈锦春、王正一等点校，北京大学出版社 2009 年版，第 793 页。

⑥ 同上书，第 779 页。

⑦ 同上书，第 805 页。

⑧ 杨简：《杨氏易传》，《儒藏精华编四册经部易类》，曾凡朝点校，北京大学出版社 2009 年版，第 609 页。

慈湖反复强调自信此心的重要："学者当自信，毋自弃，毋自疑"[①]"人之本心即道，……果自知自信，则易道在我矣。"[②] 此心至善，改过是为了恢复至善的心体，他举前贤为例说："汤改过不吝，去其不善，而复于善也。"[③] 对于那些不能自觉自信、甘愿沉沦者，即便圣人也无可奈何：

人惟自见其过失之多，而自莫之改也，故不信自心之本善本正，本神本明。[④]

亦有小人而觉者，但不改过，是谓无忌惮之中庸，是谓仁不能守之，虽得之，必失之。[⑤]

他将这样的行为称作"自贼"："谓人之本心无此善者，贼夫人者也；谓己之本心无此善者，自贼者也"[⑥] "自贼"与孟子的"自暴自弃"一样，是自我欺骗、自我麻痹的表现。他发挥"改而止"的说法曰："用力急改过，改即止，切毋他求，故孔子曰'改而止'。此心至妙，奚庸加损?"[⑦] 本心不仅仅是道德理性，也是道德情感，具有强大的力量。每当知善知恶的本心发现行为主体出现偏差时便发出命令，好善恶恶的道德情感便要求为善去恶。在慈湖的心学语境下，本心唯一，"改过迁善"非二事，一旦改过，善心便当下恢复，故对本心的绝对信仰是人勇于改过的重要理论前提和终极动力。

慈湖对"改过迁善"的修养工夫极为重视，曾以自己的经历现身说法：

学者初觉，纵心所之，无不玄妙，往往遂足，不知进学。而旧习

---

① 杨简：《慈湖遗书》，《四明丛书本》，台湾"国防研究院"1966年版，第192页。

② 杨简：《杨氏易传》，《儒藏精华编四册经部易类》，曾凡朝点校，北京大学出版社2009年版，第545页。

③ 杨简：《慈湖遗书》，《四明丛书本》，台湾"国防研究院"1966年版，第253页。

④ 杨简：《杨氏易传》，《儒藏精华编四册经部易类》，曾凡朝点校，北京大学出版社2009年版，第654页。

⑤ 杨简：《慈湖遗书》，《四明丛书本》，台湾"国防研究院"1966年版，第362页。

⑥ 同上书，第406页。

⑦ 同上书，第449页。

难遽消，未能念念不动，但谓此道无所复用其思为。虽自觉有过，而不用其力，虚度岁月，终未造精一之地。……予自三十有二微觉以后，正堕斯病。……偶得古圣遗训，……又于梦中获古圣面训，觉而益通，纵所思为，全体全妙。其改过也，不动而自泯，泯然无际，不可以动静言。[①]

对于改过而言，自觉自省很重要，但不能以此为究竟，无论觉悟到什么程度，也不能保证成就道德，故“德不可怠，惟勤惟精”[②]。自觉自省并非完全主观的体验，而应参之以客观标准，按照道理做事，精进奋斗不止，如此则旧习日消，本心日明。慈湖将自己的“改过”经验用于行政事务中，并经常向周围人宣讲，收到了一定成效：

温民改过迁善者寖多。[③]

民……改过滋多，加祐启祥，殄灾息祸。[④]

叔晦亦尝闻过伏义，笔书而口宣，某由是益服晦叔之高，念晦叔之贤。[⑤]

慈湖认为“学道无他，改过而已”[⑥]，深信“人心易感化”[⑦]，他希望不仅将“改过迁善”作为个人道德修养的工夫，还试图进一步推广开来，将其上升为国家治理之道。

人心本善，改过迁善即可。[⑧]

道二，是与非而已矣。过则为非，改则为是。[⑨]

---

① 杨简：《慈湖遗书》，《四明丛书本》，台湾“国防研究院”1966年版，第385—386页。
② 同上书，第194页。
③ 同上书，第456页。
④ 同上书，第456页。
⑤ 同上书，第212页。
⑥ 同上书，第321页。
⑦ 同上书，第410页。
⑧ 同上书，第413页。
⑨ 同上书，第407页。

天岂不容人改过？人心亦将大服，社稷可以复安。[①]

人君勇于改过，先正己心，己正则人正。人心与天道相感通，为政若能上当天心，下合人心，则政通人和，上下不失其序。他强调要依本心行政，这是其“心政”思想的体现。慈湖深知“惮于改过，此尤切身大害”[②]，他严厉批评世俗常情乐于文过饰非、羞于改过的做法：

夫惟士大夫不知改过之为至善也，致人主终耻于从谏。[③]

世之学者多溺于空寂，以自讼为非道，岂圣人以非道教人？[④]

世俗常情喜顺恶逆，故其相与，率多奉承。虽于同官，明知其过而不敢言，恐拂其意，终将害己。习以成俗，牢不可破。[⑤]

他解《大过》爻辞“利有攸往，亨”曰：“人情亦有虽知过，复循循悠悠，不即敏改者矣，故圣人警之曰‘利有攸往，乃亨’。”[⑥] 在慈湖心中，孔子具有至高无上的地位：“夫子如天矣。”[⑦] 上“改过”乃孔子赞许的品质，孔子尚且要通过研《易》来避免“大过”，又遑论他人？他认为世俗浅薄的言论不足为道，应该以孔子为效法的榜样：“言非大圣，终有差失，似是而非，或误后学，流毒甚深。坏人心，乱人国，戒之哉！”[⑧] 下过虽小，如果不防微杜渐，任其滋长，也会造成灾难性的后果，不可不慎。慈湖站在国家治乱兴亡的高度论改过，为改过注入了政治哲学的内涵；他曾专门上书皇帝，建议从制度层面鼓励改过，以收拾人心，重塑社会风气：

---

① 杨简：《慈湖遗书》，《四明丛书本》，台湾“国防研究院”1966年版，第409页。

② 同上书，第321页。

③ 同上书，第407页。

④ 同上书，第261页。

⑤ 同上书，第440页。

⑥ 杨简：《杨氏易传》，《儒藏精华编四册经部易类》，曾凡朝点校，北京大学出版社2009年版，第581页。

⑦ 杨简：《石鱼偶记》，《四明丛书本》，台湾“国防研究院”1966年版，第12页。

⑧ 同上。

愿陛下明谕大臣：有长官能受逆耳之言，小官喜于闻过，或知过能改，特表彰之，布告天下，切勿以为小善而忽之也。尧、舜舍己从人，汤改过不吝。改过之善，惟孔子知之，后世罕知。非表彰布告，使天下改观，则众以改过为耻。此诚治乱安危所系。人性本善，朝廷重赏导之于前，御史监司绳之于后，庶几，愿闻过求忠告者多，尽扫喜顺恶逆之私情，善政尽举，弊政尽除，民怨自消，祸乱不作。①

奏折送上去后，朝廷的反应是“嘉纳之”，对其言论表示认可。现代的政治学理论认为政治是一项十分复杂的事业，涉及不同群体的利益划分和矛盾协调，故构建完善的制度甚为必要。然而，若从义利之辨的角度来说，改过迁善只是人之当为，义者为本、利者为末，慈湖之论可谓知本。孔子尝言“听其言，观其行”，孟子主张要“知人论世”，皆强调言行一致。那么，慈湖是否践行了自己的学说呢？据《慈湖学案》载：

慈湖以“订顽”二字用诸文告。先生（王琦）谓良知良能，人人皆可以为尧、舜，请无以“顽”斥。慈湖亟改，自谢不谨。②

张载《正蒙》最后有《乾称篇上》，原是横渠书于西牖的文字，其名为《订顽》。后来，“伊川程子以启争为疑，改曰《西铭》”③。王琦认为，人性皆善，人心自灵，良知良能无不具备，“顽”又从何说起？很明显，这是顺着慈湖的思路讲的，并没有违背其师的教诲。“大抵逆耳之言，自古难受”④，但他一听此言，立即认识到了自己的过失，“亟改，自谢不谨”，可谓知行合一。学生不以指正老师为忤，老师也不以认错为耻，皆为“本心”的自然呈露，没有任何私意掺杂其间，若非平日刻苦用功，实在难以做到。

---

① 杨简：《慈湖遗书》，《四明丛书本》，台湾“国防研究院”1966年版，第440—441页。

② 黄宗羲：《宋元学案》，全祖望补修，陈金生、梁运华点校，中华书局1986年版，第2512页。

③ 张载：《张子正蒙》，上海古籍出版社2000年版，第229页。

④ 杨简：《慈湖诗传》，《儒藏精华编二五册经部诗类》，王承略、陈锦春、王正一等点校，北京大学出版社2009年版，第928页。

三　慈湖论“过”的原因

“改过”思想源远流长，孔、孟都对其有所论述，进入宋代以后，周敦颐、程颐、朱熹等也发表过各自的看法。慈湖从小浸润在儒学的环境中，自然会有很强的道德意识；再加上家学训导[①]和象山启迪，其对“过”的关心亦顺理成章。然而，他对“过”的关注又至少在两方面显得与前人不同。第一，他进一步追问了“过”产生的根源，不仅仅从行为的角度来考虑问题；第二，他对根源的追问方式带有浓厚的心学色彩，此尤能凸显其思考方式的独特与理论的创造性。将“过”视作不合理的行为，这是儒者共同的看法，并无多少特别之处。慈湖在这个问题上的创新在于他将“意”概念引入了对“过”的讨论中，从而丰富了我们的认识。

人心如何被灼伤？“过”因何而生？人们通常都从外部找原因，将其归为物欲和习气等外在力量的干扰，孟子“牛山之木”之喻即是典型。象山沿袭了这样的思路，他说：“气有所蒙，物有所蔽，势有所迁，习有所移。往而不返，迷而不解，于是为愚为不肖。”[②] 慈湖在这个问题上的思考与其师有所不同，他赋予“心”无限广大的包容力和创造力，使之成为伦理道德和天地万物的根据，价值世界和事实世界是合一的，二者统一于“心”“物物皆吾体，心心是我思”[③]。“物”被纳入“心”中，心外无道，心外无物。慈湖曰：

> 不惟天地变化尽在吾量中，而万物亦总要于我矣，何思何虑？穆

---

① 慈湖的父亲杨庭显对“改过”非常重视，甚至将其提到了“家传”的高度。慈湖说：“某自闻先训，大舜从人，禹拜昌言，由喜闻过。改过明白，先君则然。何止内讼？尽以告人。自怨自艾，至于泣下，至于自拳。出门泛观，大难其人。”（《祭沈叔晦文》，《慈湖遗书》卷四，第212页）受此影响，杨家子弟皆能反观自省，勇于改过。慈湖说：“仲兄文雅洒然，而深得《复》卦之旨，于方寸之中作图记过。人皆耻于闻过，兄顾自白其过。孔子曰：‘吾未见能见其过而内自讼者也。’而兄安而行之，猗与盛矣！叔第机仲用改过之力于内，而人未之知，又其闻钟发省，自此吐论超越。”（《连理瑞记》，《慈湖遗书》卷二，第195页）

② 《陆九渊集》，钟哲点校，中华书局1980年版，第238页。

③ 杨简：《慈湖遗书》，《四明丛书本》，台湾“国防研究院”1966年版，第237页。

穆纯纯，无始无终，其孰能循究其端绪?[①]（《哀公问礼第三》：卷一）

三才万物万化万理幽明有无通为一体，略无缝罅，畴昔意谓万象森罗，一理贯通而已。有象与理之分，有一与万之异；及反观后所见，元来某心体如此广大，天地有象有形有际畔，乃在某无际畔之中。[②]

这里的“我”是就本心意义上的“大我”而言，“我”即易，“我”即道，“我”即天地。心量广大，天地万物皆不出其外，故外物对人心不再有根本性的影响，“过”的原因也不能从外部去找，只能从人心自身来找。董金裕认为杨简虽承继陆象山心学，但不论在基本理论或下手工夫上，都较陆象山所言者更往前推阐，而达到心学发明本心与以易简为教的最高峰。就心学的发展史而论，杨简之心学实有其一定地位。[③]

既然本心至善，心外无物，那么遮蔽本心的便非“物”，如果不是“物”，那又是什么呢？慈湖答曰：“意”才是遮蔽本心，使之陷溺的非本质力量，即：“此心本无过，动于意斯有过。”[④] 类似的言论不胜枚举：

人心本善，起意生过。[⑤]（《蜡宾第一》卷一）

人心之灵本如此，因物有迁，一动乎意，故丧其灵。[⑥]

惟道心无体无我，惟有光明照物，苟微动乎意则有差失矣。[⑦]（《康诰》卷一）

---

① 杨简：《先圣大训》，《四库全书珍本》七集，王云五主编，台湾商务印书馆 1971 年版，第 53 页下。

② 杨简：《慈湖遗书》，《四明丛书本》，台湾“国防研究院”1966 年版，第 449 页。

③ 董金裕：《杨简的心学及其评价》，《国立政治大学学报》1990 年第 61 期。

④ 杨简：《慈湖遗书》，《四明丛书本》，台湾“国防研究院”1966 年版，第 190 页。

⑤ 杨简：《先圣大训》，《四库全书珍本》七集，王云五主编，台湾商务印书馆 1971 年版，第 32 页下。

⑥ 杨简：《石鱼偶记》，《四明丛书本》，台湾“国防研究院”1966 年版，第 35 页上。

⑦ 杨简：《五诰解》，《百部丛书集成·墨海金壶本》，艺文印书馆 1964—1970 年版，第 6 页上。

“因物有迁”之“迁”只表示诱惑与误导，并非物从根本上剔除本心，故善端并未泯灭，成善的根据仍旧存在。要之，本心的陷溺一定是主体自身选择的结果，是其在“意”的遮蔽下的自我沉沦。因为人的习气很难消去，人迷惑于习气中不自知、不自觉，执血气形质为我，沉溺于经验性和习惯性的思维方式中，以为这就是真我，殊不知，这不过是局限于一己之私的顺驱壳起念。人心一旦为物所“移换”，则感性战胜了理性，失去了自身的主体性，其意念之发也非由本心而来，而是曲折、支离、分裂的意念，有过也就很正常了。

既然过生于意，那么何谓“意”？学者们对此各有看法，有的认为意是“违背伦理的意念”①，有的认为意是“人们对事与物的分辨、区别”②；有的认为意“不仅指私意即一般的私心杂念，更以指深层的意向状态”③；还有的认为意是“一种违逆生命之流的意识”④。以上说法各有所见，笔者认为若欲对“意”有全面的了解，最好首先紧扣慈湖的文本来做一番检讨。

首先，从理想状态看，“意”与本心在根源上一致，二者体现为一种既分且合的关系。朱熹解“意”为“心之所发”，阳明也说“心之所发便是意”。在慈湖那里，“心”是道德原则和宇宙存在的根据，一切皆从“心”出，“意”也不例外。“心”与“意”合一时，由心所发之意便是圆融的，他将此状态称为“直心直用”或“直心直意”：

> 直心直用，不识不知，变化云为，岂支岂离？感通无穷，匪思匪为。⑤
>
> 直心直意，匪合匪离，诚实无他，道心独妙。匪学匪索，匪粗非精，一犹赘辞，二何足论！⑥

---

① 崔大华：《南宋陆学》，中国社会科学出版社1984年版，第148页。

② 郑晓江，李承贵：《杨简》，台湾东大图书公司1996年版，第70页。

③ 陈来：《宋明理学》，华东师范大学出版社2004年版，第166页。

④ 张实龙：《杨简研究》，浙江大学出版社2012年版，第90页。

⑤ 杨简：《慈湖遗书》，《四明丛书本》，台湾“国防研究院”1966年版，第187页。

⑥ 同上。

就发用而言，本心原是当下呈现，直接表现的，不需要任何中间环节，“如恶恶臭，如好好色”，这在一定程度上与生物本能相似，也可以称为道德本能。“心”和“意”并非截然对立，二者在根源上同一，正由于此，慈湖反对人们离意求心：“离意求心，未脱乎意”①。离开“意”来求“心”是做不到的，那样的“心”也无法理解。然而，现实中的人往往不能做到直心而行，所以一定会有“二”“支”“阻”的情况出现，此时的“意”便是残缺的，圣凡之别亦于此显现。但圣凡的区别又不是绝对的，本心人人皆有，差别只在于保养扩充的工夫。成圣的通道永远敞开，如果人能做到事事顺应本心而为，那么由“心”所发之“意”便是圆融之意，就有利于成就道德。由于“意”经常会在圆融和残缺之间游移，处于动态的变化过程中，所以，工夫就显得十分必要。恢复“心”与“意”的合一，自觉自信是第一步，在此基础上还需要不断地学问思辨，并结合自身的践履真诚体认，努力修持，不可有丝毫懈怠。

其次，从产生原因看，“意本于我”。慈湖说：

> 人谁无好善之心，往往多自谓己不能为而止；人谁无改过之心，往往多自以难改而止。凡此二患，皆始于意，意本于我。道心无体，何者为我？清明在躬，中虚无物，何者为我？虽有神用，变化云为，其实无体。知我之本无体，则声色甘芳之美、毁誉荣辱之变、死生之大变，如太虚中之云气，亦如水鉴中之万象，如四时之变化，其本体无所加损，何善之难迁？何过之难改？②

这里的“我”指的是血气小我，而非天心大我，后者是和宇宙同一的终极实体。血气小我是感性的经验存在，慈湖说：“心非气血，非形体，惟有虚明，而亦执以为己私，若一物然。故圣人去心之名，庶乎己私之释而虚至神著矣。”③ 人在经验思维的主导下，通常会依照常识来思考行动，这在一般情况下管用，但在面临复杂事务和重大道德抉择时就会出

① 杨简：《慈湖遗书》，《四明丛书本》，台湾“国防研究院”1966年版，第187页。

② 同上书，第263页。

③ 杨简：《杨氏易传》，《儒藏精华编四册经部易类》，曾凡朝点校，北京大学出版社2009年版，第594页。

问题。慈湖反复告诉世人，人心无体相，惟有表现和作用，切不可妄执血气形质之我为真我：

> 人心无体，无体则无际，无际则天地在其中，人物生其中，鬼神行其中，万化万变皆在其中，然则何往而不一乎！①
>
> 人心无体，自神自明，自无所不一，有体则不一，无体则无不一。意动则昏，昏则乱，乱则自不一而纷纷矣。②

血气小我执着于一己之私，尚有人我之别；人心汩没于此，胸中难免有私意。慈湖说："不起意非谓不理事，凡作事只要合理，若起私意则不可。"③ 人心知善知恶，其发用乃是当下而为，不必有任何先在的预设，否则便是起意而有所偏，反而不能得其中正。

需要指出的是，慈湖的"无我"说受家学的影响很大。其父杨庭显曾"深究无我二十年"④，他说："人心本清明，本自善，其有恶，乃妄心尔。因其不违，执以为我，被客来作主，迷失本心。达血气二字，则无我矣。"⑤ 又说："此身尚非我有，外物亦何足道?"⑥ 相较于其父充满禅机的话语，慈湖的"无我"说更多地来自于他对本心虚明无体、无形无相的理解：本心无具体的形质可言，人应该"向上一机"，超越具体的感性存在，追求纯粹绝对的精神。

再次，从运行机制看，"意"是一种细微难察的心理状态。正由于细微难察，人们往往对其不重视，以致累如山岳，积重难返。慈湖说：

> 何谓意？微起焉皆谓之意，微止焉皆谓之意。⑦

---

① 杨简：《杨氏易传》，《儒藏精华编四册经部易类》，曾凡朝点校，北京大学出版社2009年版，第616页。

② 同上书，第585页。

③ 杨简：《慈湖遗书》，《四明丛书本》，台湾"国防研究院"1966年版，第373页。

④ 同上书，第420页。

⑤ 同上书，第429页。

⑥ 同上书，第419页。

⑦ 同上书，第187页。

这里有三个概念值得重视：微、起、止。“微”表示细小、程度很轻，人在经验世界中，很少会对它有所注意。与“微”具有相同或相近内涵的，还有“畿”和“忽”：

> 畿者，动之微，心动之始也。[①]
>
> 吾心本无物，忽有物焉，格去之可也。[②]

慈湖说：“畿有善恶。”[③] 善恶意味着分别和比较，它是人们在道德判断时作出的预设和选择。“起”与“止”则透露出明显的时间意涵，用以描述经验事实。他说：“时有古今，道无古今；形有古今，心无古今。”[④] 人心虚灵澄明，本无物可言，更谈不上善恶；人心超越具体有形之物，故谈不上动或静，如果非要用动静来描述的话，那么人心应该是动静一如的，它“寂然不动，感而遂通”。慈湖说：“道心非动静，学者何难易?”[⑤] 又说：“礼乐之道，非动静之可言。”[⑥] 而“意”的起止使“心”从超越层面堕入经验层面，在欲望和习气的连续作用下，“心”中开始变得意虑纷然，误认血气形质为真我，想要不丧失道德主体性也难。慈湖说：“人心自善自正，自明自神，惟起意则差，则偏则倚，则失中。平平庸庸，惟无动乎意则无不中，由此而行曰作虑，其或昏而差，不觉起意生过。”[⑦]（《酒诰》卷二）“不觉”二字值得重视，它说明人心起意难以察觉，甚至在人尚不自知的情况下就已经产生了。最后，从表现方式看，凡是带有刻意、分别、比较的思想和行为都可称为“意”。既然“意”是不好的，于是有人便转而追求“无意之意”，慈湖认为这同样要不得。他

---

① 杨简：《杨氏易传》，《儒藏精华编四册经部易类》，曾凡朝点校，北京大学出版社 2009 年版，第 478 页。

② 杨简：《慈湖遗书》，《四明丛书本》，台湾“国防研究院”1966 年版，第 332 页。

③ 杨简：《杨氏易传》，《儒藏精华编四册经部易类》，曾凡朝点校，北京大学出版社 2009 年版，第 472 页。

④ 杨简：《慈湖遗书》，《四明丛书本》，台湾“国防研究院”1966 年版，第 227—228 页。

⑤ 同上书，第 237 页。

⑥ 同上书，第 304 页。

⑦ 杨简：《五诰解》，《百部丛书集成·墨海金壶本》，艺文印书馆 1964—1970 年版，第 2 页下。

说："圣人尚不欲言，又恐学者起无意之意也。"[①] 人生活在现实世界中，每时每刻都要和各种事务打交道，怎么可能"无意"？前面已经说过，慈湖对"不理事"持反对态度，"无意"便是"不理事"，他曾感慨道："学者藩以私情，蔀以小智，绝圣人之大道，昧人心之固有，持异端邪说，而欲立乎清虚无为之境。吁，可伤哉！"[②] 儒家要修己安人，成己成物，如何能"不理事"？如何能"无意"？"无意之意"看似很好，实则为刻意，始终没有跳出起意的窠臼。至于意态的相状，则不胜枚举：

> 意之为状，不可胜穷。有利有害，有是有非，有进有退，有虚有实，有多有寡，有散有合，有依有违，有前有后，有上有下，有体有用，有本有末，有此有彼，有动有静，有今有古。如此之类，岁穷日之力，穷年之力，纵说横说，广说备说，不可得而尽。[③]
>
> 或有此意，或有彼意，或有内意，或有外意，或有难意，或有易意，或有异意，或有同意，或有虚意，或有实意，或有动意，或有静意，或有博意，或有约意，或有繁意，或有简意，或有精意，或有粗意，或有古意，或有今意，或有可之意，或有不可之意，或有知之意，或有行之意。意态万状，不可胜穷。[④]

上述这些内涵相反的概念皆包含有分别和比较，实为建立在二元对立基础上的知性思维方式。这种方式对于探索世界有其合理性，但在面对道德问题时则有局限，不可僭越。人心对善恶的判断是不待思为、当下作出的；如果有思为，则容易有所偏倚，反而不能作出合理的裁决。象山说："恶能害心，善亦能害心。"[⑤] 一个人若时刻想着为善，结果却并不一定能真正为善，反而给自己带来巨大的压力，导致结果和愿望南辕北辙。象山以"扇讼"启发慈湖，亦不过是说明本心自备万善，自能当机立断，不

① 杨简：《慈湖遗书》，《四明丛书本》，台湾"国防研究院"1966年版，第187页。

② 同上书，第383页。

③ 同上书，第187页。

④ 杨简：《中庸第十九》，《先圣大训》卷三，《四库全书珍本》七集，王云五主编，台湾商务印书馆1971年版，第15页下。

⑤ 陆九渊：《象山语录》，杨国荣导读，上海古籍出版社2000年版，第83页。

必再有任何分别和比较，胸中不预先存有丝毫善恶的观念，让本心自然流出即为至善。

至此，我们对“意”可以有一个较清晰地认识。所谓“意”指的是在道德判断中预先设定的分别和比较，它是一种违逆道德生命的念头，是本心的歧出状态；尽管它是导致“过”的来源，但其存在没有独立性，通过“直心直意”和“不起意”的工夫，“意”可以做到与本心合一，回归圆融的状态，消除其残缺的部分。就“过”和“意”的关系而言，慈湖说：

> 心无质体，唯有变化。无作于意，天则自昭，天秩自序，居处自有礼，长幼自辨，三族自和，庶事自序，此岂为人之所能哉？①
>
> 患生于妄意之兴，意行则昏则乱，一日觉之，则吾未始或动，未始犹改，未始不备众德。神用四发，如风雨之散润，如日月之代明，如四时之错行也。②

“不起意”则“过”自消，人心之灵明自然显现，人心有善端，仁义礼智信皆在其中，“改过”便是“迁善”，即发明本心。“改过”既是就行为举止而言，也是就思想观念而言，如果人能首先端正自己的思想，让意念之发用皆能遵循本心的要求而为，则过自泯，自然无不中礼，自然合于大道，自然无所不通。慈湖从“意”的角度论述改过，其用心无外乎强调，就价值论而言，观念优先于行动，只有心意合一，才符合本心的要求，相应的行动才能称为善。

四　余　论

由上可见，慈湖的道德修养工夫里，除了“不起意”外，“改过”也是关键的部分。“不起意”偏重于先天一路，强调立定大本，挺立道德主

---

① 杨简：《孔子燕居第五》，《先圣大训》卷一，《四库全书珍本》七集，王云五主编，台湾商务印书馆 1971 年版，第 60 页下。

② 杨简：《杨氏易传》，《儒藏精华编四册经部易类》，曾凡朝点校，北京大学出版社 2009 年版，第 654 页。

体；改过偏重后天行为方式的纠正，强调在经验世界中的踏实践履，是对“不起意”的补充。慈湖人品高洁，践履纯熟，这跟他结合“不起意”和“改过”进行修炼密不可分。“不起意”的学说有多方面的来源，除了《论语》“毋意”的思想资源外，象山反对“有意为之”也是重要助缘。[①]另外，慈湖对《易》有精深的了解，从中亦获得了不少启发。他解《复》卦初九爻辞“不远复，无祇悔，元吉。《象》曰：‘不远’之复，以修身也”时说：

> 意起为过，不继为复。“不继”者，不再起也，是谓“不远复”。意起不已，继继益滋，后虽能复，不可谓“不远复”。不远之复，孔子独与颜子，谓其“有不善，未尝不知，知之未尝复行”者。继之之谓意起，即觉其过，觉即泯然，如虚至水，泯然无际；如气消空，不可致诘。人心自善，自神自明，自无污秽。事亲自孝，事兄自弟，事君自忠，宾主自敬，应酬交错，如四时之错行，如日月之代明，如水鉴中之万象。意微起焉，即成过矣。颜子清明，微觉其过，觉即泯然，无际如初，神明如初，是谓“不远复”[②]。

“不远复”原意为“起步不远就回复正道”[③]，慈湖用它来指“意”在刚起之初便觉察其过，觉即泯然而化。在意虑萌动之初，善恶观念尚未形成之前，便及时将其化除，这是最为简易的工夫。他曾描述自己的体验道：“某尝自觉意初起如云初生，尚未知其为何意，而已泯然复矣。”[④]《慈湖遗书》中另有两首诗，亦形象地描述了这种先天工夫：“意萌微动

---

① 象山说：“精神全要在内，不要在外，若在外，一生无是处。但如奖一小人，亦不可谓今要将些子意思奖他；怒一小人，亦不可谓今要将些子意思怒他，都无事此。只要当奖即奖，当怒即怒，吾亦不自知。若有意为之，便是私，感畏人都不得。”（陆九渊：《象山语录·下》，上海古籍出版社2000年版，第95页）

② 杨简：《杨氏易传》，《儒藏精华编四册经部易类》，曾凡朝点校，北京大学出版社2009年版，第566页。

③ 黄寿祺、张善文：《周易译注》，上海古籍出版社2004年版，第192页。

④ 杨简：《杨氏易传》，《儒藏精华编四册经部易类》，曾凡朝点校，北京大学出版社2009年版，第565—566页。

雪沾水，泯然无际澄且清"[①]"一片雪花轻着水，冥冥不复省漓醇"[②]。如此高妙的道德化境，为何能不让人心向往之？

不可否认，正如不少学者所批评的那样，慈湖的道德修养论以先天的成分居多，然而他并没有脱略后天工夫。在他看来，每个人都有觉悟的潜质，但觉悟的先后和深浅是有差异的。因此，针对不同根器的人，就应该用不同的方法。[③] 相对于"不起意"的先天之学来说，"改过"无疑更加平实，更易为普通人所掌握。[④] 总之，"不起意"并非慈湖心学的"唯一"工夫，此论点应该可以成立。

慈湖的"改过"说奠基于他对心体的理解，他理解的"心"是纯善无恶的，人应该自尊自信本心。他说："人心自善，自中，自正，自顺，自清明，自神，自广大，……人能自信此心之即极，勿动而改，则何失之有？"[⑤] 人之所以有过，乃是因为起意，他说："道心虚明，自无惧，自无闷。有不然者，乃因物而迁，意起而昏。"[⑥] 又说："人之本心，是谓道心，本正，正无实体，以不动名，动斯不安，必至失正。"[⑦] 这里的"动"便指动于意。可见，慈湖不仅有经验层面的观察，更深入到意识深处去探索"过"产生的根源，这是其"改过"说最有价值的地方。慈湖区分行

---

① 杨简：《慈湖遗书》，《四明丛书本》，台湾"国防研究院"1966年版，第235页。

② 同上书，第236页。

③ 慈湖也谈到了下根教法："子曰：'温故而知新，可以为师矣。'温故则善有进而无退，知新则善愈益而愈通。道不在他，善而已矣。人性自善，又能尽集天下之善，则道则我矣。学者自少自壮，由壮至老，所知不胜其多。惟其旋得旋失，是以终为无成。诚能已知者不失其善，未知者又知之，则此心无非善，日用无非善。学者如晤顿觉之明，当自此入。虽觉而未能无过，亦不可无学。"（《论论语上》，《慈湖遗书》卷十，第325页）不过，这样的说法在慈湖的著作中较为少见，他虽承认"学者所造有浅深"（《书遗桂梦协》，《慈湖遗书续集》卷一，第451页），但更强调"道无浅深"，故不能视其为普遍教法。

④ 慈湖说："百姓日用此心之妙而不自知，以其意动而有过，故不自知。孔子曰：'改而止。'谓学者改过即止，无外起意，无适无莫，蒙以养之。"（《吴学讲义》，《慈湖遗书》卷五，第227—228页）从根源上看，"过"乃由意而起，故"改过"就是"不起意"。综合而言，"改过"兼具先天和后天两个方面，它和"不起意"之间既有相通之处，又有一定的独立性。

⑤ 杨简：《慈湖诗传》，《儒藏精华编二五册经部诗类》，王承略、陈锦春、王正一等点校，北京大学出版社2009年版，第994页。

⑥ 杨简：《杨氏易传》，《儒藏精华编四册经部易类》，曾凡朝点校，北京大学出版社2009年版，第582页。

⑦ 同上书，第471页。

为之过与意念之过的论述对阳明及其后学有所启发，二者常表现出言说方面的相似性，如王心斋有“一觉便消除”的说法，而南大吉则有“身过”和“心过”的划分：

> 南大吉……居数日，复自数过益密，且曰：“身过可免，心过奈何?”先生曰：“昔镜未开，可得藏垢。今镜明矣，一尘之落，自难住脚。此正入圣之机也，勉之。”①

慈湖说：“此心无体，虚明洞照，如鉴万象，毕见其中，而无所藏。”② 又说：“此心之神，无所不通，此心之明，无所不照，昭昭如鉴，不假致察，美恶自明，洪纤自辨。”③ 两相对照发现，阳明的回答与慈湖对心体的描述有异曲同工之妙。二者皆强调心体的澄明对于道德判断具有当下性，“意”如“尘垢”那样，虽然一时可以遮蔽本心，但终非本质性力量，无法从根源上彻底磨灭本心。本心被“意”遮蔽而生过，但那只是其“用”暂时不能得以表现，但其“体”依旧存在，且随时都有可能向“意”发起反攻，回复心体之正。明末，刘宗周在《人谱》中对“过”的描述则更加具体深入，可视为对慈湖“改过”说的有力推进，这也从侧面表明慈湖的“改过”说与“不起意”一样，是其道德修养论中不可或缺的部分，因而值得关注。

① 陈荣捷：《王阳明传习录详注集评》，华东师范大学出版社2009年版，第248页。

② 杨简：《慈湖遗书》，《四明丛书本》，台湾“国防研究院”1966年版，第186页。

③ 同上书，第187页。

从心—性—天看吴澄与王阳明心性论之异同

吴立群*

论及宋明理学，不能不提及程朱理学和陆王心学两大派别的相互诘辩和相互渗透。与此相关，朱熹与王阳明分别作为“理学”与“心学”的两大代表人物，始终居于理学论说的中心地位。南宋自朱熹之后，或述朱，或诤朱，所谓“此亦一述朱，彼亦一述朱”①，始终以朱熹为论说中心；明代自王阳明之后，或述王，或诤王，亦以王阳明为中心。朱学与王学的异同是理学内部的分歧。探讨王阳明心学需从程朱理学谈起，理解心学与理学之异，则需从心学与理学之同谈起。由之，论及王学必与朱学相比较，此为研究王学之必要，自无疑议。然而，由宋至明，在从程朱理学向陆王心学的历史演变中，元代理学经历了怎样的发展？它又是否为阳明心学的兴起作了思想上的准备和理论上的铺垫？元代理学家又是如何理解心性问题的？以上问题的讨论或可为阳明心学研究的深入抛砖引玉。

儒家哲学在宋明时期的理论形态——理学，往往被后世学者称作“性理之学”，并理解为“希圣之学”②。理学家们以儒家经典为依据探讨“天地万物之源”“道德性命之本”以及“天人之际”等哲学根本问题，对传统儒家日用伦常的“心”“性”“理”“道”等范畴重新诠释，赋予其宇宙论、本体论的意义，在精深微密，辨析毫芒的探究中建立各自的理论。宋明时期尽管学派林立、论说纷呈，但“性与天道”始终是理学的

---

* ［作者简介］吴立群（1968—），女，江西崇仁人，上海大学副教授，博士。主要研究方向：儒家哲学。

① 黄宗羲：《姚江学案·叙录》，《明儒学案》卷十，沈芝盈点校，中华书局1985年版，第179页。

② 钱穆：《朱子新学案》，巴蜀书社1986年版，第47页。

核心话题。

元代理学有别于宋代。民族文化的交融与冲突、元政权推行汉法的一波三折、科举制度的行与废等诸多原因，一方面使元代理学的内容丰富多彩，另一方面又使理学在元代的发展历尽艰辛。学派间的明争暗斗以及学术与政治间的若即若离纠缠在一起，使得元代理学呈现出斑驳陆离的复杂面貌。元代著名理学家当数吴澄与许衡，时人有南吴北许之谓。① 吴澄注重自觉。自觉意即自诚其意，自觉其心，亦即孟子所谓“尽其心”“知其性”。吴澄认为，天理非外在于人心，自觉亦非外求。因此，吴澄虽于“格物致知”“敬义夹持”处多有精论，但更注重反求诸己“自新”“就身上实学”②。许衡则推崇朱学之传注与义理，并指出治学之道需“慎思”“践履”。所谓“慎思”，就是要审慎、精思，不可盲从，如其所云：“视之所见，听之所闻，一切要个思字”③；所谓“践履”，意即将所学之传注义理于伦理纲常中实践运用。如果说“慎思”强调的是“知”，那么“践履”强调的则是“行”。许衡将慎思（知）与践履（行）相结合的治学之道称之为“治生”之学。他主张理学不应空谈心性，而应与儒家修齐治平之道相一致，如其所云：“苟生理不足，则于为学之道有所妨。”④ 在元代，吴澄重视“心学”的思想与许衡侧重“以六经如法家律令”的观念形成鲜明对比。⑤

明代王阳明对元代吴澄之学表示肯定与欣赏，并认为元代许衡之说贻

---

① 元人揭傒斯谓：“有元一代，以理学后先倡和，为海内师资者，南有吴澄，北有许衡。”［（元）揭傒斯：《神道碑》，《吴文正集附录》，《景印文渊阁四库全书》第1197册，台湾商务印书馆1986年版，第945页］钱穆先生亦就元代“南吴北许”二位大儒作过一番比较。他说：“朱子后阐扬朱学，于学术史上有贡献者，宋末必举黄震东发，明代必举罗允升整庵，清初必举陆世仪桴亭。此三人虽所诣各不同，要为能得朱子学之大体及精旨所在。然元代有吴澄草庐，当时有北许南吴之称。许衡先仕于元，提倡朱学，亦不为无功。然论学问著述，惟草庐堪称巨擘。”（钱穆：《吴草庐学述》，《中国学术思想史论丛》卷六，安徽教育出版社2004年版，第54页）足见吴澄在学术史上的地位。

② 吴澄：《吴文正集》卷二，《景印文渊阁四库全书》第1197册，台湾商务印书馆1986年版，第32页。

③ 许衡：《鲁斋遗书》，《景印文渊阁四库全书》第1198册，台湾商务印书馆1986年版，第370页。

④ 同上书，第452页。

⑤ 吴立群：《吴澄理学思想研究》，上海大学出版社2011年版，第7—267页。

误后学。[①] 吴澄曾论及陆学简易，朱学循序，而朱学末流则沦为支离。王阳明对此表示赞同，并在《答刘子澄》一文中整段摘录吴澄此论以示其门人。[②] 王阳明指出，朱学之失在元代已多有论说，其中吴澄之见尤为肯切精当。吴澄晚年著有《礼记纂言》，[③] 王阳明专为此书再刊作序，并称赞其说不拘于朱说，于《礼》多有发明。[④] 可见王阳明对吴澄之学的肯定

---

① 王阳明在回答门人立志是否需要为善去恶时，王阳明说："善念存时，即是天理。此念即善，更思何善？此念非恶，更去何恶？此念如树之根芽。立志者，长立此善念而已。'从心所欲不逾矩'，只是志到熟处。精神、道德、言动，大率收敛为主，发散是不得已。天地人物皆然。……许鲁斋谓儒者以治生为先之说亦误人。"儒家道德教化总是从立志谈起。志不立，则无事可成。王阳明所谓"立志"即立此"善念"。"善念"存时，即是"天理"。这样，在"立志"—"善念"—"天理"的解读中，何谓立志（是什么）的问题便转化为如何存此善念（怎样做）的问题。如果说"立志"（是什么）属"知"，那么"存此善念"（怎样做）则属"行"。既然"立志"与"存此善念"均以"天理"为其内容和目标，那么"知"与"行"便不是两件事了。具体而言，立志（知）就是要复归天理，而天理就在每个人的心中，因此向内收敛于一心方可存此善念（行）；存此善念（行）即谓立志（知），立志意即复归天理。在知—行—知的展开过程中，知与行达成统一。王阳明认为，立志、存此善念等均应以收敛为主，至于发散（即向外探求），乃不得已而为之。在王阳明看来，许衡的治生之学恰恰混淆了这一主次关系、颠倒了这一先后次序。因此，王阳明指出"许鲁斋谓儒者以治生为先之说亦误人"。（《王阳明全集》，吴光、钱明、董平等编校，上海古籍出版社 2011 年版，第 22 页）

② 《答刘子澄》载："朱子之后，如真西山、许鲁斋、吴草庐亦皆有见于此，而草庐见之尤真，悔之尤切。今不能备录，取草庐一说附于后。临川吴氏曰：'天之所以生人，人之所以为人，以此德性也。然自圣传不嗣，士学靡宗，汉、唐千余年间，董、韩二子依稀数语近之，而原本竟昧也。逮夫周、程、张、邵兴，始能上通孟氏而为一。程氏四传而至朱，文义之精密，又孟氏以来所未有者。其学徒往往滞于此而溺其心。夫既以世儒记诵词章为俗学矣，而其为学亦未离乎言语文字之末。此则嘉定以后朱门末学之敝，而未有能救之者也。夫所贵乎圣人之学，以能全天之所以与我者尔。天之与我，德性是也，是为仁义礼智之根株，是为形质血气之主宰。舍此而他求，所学何学哉？假而行如司马文正公，才如诸葛忠武侯，亦不免为习不著，行不察；亦不过为资器之超于人，而谓有得于圣学则未也。况止于训诂之精，讲说之密，如北溪之陈，双峰之饶，则与彼记诵词章之俗学，相去何能以寸哉？圣学大明于宋代，而踵其后者如此，可叹已！澄也钻研于文义，毫分缕析，每以陈为未精，饶为未密也。堕此科臼中垂四十年，而始觉其非。自今以往，一日之内子而亥，一月之内朔而晦，一岁之内春而冬，常见吾德性之昭昭，如天之运转，如日月之往来，不使有须臾之间断，则于尊之之道殆庶几乎？于此有未能，则问于人，学于己，而必欲其至。若其用力之方，非言之可喻，亦味于《中庸》首章、《订顽》终篇而自悟可也。'"（《王阳明全集》，吴光、钱明、董平等编校，上海古籍出版社 2011 年版，第 159—161 页）

③ 吴澄晚年著有《书纂言》《易纂言》《易纂言外翼》《礼记纂言》《五经纂言》等。其中《礼记纂言》意欲续朱熹未竟之志。

④ 王阳明在为《礼记纂言》所作序中肯定了吴澄之说于《礼》多有发明："礼也者，理也；理也者，性也；性也者，命也。……经礼三百，曲礼三千，无一而非仁也，无一而非性也。……后之言礼者，吾惑矣。宋儒朱仲晦氏慨礼经之芜乱，尝欲考正而删定之，……其后吴幼清氏因而为纂言，亦不数数于朱说，而于先后轻重之间，固已多所发明。"（《礼记纂言序》，《王阳明全集》，吴光、钱明、董平等编校，上海古籍出版社 2011 年版，第 271—272 页）

与欣赏。王阳明认为，许衡以朱学为宗，其“治生”之学流于朱学之失而未及大本；吴澄则对朱学之训诂、条理之弊鞭辟入里，其学深得儒学之道。如此看来，摆脱训诂和条理的束缚，“直透大义，反向自心”或可为元代吴澄之学与明代王学之共同特征。正如钱穆先生在《阳明述要·序》中指出的那样，研究王阳明心学“须脱弃训诂和条理的眼光，直透大义，反向自心，则自无不豁然解悟”①。

一　纳“心学”入道统

在朱学成为官学的元代，吴澄摆脱朱学“训诂和条理”的束缚，以陆学之“直透大义，反向自心”纠偏救弊。至明代，朱学由于强调“格物”“下学”“博学”的践履笃实工夫，流为训诂之学，日见支离烦琐，昧却本体。王阳明亦以救时弊自任，倡其心学。

“心学”一词始见于佛典，语意较宽泛。宋代邵雍始将“心学”一词作为学术用语使用。② 南宋以降，后人分别以朱熹和陆九渊为“理学”和“心学”两大学派的代表，“心学”一词便有了特定的含义。③“理学”与“心学”这一原本是理学内部的学派分歧亦逐渐演变为门户之争。朱陆后

---

① 钱穆：《阳明学述要》，九州出版社2010年版，第1页。

② 邵雍：《皇极经世书》，黄畿注，卫绍生校理，中州古籍出版社1993年版，第425页。

③ 陆九渊与朱熹同为南宋时期著名理学家，二人因学术观点分歧于淳熙二年（1175）在“鹅湖之会”首次展开论争。朱熹主张“即物穷理”被陆九渊讥为“支离事业”（《陆象山全集》，中国书店1992年版，第276页）；陆九渊主张“易简”（《陆象山全集》，中国书店1992年版，第276页）工夫亦不为朱熹所接受。“鹅湖之会”之后，朱熹与陆九渊之间的分歧更加明确。此后，人们遂称朱熹学派为“理学”，称陆九渊学派为“心学”。注：事实上，在南宋末年，“心学”一词并不见于陆九渊或朱熹的文字当中。黄震指出：“近世喜言心学。……甚者单摭道心二字，而直谓即心是道，盖陷于禅学，而不自知其去尧舜禹授受天下之本旨远矣。”[（宋）黄震：《人心惟危一章》，《黄氏日钞（一）》卷五，《景印文渊阁四库全书》第707册，台湾商务印书馆1986年版，第65页] 此处所谓“心学”，从其上下文来看，主要是针对宋儒以来大谈《古文尚书》的“十六字心诀”之思想现象而发，而非专指陆九渊之辈，亦非与“道学”或“理学”相对意义上的名称。其实，黄震还曾把朱熹之师李侗之学称为心学[（宋）黄震：《读本朝诸儒书》，《黄氏日钞（二）》卷四十二，《景印文渊阁四库全书》第707册，台湾商务印书馆1986年版]，而且并非出于贬义。

学门户之争逐渐偏离当年朱陆为学宗旨，[①] 致使儒学统绪难以为继。有见于此，吴澄以厘清“心学”的语义内涵为治学前提。吴澄指出，“理学”与“心学”虽然在理气、道器、心性等问题，特别是在心与理、“尊德性”与“道问学”之间的关系上，存在诸多分歧，但二者均围绕理学核心话题展开言说，皆“同植纲常，同扶名教，同宗孔孟”[②]，在根本上是一致的。

理学在元代被尊为官学，而心学则日益式微。在吴澄看来，心学式微的重要原因除官方推崇因素之外，还在于因门户之见而对“心学”所产生的误解。吴澄指出，心学乃直承孔孟，上至尧舜禹汤、文武周孔、颜（回）曾（点）思（子思）孟（轲）；下至邵（雍）周（敦颐）张（载）程（二程），皆以“心”为学，[③] 并非专指陆九渊心学而言。吴澄指出，孔子虽未直言心体，但孟子得其传，故可知孔子亦无非以心学教人。孔子之后，心学在孟子那里得到了发挥。换言之，心学并非由陆九渊始创，而是直承孔孟之道而来。因此，对心学的理解不应局限于陆氏心学。那种以“心学 = 陆学”的公式来理解心学的观念是错误的。既然如此，后世学者视心学为理学之对立、以程朱理学为尊而以陆氏心学为轻的为学态度便有

① 正如全祖望所言，朱学在宋“端平以后，闽中、江右诸弟子，支离、桀戾、固陋，无不有之”（《东发学案》，《续修四库全书》第 519 册，黄宗羲辑，上海古籍出版社 1995 年版，第 567 页）；陆九渊后学从杨简起亦以“明悟”为主，“不起意”为宗（《慈湖学案》，《续修四库全书》第 519 册，黄宗羲辑，上海古籍出版社 1995 年版，第 376 页），以至“不读书、不穷理、专做打坐工夫”（陈淳：《北溪文集大全》，《续修四库全书》第 1168 册，陈榘编，台湾商务印书馆 1986 年版，第 686 页），不免“一往蹈空，流于狂禅”（《絜斋学案》，《续修四库全书》第 519 册，黄宗羲辑，上海古籍出版社 1995 年版，第 404 页）。

② 《象山学案》，《续修四库全书》第 519 册，黄宗羲辑，上海古籍出版社 1995—2002 年版，第 127 页。

③ 吴澄多次论及此说，他说：“以心而学，非特陆子为然。尧舜禹汤、文武周孔、颜曾思孟，以逮邵周张程诸子，盖莫不皆然。故独指陆子之为本心之学者，非知圣人之道者也。”［（元）吴澄：《仙城本心楼记》，《吴文正集》卷四十八，《景印文渊阁四库全书》第 1197 册，台湾商务印书馆 1986 年版，第 500 页］“其言不见于《论语》之所记，而得之于孟子之传，则知孔子教人非不言心也。”［（元）吴澄：《仙城本心楼记》，《吴文正集》卷四十八，《景印文渊阁四库全书》第 1197 册，台湾商务印书馆 1986 年版，第 499 页］“孟子曰：‘万物皆备于我矣，反身而诚，乐莫大焉。’由传以溯陆，由陆以溯孟，在此而已。”［（元）吴澄：《金溪传先生语录序》，《吴文正集》卷十八，《景印文渊阁四库全书》第 1197 册，台湾商务印书馆 1986 年版，第 201 页］

失客观和公允，不利于理学的传承与发展。在崇尚圣贤的儒家传统中，以古圣先贤阐发己意，是学术论辩的有力武器。理学与心学尽管分歧很大，但都尊奉孔孟。吴澄以心学为孔孟之学，既简便而有效地澄清了前提，又为深入阐发心学的道统意义作好了准备。吴澄指出，程朱理学与陆氏心学同为孔孟之道，二者同为道统之传承。

道统观在儒家思想中占据重要地位，深刻地影响着中国古代思想家的思想内容与形式。① 上古时期的伏羲、尧、舜、汤、文、武、周公、孔子等人既是中国人非常崇扬的圣人，也是中华文化的创造者和传承者，将他们列入道统谱系，其意味深长。儒家道统之基本精神即确立儒家思想在中国学术上、文化上的正统地位。因此，自宋以来，从“宋初三先生”至“北宋五子”，再到南宋朱熹、张栻、陆九渊等理学家，无不倡扬道统说。到了元代，理学北传，道统说继续成为元代学术界的一个重要观念，并具

① 道统观在本质上是一种正统观，表现出浓厚的尊古崇圣意识。孔子最早论及道统，并为道统的传承梳理了初步的统绪。《论语》载：“大哉尧之为君也！巍巍乎！唯天为大，唯尧则之。荡荡乎，民无能名焉！”（金良年：《论语译注》，上海古籍出版社2004年版，第89页）又曰：“尧曰：‘咨，尔舜！天之历数在尔躬，允执其中。四海困穷，天禄永终。’舜亦以命禹。”（金良年：《论语译注》，上海古籍出版社2004年版，第239页）孔子表达了尧传舜以天道，其后“舜亦以命禹”（金良年：《论语译注》，上海古籍出版社2004年版，第239页），从而形成早期道统圣人相传的统绪。《中庸》云：“仲尼祖述尧舜，宪章文武。”（《礼记》，崔高维校点，辽宁教育出版社1997年版，第192页）《中庸》将孔子续进了道统系列。孟子曰：“由尧舜至于汤，五百有余岁，若禹、皋陶则见而知之，若汤则闻而知之。由汤至于文王，五百有余岁，若伊尹、莱朱则见而知之，若文王，则闻而知之。由文王至于孔子，五百有余岁，若太公望、散宜生，则见而知之，若孔子则闻而知之。由孔子而来至于今，百有余岁，去圣人之世若其此未远也，近圣人之居若此其甚民，然而无有乎尔，则亦无有乎也。”（《孟子》，刘财元译注，青海人民出版社2003年版，第235页）又曰：“我亦欲正人心，息邪说，距诐行，放淫辞，以承三圣者。”（《孟子》，刘财元译注，青海人民出版社2003年版，第90页）孟子根据“五百年必有王者兴，其间必有名世者”（《孟子》，刘财元译注，青海人民出版社2003年版，第65页）的观点，把道统的传授系统概括为五百年一周期，提出了一个从尧、舜至孔子的传授渊源系统，并以“当今之世，舍我其谁”（朱熹：《四书章句集注》，陈立校点，辽宁教育出版社1998年版，第271页）的气概自续道统。唐代韩愈明确提出儒家道统以与佛、道之法统相抗衡。他说：“斯吾所谓道也，非向所谓老与佛之道也。尧以是传之舜，舜以是传之禹，禹以是传之汤，汤以是传之文武周公，文武周公传之孔子，孔子传之孟轲。轲之死，不得其传焉。荀与扬也，择焉而不精，语焉而不详。由周公而上，上而为君，故其事行；由周公而下，下而为臣，故其说长。”（《韩愈全集》卷一，钱仲联、马茂元校点，上海古籍出版社1997年版，第122页）韩愈认为，儒家之道有一个圣贤相续的传承过程，从而成为一个传统。自此，儒家道统得以确立。道统观确立了历代圣贤以道相传的道统谱系。

有肯定元儒传承道统的重要意义。

吴澄是这样论及道统的。吴澄云：“夫学，孰为要？孰为至？心是已！天之所以与我，我之所以为人者在是。不是之求，而他求焉，所学何学哉！圣门之教，各因其人，各随其事，虽不言心，无非心也。孟子始直指而言，先立乎其大者。噫！其要矣乎！其至矣乎！邵子曰；心为太极。周子曰：纯心要矣！张子曰：心清时，视明听聪，四体不待羁束而自然恭敬。程子曰：圣贤千言万语，只是欲人将已放之心约之，使入身来。此皆得孟子之正传者也。”[①] 在这里，吴澄以道为本心之发见，儒家道统之传便是此心之传。自尧舜以来，此心一心，代代相授。正是因为心具道，[②]孔、颜、曾、思、孟、周、程、张、邵等皆“明指本心教人”。也正是在这一心传的过程中，道统才得以承续。如此看来，所谓心学，亦即儒家之道。这样，在心具道的理论框架下，心学被纳入了道统，与理学同属儒家正统。换言之，儒家道统所传承的圣人之道即本心之学。

王阳明亦以心学为圣人之学，肯定心学在儒家道统中的重要地位。王阳明在《象山文集序》一文开篇即云：“圣人之学，心学也”[③]；在《重修山阴县学记》一文中亦开宗明义地指出：“夫圣人之学，心学也”[④]，并进而指出“盖圣人之学无人己、无内外，一天地万物以为心”[⑤]。这些言论不啻为心学宣言。

王阳明其时力倡心学，被指为禅，为世人所非。朱学之失在明代积弊已久，世人理解王阳明之说确非易事。王阳明在《书汪汝成格物卷》中这样说道：“汝成于吾言，始而骇以拂，既而疑焉，又既而大疑焉，又既而稍释焉，而稍喜焉，而又疑焉。……不知予言之非汝成也，不知汝成之言非予言也?”[⑥] 时人汪汝成对王阳明之说经历了“始而骇”“既而疑”“又既而大疑”“又既而稍释”“稍喜”“而又疑”的辗转反复，最终似有

---

① 《草庐学案》，《续修四库全书》第519册，黄宗羲辑，上海古籍出版社1995—2002年版，第645页。

② 有关“心具道”思想的具体内容详见拙作《吴澄论心》，《南华大学学报》（社会科学版）2015年第4期。“人大复印报刊资料”《中国哲学》2015年第11期全文转载该文。

③ 《王阳明全集》，吴光、钱明、董平等编校，上海古籍出版社2011年版，第273页。

④ 同上书，第286页。

⑤ 同上。

⑥ 同上书，第299页。

所得，又似无所得，正如王阳明所谓“不知予言非汝成也，不知汝成之言非予言也?”可见王学虽以简易行世，但理解其理论逻辑并非易事。何以如此？王阳明对其简易而又不易之学作了如下说明：“真所谓大本达道，舍此更无学问可讲矣。‘随处体认天理’之说，大约未尝不是，只要根究下落，即未免捕风捉影，纵令鞭辟向里，亦与圣门致良知之功尚隔一层。若复失之毫厘，便有千里之谬矣。四方同志之至此者，但以此意提掇之，无不即有省发，只是著实能透彻者甚亦不易得也。世间无志之人，既已见驱于声利词章之习，间有知得自己性分当求者，又被一种似是而非之学兜绊羁縻，终身不得出头。”[①]（《寄邹谦之》）王阳明指出，对于支离之病，朱熹晚年已有悔悟，[②] 然而后世学者依然抱守朱熹中年未定之说，堕其窠臼而无法自拔。[③] 明中叶，程朱理学的“存天理，灭人欲”在现实社会中已丧失其在道德规范上的至高话语权。在“人欲”之常情得到公开肯定的情况下，[④] 一方面，世俗世界的普通民众不再接受外在天理的强制与约束；另一方面，受程朱理学熏陶的儒者也开始失去对那超越的天理的敬畏与归属。时局一时“如沉疴积萎”。如何重塑道德规范，以儒家之

① 《王阳明全集》，吴光、钱明、董平等编校，上海古籍出版社2011年版，第224页。

② 朱学在元代被“定为国是，学者尊信，无敢疑贰”（虞集：《道园学古录》，《景印文渊阁四库全书》第1207册，台湾商务印书馆1986年版，第490页），明代同样如此。王阳明为避免引起争端，引朱熹自述其支离之病，以针砭时弊。王阳明在《与安之》中道：“见者先怀党同伐异之念，故卒不能有入，反激而怒。今但取朱子所自言者表章之，不加一辞，虽有褊心，将无所施。其怒矣。”（《王阳明全集》，吴光、钱明、董平等编校，上海古籍出版社2011年版，第194页）《王阳明全集》中多处摘录朱熹晚年自述悔悟：“熹亦近日方实见得向日支离之病，虽与彼中证候不同，然忘己逐物，贪外虚内之失，则一而已”（《答吕子约》，《王阳明全集》，吴光、钱明、董平等编校，上海古籍出版社2011年版，第146页）；“熹近日亦觉向来说话有大支离处，反身以求，正坐自己用功亦未切耳”（《与周叔谨》，《王阳明全集》，吴光、钱明、董平等编校，上海古籍出版社2011年版，第146页）；“所幸迩来日用工夫颇觉有力，无复向来支离之病”（《答陆象山》，《王阳明全集》，吴光、钱明、董平等编校，上海古籍出版社2011年版，第146页）。

③ 王阳明说：“予既自幸其说之不谬于朱子，又喜朱子之先得我心之同然，且慨夫世之学者徒守朱子中年未定之说，而不复知求其晚岁既悟之论，竞相呶呶，以乱正学，不自知其已入于异端。”（《王阳明全集》，吴光、钱明、董平等编校，上海古籍出版社2011年版，第145页）

④ 宋代理学家以天理为“公”，并以公为形上本体。这一立场自明代开始遭到反对，此后，私的观念得以公开表达。详见吴立群《从公私观念的演变看儒家价值观》，《福建论坛》（人文社会科学版）2014年第12期。

道统摄人心、观照现实，成为其时学者必须面对的一个重大问题。王阳明对此有论：“士皆巧文博词以饰诈，相规以伪，相轧以利，外冠裳而内禽兽，而犹或自以为徒事于圣贤之学。如是而欲挽而复之三代，呜呼其难哉！吾为此惧，揭知行合一之说，订致知格物之谬，思有以正人心，息邪说，以求明先圣之学，庶几君子闻大道之要，小人蒙至治之泽。而哓哓者皆视以为狂惑丧心，诋笑訾怒。予亦不自知其力之不足，日挤于颠危莫之救，以死而不顾也，不亦悲夫！”① 由是观之，“道之不存，我心之忧”的忧患与担当，促使王阳明“揭知行合一之说，订致知格物之谬”，以“正人心”“息邪说”“明先圣之学”。

与吴澄对心学的理解相一致，阳明心学亦以“道”为其思想主题及致思目标。宋明时期，“道”亦称为“天理”，因此，便有“随处体认天理”之说。王阳明认为，此说看似简易可行，却未免捕风捉影，流于空泛。正如陆九渊主张发明本心，而其后学从杨简起，把发明本心极端地发展为以“明悟”为主，“不起意”为宗②，以至“不读书、不穷理、专做打坐工夫”③，一如全祖望所谓“一往蹈空，流于狂禅”④。王阳明指出，捕风捉影，流于空泛，自然无法体认天理，而“纵令鞭辟向里”，亦与王阳明所倡“致良知”隔了一层，同样无法体认天理。在王阳明看来，即使是“著实能透彻者”亦不能从“随处体认天理”之说中寻其大本达道，更何况“世间无志之人”，既受词章之学所羁绊，又受“似是而非之学”所误导，终身不得出头，体认天理更无从谈起。可见，“随处体认天理”之说看似简易可行，实则完全行不通。这正是“失之毫厘，谬以千里”。王阳明对毫厘千里之辩反复论说。他说：“君子论学，固惟是之从，非以必同为贵。至于入门下手处，则有不容于不辩者，所谓毫厘之差，千里之

---

① 《王阳明全集》，吴光、钱明、董平等编校，上海古籍出版社 2011 年版，第 314 页。

② 《慈湖学案》，《续修四库全书》第 519 册，黄宗羲辑，上海古籍出版社 1995—2002 年版，第 376 页。

③ 陈淳：《北溪文集大全》，《景印文渊阁四库全书》第 1168 册，台湾商务印书馆 1986 年版，第 686 页。

④ 《絜斋学案》，《续修四库全书》第 519 册，黄宗羲辑，上海古籍出版社 1995—2002 年版，第 404 页。

谬矣。”[①]（《答方叔贤》）在王阳明看来，王学与朱学之异并非有心求异，而是因为入门下手处有毫厘千里之分，乃不得不辩。[②] 王阳明以诗寄怀：

洙泗流浸微，伊洛仅如线；
后来三四公，瑕瑜未相掩。
嗟予不量力，跛鳖期致远。
屡兴还屡仆，惴息几不免。
道逢同心人，秉节倡予敢；
力争毫厘间，万里或可勉。
风波忽相失，言之泪徒泫。”[③]（《赴谪诗五十五首·其三》）

又云：

毫厘何所辨？惟在公与私。
公私何所辨？天动与人为。
遗体岂不贵？践形乃无亏。
愿君崇德性，问学刊支离。
无为气所役，毋为物所疑，
恬淡自无欲，精专绝交驰。
博奕亦何事，好之甘若饴？
吟咏有性情，丧志非所宜。
非君爱忠告，斯语容见嗤；
试问柴墟子，吾言亦何如？[④]（《忆昔答乔白岩因寄储柴墟三首·其二》）

① 《王阳明全集》，吴光、钱明、董平等编校，上海古籍出版社2011年版，第205—206页。

② 《传习录》载：“朋友观书，多有摘议晦庵者。先生曰：‘是有心求异，即不是。吾说与晦庵时有不同者，为入门下手处有毫厘千里之分，不得不辩。然吾之心与晦庵之心未尝异也。若其余文义解得明当处，如何动得一字？’”（《王阳明全集》，吴光、钱明、董平等编校，上海古籍出版社2011年版，第31页）

③ 《王阳明全集》，吴光、钱明、董平等编校，上海古籍出版社2011年版，第750页。

④ 同上书，第753页。

在这里，王阳明以公私言毫厘之分。毫厘之分集中体现在朱陆“尊德性”与“道问学”之辩。虽然“尊德性”与“道问学”同为儒家道德修养途径，其先后次序本为“毫厘之差”，不足为议。但若无“道”的指引，如果失之毫厘，则可致“谬以千里”。故学者不可不予以警醒。王阳明以“公”言“尊德性”，以“私”言“道问学”。所谓“尊德性”凸显“志”“精专”“体”等品格，所谓“道问学”则为“物”“欲”“博奕”之失。在王阳明看来，儒家经典如《尚书》之“精一”、《论语》之“博文约礼”、《大学》之“诚意”与“格物致知”、《中庸》之“诚身”“明善”及“尊德性而道问学”等，均为学问之大头脑处。此学问用功之紧要处不可不察，不可不辩。如若不然，则失之毫厘，谬以千里。诗中言辞恳切，“道之不行，我心之忧”之情溢于言表。

在元代，吴澄为“心学”正名，将心学纳入道统。至明代，王阳明亦以道为其心学的思想路径及致思目标。

二 吴澄论心与性

吴澄以心为身之主宰、以性为心之所具、以天为性之所原。其心、性、天三者的关系与孟子所谓尽心、知性、知天的思想路径一脉相承。

吴澄于心、性分别言说。就心而言，吴澄以“太极之心”与“剧贼之心”分而言之。“太极之心”即孟子所谓“本心”“剧贼之心”即孟子所谓“放心”。“剧贼之心”若经孟子所谓“求放心”之工夫则可回复至“太极之心”。“太极之心”与“剧贼之心”一如二程、朱熹所谓道心与人心之意味。就性而言，吴澄对张载提出的“天地之性”与“气质之性”进行了深入探讨。吴澄更多地继承了程颐以气论性的特点。吴澄认为，人禀受阴阳之气而生，因而有“气质之性”。“天地之性”虽为至善，然气禀有清浊、厚薄之分，故人有善恶之别。至于如何把握“天地之性”与“气质之性”二者关系，吴澄认为，“天地之性”与“气质之性”一如朱熹所云“理在气中”之意谓。由此可知，吴澄对心与性既有分疏又有统一。吴澄论心一性一天三者关系图如下所示：

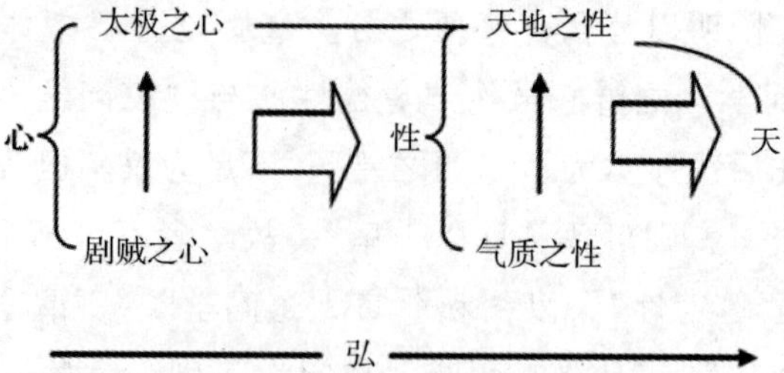

1. “太极之心”与“剧贼之心”

吴澄论心主要阐明了心的三种基本含义（即知觉之义、主宰之义以及道德之义），并以“弘”统贯此三义。吴澄所谓“弘”强调了主体的道德自觉在心之动态展开与现实呈现过程中的重要性。[①] “弘”即孟子所谓尽心、知性、知天之径路。

先秦儒道二家皆有本心与放心之说。“放心”即忘掉或失去本心，“求放心”即追寻、养护已放逸的“本心”。吴澄对此有论：“放故不放，不放故放，二者相通而不相戾，此学之全。知不放心，二者相尚而不相同，此学之偏。……虚豁豁地，无毫发累；常惺惺法，无须臾离。其放与不放，如是如是，吾会其全，以救其偏。在吾可圣，在彼可仙。安得起邹叟蒙吏而与之言。”[②] 这里的邹叟即孟子，蒙吏即庄子。吴澄认为，孟庄二人异曲同工，皆以存心、正心、养心为第一要务。《大学》之“明明德”同样以存心、养心为重要内容。吴澄又云：“人之明德，即天所以与我之明，命也。自天所赋于人而言，则谓之命；自人所得于天而言，则谓之德，其实则一而已。然常人类为气禀物欲之所昏，而不察乎此，是以昏昧蔽塞不能自明，至于梏其性而忘之也。故欲求所以克明其德者，必常目在乎所以与我之明德而有察焉，则必然因其所发，而致其学问思辨推究之功，又能因其所明，而致其存养省察推行之实，则吾之明德，亦得以充其

---

① 详见拙作《吴澄论心》，《南华大学学报》（社会科学版）2015年第4期。“人大复印报刊资料”《中国哲学》2015年第11期全文转载该文。

② 吴澄：《吴文正集》卷二，《景印文渊阁四库全书》第1197册，台湾商务印书馆1986年版，第61页。

本体之全，以无气质物欲之累，而能明其大德与尧无异矣。"[①] 吴澄指出，"明德"即上天赋予我之德性。自天赋而言，谓之命；自我得而言，谓之德，二者本是同一的。但人常因气禀或物欲蒙蔽，不能自明其德，致使二者分离，此即孟子所言"放心"。所谓"明"，即存心、正心、养心之工夫。吴澄对此有云："明者，《大学》要旨也。明者，入德之始，事犹可言也。此以心之不偏不倚为中也。不偏不倚之为大本者，体也；无过无不及之为达道者，用也。前哲立言，每先体而后用。后学用功宜先用而后体。《论语》所载圣人教人多在日用常行之间。曾子学力到功深，其于用处悉已周偏。夫子乃告之曰：'吾道一以贯之。'盖至此，方指示以其体之一也为中庸。"[②] 在这里，吴澄以明为入德之始，以体与用言下学与上达，此即孟子所言"求放心"。

吴澄论心主要有"心能弘""心即仁"及"心具道"等思想。[③] 在此基础上，吴澄进一步将"天之所以与我"之心称为"太极之心"，把为名利所累、对本心的戕贼称为"剧贼之心"。他说："其体则道，其用则神。一真主宰，万化经纶。夫如是心，是为太极。于名、于利、于色、于味，妄念纷扰，私意缠滞，夫如是心，是为剧贼。"[④] 如此看来，吴澄所谓"太极之心""剧贼之心"似与程朱所谓"道心""人心"意谓相同。程颢以人心为人欲，道心为天理。程颢云："人心惟危，人欲也；道心惟微，天理也。"[⑤] 朱熹亦以天理、人欲言道心、人心。朱熹说："此心之灵，其觉于天理者，道心也；其觉于人欲者，人心也。"[⑥] 吴澄亦以人欲

---

① 吴澄：《杂识五》，《草庐吴文正公全集·外集》，万璜编，吴氏 1756 年（清乾隆丙子年）本，第 17 页。

② 吴澄：《吴文正集》卷二，《景印文渊阁四库全书》第 1197 册，台湾商务印书馆 1986 年版，第 443—444 页。

③ 详见拙作《吴澄论心》，《南华大学学报》（社会科学版）2015 年第 4 期。"人大复印报刊资料"《中国哲学》2015 年第 11 期全文转载该文。

④ 吴澄：《吴文正集》卷二，《景印文渊阁四库全书》第 1197 册，台湾商务印书馆 1986 年版，第 61 页。

⑤ 程颢、程颐：《二程遗书》，潘富恩导读，上海古籍出版社 2000 年版，第 135 页。

⑥ 朱熹：《晦庵集》，《景印文渊阁四库全书》第 1144 册，台湾商务印书馆 1986 年版，第 710 页。

之纷扰言“剧贼之心”。邵雍曾提出“心为太极”[①] 的命题。邵雍认为，有了心才有万事万物及其变化。邵雍说：“先天之学，心法也。故图皆自中起，万化万事生乎心也。”[②] 吴澄继承了邵雍的“心为太极”的思想，以“道”为心之体，以“神”为心之用，此体用合一之心，即“太极”。其“太极之心”似受邵雍启发。

2. “天地之性”与“气质之性”

在论及心之主宰义时，吴澄云：“我之所以为身，岂五脏六腑四肢百骸之谓哉？身非身也，其所主者，心也；心非心也，其所具者，性也；性非性也，其所原者，天也。”[③] 简言之，心为身之主宰、性为心之所具、天为性之所原。在这里，心、性、天三者的关系正与孟子所谓尽心、知性、知天的思想路径一脉相承。在这里，心似乎表现为形下的、个体的、具体的呈现，而性则作为形上之根据，与天道相联系。由此看来，对于心、性这两个概念，吴澄还是有所区分的。吴澄“心即仁”的观点较多地继承了程颢、陆九渊的思想，[④] 而其“性即理”的提出则与朱熹之说颇相契合。兹就吴澄以“天地之性”与“气质之性”论性的主要特点简述如下。

自孟子以来，儒家论性有性善说、性恶说、性无善恶说、性善恶混说等诸多争论。其后张载提出的“天地之性”与“气质之性”说为宋代理学家所普遍接受。张载说：“形而后有气质之性，善反之则天地之性存焉。故气质之性，君子有弗性者焉。”[⑤] 张载指出，天地之性即先天之性，是永恒的善的本源。然而，每个人所禀受之阴阳二气不同，因而具有气质之性。气质之性因对外物有所追求，故为恶的来源。张载主张变化气质以回复天地之性。二程对此亦有所论。其后，朱熹对“天地之性”与“气

---

① 钱穆：《阳明学述要》，九州出版社2010年版，第425页。

② 同上书，第331—332页。

③ 吴澄：《吴文正集》卷二，《景印文渊阁四库全书》第1197册，台湾商务印书馆1986年版，第85页。

④ 详见拙作《吴澄论心》，《南华大学学报》（社会科学版）2015年第4期。“人大复印报刊资料”《中国哲学》2015年第11期全文转载该文。

⑤ 张载：《诚明篇》，《张子正蒙》卷三，王夫之注，汤勤福导读，上海古籍出版社2000年版，第136—137页。

质之性”这对范畴作了系统总结，使之获得了较为完备的意义。朱熹说：“及周子出，始复推太极阴阳五行之说，以明人物之生其性则同，而气质之所从来，其变化错揉有如此不齐者。至于程子则又始明性之为理，而与张子皆有气质之说，然后性之为善者，无害于气质之有不善；气质之不善者终亦不能乱性之必为善也。”① 朱熹认为，“天地之性”即普遍的、本质的人性，“气质之性”乃具体的、现实的人性。“气质之性”并非以气质为“性”，而是以气质论“性”，如其所云：“性离气禀不得。有气禀，性方存在里面；无气禀，性便无所寄搭了。”② 看来，朱熹并未如张载、二程般以形上与形下区分“天地之性”与“气质之性”。他特别指出，“气质之性”并非仅就气质而言，而主要是指气质中的“理”，亦即所谓“理与气杂而言之”③。如其所云：“所谓天命之与气质，亦相滚同。才有天命，便有气质，不能相离。若阙一，便生物不得。既有天命，须是有此气，方能承当得此理；若无此气，则此理如何顿放？”④ 朱熹认为，“天地之性”与“气质之性”的区别在于，前者为“理”之大全，即纯粹至善之理或心之本体，后者则是不同个体所具之理。前者人人皆同，后者则因气禀不同而各有殊异。

吴澄论性亦与理相联系。他说：“夫人之性也，以天地之气凝聚而成形，以天地之理付畀而有性。……人得天地之气而成形。有此气即有此理，所有之理谓之性。此理在天地，则元、亨、利、贞是也。其在人而为性，则仁、义、礼、智是也。”⑤ 吴澄在这里通过对气、形、理、性等概念的辨析，试图说明“天地之性”与“气质之性”既有分别又相一致的特点。简言之，人得气而成形，有气即有理，理在人而为性。意谓：理代表宇宙万物，包括人类自身的最高普遍性。理表现在万物即为元、亨、

① 朱熹：《四书或问》卷三十六，《景印文渊阁四库全书》197 册，台湾商务印书馆 1986 年版，第 567 页。

② 《朱子语类（三）》卷九十四，《景印文渊阁四库全书》第 700 册，台湾商务印书馆 1986 年版，第 14 页。

③ 朱熹：《晦庵集》，《景印文渊阁四库全书》第 1144 册，台湾商务印书馆 1986 年版，第 708 页。

④ 朱熹：《性理一》，《朱子性理语类》第四卷，上海古籍出版社 1992 年版，第 52 页。

⑤ 吴澄：《吴文正集》卷二，《景印文渊阁四库全书》第 1197 册，台湾商务印书馆 1986 年版，第 32 页。

利、贞的自然演化与大化流行，理表现在人类则为仁、义、礼、智之性。“性”所代表的是“类”（人类）的普遍性，即张载所谓“天地之性”。作为“类”（人类）的“天地之性”在“个别”（个体的人）上的具体表现即为“气质之性”。由之，“天地之性”与“气质之性”是既相分别又相统一的。

在吴澄看来，“天地之性”与“气质之性”并非为二。他说：“盖天地之性，气质之性，两性字只是一般，非有两等性也。故曰二之则不是。言人之性，本是得天地之理，因有人之形，则所得天地之性，局在本人气质中，所谓形而后有气质之性也。气质虽有不同而本性之善则一。”[①] 吴澄指出，“天地之性”是至善的，因人的气禀不同而表现为“气质之性”，由此而有恶的表现。尽管如此，“天地之性”仍在其中，只不过“拘碍沦染”[②] 于浊气而已。意即：天地之性“本是得天地之理”[③] 而来，善、恶之人皆有“天地之性”。换言之，“天地之性”与“气质之性”是同一的，并非有二。[④] 由此看来，与朱熹相似，吴澄亦未如张载、二程般以形上与形下区分“天地之性”与“气质之性”。吴澄曾就性与命有所论。此论与朱熹所论意谓相同。吴澄说：“五金同入大冶炉，洪纤厚薄各异模，孰高孰下孰修短，孰为不足孰有余，浩劫变成只须臾，百年何事分戚愉，至人谓性不谓命，性惟一本命万殊。”[⑤] 朱熹说：“气不可谓之性命，但性命因此而立耳。故论天地之性专指理言，论气质之性则以理与气杂而言之，非以气为性命也。”[⑥] 由上观之，吴澄论性继承了张载提出的“天地之性”与“气质之性”之说，并对程颐以气论性的思想有所发挥，在把握“天地之性”与“气质之性”二者关系上，吴澄则以朱熹之说为宗。

---

① 吴澄：《吴文正集》卷二，《景印文渊阁四库全书》第1197册，台湾商务印书馆1986年版，第32页。

② 同上。

③ 同上。

④ 吴立群：《吴澄理学思想研究》，上海大学出版社2011年版，第94—101页。

⑤ 吴澄：《吴文正集》卷二，《景印文渊阁四库全书》第1197册，台湾商务印书馆1986年版，第909页。

⑥ 朱熹：《晦庵集》，《景印文渊阁四库全书》第1144册，台湾商务印书馆1986年版，第708页。

三　王阳明论心性

前已述及，吴澄以心为身之主宰、以性为心之所具、以天为性之所原。心似乎表现为形下的、个体的、具体的呈现，而性则作为形上之根据，与天道相联系。心性关系似有体用之意，此为其一；其二，吴澄将性与理相联系，性与理亦有同一之意。尽管如此，但吴澄均未有明确表述。王阳明则明确提出“心之本体即是性，性即是理”。王阳明说：“心之本体，原自不动。心之本体即是性，性即是理。性元不动，理元不动。集义是复其心之本体。”①（《传习录》上）在回答门人穷理与尽性之问时，王阳明亦以此作答。《王阳明全集》载：

> 日孚请问。曰：“一者，天理。主一是一心在天理上。若只知主一，不知一即是理，有事时便是逐物，无事时便是著空。惟其有事无事，一心皆在天理上用功，所以居敬亦即是穷理。就穷理专一处说，便谓之居敬，就居敬精密处说，便谓之穷理。却不是居敬了，别有个心穷理；穷理时，别有个心居敬。名虽不同，功夫只是一事。就如《易》言‘敬以直内，义以方外。’敬即是无事时义，义即是有事时敬，两句合说一件。如孔子言‘修己以敬’，即不须言义。孟子言‘集义’，即不须言敬。会得时，横说竖说。工夫总是一般。若泥文逐句，不识本领，即支离决裂，工夫都无下落。”问：“穷理何以即是尽性?”曰：“心之体，性也，性即理也。”②（《传习录》上）

王阳明认为，“居敬”“穷理”“尽性”虽各有其名，但都是就“主一”工夫的不同方面而分别言说，并非在“居敬”之外又有一个“穷理”，在“穷理”之外又有一个“尽性”，在“尽性”之外又有一个“居敬”。王阳明指出，学人若拘泥于文字用词，支离决裂，“主一”工夫则无下落处。所谓“主一”之“一”即“理”。性为心之本体，性即理。

---

① 《王阳明全集》，吴光、钱明、董平等编校，上海古籍出版社2011年版，第28页。

② 同上书，第38页。

故曰：居敬即是穷理，穷理即是尽性。

前已述及，在吴澄那里，心、性、天一如孟子所谓尽心、知性、知天，是在层层递进中达成同一的。此三者同一之径路亦即主体之道德自觉及德性之动态展开过程。如此看来，吴澄始终未将心、性、天直接等同。王阳明则明确提出“心也，性也，天也，一也。”王阳明说：

> 心也，性也，天也，一也。故及其知之成功则一。然而三者人品力量，自有阶级，不可躐等而能也。细观文蔚之论，其意以恐尽心、知天者，废却存心、修身之功，而反为尽心、知天之病。是盖为圣人忧工夫之或间断，而不知为自己忧工夫之未真切也。吾侪用工，却须专心致志，在“夭寿不二、修身以俟”上做，只此便是做尽心、知天工夫始。[①]（《传习录》中）

在这里，王阳明虽强调心、性、天之同一，但亦未否认尽心、知天之存心、修身工夫有不同的阶段和层级。正是因为洞悉此心、性、天同一过程之漫长与艰难，又恐学人迷而忘本，误入歧途，王阳明提出了“心外无物，心外无事，心外无理，心外无义，心外无善”的思想，时时处处强调心、性、义、理、命、善等皆异名同实。学人只需专心致志于心上用功，不可支离为二，如其所云：“夫心主于身，性具于心，善原于性，孟子之言性善是也。善即吾之性，无形体可指，无方所可定，夫岂自为一物，可从何处得本者乎?”又云：“夫在物为理，处物为义，在性为善，因所指而异其名，实皆吾之心也。心外无物，心外无事，心外无理，心外无义，心外无善”[②]（《与王纯甫二》）。前已述及，时人理解王学并非易事。阳明心学看似简易，实则不易。就其简易而言，将前人繁述之心、性、义、理、命、善等等皆归于一心，确为简便易行；就其不易而言，直指本心看似简易，但若不明就里，只知其然而不知其所以然，亦有背道而驰之险。正如王阳明所说的那样，稍有不慎，则“失之毫厘，谬以千里”。王阳明以六经为例对其简易而不易之学不惮其烦地详加阐发，就其

① 《王阳明全集》，吴光、钱明、董平等编校，上海古籍出版社2011年版，第98页。
② 同上书，第175页。

简易而言，王阳明说：

> 经，常道也。其在于天谓之命，其赋于人谓之性，其主于身谓之心。心也，性也，命也，一也。通人物，达四海，塞天地，亘古今，无有乎弗具，无有乎弗同，无有乎或变者也。是常道也，其应乎感也，则为恻隐，为羞恶，为辞让，为是非；其见于事也，则为父子之亲，为君臣之义，为夫妇之别，为长幼之序，为朋友之信。是恻隐也，羞恶也，辞让也，是非也；是亲也，义也，序也，别也，信也；一也。皆所谓心也，性也，命也。通人物，达四海，塞天地，亘古今，无有乎弗具，无有乎弗同，无有乎或变者也，是常道也。是常道也，以言其阴阳消息之行焉，则谓之《易》；以言其纪纲政事之施焉，则谓之《书》；以言其歌咏性情之发焉，则谓之《诗》；以言其条理节文之著焉，则谓之《礼》；以言其欣喜和平之生焉，则谓之《乐》；以言其诚伪邪正之辨焉，则谓之《春秋》。是阴阳消息之行也，以至于诚伪邪正之辨也，一也。皆所谓心也，性也，命也。通人物，达四海，塞天地，亘古今，无有乎弗具，无有乎弗同，无有乎或变者也。夫是之谓《六经》。《六经》者非他，吾心之常道也。故《易》也者，志吾心之阴阳消息者也；《书》也者，志吾心之纪纲政事者也；《诗》也者，志吾心之歌咏性情者也；《礼》也者，志吾心之条理节文者也；《乐》也者，志吾心之欣喜和平者也；《春秋》也者，志吾心之诚伪邪正者也。[①]（《稽山书院尊经阁记》）

王阳明认为，心、性、命，一也，皆可谓常道。此常道因在人、物、事上各有变化而各有其名。于“六经”而言，《易》言阴阳消息、《书》言纪纲政事、《诗》言歌咏性情、《礼》言条理节文、《乐》言欣喜和平、《春秋》言诚伪邪正，六者皆以常道之变化分别言之，故曰“六经”非他，乃吾心之常道。究其实，“六经”皆为心、性、命。故曰心、性、命，一也。此就其简易而言。

---

① 《象山学案》，《续修四库全书》第519册，黄宗羲辑，上海古籍出版社1995—2002年版，第283—284页。

就其不易而言，王阳明又云：

> 盖昔者圣人之扶人极，忧后世，而述《六经》也，犹之富家者之父祖虑其产业库藏之积，其子孙者或至于遗忘散失，卒困穷而无以自全也，而记籍其家之所有以贻之，使之世守其产业库藏之积而享用焉，以免于困穷之患。故《六经》者，吾心之记籍也，而《六经》之实则具于吾心，犹之产业库藏之实积，种种色色，具存于其家。其记籍者，特名状数目而已。而世之学者，不知求《六经》之实于吾心，而徒考索于影响之间，牵制于文义之末，硁硁然以为是《六经》矣。是犹富家之子孙不务守视享用其产业库藏之实积，日遗忘散失，……呜呼！《六经》之学，其不明于世，非一朝一夕之故矣。尚功利，崇邪说，是谓乱经；习训诂，传记诵，没溺于浅闻小见以涂天下之耳目，是谓侮经；侈淫辞，竞诡辩，饰奸心，盗行逐世，垄断而自以为通经，是谓贼经。若是者，是并其所谓记籍者而割裂弃毁之矣，宁复知所以为尊经也乎！……呜呼！世之学者既得吾说而求诸其心焉，其亦庶乎知所以为尊经也矣。[①]（《稽山书院尊经阁记》）

在王阳明看来，既然“六经”非他，乃吾心之常道，那么，欲求“六经”之实自然不可由心外求得。然世之学者钻求训诂、记诵，牵制于文义之末，却自以为尊经、通经，实乃乱经邪说，是为贼经。此即就其不易而言。

此简易而不易可谓区别朱学与王学的重要特征。朱熹论格物致知析心与理为二，王阳明论格物致知则以心与理为一。“心与理”与“心即理”正是区别朱学与王学之关键所在。《王阳明全集》载：

> 或问：“晦庵先生曰：‘人之所以为学者，心与理而已。’此语如何?”曰：“心即性，性即理，下一‘与’字，恐未免为二。此在学

① 《王阳明全集》，吴光、钱明、董平等编校，上海古籍出版社2011年版，第284—285页。

者善观之。”[①]（《传习录》上）

在王阳明看来，天下本无心外之理，亦本无心外之物，如其所云：“虚灵不昧，众理具而万事出。心外无理，心外无事。”[②] 王阳明认为，将心与理先分离再统合的做法正是将天理视为外在于我的一个超越存在，将物视为一个外在于我的认识对象。这一做法直接导致天人隔绝、物我对立，是错误的。王阳明指出，这一错误认识早在孟子那里就被批评为“义外之说”，而世人仍陷其中而不自知。《王阳明全集》载：

> 问：“‘析之有以极其精而不乱，然后合之有以尽其大而无余’，此言如何？”先生曰：“恐亦未尽。此理岂容分析？又何须凑合得？圣人说‘精一’，自是尽。”[③]（《传习录》上）

王阳明指出，世人拘滞于此，皆因误解心与理、道与器的关系，将心与理析而为二，将道与器离而为二。对心与理、道与器的关系，王阳明反复指出：“此心还此理，宁论己与人”[④]；“器道不可离，二之即非性”[⑤]。可见，王阳明心即理、性即理的思想与传统儒家体用不二、道器不离思想是一致的。

前已述及，吴澄在以“明明德”论及养心工夫时，曾以体用论本体与工夫。（吴澄云：“前哲立言，每先体而后用。后学用功宜先用而后体。”[⑥]）吴澄在这里以体与用言下学与上达，本体与工夫是分而言之的。

---

① 《王阳明全集》，吴光、钱明、董平等编校，上海古籍出版社2011年版，第17页。

② 同上。

③ 同上。

④ 《赴谪诗五十五首·其四》：“此心还此理，宁论己与人！千古一嘘吸，谁为叹离群？浩浩天地内，何物非同春！相思辄奋动，无为俗所分。但使心无间，万里如相亲；不见宴游交，征逐胥以沦？”（《王阳明全集》，吴光、钱明、董平等编校，上海古籍出版社2011年版，第750页）

⑤ 《赴谪诗五十五首·其五》：“器道不可离，二之即非性。孔圣欲无言，下学徒泛应。君子勤小物，蕴蓄乃成行。我诵穷索篇，于子既闻命；如何园中士，空谷以为静？”（《王阳明全集》，吴光、钱明、董平等编校，上海古籍出版社2011年版，第751页）

⑥ 吴澄：《吴文正集》卷二，《景印文渊阁四库全书》第1197册，台湾商务印书馆1986年版，第443—444页。

而在王阳明那里，本体即是工夫、工夫即是本体，心即理、性即理亦如是，并且王阳明更为强调心、性作为本体的重要性。王阳明在回答门人徐爱对“心即理”之说的疑惑时，对此有论。《王阳明全集》载：

> 爱问：“至善只求诸心，恐于天下事理，有不能尽。”先生曰：“心即理也。天下又有心外之事，心外之理乎？”爱曰：“如事父之孝，事君之忠，交友之信，治民之仁，其间有许多理在，恐亦不可不察。”先生叹曰：“此说之蔽久矣，岂一语所能悟。今姑就所问者言之：且如事父，不成去父上求个孝的理；事君，不成去君上求个忠的理；交友、治民，不成去友上、民上求个信与仁的理。都只在此心即理也。此心无私欲之蔽，即是天理，不须外面添一分。以此纯乎天理之心，发之事父便是孝，发之事君便是忠，发之交友、治民便是信与仁。只在此心去人欲、存天理上用功便是。”爱曰：“闻先生如此说，爱已觉有省悟处。但旧说缠于胸中，尚有未脱然者。如事父一事，其间温凊定省之类，有许多节目，不亦须讲求否？”先生曰：“如何不讲求？只是有个头脑。只是就此心去人欲、存天理上讲求。就如讲求冬温，也只是要尽此心之孝，恐怕有一毫人欲间杂；讲求夏凊，也只是要尽此心之孝，恐怕有一毫人欲间杂：只是讲求得此心。此心若无人欲，纯是天理，是个诚于孝亲的心，冬时自然思量父母的寒，便自要求去个温的道理；夏时自然思量父母的热，便自要去求个凊的道理。这都是那诚孝的心发出来的条件。却是须有这诚孝的心，然后有这条件发出来。譬之树木，这诚孝的心便是根，许多条件便是枝叶。须先有根，然后有枝叶。不是先寻了枝叶，然后去种根。[①]（《传习录》上）

在王阳明看来，心即理。存天理、去人欲亦只在此心上讲求。心作为本体，犹如树木之根，孝、忠、仁等如树木之枝叶。若此心纯是天理，无丝毫人欲，孝、忠、仁等自然由此而发。故曰心外无事、心外无物、心外无理。换言之，心即理。

① 《王阳明全集》，吴光、钱明、董平等编校，上海古籍出版社2011年版，第2—3页。

由上观之，吴澄与王阳明心性论之同在于，二人皆纳心学人道统，以救时弊自任，均以孟子之尽心、知性、知天为其思想主题及致思目标。二人言心性均重视个体性与普遍性的统一。但就心—性—天的关系的理解上，二人仍有较大差异。就心、性、天三者关系而言，吴澄以心为身之主宰、以性为心之所具、以天为性之所原。心似乎表现为形下的、个体的、具体的呈现，而性则作为形上之根据，与天道相联系。其心性关系似有体用之意谓，此为其一；其二，吴澄将性与理相联系，性与理似相同一。但以上两点吴澄均未有明确表述。王阳明则明确提出“心也，性也，天也，一也。”以及“心之本体即是性，性即是理”。在吴澄那里，心、性、天三者关系一如孟子所谓尽心、知性、知天之径路，是在层层递进中达成同一的。此三者同一之径路亦即主体之道德自觉及德性之动态展开过程。吴澄虽以体用不二阐释个体性与普遍性之统一，并承认本体与工夫相一致，但吴澄始终未明确将心、性、天直接等同。换言之，在吴澄那里，体用虽不二，但毕竟不同；本体与工夫虽不相离，但亦非同一。而在王阳明那里，体用不二的思想则贯彻得更为彻底。本体即是工夫、工夫即是本体。心、性、理的关系亦然。换言之，心即理、性即理。当然，王阳明虽强调心、性、天之同一，但并未否认尽心、知天之存心、修身工夫有不同的阶段和层级。王阳明之所以更为强调心与性先验的普遍性意义以及心与性作为本体地位的重要性，是要对治朱门后学支离之病，以使学人专心致志于心上用功。由此可知，吴澄心性论在从朱学向王学的逻辑演进中留下了独特的历史轨迹，其中亦涉及若干值得反思的理论问题。

心性论是理学思想核心。心性论理应为人的本质（性善、性恶）及其在现实中的表现（善行、恶行）作出合理解释，即回答心性之可能，亦即回答理想人格何以可能的问题。在儒家那里，这一问题固然重要，但更为重要的是理想人格何以实现及其实现的可靠根据何在。前者为工夫论主要内容，后者则为心性论又一永恒论题，即如何为理想人格建立形上根据（由此亦可知工夫论与心性论在理学中往往相提并论）。就后者而言，儒家的做法是将人性上达天道，最终实现天人合德。天人关系始终是儒学的重要论题。天道与人性之间的张力表现为外在的道德约束与主体的道德自觉之间的紧张与平衡。一方面，对天道的强调，将可能导致对人的主动精神的忽略，如过于严苛的“理欲”之辩；另一方面，对人性的强调，又可能会发展为狂简之末流。上述两种倾向在理学发展的不同阶段在不同程度上均有所表现，这一表现又在其后的发展中在不同程度上得到纠正，如此往复向前。在某种意义上说，理学的发展正是此二者之间不断紧张与趋于平衡之过程。就元代理学而论，吴澄侧重于从人性方面补救对天道的过于强调所造成的偏失。反求诸己的主体自觉是其立论要点。因此，在吴澄那里，工夫论虽与本体论密不可分，但仍有别于王阳明本体即工夫的思想路径。

综上所述，如何重塑道德规范，以儒家之道统摄人心、观照现实是吴澄和王阳明在各自的时代所面临的共同问题。为解决这一问题，二人均以辟门户之见、倡求是新风为其立言宗旨。自宋以来，朱陆后学各立门户，相互排斥，使学术发展受到了极大的限制。在朱学成为官学的元代，吴澄对章句之学予以大胆批判，以陆学之简易补朱学之支离，并使陆学借朱学得以薪传。陆学不仅在陆学系统中延续下来，而且也渗入朱学系统，为朱学所兼取。吴澄立足于学术发展，客观理性地看待朱陆分歧，冲破了狭隘的道统藩篱，使理学在元代得到了一定的发展。至明中期，朱门后学空谈性理，日渐偏离了儒家修齐治平、经世致用之道。王阳明亦以救时弊自任，倡其心学。在王阳明看来，王学与朱学之异并非有心求异，而是因为入门下手处有毫厘、千里之分而不得不辩。王阳明以求是为本，意欲重返儒家之道、重塑天理之形上根据，使天理重回人心。吴澄强调朱、陆之学的根本一致，不仅体现了元代理学的学术特色，也预示着理学演变的方向。明代王学的出现并非偶然。尽管阳明心学是否就是对吴澄心学的继承和发挥尚有待考察，但吴澄兼综百家、弘扬心性、以道自任、独立省察的治学态度确实有利于学术的正常发展，从中亦可窥见理学发展演变的端倪。

心学家黄宗羲《孟子师说》中对告子的理解

蔡家和*

一　前　言

《孟子师说》一书，是黄宗羲为接续蕺山慧命，认为蕺山没有专门讨论《孟子》的专书，并自认为能懂得蕺山的孟学精神，而为之代笔。同书中，黄宗羲站在蕺山立场，对于朱子学予以批评[1]，如言："此亦一述朱，彼亦一述朱。"[2] 而述朱的真正问题在于，朱子对于《四书》精神的发扬，特别是孟子学，系是抱持一种建构的态度；朱子继承于二程，以理学的骨架建构《四书》，令此《四书》不再是先秦《四书》[3] 的原貌，而是朱子理学下的《四书》。[4] 至于朱子所理解的孟子学，套在理气论下，常以二元的方式做解析，如气质之性、本然之性之为二元，又如言"性发为情"，而性是形上、情是形下之类。此形上、形下亦是一种体用义。

---

* ［作者简介］蔡家和（1968—），男，福建惠安人，台湾东海大学教授。主要研究方向：宋明理学。

① 蕺山的时代精神，虽自命为心学，但面对阳明后学的流弊亦予以救正。故蕺山精神一方面反对朱子，另一方面也反对王学末流。可谓反对情识而肆、虚玄而荡者。

② "精思其故，成说在前，此亦一述朱，彼亦一述朱，宜其学者之愈多而愈晦也。"（沈善洪主编、吴光执行主编：《黄宗羲全集》第一册，浙江古籍出版社 2005 年版，第 48 页）此对朱子而言，是贬义。

③ 朱子的《四书》除了先秦本义外，尚加入北宋的学术思想、程子的理学承继以及佛、道的刺激等而融合为一大体系。

④ "朱子将其抽离礼的范畴，与《论语》《孟子》《中庸》结合后，重新赋予它理的内涵，作为进德修学的基础，从中强调格物致知，诚意正心，并且重新标彰《大学》目的，于是《大学》不再是《礼记》脉络里的《大学》，而变成心性理学诠释系统下的一部分。"（高荻华：《从郑玄到朱熹：朱子〈四书〉诠释的转向》，大安出版社 2015 年版，第 23 页）

若特就朱子对告子的理解而言，朱子视告子以气为性，由此违反了孟子“性即理”之说。[①] 而黄宗羲的心学传统，一方面不喜欢朱子的理学，另一方面，黄宗羲又有重气的见解（而朱子尊理，视气为形下）。若以朱子的义理为正，视告子为气性观者，则黄宗羲也容易沦为告子学，沦为不正的学派。黄宗羲的学问可视为一种理气一元观，而以气为主导，气中自有其流行与主宰，理与气是一物两名，就流行言气，就主宰言理。黄宗羲认为，理气不可二分，性情不可二分，[②] 真正该二分之处，在于先天与后天（性与习）的区别，孟学也是如此，依此而反对朱子的见解。

朱子之诠释《孟子》，亦是顺着孟子观点而批评告子，认为告子的义外之说，是只守其心令之不动，而于外在一切义理皆不照管。[③] 而象山与黄宗羲都反对朱子的这种见解。其实，告子所遗留下来的言论虽少，但至少从《孟子》一书的记载中也可以获得一些启示，大致也能得出一个简单的轮廓。[④] 以下，做一列示：

1. 告子：“不得于言，勿求于心；不得于心，勿求于气。”《浩然章》

2. 孟子评论告子：“我故曰：告子未尝知义。以其外之也。”《浩然章》

3. 告子：“性，犹杞柳也；义，犹杯棬也。以人性为仁义，犹以杞柳为杯棬。”《告子上·第一章》

---

① 孟子本身也许没有性即理的想法，视性即理者，系朱子依于程子而套在孟子身上。

② 若如朱子区分理与气，在孟子而言，理是道德，气是食色之欲望，在孟子本身只以大体、小体区分，称不上是最重要的区分，不是如朱子所言的形上、形下的区分。

③ 朱子视告子的义外，是守其内，而不顾外。“‘不得于言，勿求于心’，是心与言不相干。‘不得于心，勿求于气’，是心与气不相贯，此告子说也。告子只是去守个心得定，都不管外面事。外面是亦得，不是亦得。孟子之意，是心有所失，则见于言，如肝病见于目相似。陆子静说：‘告子亦有好处，今人非但不识孟子，亦不识告子，只去言语上讨不着。’陆子静却说告子只靠外面语言，更不去管内面。以某看，告子只是守着内面，更不管外面。”（《朱子语类》第四册，黎靖德编，王星贤点校，文津出版社1986年版，卷59，第1236页）

④ 例如，戴震认为，告子之学近于道家，其言：“告子以自然为性使之然，以义为非自然，转制其自然，使之强而相从，故言，仁内也，非外也，义外也，非内也，立说之指归，保其生而已矣，陆子静云：恶能害心，善亦能害心，此言实老庄告子释氏之宗旨，贵其自然以保其生。”（《戴震集》，上海古籍出版社1980年版，第293页）

4. 告子："性，犹湍水也，决诸东方则东流，决诸西方则西流。人性之无分于善不善也，犹水之无分于东西也。"《告子上·第二章》

5. 告子："生之谓性。"孟子曰："生之谓性也，犹白之谓白与？"曰："然。""白羽之白也，犹白雪之白，白雪之白，犹白玉之白与？"曰："然。"《生之谓性章》

6. 告子："食色，性也。仁，内也，非外也。义，外也，非内也。"孟子曰："何以谓仁内义外也？"曰："彼长而我长之，非有长于我也。犹彼白而我白之，从其白于外也，故谓之外也。"曰："异于白马之白也，无以异于白人之白也！不识长马之长也，无以异于长人之长与？且谓长者义乎？长之者义乎？"曰："吾弟则爱之，秦人之弟则不爱也，是以我为悦者也，故谓之内。长楚人之长，亦长吾之长，是以长为悦者也，故谓之外也。"《告子上·第四章》

7. 借孟季子之口，道出告子主张："性无善无不善也。"《告子上·第六章》

以上所列，直接与告子相关的言论共有六则，第七则则是公都子与孟季子（后者的主张与告子同）两人论辩义内、义外之说。《孟子》一书共有七则与告子言论相关，不过《孟子师说》中，对于公都子与孟季子的辩论则未做讨论。下文，即以同书所做出诠释的六则作为分章依据，依序进行讨论。在此之前则先对朱子如何看待告子做一理解，因为黄宗羲于同书之阐释，[1]绝大部分便是针对朱子的孟学诠释而来。

二　朱子对告子的理解

朱子对于告子的理解，主要有两个特殊处：

第一，告子的"不得于言，勿求于心；不得于心，勿求于气"，朱子如何理解？其认为：

"不得于言，勿求于心"，是心与言不相干。"不得于心，勿求于

---

① 《孟子师说》亦稍有批评阳明、龙溪，但主要是针对朱子学而发言。

气"，是心与气不相贯，此告子说也。告子只去守个心得定，都不管外面事。外面是亦得，不是亦得。孟子之意，是心有所失，则见于言，如肝病见于目相似。陆子静说："告子亦有好处，今人非但不识孟子，亦不识告子，只去言语上讨不着。"陆子静却说告子只靠外面语言，更不去管内面。以某看，告子只是守着内面，更不管外面。①

朱子与象山对于告子的认定不同。朱子认为，告子只守着心而不管外面的言语，或是外在的气。而象山正好相反，视告子只守外在而不去管内面。朱子的诠释，认定孟子是理学，孟子愿意求理于内、外，而告子却只守心不动，依此，朱子甚至批评象山为告子之学。② 然而象山之心学，亦是批评朱子求理于外，类于告子。可见二人对告子的诠释，与其自身体系息息相关。朱子是理学，固视孟子为理学，而告子为邪说：不依理，只守心。而象山是心学，视孟子为心学，视告子不守心学而求于外面语言。

于此，告子的相关言论，如言"彼长而我长之"。此所谓"义外"是求理于外，也不是都不管。若都不管，则彼长我亦不长。而黄宗羲是心学，较近于象山的见解，而不同于朱子。

第二，又朱子于《告子上》前四章，视告子四变其说，此四章刚好对应上《浩然章》孟子所言"诐辞、邪辞、淫辞、遁辞"。朱子言："自篇首至此四章，告子之辩屡屈，而屡变其说以求胜，卒不闻其能自反而有所疑也。此正其所谓不得于言勿求于心者，所以卒于卤莽而不得其正也。"③ 第一章《性犹杞柳章》，朱子视告子近于荀子之说；第二章《性犹湍水章》，朱子视告子近于扬雄的性善恶混之说；第三章《生之谓性章》，朱子视告子转而为佛氏"作用是性"④；第四章《食色性也章》，朱子虽未评论告子于此章所述，系近于古人何者之说，但评之为："不得于言，勿求于心。"不得于言，乃是失于言、输于言，于言论处不能胜过孟

① 《朱子语类》第四册，黎靖德编，王星贤点校，文津出版社1986年版，第1236页。

② "象山死，先生率门人往寺中哭之。既罢，良久，曰：'可惜死了告子！'"（《朱子语类》卷124）

③ 朱熹：《四书章句集注》，鹅湖出版社1984年版，第327页。

④ 作用是性者，乃指禅家在挑水砍柴的同时，而不起执著，唯观空性；也因释氏本心，此心无实理，只有空理，此心乃知觉见性，以知觉为性。

子，只是守其心之不动，面对辩论之输亦不顾及，不做反省。

以上是朱子对告子评论的两个重点。

三 黄宗羲《孟子师说》对告子的理解

笔者讨论黄宗羲面对朱子的诠释有何批评？特就告子的见解，黄氏不同于朱子之处来做解析。以下开为六小节，分别为《浩然章》《性犹杞柳章》《性犹湍水章》《生之谓性章》《食色性也章》与《性无善无不善章》。

1.《浩然章》

《浩然章》谈的是告子先于孟子不动心，孟子看似赞赏告子，其实却是贬低告子，以告子的不动心，是义外之方式，不如孟子的自动集义以不动心。此章有两个重点：第一，如何理解告子的义外；第二，如何理解告子的“不得于言，勿求于心；不得于心，勿求于气”。先谈第二个问题，黄宗羲言：

> “不得于言，勿求于心；不得于心，勿求于气。”此四句，是告子一生学问。“言”者天下之义理也。告子以为义理散于天地万物，心之所有者惟知觉，故不以义理求之于心；心既空无所有，则一切行事靠我之气不得，须求理于天地万物，故勿求于气。气者，知觉运动也。孟子以为义理即心，而是以心之主宰而言曰“志”，有主宰则不患不流行。“志至焉，气次焉”，次，舍也。易之“旅”即次，“师”左次，《周礼》之掌次，是也。志之所至，气即次于其所，气亦无非理义矣。告子病痛在不知求义理于心。心既不知求，于气何益？故以“可”“不可”稍分别之，其实一贯串，非两样也。[①]（《黄宗羲全集》第一册，《孟子师说》）

告子无专书流传于后世，今仅见于《孟子》一书几处记载。孟子在

① 《黄宗羲全集》，浙江古籍出版社2005年版，第61页。

《浩然章》提到告子的主张：“不得于言，勿求于心，不得于心，勿求于气。”并对此进行评论，孟子认为，后两句为“可”，前两句则“不可”。这里暂且不论孟子义理。告子表示，言与心没有太多关系，心与气也无关。

黄宗羲则谓此四句便是告子一生的学问。黄宗羲是把告子思想作一整体看，将此四句与告子的“食色性也”“生之谓性”等语一并做研究，并做出总结。黄宗羲对告子的“义外”与朱子所认定的不同。朱子解其“义外”是把“义置于外而不顾”的意思，而黄宗羲认为“义外”是“合宜的标准在于外”，亦是一种客观外在论。

例如：“彼长而我长之”一句，此长者，非我能决定，而由外在标准决定，此为“义外”。再者，黄宗羲解释：“言”者，义理也。这是把“言”视为学说理论，而与“外义”的“义”相关联。即告子的“义外”与言说之为外一致。

又黄宗羲认为，告子以义理之散于天下，为外；而心为内，心者，只是知觉。内在的知觉与外在的客观义理无关，因此，不求于心、不求于内，知觉者还是以外为准。视心的内容为知觉，然这是否为告子的意思？若从可得的文献来看，包括孟子或告子都没有如此明确的认定。而黄宗羲如此理解告子，心一旦为知觉，即是能知的主体，标准便不在能知，而是在于所知的对象——义理上，因此义理要在外在事物上求，而不是求之于心。①

至于“不得于心，勿求于气”，这里的“勿求于气”，是指勿求于“我”之气，且此“不得于心”，指的是义理之不得依靠我心，也不可从吾人的心气上求，只能求理于外，求理于天地万物。

黄宗羲的学问系依从于孟子学，孟子的浩然之气是从心上养，是集义所由生，且此义不在对象上，如孟子回答告子：“长者义乎，长之者义乎？”意思是，长之者才是义，义不在对象上，而是在吾人内心对德性的尊崇，原意对长者尊敬才是义，义不在年长者身上寻求之。此孟子的义内思想，义虽即于内，却不离天地万物，然此天地万物之所以能得其宜、得

---

① 黄宗羲以心为知觉，此近于朱子，也似于阳明。朱子以心为虚灵知觉，而阳明视心为知觉，且人的知觉有灵明性，通于形上、形下，心即是理。

其所，能够贞定于德行，则端在吾心的自觉，此非在外，必然在内，不只在内，且是生而有之、本固有之。这是黄宗羲心学所要肯认的孟子义内之说。故于《明儒学案・自序》中黄宗羲提道："盈天地皆心也。"此语本出自《易传・序卦传》，《序卦》言："盈天地之间者，唯万物。"[1] 而黄宗羲将之改为："盈天地皆心也。"意思是，万物与吾心息息相关![2] 如同阳明的良知学，若无良知，谁去仰天的高、俯地的深？良知不离物，只在事上磨练。又如《中庸》所言："不诚无物。"万物能得其序、得其所，皆离不开此心！

黄宗羲视气，为知觉运动，此就气之粗者而言；至于气之精者，则是知觉而有灵明，即为心。黄宗羲是心气一元论[3]，也是气化一元论，用以对比朱子学的二元割裂，并试图做一缝补。[4] 而黄宗羲既是气学，也是心学，此心是气，二者可相通，并认为孟子当该也是心学。心学，如阳明所言"心即理"，义理即于吾心，故气之所以盛大流行，而能养成浩然正气，乃在于集义，此义在内而不在外，此为义内，故心学一派皆批评告子的义外。孟子又提到志与气的关系，如"志一则动气"，则此心与志的关系又是如何？黄宗羲认为，心之主宰为志，心与志息息相关。

黄宗羲的气论改造了朱子的理气论，朱子视气为动，理为静，气为流行，理为主宰，气有为，而理无为。黄宗羲则把朱子的理气论转为气学，气中自有其主宰与流行，就主宰而言，乃是气之有理，故能主宰；就其变

---

① "有天地，然后万物生焉。盈天地之间者唯万物，故受之以屯；屯者盈也，屯者物之始生也。"（《易传・序卦传》）

② 蕺山言："释氏之学本心，吾儒之学亦本心，但吾儒自心而推之意与知，其工夫实地，却在格物，所以心与天通。释氏言心，便言觉，合下遗却意，无意则无知，无知则无物。其所谓觉，亦只是虚空圆寂之觉，与吾儒体物之知不同；其所谓心，亦只是虚空圆寂之心，与吾儒尽物之心不同。"（《黄宗羲全集》第八册，浙江古籍出版社 2005 年版，第 893 页）

③ 心也是气，心是气之精者。而此心义、气义，不可以朱子的形下义言之，因为黄宗羲只有一气之流行，理反而是气之理，故此气中，精神、物质都包含其中。"理不可见，见之于气；性不可见，见之于心，心即气也。"（黄宗羲：《孟子师说》，《黄宗羲全集》第一册，浙江古籍出版社 2005 年版，第 60 页）

④ 阳明已对朱子二元之学做缝补，蕺山更甚，黄宗羲又继之。

动而言，谈其流行，乃就气之能自动，不假外求。[①] 此一气充周而为一元，理、气为一物，与朱子的理、气为二不同。

黄宗羲此段不只谈论告子，也谈论孟子如何辩驳告子。孟子言："志至焉，气次焉。"乃就心志之所来到处，气亦跟着提升，所养浩然之气，是由仁义内在之心集义而生。故黄宗羲解"气次之"的"次"，是"舍"的意思，并举《易》之《旅》卦，与《周礼》之言来做论证。心之所在，气即舍于其中，即心能集义，则身上的形色表现便是浩然之气。此气所表现者，即是义理的展现。

而告子之误，则是外义，以义为外，而求之于外，不知求之于心。黄宗羲依阳明心学，认定心即理，此虽不离于外物，但外物之有理仍是因心而有，故曰："盈天地皆心也。"天地万物不离于吾心，此是义理的根源所在，外义以求之，不异于断绝了心之义理。而孟子认为告子所言"不得于心，勿求于气"之所以正确，乃因心有所不得，则不集义，气自然不能浩然。

而朱子认为，孟子言"可"是指"仅可而有所未尽之辞耳"[②]。亦指孟子认为，不得于心，要求于气，而不是不求，此指内、外要交相养，心上不得，从气上养亦可，一方面要"持志"，另一方面"无暴其气"，这是朱子的见解。至于黄宗羲则不若朱子的分殊，他认为，孟子之言，是指心若不求，则气自不浩然，再于气上求也不必要，不必多此一举。而孟子以为"不得于言，勿求于心"为"不可"，黄宗羲认为，此指义理必求于吾心之集义，不可不求，不可如告子的不求心，而求之于外物。

除了"不得于言"一段，孟子于《浩然章》批评："告子不知义，以其外之也。"此义外之说，黄宗羲又如何看待？黄宗羲言：

---

① "先生之辨，虽为明晰，然详以理驭气，仍为二之。气必待驭于理，则气为死物，抑知理气之名，由人而造，自其浮沉升降者而言，则谓之气，自其浮沉升降不失其则者而言，则谓之理。盖一物而两名，非两物而一体也。"（《明儒学案·诸儒学案上二》）这里是以黄宗羲、刘蕺山的气自流行为标准，来批评曹月川之说，认为气若依理主宰才动，则气是死物，如同马要人骑才动，马是死马。看出黄宗羲以气论为基础，融合理气于其中，故有一物两名之说，此亦为主宰与流行。

② 朱熹：《四书章句集注》，鹅湖出版社1984年版，第230页。

"集义"者，应事接物，无非心体之流行。心不可见，见之于事，行所无事，则即事即义也。心之集于事者，是乃集于义矣。有源之水，有本之木，其气生生不穷。"义袭"者，高下散殊，一物有一义，模仿迹象以求之，正朱子所谓"欲事事皆合于义"也。"袭裘"之"袭"，羊质虎皮，不相粘合。事事合义，一事不合，则伎俩全露，周章无措矣。告子外义之病如此，朱子言其冥然无觉，悍然不顾，此则世俗顽冥之徒，孟子亦何庸与之辨哉！故象山云："读书讲求义理，正是告子外义工夫。"亦已深中其病。而朱子谓其静坐澄心，却是外义，恐未必然也。[①]（《孟子师说》，《黄宗羲全集》第一册）

集义者，此义乃"仁义内在"之义。应事接物，皆依于内在之仁义，事物虽为外，但是由心中以达于面目、达于事物，是心体所贯，一切现象无非心体之流行，心体能居仁由义的流行，是因其有条理、有主宰。然心不可见，不可测人心之意向，唯本人知，他人无法得知，欲得知，需从所言、所行来求。这也是孟子所谓的知言，若得诐辞、邪辞、淫辞、遁辞，则知其所生心，若生邪心，则害于政。

而黄宗羲言："行所无事。"[②] 这是孟子的原文，相对于行其无事者，乃是有事而不自然，所谓的自私用智而为凿。黄宗羲这里的行其所无事，指的是事情该如何便如何，不加以人工，此即义也、宜也。而集义，正是以心集义，心不可见，心中之道义而贯于事物之中，此为集义。黄宗羲称之为有源之水，生生不穷，此源头乃是就其义内之心做为源头，有其主宰自能流行，而为有源之水。

至于孟子所批评的"义袭"，黄宗羲认为，正是指告子的"义外"：依样模仿，终将放倒。以其"义外"，犹如缺乏源头之水，此义既不依心来，于外之义，一物便有一义，因此，必须格物以穷理。黄宗羲借此批评朱子的格物穷理之说，正是告子的义外。笔者认为，黄宗羲视告子以道德

---

① 《黄宗羲全集》第一册，浙江古籍出版社 2005 年版，第 62 页。

② "所恶于智者，为其凿也。如智者，若禹之行水也，则无恶于智矣。禹之行水也，行其所无事也。如智者亦行其所无事，则智亦大矣。"（《孟子·离娄下》）

标准在外以合之，此固然无误，但是否能说朱子的穷格便如同告子？其实，最多也只能说两者有相似性，因朱子的格物之学，既格外亦格内，所谓的“合内外之道”，在朱子看来，内与外同等重要。告子也未明言一物有一义，只说标准在外。

义袭的“袭”字，如同袭裘之“袭”，乃是羊质虎皮不相黏合，外表做出了仁义的行为，似于以力假仁，久假而不归，外表与内心不合，外表是假仁，内心则无仁。且若依于告子之学的义外，以外在为标准，事事合义，则事事各有其义，事事都要配合于外义，倘若一事不合，便为人看出其义袭之假，乃是行仁义，非由内心达于面目的仁义行。黄宗羲话锋一转，转而批评朱子。黄宗羲本属心学，又其《孟子师说》系承于其师蕺山心学，而用以批评朱子。其视朱子的格物于外，犹如告子的义外之病。

如前述，告子与朱子也许有其相似性，但亦有不同。朱子的格物，所穷之理，既在物、也在心，在内、也在外，与告子的义外不同。而朱子又如何为自己开脱，避免被说成近于告子的“义外”？朱子将告子的“义外”解为“把义置之度外”，于一切皆不顾。对此，黄宗羲认为，若然，则告子同于顽冥之徒，不足与辩，甚至不成其学说规模，告子纵使倡议己说，亦无人遵奉。

朱子与黄宗羲同样对告子学说重新形塑，笔者认为，黄宗羲较为准确，但视朱子为告子，则是批评太过，因为朱子与告子主张仍有太多不同，难以等同。

进一步，黄宗羲回到心学之宗——象山，象山在当时就批评朱子为告子，因为象山的心学是义内[①]，而视朱子的读书穷理为求理于外，是告子之学。不过在当时，象山视朱子是告子学，朱子亦视象山是告子学。朱子以象山主张静坐，而于外一切不管，此似于告子。

告子之学当该如何还原？如何确切地掌握告子本意？朱子认为告子是于一切不管，而象山提倡静坐守心、不读书，此则似于告子。[②] 象山认为，告子是以外为标准，而朱子的读书穷理，求之于外，此则似之，二人

---

① 象山之学乃读《孟子》而自得之。

② 朱子的理气二分，凡不归理者则归气，论性而言，只有孟子对，因其视性即理，其他人都错，因为都归气性，如告子、佛氏、苏氏、胡氏、扬雄、象山等。然而，事实上这些人的主张彼此相差甚多，很难如此归类。

相持不下。

在此，可以特别一提的是，朱子视告子为于外一切不顾，此说并不合于告子。因为告子既言“义外”，此即“彼长而我长之”，“长之”的标准即在外，而不在我，如何是朱子所言的“外之而不顾”？就此而言，黄宗羲、象山对告子的还原描述还是较为准确的。

2.《性犹杞柳章》

《告子上》第一章谈到告子反对以人性为仁义，如同以杞柳为杯棬。黄宗羲对此亦有诠释，其曰：

> “性犹杞柳也，义犹杯棬也”，告子之意，以为人生所有，唯此知觉，理则在于天地万物，学者必当求天地万物之理，使与我知觉为一，而后为作圣之功，故以杞柳喻知觉，以杯棬喻天地万物之理。以杞柳为杯棬，喻求天地万物之理融会于我之知觉，此与先儒知是知此事，觉是觉此理，故必格物穷理以致此知，其徒恃此知觉者，则释氏本心之学，亦复何殊？第先儒言性即理也，既不欲以性归之知觉，又不可以性归之天地万物，于是谓性受于生之初，知觉发于既生之后，性，体也，知觉，用也，引《乐记》“人生而静，天之性也。感物而动，性之欲也”以证之。静是天性之真，动是知觉之自然，因恻隐羞恶辞让是非之在人心，推原其上一层以谓之性，性反觉堕于渺茫矣。告子不识天性之真，明觉自然，随感而通，自有条理，即谓之天理也，先儒之不以理归于知觉者，其实与告子之说一也。晦翁谓如荀子性恶之说，有何交涉，孟子言其比喻之谬，杞柳天之所生，杯棬人之所为，杞柳何尝带得杯棬来，故欲为杯棬，必须戕贼。仁义之性，与生俱来，率之即是。若必欲求之于天地万物，以己之灵觉不足恃，是即所谓戕贼也。[1]（《孟子师说》，《黄宗羲全集》第一册）

黄宗羲诠释告子“性犹杞柳”一段，是告子认为，人生唯有知觉，理则在于天地之间，要使此心与理合，此外义者为理，不可恃其心知，而

---

① 《黄宗羲全集》第一册，浙江古籍出版社 2005 年版，第 132—133 页。

是以心知去合于外义。然而，细究之，告子系言“性犹杞柳”，而不是“心是杞柳”。黄宗羲以心为性，以其认为理在气中，如同性在心中，理气是一物两名，心性也是如此，因此，说“性犹杞柳”，就如同在说“心是杞柳”。

告子所言的杞柳是喻，为生而有之的心性，此不是义，义是在外，义散于天地万物之间，而不在吾心性中，故作圣之功，要以心去合于外义。黄宗羲即顺此而评论三派之说：告子之学、朱子学、佛氏之学，以此三派相似。当然，黄宗羲只是就其中的某些相似而来类比，并非认定此三学派等同。告子以“知觉”觉理，近于朱子以心之虚灵知觉去穷理，而释氏的理为空理，为本心之学。[①] 此三派之相似，乃就皆依于心以知理而说相似，究其实，还是有不相似之处，黄宗羲亦非不知。

黄宗羲因着告子的外义，与朱子格物于外相似，进而批评朱子之学。其认为，朱子言性即理，性是形上，心是形下，故性不可归之于知觉，因为知觉是心，是形下；性是理，是形上，不可归之天地万物。

其实，在朱子而言，性在人、也在物，不可只归之于外，也在内，且在物为理，在人为性，故在物上，吾人以理形容之，而不曰之性。而性受于生之初，乃“人生而静，以上不容说”，此受有天地之性；而知觉是心，此是人的知觉，乃发于后天者。因为性是形上，心是气，是形下。性是体，心气是用，朱子的心统性情之说，心若就其郛廓义言，而不及性言，则心只是气之灵，还是形下。

程朱一派引《乐记》之说，认为，“人生而静，感物而动。”程子对此段更有发挥，其言：“人生而静以上不容说，才说性时已不是性。”故有天命之性，还有一旦言性时的气质之性。而且，依于《乐记》的发明，而认为性是静，情是动，性发为情，此情为性之欲也。故性静、情动，情与心相似，因心是气之灵，而动者是情，是知觉，是心。吾人因性发之情，而推原恻隐之本，恻隐为情，而其本为性，恻隐是发，而性是未发，性是体，情是用。

在此，黄宗羲认为，程朱反觉得此心不足以依靠，而推原于性，然此性是不容说，性在气质之外，甚是渺茫！如黄宗羲在注《孟子·仁之实

---

① 此乃本之于程子所批评的“释氏本心”，而视儒者之学本天。

章》处言："仁义礼智乐具是虚名。"[①]（《孟子师说》，《黄宗羲全集》第一册）此说明显是针对程朱学而起，其认为事亲、从兄，才是道德下手的切实处，仁义礼智反是虚名，因着有恻隐之心于是而有仁之名，然而现在程朱反而把此后起之名视为实，而求之于人生而静以上不容说处，此为谬误。

黄宗羲在批评程朱之后，又把告子与程朱等同，以告子不识天理之真，因为在黄宗羲而言，真正的天理，就是心即理，求理不是在天地万物上求，而是求之于吾人之心，故言："盈天地皆心也。"而告子不能认同"心即理"，故属义外，义不在内，此近似于朱子的心不是理，心只能具理，而不能是理，心是气，是形下，而性是理，是形上。黄宗羲便以外义的缘故，而将程朱与告子之说等同，对朱子学做出批判。

以上引文中黄宗羲更批评了朱子的批注。朱子言："告子言人性本无仁义，必待矫揉而后成，如荀子性恶之说也。"[②] 朱子于此将告子与荀子做比配，而黄宗羲则以为两者不类。若依笔者之见，孟子于此系以杞柳是自然生物，而杯棬是人工制品，杞柳生而无善无不善，之后却也成就了仁义，此则近于荀子"化性起伪"之说，朱子把告子与荀子相比配确实有其原由。

黄宗羲之所以批评朱子的比配不当，可能是因为告子之性为无善无不善，而荀子为性恶，两者不同。然荀子所言性恶，如其言："今人之性，饥而欲饱，寒而欲暖，劳而欲休，此人之情性也。"（《荀子·性恶》）荀子的性恶，其实并非就是贬义，不能说是邪恶的意思，只是人生来就有的吃喝纵情的欲求，此饥而欲食等的欲求，也可归于中性意义。若如此论，则黄宗羲与朱子于此处的争议，或许可以平息。

而黄宗羲之解读告子此章，杞柳是天性，杯棬是人为，天性不带来后天的人工制品（人为），故要戕贼其人性始成。而黄宗羲站在心学角度，站在孟子的角度，如孟子言："子能顺杞柳之性而以为杯棬乎？将戕贼杞柳而后以为杯棬也？"（《孟子·告子上》）孟子依自己的性善说，当然是顺杞柳之性而为杯棬，而不是告子的戕贼人性为仁义；依此，黄宗羲批评

① 《黄宗羲全集》第一册，浙江古籍出版社 2005 年版，第 101 页。

② 朱熹：《四书章句集注》，鹅湖出版社 1984 年版，第 325 页。

告子，认为告子以天性本有之灵明心不足恃，反而求之于外，此是戕贼本心以合于外，实是真正的戕贼。

3.《性犹湍水章》

《告子上》第二章，告子以湍水喻性，水无分东西如同性无分于善恶，若比配《告子上》第六章，告子直接表明了性无善无不善。而黄宗羲对此章做了简单的诠释，其曰：

> "湍水"亦即前章之意，言其无善无不善也，东流西流，只是为习所使。晦翁谓其善恶混，亦非东流西流；告子兼善恶以言习，抟之激之。孟子单以不善言习。其善者即从习来，亦是导其性之固有耳！[①]（《孟子师说》，《黄宗羲全集》第一册）

黄宗羲认为湍水之喻，与上一章相似，都在表明性之无善无不善，亦是说《告子上》的第一章、第二章、第六章，皆言此意。第六章是明言，第一、二章则是譬喻。于前章，黄宗羲认为，不该以荀子性恶言告子，因为一个是性恶，一个是无善无恶。而湍水、杞柳二喻，都是在谈性，而湍水之无善恶，指出无其本性，既可往东也可往西；而杞柳之无善恶，则就其可以为杯棬，亦可以不为杯棬，杞柳只是自然之木，无所谓的定性，要去成为什么，或说不必定要去成善或恶。回到湍水之喻，水之东流西流，乃是习之所使，此孟子与告子都能同意，习者，后天是也。如同孟子于《告子上》第七章所言：

> 富岁，子弟多赖；凶岁，子弟多暴。非天之降才尔殊也，其所以陷溺其心者然也。今夫麰麦，播种而耰之，其地同，树之时又同，浡然而生，至于日至之时，皆熟矣。虽有不同，则地有肥硗，雨露之养、人事之不齐也。（《孟子·告子上》）

此言成就的表现不同，系因后天习惯所致；在人的身上因着富岁、凶

① 《黄宗羲全集》第一册，浙江古籍出版社2005年版，第133页。

岁而有不同，非是天之降才有其殊异。就如同人们播种谷物，也不会认为谷种的物性有所不同，都是稻，都有稻性，若是收成有异，则是因人事不齐等原因，如农人用心、雨露之养、地之肥饶与否所致。在此孟子的意思，认定这些都是后天的习使造成，非是天性，性都是善，却因习使而有不同，而黄宗羲则以此《富岁》一章是孔子《性相近习相远》一章的注释。[①]

黄宗羲所诠释下的孟子，认为性与习可以作区分，此为先天与后天的不同，至于性与情、理与气，则不该如朱子的二分。[②] 黄宗羲于此章谈论习使的重要，应是合于孟子。而对朱子此章的诠释，朱子言："告子因前说而小变之，近于扬子善恶混之说。"[③] 黄宗羲则以为不然，因为东流西流是习使所致，不是性之使然，至于扬雄的"善恶混"，谈的是性，而不是习；即生性之中，有善有恶于其中，此是扬雄的见解；但告子的见解是性无善无不善，而不是"善恶混"，因此，朱子的见解值得商榷。

黄宗羲又认为，告子兼善恶以言习，性即如水，则可搏而过颡，激而在山，此言性本无善恶，习之使然。而孟子于此章则专就不善言习，如水之在山、如过颡，都不是善，又如孟子言："人之可使为不善，其性亦犹是也。"水之就下才是善，然为不善者如在山、过颡，都就不善而言。特别一提的是，水之就下为善，后天也可因势利导，以顺其势而做扩充，即为性之固有的扩充，可因习的扩大，而扩充德性。

4.《生之谓性章》

朱子虽视告子四变其说，但告子之学还是有其一致性，此一致性就表现在《生之谓性章》，朱子言：

> 告子不知性之为理，而以所谓气者当之，是以杞柳湍水之喻，食色无善无不善之说，纵横缪戾，纷纭舛错，而此章之误乃其本根。所

---

① 《黄宗羲全集》第一册，浙江古籍出版社2005年版，第137页。

② "是故'性情'二字，分析不得，此理气合一之说也。体则情性皆体，用则情性皆用，以至动静已未发皆然。"（黄宗羲：《孟子师说》，《黄宗羲全集》第一册，浙江古籍出版社2005年版，第136页）

③ 朱熹：《四书章句集注》，鹅湖出版社1984年版，第325页。

以然者，盖徒知知觉运动之蠢然者，人与物同；而不知仁义礼智之粹然者，人与物异也。①

朱子认为，告子的错误根本即是主张以生训性，因此《孟子·告子上》的前四章里，孟子知道"性即理"，而告子则不知，徒以生言性，只知人的动物性与物同，此其误之根本。

至于黄宗羲的气化一元论，不接受朱子所言性之二元。朱子之论"性"的确有两种②，黄氏视此为程朱之误，孟子亦无此说。而黄宗羲释此章言：

> 无气外之理，"生之谓性"未尝不是。然气自流行变化，而变化之中，有贞一而不变者，是则所谓理也、性也。告子唯以阴阳五行化生万物者谓之性，是以入于儱侗，已开后世禅宗路径。故孟子先喻白以验之，而后以牛犬别白之，盖天之生物万有不齐，其质既异，则性亦异，牛犬之知觉，自异乎人之知觉；浸假而草木，则有生意而无知觉矣；浸假而瓦石，则有形质而无生意矣。若一概以儱侗之性言之，未有不同人道于牛犬者也。假使佛氏而承孟子之问，必将曰"犬之性犹牛之性，牛之性犹人之性"也，其诪张为幻，又告子之罪人也。③（《黄宗羲全集》第一册，《孟子师说》）

黄宗羲认为，无气外之理，无心外之性。而心是气，故言生之谓性，亦未尝不是，生者气也，性者理也，理气是同一物的两名。而在孟子原文，似乎也有条文可以佐证此说，即是《孟子》此章。孟子之所以要辩告子，是因告子将人、物混为一性，但性中的确有其饮食男女的部分，孟

① 朱熹：《四书章句集注》，鹅湖出版社1984年版，第326页。

② "如谓水本清也，以净器盛之则清，不净器盛之则臭，以污泥之器盛之则浊，本然之清未尝不在。但既臭浊，猝难得清。果若是，则水一性也，器一性也。性之夹杂如此，安所称'无极之真，二五之精'乎！"（黄宗羲：《孟子师说》，见《黄宗羲全集》第一册，浙江古籍出版社2005年版，第138页）此黄宗羲反对以气质之性与天地之性，两性之说以诠释孟子。孟子亦未明言有两性，程朱如此诠释，有创造性诠释之嫌。

③ 《黄宗羲全集》，浙江古籍出版社2005年版，第133—134页。

子也不致于谓其全错，如告子言“食色性也”，孟子即未做批评，而只是针对其“义外”之说。又孟子言：“形色天性。”性与气有其关连，亦言：“口之于味，性也。有命焉，君子不谓性。”[①] 由此看来，食、色亦不可不谓之性，只是君子为命所限之时，却也不得以“性”作为借口，而强要过分之食、色之欲。

而黄宗羲之论性，以性为心的主宰，心是气，性是理，然言性必伴随着气质。他顺着周子“性是刚柔善恶中”之说[②]，以为性固然是善，但也不离于气质，因此，告子的“生之谓性”之说，也不是全错，只是有所不足。气之流行中，有其贞一不变的主宰者，即为性；此主宰的表现，在气为理，在心为性。而告子之误，在于笼统，以气之生言性，则人性、犬性同而为一。这种笼统气、性之说，与禅家一致。朱子于此章注为：“与近世佛氏所谓作用是性者略相似。”黄宗羲与朱子于此皆以告子类于佛教。

当然，黄宗羲与朱子的见解还是有很多不同。朱子认为，告子认性为气，且牛性等同于人性，因为理一分殊，人、物在天之处，其天地之性相同，仅因气质的障蔽而表现不同，人能全其性，而物不能，物虽不能，其具有天地之性，却是不可否定。但黄百家本其父黄宗羲的主张，评论朱子此说：“只一家禅诠。”[③] 认为这是佛氏众生平等的观念，而不是儒学，儒学谈的是人禽之辨，人性不会等同物性。

黄宗羲认为，天之生物万有不齐，质之既异，性亦不同，牛、犬之知觉与人不同，人性也不同于牛、犬之性，与草木之性也不同，若笼统以生言之，则人与物同，人性等同物性。黄宗羲又设问，若依于佛学，答孟子

---

① “口之于味也，目之于色也，耳之于声也，鼻之于臭也，四肢之于安佚也；性也，有命焉，君子不谓性也。”（《孟子·尽心下》）

② 黄宗羲言：“《通书》云‘性者刚柔善恶中而已矣。’刚柔皆善，有过不及则流而为恶，是则人心无所为恶，止有过不及而已。此过不及亦从性来。故程子言‘恶亦不可不谓之性也’，仍不碍性之为善。”（沈善洪主编、吴光执行主编：《黄宗羲全集》第一册，第67—68页）

③ 黄百家诠释明道“万物皆备于我，不独人耳，物皆然。都自这里出去，只是物不能推，人则能推之。”之语时批评之：“此则未免说得太高。人与物自有差等，何必更进一层，翻孟子案，以蹈生物平等？撞破乾坤，只一家禅诠。”（《明道学案》上，《宋元学案》卷十三，《黄宗羲全集》第三册，沈善洪主编，吴光执行主编，浙江古籍出版社2005年版，第682页）黄百家其实是站在其父黄宗羲的立场，认为人性、物性自然不同。

之问：人性是否可同牛性？佛氏将答：犬性犹牛性，牛性犹人性。因为佛教所言性是性空，六道轮回之中众生平等，人性是空，因缘而生，无其自性，就算轮回后转入畜生道，也是性空，因此人性同于物性。黄宗羲以为，这是佛教学说之夸张处，较告子主张更值得商榷。

5.《食色性也章》

此章告子主张："食色性也，仁内义外也。"孟子对"食色性也""仁内"等说并未回辩，而只就"义外"做反驳。而黄宗羲诠释如下：

> 《语类》"晦翁尝与金溪辨'义外'之说。某谓事之合如此者，虽是在外，然于吾心以为合如此而行之，便是内也，且如人有性质鲁钝，或一时见不到，因他人说出来，见得为是，从而行之，亦内也。金溪以为此乃告子之见，直须自得于己方是，若以他人之说为义而行之，是求之于外也，遂于事当如此处亦不如此，不知此乃告子之见耳。"愚按：告子义外是求义于外而行之，金溪之言是也，晦翁乃谓其必欲自得于己，而在外者一切置之不问，恐未必然。告子既已为理不在内，势不得不求之于外，不然，则内外两无所主焉，能自立其说哉！①

此段记述朱子与金溪的辩论"义外"，两人互批对方是"义外"。黄宗羲则认为金溪是"义内"，而朱子是"义外"。黄宗羲先定义什么是"义外"？即告子的"义外"是"求义于外"，其道德观非无标准，只是以客观外在为标准，如同今日的基督教、客观风俗论也属客观外在论。而朱子则认定，告子是一种必欲自得于已，于"言"、于"气"等外在之物一切皆置之不问。如前述，朱子的理解并非正确，因为告子明言："彼长而我长之。"此仍以外在对象为标准。因此，黄宗羲的解法应较符合告子的原意。

不过黄宗羲将朱子比配于告子，却也值得商榷。因为朱子学是顺程子而来所建构的理学，自也不是以外在为标准。朱子学之言理，必要合于

---

① 《黄宗羲全集》第一册，浙江古籍出版社2005年版，第134—135页。

内、外之道！天理在外，但也在内，其内者，仁义礼智在中，与外在的道德相合则应，不合则不应，此朱子所设计的一套理论。又朱子依其理论建构，使用理气论来诠释《孟子》，《孟子》既言“义内”，朱子亦不敢言外，理学中虽有其外在的客观性，但“合内外之道”的说法，自也彰显了对内在一面的重视。朱子诠释《浩然章》时认为：“子夏笃信圣人，曾子反求诸己。”其中“反求诸己”即是“义内”的一种说法。因此，朱子与告子的“义外”，两者毕竟不同。

而朱子也强调，如对于事物之目下如何云云，却仍是要回到吾心以为印证。朱子举例，若某甲一时见不到义理，而为某乙所说出，某甲之同意、肯定某乙，虽为外在，但还是需要自己去体证、领会出来，则此又是内在。若如此论，则朱子之说也可说是“义内”。在此，朱子所举二例都可说是“义内”，不过他对告子的理解有误，因而视金溪为告子之学，此亦不当。朱子不仅认为金溪是告子学，视象山也是告子学；而且，朱子依于理气论，把各种主张、学说不是归于理便是归于气，因此包括告子、象山、佛氏、胡氏、苏氏、荀子、扬雄等人，通通等同视之，此亦有笼统之失。

6.《性无善无不善章》

此章孟子阐明其性善之说，并由此角度审视他家说法，包括：性无善无不善、有性善有性不善，以及性可以为善可以为不善等，并举出此三说的误谬处。而黄宗羲认为，告子的主张便是性无善无不善，至于其他二说，在《孟子》中记载的是“或曰”，如此则未必是告子主张。黄宗羲此见应是无误。

在解《生之谓性章》处，黄宗羲与朱子都视告子之学近于佛氏“作用是性”的说法，而在此《性无善无不善章》，黄宗羲则分辨了佛氏与告子的不同，其曰：

> “性无善无不善”，后世释氏不思善不思恶之说近之，但释氏无善无恶，以理为障，更不复求，与告子性无善恶复求理于外者为异。①

① 《黄宗羲全集》第一册，浙江古籍出版社2005年版，第136页。

黄宗羲本身反对“性无善无恶”的说法，并以孟子的性善角度，批评了告子的无善无恶以及佛氏之说。又阳明“四句教”的首句：“无善无恶心之体”，黄宗羲站在其师蕺山的观点，也站在其父黄素尊所属东林党的观点的角度上，同样予以批评。然而黄宗羲毕竟属心学，并不直接批评阳明，而视儒学之杂禅是王龙溪所造成。

前文黄宗羲认为告子近于禅，此处则再作区分，视两者不尽相同。如禅宗慧能谈道：“不思善不思恶，正与么时，哪个是明上座的本来面目。”然禅不求理，纵然言理，也是空理、缘起性空之理。而告子不同，告子求理，求理于外，求之于天地之间，这正是“义外”的意思，与佛教毕竟不同。黄宗羲如此的区分，较于朱子笼统地等同告子与佛氏，自然更为妥当。

四 结语与反思

笔者谈论黄宗羲对朱子的反对，特就告子的理解上。朱子解告子的不动心，系守心不动，而于外一切置之不理，而黄宗羲反驳，若如朱子所言，则告子学说便不值一谈。黄氏认为，告子的义外是以标准为外，并不是完全没有定准。

如告子明言：“彼长而我长之。”此显然有一外在准则的竖立。而朱子在注《孟子》“彼长而我长之”这句话时，提道：“告子以人之知觉运动者为性，故言人之甘食悦色者即其性。故仁爱之心生于内，而事物之宜由乎外。学者但当用力于仁，而不必求合于义也。”① 可以看出，朱子对“彼长而我长之”甚无善解。此处在谈论何以告子以仁为内而义为外，仁者爱人也，仁爱之心系生于内，义者宜也，事物之宜则由乎外，至此的诠解应无问题，然朱子竟认为，告子要学者但用力于仁，而不必求合于义。

告子所言“义外”，亦是要求合于外义，以外之彼长，而我长之，非长于我！而朱子解告子为“不必求合于义”，此显是受了自家体系影响。朱子要做一致性的诠释，一旦认定告子系只守心不动，不顾一切外物，那么依此即可将象山等人归类而比配于告子，谓两者有相似性，因为象山学

---

① 朱熹：《四书章句集注》，鹅湖出版社 1984 年版，第 326 页。

问亦教人不读书。此便是朱子的体用论、理气论，当置入《孟子》时所得来的特殊诠释；而且把告子、象山、佛氏、荀子等人都等同，视彼等皆认气为性，唯有孟子知性之为理。

而黄宗羲则对告子与佛氏作出区别。佛氏以空为性，而告子则有其客观标准，不是没有标准，告子并没有反对“义”。

黄宗羲的《孟子师说》系师承蕺山学说，既是心学也是气学。朱子当时已与象山辩论过孟、告之说，如今黄宗羲回到象山，认为象山心学所理解的告子较朱子为准。另外，黄宗羲的重气思想，以一气之流行的气化一元论，又是如何跳脱朱子的理气二元框架，而来诠释、面对告子所言“生之谓性”?

黄宗羲是气论，若“生之谓性”之主张者也是气论（如朱子所解），那么黄宗羲又该如何接脉于孟子，而跳离告子？首先，黄宗羲亦反对告子“生之谓性”的笼统，其混人性、物性而为一，而黄氏则视人性、物性也有差别。再者，气论学派中，也有精气与粗气的区分，不是所有气论学者都为相同。第三，黄宗羲的理论概念还是分别理与气，只是理的意思不如同朱子的超越义，只是作为气的条理、附属的性质，虽有主宰义，但气还是第一义，理是第二义，黄宗羲系以气为流行，理为主宰，而理与气是一物的两名。

面对告子思想，黄宗羲以其心学、气学兼具的论点所做的解析颇有建树。在明清之际，作为学问的转型，发扬其师蕺山精神，厥功至伟。

陈真晟思想的新定位

——以《心学图》为中心的考察

谢晓东*

陈真晟（1411—1473），字剩夫，自号布衣先生，漳州漳浦人，明代早期的著名理学家。当时的时代潮流是朱子学一统天下，而陈氏就处在这么一个大传统中。一般认为明代早期的朱子学者的学术贡献是有限的，诚如《明史》所云：当时的学者“笃践履，谨绳墨，守儒先之正传，无敢改错。”① 在相当程度上，这个结论是有道理的，如陈真晟就曾经指出过：“思程、朱传注，至矣尽矣。后之有作者，殆不必更有补缀。”②（陈真晟《与林雍行人书》）换言之，程颐朱熹的论著已经揭示了全部真理，后来的人只需要学习体会就行了。基于这种认识，陈真晟没有撰写任何专著，而是把精力几乎都耗在道德实践层面了。由于这个原因，有人干脆称这群学者为“朱学中的涵养与躬行派”③。在陈真晟生活的时代，陈白沙（1428—1500）与王阳明（1472—1529）所领导的心学运动尚未展开。从表面上看，陈真晟处于明代的心学运动之前，因而属于纯粹的朱子学

* ［作者简介］谢晓东（1977—），男，四川射洪人，厦门大学教授、博士生导师，博士。主要研究方向：儒家哲学（先秦、宋明、现代）、东亚儒学以及政治哲学。

① 《儒林一》，《明史》卷二八二，台湾“国防研究院”1963 年版，第 3164 页。

② 《陈剩夫集》，《丛书集成初编》，王云五主编，商务印书馆 1935 年版，第 27 页。

③ 容氏以该词指称薛瑄与吴与弼，并没有包括胡居仁。但愚意以为，胡应该也属于该派别。与此同时，陈真晟也是如此。（见容肇祖《明代思想史》，河南人民出版社 2016 年版，第 13—33 页）

者。但实际上，陈真晟的思想是程朱理学与阳明心学之间的一个过渡环节。[①] 到目前为止，学界对陈真晟的相关研究还比较缺乏。[②] 故而，笔者拟对陈氏的思想特色作一些分析与探讨，从而求教于同行。

一 以心学重释朱子学

陈真晟非常重视“心学”一词，他频繁地使用了该词，如：“大抵三代所以盛者，学校兴、师道立，而心学正教明于天下也。后世虽有学校之设，然专以科举俗学为教。殊不知俗学益盛，则心学益废。此自然之理，而先儒亦每以为论者。是无怪乎士习不正，民风不淳，而三代之治，大不复见于斯世也。”[③]（陈真晟《正风教疏》）根据余英时的看法，恢复三代之治是宋明新儒学的政治文化理想。[④] 就此而言，陈真晟明显也是持有这种思维的。在他看来，心学是三代之治的必要条件。那么，什么是陈氏所理解的心学呢？心学是和俗学相互对立的概念，而俗学则指的是科举之学。陈氏把心学与科举之学对立起来，从而凸显了道德与功利的冲突。应该说，陈氏对科举制的批评是不遗余力的。某种程度上，可以说他甚至在有意诋毁科举制。[⑤] 当然了，陈氏并不是因为酸葡萄心理作祟。在其早年，他就自觉地放弃了科举考试的路子。[⑥] 就此而言，陈氏和江西的吴与

---

① 陈荣捷也曾经指出：“但吾人若检视四儒（即曹端、薛瑄、吴与弼、胡居仁，笔者注）之学说，吾人将知此四儒正驾驭程朱学说，驶往一新方向，预为铺设一种理智气氛，以有助于陈献章与王阳明思想之兴起。”（参见陈荣捷《朱学论集》，华东师范大学出版社 2007 年版，第 217 页）陈氏的观点虽然没有专门针对陈真晟的思想，但是应该也是可以适用的。只不过，笔者明确提出了过渡环节说，从而和陈荣捷的铺垫说有一些差异。

② 现有的研究工作主要是由厦门大学的高令印教授、傅小凡教授等作出的。（具体参阅高令印、陈其芳《福建朱子学》，福建人民出版社 1986 年版，第 218—233 页；傅小凡《闽南理学的源流与发展》，福建人民出版社 2007 年版，第 69—99 页）

③ 《陈剩夫集》，《丛书集成初编》，王云五主编，商务印书馆 1935 年版，第 2 页。

④ 余英时：《朱熹的历史世界》，生活 · 读书 · 新知三联书店 2004 年版。

⑤ 陈真晟认为科举制是暴君隋炀帝发明的，到北宋王安石那里正式确立，“本非先王之法也”（见陈真晟《程氏学制》，《陈剩夫集》，第 4 页）。

⑥ “自是不复以科举为事，务为圣贤践履之学。”（黄宗羲：《诸儒学案上四》，《明儒学案》卷四十六，沈芝盈点校，中华书局 2008 年版，第 1086 页）

弼、胡居仁师徒等人有共同的人生选择。[①] 科举之学的特点是“记诵”，故而陈氏曾在评价儒家的心学时顺带对科举之学进行了贬斥，他认为心学“此岂后世记诵俗学之所能与耶?”[②]（卷四十六《诸儒学案上四》）但是，仅仅指出心学不是俗学是不够的，还需要从正面规定心学到底是什么。

第一，程朱是心学正传。陈真晟指出：“心学正传自程朱，后有其人，则见于书也。见于书，虽大儒如许文正、吴临川，于此亦有所未究也，岂仆而能有是哉?”[③]（陈真晟《答蒙庵林雍行人书》）也就是说，心学的大传统后来集中到了程朱那里。换言之，心学到了朱熹那里就“此学大明”[④]（卷四十六，《诸儒学案上四》）。此外，程朱之学又具有很强的可操作性，“程朱之学，入道有门，进道有阶，升堂睹奥，皆有明辙。惟此最为要法，诚不可不先讲而力求者也”[⑤]（陈真晟《答耻斋周轸举人书》）。第二，心学是身心之学。这是从正面规定心学的性质的。陈氏指出：“盖由学校虽用程朱之书，然不过使之勤记诵训诂，攻举业而已，而于身心正学之教，则未尝举行故也。”[⑥]（陈真晟《上程朱正学纂要》）也就是说，使用程朱之书只是心学的必要条件。如果把程朱之书用于科举制，那么也是和身心之学无关的。第三，心学是圣贤之学。心学除了是身心之学外，也可以认为是圣贤之学。这点不难理解。正如周濂溪所言：“圣希天，贤希圣，士希贤。”[⑦] 故而，身心之学追求的目标是成圣成贤，就此而言，两者是等同的。陈氏认为，“今只宜推《大学或问》兼采之说，就其既科举之后朝廷满之立师，兼补一教……盖使后生晚进，犹知有圣贤之学在科举之外。”[⑧]（陈真晟：《程氏学制》）而且，心学还与道统有密切的关系，“况心学既明，不惟有以正士习于天下，犹足以示道统之

① 对此，陈荣捷有比较好的分析，他指出：“于是具有创意性及自尊之儒者，乃群而拒戴此类钦定外衣，弃举子业，之德养方面寻求独立与自由。”（具体论述参阅陈荣捷《朱学论集》，华东师范大学出版社2007年版，第226—227页）

② 黄宗羲：《明儒学案》，沈芝盈点校，中华书局2008年版，第1089页。

③ 《陈剩夫集》，《丛书集成初编》，王云五主编，商务印书馆1935年版，第26页。

④ 黄宗羲：《明儒学案》，沈芝盈点校，中华书局2008年版，第1089页。

⑤ 《陈剩夫集》，《丛书集成初编》，王云五主编，商务印书馆1935年版，第32页。

⑥ 同上书，第3页。

⑦ 《周敦颐集》，陈克明点校，中华书局1990年版，第22页。

⑧ 《陈剩夫集》，《丛书集成初编》，王云五主编，商务印书馆1935年版，第4页。

真传"[1]（陈真晟：《正风教疏》）。第四，心学的本质是以敬为中心的工夫之学。我们知道，敬是程朱理学的招牌，作为朱子后学的陈真晟对"敬"极为重视。他指出："盖始则主敬，使一动一静互为其根，即致知诚意之事，是始学之要也，固不外此一圈。终则敬立则动静相根，明通公溥，即知至意诚之事，是圣功之成也，亦不外此一圈。而自始至终，则皆不离乎敬焉。如是，则法天之功至，与前一大圈，同一浑然灿然而无间矣。一敬之功用如此，岂不大哉？三代学校之所以教者，惟此而已。"[2]（卷四十六，《诸儒学案上四》）在他看来，三代的正学与正教的中心就是敬，因而可以说心学的核心就是敬。

通过上文的考察，可以发现陈真晟通过心学一词来重新解释了朱子学。我们知道心学一词对于朱熹来说是不陌生的，由于朱子说过太多论心的话语，故而钱穆甚至认为朱学就是心学。[3] 在陈真晟之前，尚未发现有人以心学一词来指称朱子学者。就此而言，这是陈氏的一个重要贡献。学界公认明代的"学术之分，则自陈献章、王守仁始"[4]。我们知道，陈、王开创了明代的思想转型，即所谓的心学运动。而在此之前，陈真晟就通过敬学把朱子学与心学联接起来了，即朱子学—敬学—心学。那么，"敬"这一观念究竟在陈真晟的思想中居于一种什么地位呢？这就把我们的视野带到了陈氏思想的中心——《心学图》那里。

二 《心学图》的思想

需要指出的是，陈真晟本人并没有把他所作的那两幅图命名为《心学图》，而是分别叫作《天地圣人之图》和《君子法天之图》。把上述两

---

① 《陈剩夫集》，《丛书集成初编》，王云五主编，商务印书馆 1935 年版，第 2 页。

② 黄宗羲：《明儒学案》，沈芝盈点校，中华书局 2008 年版，第 1089 页。

③ "后人言程朱主'性即理'，陆王主'心即理'，因分别程朱为理学，陆王为心学，此一分别亦非不是，然最能发挥心与理之异同分合及其相互间之密切关系者莫如朱子。故纵谓朱子之学彻头彻尾乃是一项圆密宏大之心学，亦无不可。"（钱穆：《朱子新学案（二）》，九州出版社 2011 年版，第 89 页）

④ 《儒林一》，《明史》卷二八二，台湾"国防研究院"1963 年版，第 3164 页。

图合称为《心学图》的是黄宗羲。[①] 黄氏在《明儒学案》中，非常耐心而细致地描述了这两幅图。

其一为《天地圣人之图》。大书一心字，以上一点规而大之，中虚曰太极，太极左曰静，右曰动，太极前倒书一复字。静作黑十六点，动作白十六点，盖太极生两仪也。十六点之外，每点各作十点，如旋螺弯而向左，十点之外，又各作十六黑白点，共三十二点，大于前之三百二十点也。每一大点包二卦，盖自二而四，自四而八，自八而十六，自十六而三十二，自三十二而六十四，即邵子《先天图也》。坤、复卦在下，书冬至；乾、姤在上，书夏至；生、讼为义，曰立秋；咸、遁曰秋分，否、谦为正日立冬，明夷、无妄为仁，曰立春；临、同人曰春分，履、泰为中，曰立夏，盖兼太极而一之也。

其一为《君子法天之图》。大书一心字，其上一点规而大之，视前图差小。中虚曰敬，敬左曰静，右曰动，前一字向上曰复。静之作，中分其圈而为黑，黑外为白，白外复为黑。动之右，中分其圈为白，白外为黑，黑外复为白。即《太极图》之阴阳动静也。然白黑皆互圆相入，与太极稍异。上曰乾、下曰坤、左曰坎、右曰离。坎之左曰静主动，离之右曰动主静，乾之上书圣要四说：曰主一无适，曰整齐严肃，曰常惺惺法，曰其心收敛、不容一物。盖采朱子之说，亦合《先天》《太极》为一者也。[②]（《明儒学案》卷四十六，《诸儒学案上四》）

应该说，这两幅图是陈真晟的独创。除了图之外，还有一些文字说明。为了论证的需要，现引用于下：

右图二，一著天心动静之本然，是性之原也。一著君子法天之当然，是性之复也。圣人亦天心之自然者也，君子岂可以不学乎？然复性之说，经传详矣，而未有如此后一图义之要而尽者也。惟君子知

① 黄宗羲：《明儒学案》，沈芝盈点校，中华书局2008年版，第1088页。

② 同上。

之，又能主敬以体之，以尽其法天之功效也，而有序焉。盖始则主敬，使一动一静互为其根，即致知诚意之事，是始学之要也，固不外此一圈。终则敬立则动静相根，明通公溥，即知至意诚之事，是圣功之成也，亦不外此一圈。而自始自终，则皆不离乎敬焉。如是，则法天之功至，与前一大圈，同一浑然灿然而无间矣。一敬之功用如此，岂不大哉？三代学校之所以教者，惟此而已。此岂后世记诵俗学之所能与耶？自伏羲画卦示精之后，（即复卦）。尧以是（钦），传之舜，舜以是（恭），传之禹，禹以是（精一）传之汤，汤以是（日济）传之文（缉熙）、武（戒）、周公（待旦）、孔子，孔子传之颜（心斋）、曾（一贯）、思（尊德性）、孟（求放心）。及孟氏没而遂失其传者此也。寥寥千余载，至周、程、张、朱氏出，然后此学大明。及朱氏没而复晦者，只由宋、元学校虽皆用程朱之书，而取士又仍隋唐科举，是以士视此心学为无用，故多不求，遂又多失其传焉。[①]（《明儒学案》卷四十六，《诸儒学案上四》）

自周濂溪的《太极图说》以来，“图说”就成为了宋明新儒学乃至东亚儒学的一种重要著述体例，陈真晟的两幅图说（后文均简称为《心学图》）就是这一传统的体现。现在，我们来具体分析一下《心学图》。

1. 大大凸显了“心”的地位

应该说，黄宗羲把陈真晟的两幅图命名为《心学图》是有充分根据的。从图来看，这两幅图都是画在汉字“心”之上的。这就给人们留下了两点印象：第一，《天地圣人之图》与《君子法天之图》都可以在心上得到体现；第二，两图可以归结于心，即心在两图中都起到了基础性作用。从宋明新儒学的角度来看，陈真晟的两幅图都是颇有创意的。一定程度上是对鲁斋（王柏，1197—1274）所作的《人心道心图》以及复心（程林隐，1255—1340）的《心学图》的回应。不过相比二人，陈真晟的两幅图一谈本体，一论工夫。而本体与工夫都离不开心，这就确立了心在宋明新儒学中的中心地位。在这种转换的意义上，就是与程朱理学相对意

① 黄宗羲：《明儒学案》，沈芝盈点校，中华书局2008年版，第1088—1089页。

义上的心学了。故而，这就构成了笔者视陈氏的思想是程朱理学与明代心学之间的重要过渡环节的基本理由之一。

2. 复性

在程朱理学那里，"性即理"是其基本哲学命题。作为朱子后学的陈真晟也很重视性这个观念。在《心学图》中，陈氏认为，"天心动静之本然"是"性之原也"。这里的所谓"天心"二字应该是"天地之心"一词的缩写，而后者是朱熹哲学中的一个重要概念。比如：在其著名的《仁说》一文中，朱熹就指出："盖天地之心，其德有四，曰元亨利贞，而元无不统。"① 根据陈氏的第一幅图，天心似乎和太极是等同的。陈氏继而认为，"圣人亦天心之自然者也。"也就是说，圣人完美地体现了天地之心的本质，故而某种程度上就是性的本原或太极的肉身化。对于追求成圣成贤的人（即君子）来说，就应当效法天地之心（圣人），所谓"君子法天之当然"。这个过程其实也就是恢复人的本然的善性，即所谓"性之复也"或复性。自李翱以来，复性就成为了儒学尤其是宋明新儒学的重要课题。在他们看来，人的本性是纯善的。由于先天与后天的一些原因，人的善良的本性无法完全展现出来，故而需要恢复人的本性。就此而言，复性之学是君子之学。在陈氏看来，学者们关于复性的学说，已经非常详细了。不过，他对自己的第二幅图却特别自信，认为在所有的复性学说中，"未有如此后一图义之要而尽者也"。与河东学派的薛瑄相似，陈氏对复性给予了极大的重视。而复性工夫，也是建立在心的基础之上的。也就是说，作为道德主体的心在做复性的工夫。对于程朱理学来说，复性也是做工夫的目标，而真正的工夫本身则是敬字。对此，陈真晟也有类似理路。

3. 敬在陈氏思想中的地位

敬是程朱理学的基本点，诚如黄榦（朱子女婿）所言："其为学也，穷理以其知，反躬以践其实，居敬者所以成始成终也。谓致知不以敬，则

---

① 朱熹：《晦庵先生朱文公文集》，《朱子全书》第23册，上海古籍出版社2010年版，第3279页。

昏惑纷扰，无以察义理之归；躬行不以敬，则怠惰放肆，无以致义理之实。”① 可见，敬是朱学的为学方法。对于程朱的敬论，陈真晟颇为服膺。在和门人周瑛的通信中，陈氏告诫道：“大抵读书贵乎善读也。所谓善读者，有为己之心，又能居敬而穷理，使二者交相养，互相发明则是也。”②（陈真晟《与翠渠周瑛书》）在另外一处，陈氏痛心地指出：“今之学者，皆言居敬，多只是泛泛焉，若存若亡，而无主一无适之确，则是未尝居程子之敬也。皆言穷理，亦只是泛泛焉，务读多书，而无即事穷理之精，则是未尝穷程子之理也。”③（陈真晟《复宪副何乔新书》）基于上述认识，陈真晟才在《心学图》中阐发了自己对于敬论的系统思考。“惟君子知之，又能主敬以体之，以尽其法天之功效也，而有序焉。盖始则主敬，使一动一静互为其根，即致知诚意之事，是始学之要也，固不外此一圈。终则敬立则动静相根，明通公溥，即知至意诚之事，是圣功之成也，亦不外此一圈。而自始自终，则皆不离乎敬焉。如是，则法天之功至，与前一大圈，同一浑然灿然而无间矣。一敬之功用如此，岂不大哉？”也就是说，君子（有意于儒学之人）主敬，而敬贯始终。从学习开始到成就圣功，从致知诚意到知至意诚，都是敬的作用范围。有人用“用敬贯动静、敬贯始终、敬贯知行”④ 去概括朱子的为学之方。其实，这个概括对于陈氏来说也是适用的。

4. 敬的基本内容

“敬”在明初的朱子学中居于一种核心地位，不少理学家们用该字来作自己的号。比如：薛瑄（1389—1465）的号是敬轩，而胡居仁（1437—1484）的号为敬斋。在这样的时代潮流下，“吾人已确切觉察早期明代新儒学已对形而上学及格物穷理诸论题之知性方面较少兴趣；而于心之存养与居敬诸功夫，则较多关注”⑤。总的来说，陈氏的敬论没有超出程朱的相关论述。陈氏对敬非常重视，在《学校考德等第式》中，他

---

① 黄干：《朱先生行状》，王懋竑《朱熹年谱》，中华书局 1998 年版，第 517 页。

② 《陈剩夫集》，《丛书集成初编》，王云五主编，商务印书馆 1935 年版，第 29 页。

③ 同上书，第 35 页。

④ 陈来：《朱子哲学研究》，华东师范大学出版社 2000 年版，第 331 页。

⑤ 陈荣捷：《朱学论集》，华东师范大学出版社 2007 年版，第 224 页。

分别把“能主敬穷理修己者”“能求以主敬穷理修己者”列为上上等与上中等[①]（卷四十六，《诸儒学案上四》）。陈氏认为以敬为中心的圣学有四说，其内容如下：“主一无适，整齐严肃，常惺惺法以及其心收敛、不容一物。”[②] 从上述内容来看，“主一无适”“整齐严肃”是程伊川所提倡的，而“常惺惺法”则是谢上蔡（1050—1103）的发明，“其心收敛、不容一物”则是朱子的创造。在朱熹那里，此前关于敬的论说就成为一个综合系统，其至少具有五层含义。[③] 其中，陈氏特别重视的是“主一无适”。“见程子以主一释敬字，以无适释一，始于敬字见得亲切，乃实下工夫，推寻此心之动静，而务主于一。敬而主于一，则静有所养，而妄念不复作矣；动而主于一，则动有所持，而外诱不能夺矣。”[④]（卷四十六，《诸儒学案上四》）此外，他还认为，“《大学》诚意为铁门关，难过，‘主一’二字，乃其玉钥匙也。盖意有善恶，若发于善而一以守之，则其所谓恶，退而听命矣。”[⑤] 后来，刘蕺山对陈真晟的敬论有一个评价：“一者，诚也。主一，敬也。主一，即慎独之说。诚由敬入也。剩夫恐人不识慎独义，故以‘主一’二字代之。此老学有本领，故立言谛当如此。”[⑥] 此处，刘宗周用自己的学术宗旨“慎独”去对陈氏的“主一”观念予以解释，从而把陈看作是自己思想的同路人。

以上是以《心学图》为中心对陈氏的思想予以了分析，现在我们转入对其思想特色与历史地位的评价问题。

三　历史地位与后世评价

在现代人关于明代思想和哲学的精深研究中，陈真晟属于不大受人关注的类型。故而，在侯外庐主编的《宋明理学史》中，在陈来的《宋元明哲学史教程》里，在张学智的《明代哲学史》（修订版）中，都没有陈

① 黄宗羲：《明儒学案》，沈芝盈点校，中华书局2008年版，第1089页。

② 其实，这些内容本身就是第二幅图的组成部分（见陈真晟《陈剩夫集》，第8页）。

③ 陈来：《宋明理学》，辽宁教育出版社1995年版，第178—179页。

④ 黄宗羲：《明儒学案》，沈芝盈点校，中华书局2008年版，第1086页。

⑤ 《儒林一》，《明史》卷二八二，台湾“国防研究院”1963年版，第3171页。

⑥ 黄宗羲：《明儒学案》，沈芝盈点校，中华书局2008年版，第1087页。

氏的位置。其实，在当时的思想界中，陈真晟的观点还是有相当特色的。不过，在综合衡定其思想特质之前，先看一下当时以及后世的学者是如何评价其思想的。

周瑛（1430—1518）在给其师陈真晟写的祭文中说道："先生之学无师承，自读《中庸》《大学》始。初读《中庸》，做存养省察工夫。继读《大学》，专从事于主敬穷理。故先生本源澄澈，义理精明，有所本也。"[①]周氏的祭文（《门人翠渠周瑛祭文》）非常重要，后世的一些看法就渊源于此。据此祭文，我们可以形成三点印象：首先，陈氏的学问没有直接的师承，而是在阅读四书五经的过程中有了独特的体会，从而成名成家。就此而言，陈真晟和江西的吴与弼（1392—1469）是一样的。其次，陈氏的学问是以四书系统中的《大学》与《中庸》为基础的，尤其是前者。而我们知道，朱熹就教导学者应该从《大学》入门。《大学》的基本内容是三纲领与八条目，而程朱理学更重视八条目中的格物致知。对此，陈氏是站在程朱的立场上的。第三，陈氏学有大本，即以敬为中心的"主敬穷理"。

就同时代的思想家而言，是否有和陈真晟理路比较接近或相似的人呢？在刘蕺山看来是有的。"（陈剩夫真晟）先生学方胡敬斋，而涵养不逮，气质用事。晚年静坐一机，疑是进步，惜未窥先生全书。"[②]（《师说》）刘氏认为陈氏和胡居仁（敬斋，1437—1484）的思想比较接近，但涵养功夫不如胡氏。容肇祖曾经称赞胡氏为"明代初期的朱学之秀"[③]，而对其师傅吴与弼则抨击为"极端拘守的，而且学问简陋"[④]。确实，胡氏是明初的朱子学者中"有思想、又能践履的重要人物"[⑤]。就此而言，陈真晟在思想的创新方面或许不如胡居仁，和其师刘蕺山的看法不同，黄宗羲则认为陈氏和吴与弼更具有可比性。"然先生之学，于康斋似近，于白沙差远。"[⑥]（卷四十六，《诸儒学案上四》）康斋指的就是吴与弼，而

① 《陈剩夫集》，《丛书集成初编》，王云五主编，商务印书馆 1935 年版，第 55 页。

② 黄宗羲：《明儒学案》，沈芝盈点校，中华书局 2008 年版，第 4 页。

③ 容肇祖：《明代思想史》，河南人民出版社 2016 年版，第 23 页。

④ 同上书，第 19 页。

⑤ 陈来：《宋元明哲学史教程》，生活·读书·新知三联书店 2010 年版，第 383 页。

⑥ 黄宗羲：《明儒学案》，沈芝盈点校，中华书局 2008 年版，第 1087 页。

白沙指的是陈献章。黄氏是思想史大家，对明代学术极为熟悉。他认为，和开创了明代心学的陈白沙相比，严守程朱理学立场的陈真晟确实有很大不同。而陈氏和吴氏（当时南方朱子理学的主要代表）则属于同一阵营且学术理路非常接近。其实，陈真晟也有过要去江西和吴氏切磋学术的想法，只是没有实现而已。“闻临川吴与弼方讲学，欲就问之。过南昌，张元祯止之宿。与语，大推服曰：‘斯道自程朱以来，惟先生得其真。如康斋者，不可见，亦不必见也。’遂归闽。”① 张元祯（东白）对于陈氏评价极高，认为其学行是朱子以来第一人。对此评语，刘宗周某种程度上也是认可的。“此老学有本领，故立言谛当如此，是故东白得真之言亦定论也。”②（《师说》）后来的《明史》陈真晟的本传，采纳的应该就是黄宗羲的而不是刘宗周的观点，“虽未与弼相证，要其学颇近似之”③。

黄宗羲所提到的白沙，其实和陈真晟也有一定的交往。他们两人还曾经约定一起去游武夷山，后因陈献章生病而作罢。④ 在陈真晟去世之后，陈献章在和朋友的书信中曾经提到过前者的学问。“闽中陈剩夫者，先生所知，不幸去年秋间死矣。其人虽未面，然尝粗闻其学术专一，教人静坐，此寻向上人也。可惜，可惜。……此学寥寥，世间无人整顿得起，士习日见颓靡，殊可忧也。”⑤ 陈献章注意到了陈真晟“教人静坐”的方法，认为是“寻向上人也”的作法。在笔者看来，陈的这个观察比较重要。⑥ 陈献章的学术宗旨是“主静”，而其方法则是“静坐”⑦，而不是程朱学派的格物穷理。他特别喜欢教人静坐，故而听说陈真晟也有类似的主张，就颇为戚戚焉。但是，晚年陈真晟是否真有类似于陈白沙的静坐主张，其实直接证据并不是特别充分。程朱学派也是不反对静坐的，只不过静坐工夫属于主敬涵养罢了。就此而言，静坐无法区分程朱理学与明代的心学。我想，白沙把陈真晟看作是心学同道（由前引“此学寥寥”一语可以得

---

① 《儒林一》，《明史》卷二八二，台湾“国防研究院”1963年版，第3171页。

② 黄宗羲：《明儒学案》，沈芝盈点校，中华书局2008年版，第4页。

③ 《儒林一》，《明史》卷二八二，台湾“国防研究院”1963年版，第3171页。

④ 《陈剩夫集》，《丛书集成初编》，王云五主编，商务印书馆1935年版，第38页。

⑤ 陈献章：《与胡佥宪提学》，《陈献章集（上）》，中华书局1987年版，第153页。

⑥ 当然了，我们也不排除陈献章是透过自己的思想去看陈真晟，从而有把后者的思想心学化的倾向。

⑦ 陈来：《宋元明哲学史教程》，生活·读书·新知三联书店2010年版，第330页。

出该结论)，或许是有些一厢情愿了。不过，白沙的相关说法，却可以既和前引刘宗周的“晚年静坐一机，疑是进步，惜未窥先生全书”的说法相印证，又可以和《明史·儒林一》中关于陈真晟的论述相互佐证。[1] 经查阅发现，《明史》使用了“潜思静坐”一语来总结陈真晟的学术思想。《明史》修撰者大多是具有很高学术水平的明朝遗民，故而其材料应该具有较大的可信度。到此为止，或许可以较为谨慎地得出结论，晚年陈真晟在工夫层面有转向心学的倾向。

综上所述，笔者以为，陈真晟和同时代人吴与弼具有更大的可比性。而吴本人和陈真晟一样，是以躬行实践为特征的。吴之所以获得了比陈真晟更重要的地位，很大程度上是因为其弟子们的缘故。陈献章与胡居仁都是吴的弟子，陈献章开创了明代的心学运动，而胡也是一位教有创获的哲学家。而且，王守仁的老师娄谅，也属于吴门弟子。[2]（卷二，《崇仁学案二》）基于此，持心学立场的黄宗羲在《明儒学案》中就把吴与弼放在了首卷，而把陈真晟作为了明代学术主流心学的陪衬。总体而言，笔者并没有追随黄宗羲的看法，而是从三个方面论证了陈真晟思想的独特性：第一，以心学重释朱子学；第二，以其独创的《心学图》及其文字说明（也可以简称为《心学图说》）凸显了心的基础性地位；第三，在晚年以静坐为工夫的主要内容，从而证明了陈氏的思想是程朱理学与明代心学之间的一个重要过渡。于是，笔者就在相当程度上修正了学界对陈真晟学术思想的定位以及对其学术地位的低估。就此而言，我们需要进一步发掘陈真晟思想的学术价值与意义。

---

① 《儒林一》，《明史》卷二八二，台湾“国防研究院”1963年版，第3171页。

② 黄宗羲：《明儒学案》，沈芝盈点校，中华书局2008年版，第43—44页。

第五篇　阳明心学现代传承研究

民国时期唐文治论“阳明学通于朱子学”

乐爱国*

研究阳明学与朱子学的关系，当今学者多热衷于二者的差异与对立，与此不同，民国时期则更为强调二者的相通和殊途同归。这一时期著名的朱子学家唐文治笃守朱子学①，同时又尊崇阳明学，于1930年先后刊印了《阳明学术发微》和《紫阳学术发微》，明确提出“阳明学通于朱子学”。通过分析王阳明《朱子晚年定论》所引述的朱熹书信，他明确认为“朱、王二家之学，实有殊途而同归”，并且引述胡泉《阳明先生书疏证》予以具体论证。尤其是，他还认为王阳明讲“心即理”与朱熹的“性即理”未尝不同，王阳明的“知行合一”与朱熹的“知先行后”并不相悖。这些观点是民国时期形成的“调和朱陆的趋势”② 的重要组成部分，而且对于今天重新看待阳明学与朱子学的关系，亦不无裨益。

一 《朱子晚年定论》发微

王阳明早年遵循朱熹格物之学而“亭前格竹”，稍后又问学于推崇朱

---

* ［作者简介］乐爱国（1955—），男，浙江宁波人，厦门大学教授、博士生导师，国际儒学联合会理事，中华孔子学会理事，中国哲学史学会理事，教育部哲学社会科学重大课题攻关项目“百年朱子学研究精华集成”首席专家。主要研究方向：宋明理学、朱子学。

① 唐文治（1865—1954）自称“治朱子学五十余年”，推崇程朱理学，以理学为宗。参见乐爱国《民国时期唐文治的朱子学研究》，《暨南学报》2013年第10期。

② 贺麟在1945年出版的《当代中国哲学》中认为，冯友兰《中国哲学史》“对陆、王学说太乏同情，斥之为形而下学，恐亦不甚平允，且与近来调和朱陆的趋势不相协合”。参见贺麟《当代中国哲学》，胜利出版公司1945年版，第23页。

子学的吴与弼之徒娄谅，但“苦于众说之纷扰疲，茫无可入”①（《王阳明全集》卷三，《朱子晚年定论》）；直至后来“龙场悟道”，“始知圣人之道，吾性自足，向之求理于事物者误也”②（《王阳明全集》卷三十三，《年谱一》）；但又因与朱熹之说有相抵牾，而“恒疚于心”。于是，他“复取朱子之书而检求之”，从而认为朱熹“晚岁固已大悟旧说之非”；还说：“世之所传《集注》《或问》之类，乃其中年未定之说，自咎以为旧本之误，思改正而未及，而其诸《语类》之属，又其门人挟胜心以附己见，固于朱子平日之说犹有大相谬戾者。”③（《王阳明全集》卷三，《朱子晚年定论》）明正德十年（1515），王阳明写成《朱子晚年定论》，集朱熹书信中所言三十余条，以证明朱熹晚年走向“心学”，并以此说明自己的学说“不谬于朱子”“朱子之先得我心之同然”。

《朱子晚年定论》一出，批评声四起。对于顾璘（号东桥）的批评，王阳明认为，朱熹的“格物”在“即物而穷其理”，是“析心与理而为二”，而他的“致良知”是“合心与理而为一”，与朱熹晚年之论相一致。④ 但是，对于罗钦顺（号整庵）的批评，王阳明却说：“某为《朱子晚年定论》，盖亦不得已而然。中间年岁早晚，诚有所未考，虽不必尽出于晚年，固多出于晚年者矣。然大意在委曲调停以明此学为重。平生于朱子之说如神明蓍龟，一旦与之背驰，心诚有所未忍，故不得已而为此。”⑤（《王阳明全集》卷二，《传习录中·答罗整庵少宰书》）可见，王阳明虽然承认《朱子晚年定论》既存在着对朱熹书信年代考证方面的缺陷，又有出于调停朱陆方面的考虑，“不得已而为此”，但仍然坚持认为朱熹晚

① 《王阳明全集》，吴光、钱明、黄平等编校，上海古籍出版社 2011 年版，第 144 页。

② 同上书，第 1354 页。

③ 同上书，第 145 页。

④ 王阳明说：“朱子所谓‘格物’云者，在即物而穷其理也。即物穷理，是就事事物物上求其所谓定理者也，是以吾心而求理于事事物物之中，析‘心’与‘理’而为二矣。……若鄙人所谓致知格物者，致吾心之良知于事事物物也。吾心之良知，即所谓天理也。致吾心良知之天理于事事物物，则事事物物皆得其理矣。致吾心之良知者，致知也。事事物物皆得其理者，格物也。是合心与理而为一者也。合心与理而为一，则凡区区前之所云，与朱子晚年之论，皆可以不言而喻矣！”（王守仁：《传习录中·答顾东桥书》，《王阳明全集》卷二，上海古籍出版社 2011 年版，第 50—51 页）

⑤ 《王阳明全集》，吴光、钱明、黄平等编校，上海古籍出版社 2011 年版，第 88 页。

年有“心学”倾向，并以此进一步证明自己的学说与朱熹相通。

王阳明之后，对于《朱子晚年定论》的批评仍然不断。对此，陈荣捷认为，这些批评，不外四点：“一为其误以中年之书为晚年所缮。二为其以《集注》《或问》为中年未定之说。三为其断章取义，只取其厌烦就约之语与己见符合者。四为其误解‘定本’，且改为‘旧本’。”[①] 显然，这些批评，都没有直接对《朱子晚年定论》所引述朱熹书信的思想内涵做出进一步的讨论。

民国时期，谢无量在1915年出版的《阳明学派》中对阳明学与朱子学的异同做了讨论，并通过对王阳明《朱子晚年定论》的分析，说明“阳明与朱子之学，相异之处固多，其中固未尝无符合者”[②]。但是，谢无量并没有依此就阳明学与朱子学的相符合之处做出更为具体的讨论，而是较多地讨论王阳明与朱熹在格物致知论和为学上的差异[③]，以及王阳明的知行合一与朱熹知先行后的差异。[④]

唐文治非常重视王阳明《朱子晚年定论》，并在《紫阳学术发微》中列《〈朱子晚年定论〉发微》一卷，对《朱子晚年定论》作了深入的思考。在该卷首按语中，唐文治除了对《朱子晚年定论》及其所受到的批评做出简要叙述，接着指出：“阳明之论朱子，不考其平生为学次第，举其《集注》《或问》《语类》之说，一扫而空之，仍不免卤莽灭裂之病。然其所引朱子晚年涵养之说在己丑以后者，亦未可遽以为失而概废之也。”[⑤] 在唐文治看来，《朱子晚年定论》确有“卤莽灭裂之病”，但其中引述朱熹在己丑（朱熹40岁）以后直至晚年，一直重视涵养，这是不可轻易否定的，需要做具体的分析。他还说：“读先儒书，当先辨其是非。其言而是也，虽出于中年，未尝不可以笃信之；其言而非也，虽出于晚年，亦当慎思、明辨，知其或有为而发也。《晚年定论》确有中年而误以为晚者，有中年而其言是者，有晚年有为而发者。然亦确有晚年专主于涵

---

① 陈荣捷：《从〈朱子晚年定论〉看阳明之于朱子》，《朱学论集》，华东师范大学出版社2007年版，第233页。

② 谢无量：《阳明学派》，中华书局1915年版，第136页。

③ 同上书，第143页。

④ 同上书，第60—61页。

⑤ 唐文治：《紫阳学术发微》，乐爱国点校，华东师范大学出版社2014年版，第261页。

养者。"[①] 唐文治认为，应当实事求是地考证《朱子晚年定论》所引述朱熹书信的年代，分析朱熹不同时期的思想，但不可否认朱熹晚年确有专主于涵养的言论。

该卷对王阳明《朱子晚年定论》所引述朱熹书信的年代作了考证，对书信内容的思想内涵作了细致的分析，以证明《朱子晚年定论》"非尽诬也"。如《朱子晚年定论》所引述朱熹51岁时《答吴茂实》曰："近来自觉向时工夫止是讲论文义，以为积集义理，久当自有得力处，却于日用功夫全少点检。诸朋友往往亦只如此做工夫，所以多不得力。今方深省而痛惩之，亦愿与诸同志勉焉，幸老兄遍以告之也。"唐文治按曰："此书注重检点日用工夫，正是涵养与致知并进之意。天下未有无检点心体工夫而能成学问者，亦未有无检点心体工夫而能治大事者。"[②]

又比如，《朱子晚年定论》所引述朱熹68岁时《答周纯仁》曰："闲中无事，固宜谨出，然想亦不能一并读得许多，似此专人来往劳费，亦是未能省事随寓而安之病。又如多服燥热药，亦使人血气偏胜，不得和平，不但非所以卫生，亦非所以养心。窃恐更须深自思省，收拾身心，渐令向里。令宁静闲退之意胜，而飞扬燥扰之气消，则治心养气，处事接物自然安稳，一时长进，无复前日内外之患矣。"唐文治按曰："此条警近世少年之弊，尤为亲切。所云'收拾身心，渐令向里。令宁静闲退之意胜，而飞扬燥扰之气消'，正是孟子'求放心'及诸葛武侯'宁静致远'工夫。夫天下岂有心逐于外、气浮于上而可以修德业成大器者哉？'无内外之患'，即程子所谓'内外两忘、体用合一'也。"[③] 在唐文治看来，朱熹晚年的确较为关注"涵养"和"养心"。当然，唐文治又认为，"朱子之涵养非如陆子之涵养也"[④]。

此外，唐文治的《〈朱子晚年定论〉发微》还附《读〈朱子晚年定论〉》，指出："盖朱子立万世大中至正之学脉，注释经子，即是反求身心、平生尊道工夫。"又说："朱子反求身心紧要处，与注释经子等，其体验未发，尤是统合尊道大本领。"明确把包括读书在内的朱熹的"格物

---

① 唐文治：《紫阳学术发微》，乐爱国点校，华东师范大学出版社2014年版，第261页。
② 同上书，第270页。
③ 同上书，第272—273页。
④ 同上书，第279页。

致知”与体验未发的“涵养”统合起来，反对对于朱熹涵养工夫的忽视。与此同时，唐文治还认为，朱熹也讲“心”之本体，讲“人心天命之本然”，讲“圣人之心，至虚至明，浑然之中万理毕具。一有感触，则其应神速，而无所不通”，因而认为，讲朱子学而不必讳言本体，“惟讳言本体，而心体之窒塞乃愈甚，吾儒探赜索隐、开物成务之功，因以不明于天下”①。

由此可以看出，王阳明的《朱子晚年定论》通过引述朱熹有关“涵养”和“养心”书信，以证明朱熹晚年走向“心学”，并以此说明自己“不谬于朱子”；而唐文治则在《紫阳学术发微》阐发朱熹思想时，通过对《朱子晚年定论》所引述朱熹书信的思想内涵的分析，明确认为，朱熹的确较为关注于“涵养”和“养心”，同时还讲“心”之本体，因此，尽管朱熹的“涵养”并非陆九渊、王阳明的“涵养”，但是可以表明“朱、王二家之学，实有殊途而同归者”。

二 “朱、王二家殊途同归”

唐文治的《阳明学术发微》阐发阳明思想，其中列《阳明学通于朱子学》两卷，该卷首按语指出：

> 陆王之学，世儒并称；阳明学出于陆子，夫人而知之。近谢氏无量所著《阳明学派》一书，内有“阳明与象山关系”及“程朱与陆王”诸条，考核精详，深为可佩。……余考朱、王二家之学，实有殊途而同归者，往年已于《〈朱子晚年定论〉发微》中阐明之。后得高邮胡氏泉白水所著《阳明先生书疏证》，于朱陆两家之学，尽力沟通，其苦心孤诣、博考周稽，与阳明编《朱子晚年定论》之意，正复相同。其“自序”谓：“以阳明之学拟诸象山，尚属影响；以阳明之学准诸朱子，确有依凭。”“惟朱子精微之语，自阳明体察之以成其良知之学；惟朱子广博之语，自阳明会通之以归于致良知之效。”

---

① 唐文治：《紫阳学术发微》，乐爱国点校，华东师范大学出版社 2014 年版，第 280—281 页。

是说也，虽不免附会，然实有独得之处。①

如上所述，谢无量《阳明学派》通过王阳明《朱子晚年定论》说明阳明学与朱子学存在相符合之处，但并没有就此作出具体的讨论，而是较多讨论王阳明与朱熹的差异。与此不同，唐文治不仅赞赏谢无量的《阳明学派》，而且还进一步在对《朱子晚年定论》做出具体分析的基础上，通过精选胡泉《阳明先生书疏证》，编成《阳明学通于朱子学》两卷，以论证“朱、王二家殊途同归”②。

胡泉（1797—1868），字杖仙，江苏高邮人，道光三十年（1850），诏举孝廉方正，“既从事有宋诸儒之学，而于明《王文成全书》用力尤深”，著有《阳明先生书疏证》《阳明经说》等。③ 胡泉重视阳明学与朱子学的关联，除唐文治《阳明学通于朱子学》卷首按语所引述之外，《阳明先生书疏证》“自序”还说：“盖阳明讲学，删不尽‘格物传’义在外，而朱子注经，包得尽良知宗旨在内。……然则《朱子全书》具在，他人读之而失其宗旨，不善读朱子之书者也；阳明读之而得其宗旨，善读朱子之书者也。……综而计之，拟而议之，则直以为阳明良知之学非出自象山而出自朱子云尔。”④（《王阳明全集》卷四十一，《王阳明先生书疏证序》）实际上是把阳明学归属于朱子学。

唐文治认为，胡泉《阳明先生书疏证》“虽不免附会，然实有独得之处”，于是摘引其中若干原文，编成《阳明学通于朱子学》。如阳明《寄希渊》曰：“‘学问之道无他，求其放心而已’，盖一言而足。至其功夫节目，则愈讲而愈无穷者。孔子犹曰‘学之不讲，是吾忧也’，今世无志于学者无足言，幸有一二笃志之士，又为无师友之讲明，认气作理，冥悍自信，终身勤苦而卒无所得，斯诚可哀矣。”唐文治引胡泉按：“朱子曰：‘大抵此学以尊德性、求放心为本，而讲圣贤亲切之训以开明之，此为要切之务。’阳明先生从朱子此段语理会过来，故《寄希渊》书以求放心为

① 唐文治：《阳明学术发微》，《民国时期哲学思想丛书》第1编第91册，文听阁图书公司2010年版，第69页。

② 同上书，第70页。

③ 刘恭冕：《诏举孝廉方正胡君墓志》，《广经室文钞》，广雅书局1889年版。

④ 《王阳明全集》，吴光、钱明、黄平等编校，上海古籍出版社2011年版，第1804页。

本，而引孔子‘学之不讲，是吾忧也’二语，以明‘工夫节目，则愈讲而愈无穷者’说与朱子合。”[①] 认为阳明以求放心为本，与朱熹是一致的。

又比如，阳明《答王天宇》曰：“区区未尝有‘诚身格物’之说，岂出于希颜耶？鄙意但谓君子之学，以诚意为主。格物致知者，诚意之功也。犹饥者以求饱为事，饮食者，求饱之事也。……”唐文治引胡泉按：“阳明先生此篇书谓‘君子之学，以诚意为主’，与《大学》‘诚意章’朱注‘诚意者，自修之首’语意相合。愚谓：阳明讲良知，朱子讲格物，为善去恶，总不越‘慎独’一关，则阳明之所谓‘诚意’，岂有殊于朱子之所谓‘诚意’哉？”[②] 认为阳明以诚意为主，与朱熹是一致的。

再比如，阳明《答罗整庵少宰书》曰：“夫正心、诚意、致知、格物，皆所以修身，而格物者，其所用力日可见之地。故格物者，格其心之物也，格其意之物也，格其知之物也；正心者，正其物之心也；诚意者，诚其物之意也；致知者，致其物之知也；此岂有内外彼此之分哉？理一而已。……故就物而言谓之格，就知而言谓之致，就意而言谓之诚，就心而言谓之正。正者，正此也；诚者，诚此也；致者，致此也；格者，格此也。皆所谓穷理以尽性也。”唐文治引胡泉按：“愚谓‘理一而已’，‘正者，正此；诚者，诚此；致者，致此；格者，格此’，阳明此学，朱子此学，孔门此学也。”[③] 认为阳明对于《大学》“正心”“诚意”“致知”“格物”的诠释与朱子是一致的。

又再比如，阳明《答欧阳崇》曰：“良知不由见闻而有，而见闻莫非良知之用，故良知不滞于见闻，而亦不离于见闻。孔子云：‘吾有知乎哉？无知也。’良知之外，别无知矣。故‘致良知’是学问大头脑，是圣人教人第一义。”唐文治引胡泉按：“朱子《答江元适》曰：‘诗人之称文王，虽曰“不识不知”，然必继之曰“顺帝之则”，孔门之称夫子，虽曰“毋意毋我”，然后之得其传者语之，必曰“绝四之外，必有事焉”。盖体用相循，无所偏滞，理固然也。’近观阳明书中谓‘良知不滞于见闻，而亦不离于见闻’，‘良知之外，别无知

① 唐文治：《阳明学术发微》，《民国时期哲学思想丛书》第 1 编第 91 册，文听阁图书公司 2010 年版，第 75—76 页。

② 同上书，第 76—77 页。

③ 同上书，第 83—88 页。

矣'，……实乞灵于朱子《答江元适》此一段语。"阳明《答欧阳崇》又曰："良知是天理之昭明灵觉处，故良知即是天理。思是良知之发用。若是良知发用之思，则所思莫非天理矣。良知发用之思，自然明白简易，良知亦自能知得。若是私意安排之思，自是纷纭劳扰，良知亦自会分别得。"唐文治引胡泉按："问：'不紧要之思虑，不知何以制之？'朱子曰：'只觉得不当思虑的，便莫要思。久久纯熟，自然无此等思虑矣。'阳明先生从朱子此语理会过来，故《答欧阳崇》一书谓'良知亦自能知得。若是私意安排之思，自是纷纭劳扰，良知亦自会分别得'。愚谓朱子所谓'觉得不当思虑的'，是良知也；朱子所谓'便莫要思'，是致良知也。"[①] 认为阳明的良知说来自于朱熹。

需要指出的是，唐文治《阳明学通于朱子学》纯粹只是引述胡泉《阳明先生书疏证》的原文，旨在以此论证"朱、王二家殊途同归"。至于胡泉把阳明学归属于朱子学，其中的文本分析是否合理，论据是否充分，唐文治并没有就此作出评论。

三 "'心即理'与'性即理'浑言未尝不同"

程颐说："性即理也，所谓理，性是也。"[②] 朱熹说："程子'性即理也'，此说最好。"[③]（《朱子语类》卷四）"性即理也。在心唤做性，在事唤做理。"[④]（《朱子语类》卷五）与此不同，陆九渊说："人皆有是心，心皆具是理，心即理也。"[⑤] 王阳明说："心即理也。天下又有心外之事，心外之理乎？……且如事父，不成去父上求个孝的理；事君，不成去君上求个忠的理；交友治民，不成去友上、民上求个信与仁的理，都只在此

---

① 唐文治：《阳明学术发微》，《民国时期哲学思想丛书》第1编第91册，文听阁图书公司2010年版，第91—93页。

② 程颢、程颐：《河南程氏遗书》卷二十二，《二程集》上，中华书局2004年版，第292页。

③ 黎靖德：《朱子语类》，中华书局1986年版，第63页。

④ 同上书，第82页。

⑤ 陆九渊：《与李宰书（二）》，《陆九渊集》卷十一，钟哲点校，中华书局1980年版，第149页。

心，心即理也。”[①]（《王阳明全集》卷一，《传习录上》）同时，王阳明又讲“性即理”。他说：“心之体，性也，性即理也。故有孝亲之心，即有孝之理，无孝亲之心，即无孝之理矣。有忠君之心，即有忠之理，无忠君之心，即无忠之理矣。理岂外于吾心邪？”[②]（《王阳明全集》卷二，《传习录中·答顾东桥书》）

明代的罗钦顺强调“性即理”与“心即理”的不同，指出：“程子言‘性即理也’，象山言‘心即理也’。至当归一，精义无二，此是则彼非，彼是则此非，安可不明辨之！昔吾夫子赞《易》，言性屡矣，曰‘乾道变化，各正性命’，曰‘成之者性’，曰‘圣人作《易》，以顺性命之理’，曰‘穷理尽性以至于命’，但详味此数言，‘性即理也’明矣！于心亦屡言之，曰‘圣人以此洗心’，曰‘易其心而后语’，曰‘能说诸心’，夫心而曰‘洗’，曰‘易’，曰‘说’，洗心而曰‘以此’，试详味此数语，谓‘心即理也’，其可通乎？且孟子尝言：‘理义之悦我心，犹刍豢之悦我口。’尤为明白易见。”[③]显然，罗钦顺把程朱的“性即理”与陆九渊的“心即理”对立起来。

清代的张烈（字武承）撰《王学质疑》，引述王阳明《传习录》：“‘知止而后有定’，朱子以为‘事事物物皆有定理’，似与先生之说相戾。”先生曰：“于事事物物上求至善，却是义外也。至善是心之本体，只是‘明明德’到‘至精至一’处便是。然亦未尝离却事物。”又曰：“心即理也。天下又有心外之事，心外之理乎？”对此，张烈按：“‘事事物物皆有定理’，所谓有物必有则也。如阳明说，宜云‘有心有则’。岂诗人、孔子亦义外与！天下无心外之事，故求诸事，正所以尽此心，无心外之理，故求诸理，正所以尽此心。今直求诸心，而欲求理之无不尽，虽大贤不能也。心能知觉，发于欲，为人心；发于理，为道心，故贵乎择之精焉，守之一焉，未闻心之即理也。程子曰‘性即理也’，是矣。‘理义悦我心，犹刍豢悦我口’，若曰‘心即理’，是口即刍豢也，目即色也，耳即声也。”[④]（《王学质疑》卷一，《心即理也》）可见，与罗钦顺一样，

① 《王阳明全集》，吴光、钱明、黄平等编校，上海古籍出版社2011年版，第2—3页。

② 同上书，第48页。

③ 罗钦顺：《困知记》卷下，中华书局1990年版，第37页。

④ 张烈：《王学质疑》，中华书局1985年版，第1页。

张烈把王阳明的“心即理”与程朱的“性即理”对立起来，并以此批评所谓“心即理”。

唐文治不同意张烈的说法，指出：“孟子言‘理义悦我心，犹刍豢悦我口’，又言‘君子以仁存心’，是心非即理，义非即仁，固矣。然须知心兼具理气者也。若非心，则理何所寓？‘心即理也’之说，不过语意稍伤快耳。故自其深者而言之，孔子‘从心所欲不逾矩’，是心即矩也；颜子‘其心三月不违仁’，是心即仁也。即矩即仁，即理也。此非一蹴可几者也。自其浅者而言之，孟子曰：‘是非之心，人皆有之。’是非之心，即判断之理，是心即理也。此则尽人同具者也。夫谓‘心即理’，不免于气质用事，故必致其良知，自能变化其气质，则此语何尝有弊？若判心与理为二，则理堕于玄虚。”① 显然，在唐文治看来，程朱讲“性即理”，虽然认为“心非即理”，但以理寓于心中为依据，“若非心，则理何所寓？”所以，相对于“性即理”，讲“心即理”只是“语意稍伤快”，二者并非对立。

在此基础上，唐文治进一步对“心”与“性”的解读提出了自己的看法。他说：

> 解字有“浑言”“析言”之别。孔子曰：“人者，天地之心也。”孟子曰：“心之所同然者何也？谓理也，义也。”天地之心，非即义理之性乎？《大学》一书，言心而罕言性，而朱子解“明德”曰：“人之所得乎天，而虚灵不昧，以具众理而应万事者也。但为气禀所拘，人欲所蔽，则有时而昏；然其本体之明，则有未尝息者。”然则明德非即心乎？《中庸》一书，言性而不言心，而朱子注“道也者”节云：“道者，日用事物当行之理，皆性之德而具于心。”至注“明善诚身”节云：“不明乎善，谓未能察于人心天命之本然，而真知至善之所在。”然则人心与天命之性非合二为一者乎？程子答张子《定性书》，皆言“定性之法”，故朱子解之曰：“此‘性’字是个‘心’字意。”黄氏勉斋亦谓：“‘定性’字当作‘定心’看。”此皆“浑

① 唐文治：《阳明学术发微》，《民国时期哲学思想丛书》第1编第91册，文听阁图书公司2010年版，第38—39页。

言”之例。若必以“析言”之例驳之，岂程子、朱子亦认心为性乎?[①]

所谓“浑言”“析言”，唐文治说：“‘浑言’，即合而言之；‘析言’，即分而言之。”[②]（《性理救世书》卷一，《论性情与心之辨别》）在唐文治看来，以“析言”看，“心”与“性”不同，“心即理”不同于“性即理”，但以“浑言”看，“心”与“性”合二为一，“心即理”与“性即理”未尝不同。他还说：“王阳明先生谓‘心即理也’，张武承先生驳之，谓‘理义之悦我心，犹刍豢之悦我口’，理义非即心，刍豢非即口，何得认心为理？不知阳明所言乃‘浑言’之例耳！何必专以程子为是、阳明为非乎？至于初学下手功夫，曰‘尽心知性’，曰‘存心养性’，‘性’与‘心’自当有别。然‘知性’即所以‘尽心’，‘存心’即所以‘养性’，固未尝不一贯矣!”[③]（《性理救世书》卷一，《论性情与心之辨别》）这就是唐文治所谓“‘心即理’与‘性即理’浑言未尝不同”[④]。

至于王阳明以朱熹的“格物”在“即物而穷其理”而斥之为“析心

① 唐文治：《阳明学术发微》卷三，《民国时期哲学思想丛书》第1编第91册，文听阁图书公司2010年版，第40页。后来，1935年刊引的唐文治《性理救世书》说：“凡解经穷理，不知‘浑言’（即合而言之）、‘析言’（即分而言之）之别，则不免执滞而鲜通。《易·系辞传》以‘性’与‘心’析言之，固自有别。《大学》言心而罕言性，主于发用也；《中庸》言性而不言心，主于本体也。然朱子注《大学》首章云：‘明德者，人之所得乎天，而虚灵不昧，以具众理而应万事者也。’是‘明德’即心也（与《孟子·尽心章》注略通）。下文云‘其本体之明，则有未尝息者。故学者当因其所发而遂明之，以复其初’，‘复初’即复性也。好恶皆发于心，而《大学》末章云‘好人之所恶，恶人之所好，是谓拂人之性’，是《大学》言‘心’，未尝不含‘性’也。《中庸》言‘天命之性’，‘自诚明，谓之性’，‘尽人性’‘尽物性’，似专言性矣，然朱子注‘尊德性’节云‘尊德性所以存心而极乎道体之大也’，是《中庸》言‘性’，未尝不兼‘心’也。《孟子》曰：‘仁，人心也。’以仁为心，浑言之也；又曰‘君子以仁存心’，又曰‘君子所性，仁义礼智根于心’，则析言之矣。明道先生作《定性书》，黄勉斋先生注云：‘此“定性”字当作“定心”看。’盖以心无内外也。此浑言之例也。”（唐文治：《性理救世书·论性情与心之辨别》，《民国时期哲学思想丛书》第1编第99册，文听阁图书公司2010年版，第63—64页）

② 唐文治：《性理救世书》，《民国时期哲学思想丛书》第1编第99册，文听阁图书公司2010年版，第63页。

③ 同上书，第64—65页。

④ 唐文治：《阳明学术发微》，《民国时期哲学思想丛书》第1编第91册，文听阁图书公司2010年版，第36页。

与理而为二”，唐文治明确指出：“朱子‘补传’云‘人心之灵莫不有知，而天下之物莫不有理，惟于理有未穷，故其知有不尽’，固未尝以心与理判而为二也。”[①] 同时，又引述明代高攀龙所言：“凡人之学，谓之曰‘务外遗内’，谓之曰‘玩物丧志’者，以其不反而求诸理也。求诸理，又岂有内外之可言哉？在心之理，在物之理，一也。天下无性外之物，无心外之理，犹之器受日光，在彼在此，日则一也，不能析之而为二，岂待合之而始一也？阳明亦曰：‘理无内外，性无内外，故学无内外；讲习讨论，未尝非内；反观内省，未尝遗外也。’诚是也，则奈何驳朱子曰‘以吾心求理于事物之中，为析心与理为二也’？”并且认为，高攀龙此说“足证心与理之非二”[②]。显然，在唐文治看来，王阳明以朱熹的“格物”为“析心与理而为二”，实际上是误读。

四 “‘知行合一’与朱子‘先知后行’之说义各有当”

朱熹讲“知先行后”，他说：“知、行常相须，如目无足不行，足无目不见。论先后，知为先；论轻重，行为重。”[③]（《朱子语类》卷九）与此不同，王阳明讲“知行合一”，指出：“未有知而不行者。知而不行，只是未知。”“知是行的主意，行是知的功夫；知是行之始，行是知之成。”[④]（《王阳明全集》卷一，《传习录上》）又说：“知者行之始，行者知之成；圣学只一个功夫，知行不可分作两事。”[⑤]（《王阳明全集》卷一，《传习录上》）

明代的冯从吾试图将王阳明“知行合一”与朱熹“知先行后”调和起来。据冯从吾《语录》载：或问：“先知后行，知行合一？”曰：“昔泾野与东廓同游一寺，泾野谓东廓曰：‘不知此寺，何以能至此寺？’东廓曰：‘不至此寺，何以能知此寺之妙？’二公相视而笑。可见二说都是，

---

① 唐文治：《阳明学术发微》，《民国时期哲学思想丛书》第1编第91册，文听阁图书公司2010年版，第36页。

② 同上书，第36—38页。

③ 黎靖德：《朱子语类》，中华书局1986年版，第148页。

④ 《王阳明全集》，吴光、钱明、黄平等编校，上海古籍出版社2011年版，第4—5页。

⑤ 同上书，第15页。

不可执一也。”[①]（《明儒学案》卷四十一，《恭定冯少墟先生从吾》）

清代的张烈则将“知行合一”与“知先行后”对立起来。他针对王阳明所谓“知之真切笃实处即是行，行之明觉精察处即是知”，指出：“若是，则止曰‘行’可矣，或止曰‘知’可矣！古人何兼设此二字乎？兼设二字，必确是两事，不可紊淆。此《易》之对待也。惟其为两必自相生，此《易》之流行也。今单执其相生者，深斥其两立者，巧为之说曰‘知之笃实即行，行之精察即知’，此尖新讲章小巧时文耳！尖新小巧，由人心之浇薄，以是讲学可乎？”[②]（《王学质疑》卷三，《知行合一》）显然，张烈反对王阳明的“知行合一”。

与此相反，唐文治赞同“知行合一”，并且认为“知行合一”之说创自孔子，而非创自阳明；至于知行先后，“盖行固有在于知之先者，亦有在于知之后者”[③]。他还认为，朱熹讲知行，亦为“统知行先后而言之”，指出：“昔朱子言致知力行，多言随知随行，而云小学先行后知，大学先知后行。朱子之意，盖亦统知行先后而言之也。陈氏北溪深得朱子之师法者也，其言曰：‘致知力行，如目视足履，动辄相应，非截然判先后为二事。’阳明之言，与陈氏合，亦未尝与朱子相悖也。要而言之，知而不行是谓虚知，行而不知是谓冥行。阳明盖有鉴于天下多虚知、冥行之人，故为知行合一之说。”[④] 在唐文治看来，无论是阳明，还是朱熹，他们都主张“知行合一”，而朱熹之所以讲“知先行后”，王阳明之所以讲“知行合一”，这看似不同，实际上都是有其不同的针对性和合理性，这就是所谓“‘知行合一’与朱子‘先知后行’之说义各有当”[⑤]。

五 余论

唐文治笃守朱子学，在《紫阳学术发微自序》中自称为朱熹私淑弟

---

① 黄宗羲：《恭定冯少墟先生从吾》，《明儒学案》下册，沈芝盈点校，中华书局 1985 年版，第 995—996 页。

② 《王阳明全集》，吴光、钱明、黄平等编校，上海古籍出版社 2011 年版，第 12 页。

③ 唐文治：《阳明学术发微》，《民国时期哲学思想丛书》第 1 编第 91 册，文听阁图书公司 2010 年版，第 43 页。

④ 同上书，第 45 页。

⑤ 同上书，第 41 页。

子，并曾撰《朱子学为今时救世之本论》，说："仲尼祖述尧、舜，宪章文、武；朱子则祖述孔、孟，师法周、程，一脉相承，为人心、民命之所依赖。欲救今日之世界，当自尊孔读经始；而尊孔读经，当自学朱子之学始。"[①]（《性理救世书》卷二）同时，他又尊崇阳明学，把阳明学与朱子学结合起来，不仅提出"阳明学通于朱子学"，而且在《阳明学术发微序》中提出"今日欲救中国之人心必自致良知始"，并撰《阳明学为今时救国之本论》，指出："'致良知'之学，决然可以救国；'知行合一'之说，断然可以强国也"，"夫实者，宜济以虚，而用必端其体。'致良知'与'知行合一'之学说，所以运实于虚，而明体达用之大本也。……欲陶淑吾民之国性，急救吾国之亡，惟有取阳明之学说，上溯群经，心体而躬行之，毋诈毋虞，犹可以为善国。"[②] 唐文治甚至认为，他编撰《阳明学术发微》正是出于这样的考虑。1942年，唐文治作《石刻王阳明先生遗像跋》，指出："宋朱子之教，孔子之真传也；宋陆子、明王阳明先生之教，孟子之真传也。此应时施教之法，其救世苦心，一也。"[③] 显然，唐文治的观点与当时的救国思潮联系在一起。当然，这并不排除唐文治提出的"阳明学通于朱子学"在当时具有重要的学术价值。

朱熹与陆九渊、王阳明的关系问题是宋明理学最重要的问题之一，民国时期有不少学者都对此有过深入的探讨，并且像唐文治那样，强调二者的殊途同归、互为补充，而达到相互调和[④]，以至于贺麟在1945年出版的《当代中国哲学》一书中总结当时中国哲学研究"可以值得我们大书特书"的重要方面时，把"理学中程朱、陆王两派的对立，也得了新的调解"列为其中之一。[⑤] 应当说，唐文治提出"阳明学通于朱子学"，是这一"新的调解"的重要组成部分。

由于种种原因，当今的宋明理学研究，与民国时期发生了较大的转

---

① 唐文治：《性理救世书》，《民国时期哲学思想丛书》第1编第99册，文听阁图书公司2010年版，第110页。

② 唐文治：《阳明学为今时救国之本论》，《学术世界》1935年第3期，第1—3页。

③ 唐文治：《石刻王阳明先生遗像跋》，《茹经堂文集》五编（卷五），文海出版社1974年版，第1980页。

④ 乐爱国：《民国学人对朱熹与陆王的调解》，《安徽大学学报》2014年第5期。

⑤ 贺麟：《当代中国哲学》，胜利出版公司1945年版，第3页。

向，而较多地关注程朱与陆王两派的差异与对立。虽然这对于深入分析各派的学术及其相互关系具有正面的意义，但是也不能排除有片面夸大之嫌而造成负面的影响。因此，唐文治提出“阳明学通于朱子学”，或许可以为研究阳明学与朱子学的关系提供新的研究思路。尤其是当代学者自冯友兰在《中国哲学史》中提出“朱子言‘性即理’；阳明言‘心即理’。此为理学与心学不同之处”[①]，多依此把朱熹“性即理”与阳明“心即理”对立起来。如前所述，唐文治则认为“‘心即理’与‘性即理’浑言未尝不同”。毫无疑问，这应当成为我们研究阳明学与朱子学的关系所需要进一步思考分析的重要问题。

① 冯友兰:《中国哲学史》，商务印书馆 1934 年版，第 958 页。

吐故纳新:陶行知对王阳明知行观的继承与发展

王建平　黄明喜*

陶行知一生吐故纳新，善于汲取古今中外的教育智慧，继承并发展明代著名思想家、教育家王阳明的知行观，即为其例。实事求是地说，无论在陶行知，还是在王阳明的教育思想体系中，知行观都占有十分重要的地位。这是因为知行观始终关涉着教育的内容、方法以及人才培养的价值取向等诸多问题，尤其是教育目的如何通过“知”“行”而与对象性世界有机融合的问题。所以，杰出的教育家大都会围绕“知”“行”各自的内涵、功能、特性等层面展开思考，并对“知”“行”两者之间的先后、本末、难易、互发等相互关系作出自己的回答。作为中国现代教育思想史上最为杰出的教育家之一，陶行知学贯中西，博采众长，努力探索中国传统教育与西方现代教育的最佳结合点，形成了自己别具一格的知行观。由于特别服膺王阳明的知行学说，陶行知身上更多地“体现了对王阳明哲学的探索和实践”①。研究陶行知的日本著名学者斋藤秋男的这一评论，切中肯綮。但是由于知行问题本身的复杂性、文献梳理难度以及学术观点歧义等原因，包括斋藤秋男在内的许多学者对有关陶行知与王阳明知行观的阐释不甚详明或持论未当，故而有进一步作专题考辨之必要，以助于人们

---

* ［作者简介］王建平（1969—），男，河南确山人，华南师范大学研究员、硕士生导师。主要研究方向：教育史与教育管理。

黄明喜（1964—），男，江西上饶人，华南师范大学教授、博士生导师。主要研究方向：教育史。

① 斋藤秋男：《陶行知与胡适》，周洪宇编《陶行知研究在海外》，人民教育出版社 1991 年版，第 441 页。

对陶行知教育思想的深刻认识和付诸实践。

一 王阳明的“知行合一”说:陶行知其名的由来

陶行知深受王阳明的“知行合一”说的影响，其名由“知行”改为“行知”，经过了“行知行”的思想转变，皆与反思王阳明的知行观有着密切关联。

陶行知原名陶文濬，先改名知行，后因奉行“行是知之始”又改名行知。他毕生好学，笔耕不辍，著作宏富，用过的笔名近20个：麦勒根亚布达拉图（蒙文名)、韵秋、三光、何日平、问江、时雨、水乐、梧影、自由诗人、斋夫、不除庭草斋夫、行知行①、迎难馆主等等②，但其绝大多数作品都以“陶知行”或“陶行知”署名。

陶行知第一次以“知行”为笔名始见于1913年2月发表的《“金陵光”出版之宣言》，该宣言系我国最早的大学学报之一的《金陵光》中文版发刊词。陶行知在《金陵光》上发表的英文稿和译稿计有21篇，交互署名“知行”“陶文濬”。特别值得一提的是，1910年至1914年在金陵大学期间，陶行知非常喜欢王阳明的《传习录》，被其“知行合一”的学说折服。他的大学毕业论文《共和精义》中的“共和主义对于个人之价值”就是根据王阳明的《传习录》思想精髓而写出的。陶行知认同王阳明“人皆可以为圣贤”的学说，把国家共和的问题根植于理想的个体人格形成，提出“众人意志结合，以成社会邦国”的社会国家观。紧接着，陶行知在阐述国家的共和主义与个人价值的关系时，这样说道：“共和主义曰个人者，社会邦国之主人翁也。”③

那么，如何理解和成就这个“共和”国家的主人翁呢？陶行知的回答便是“阳明子人皆可以为圣贤之义，实隐符近世共和对于个人之希望”④，认为王阳明“人皆可以为圣贤”的观点，洋溢着一种对人的乐观、

① 陶行知创造了一个以“行”字为基础，把“知”字拆分为上下结构，置于“彳”“亍”两字之间（读音为“干”）的“衎”，故而他在通信中有时自称“陶衎”。

② 朱泽甫：《陶行知年谱》，安徽教育出版社1988年版，第1页。

③ 《陶行知全集》第2卷，四川教育出版社1991年版，第215页。

④ 同上。

信任的态度，肯定人人都可以达到至善的圣贤境地。陶行知藉由王阳明的话语方式，表达出陶行知心目中理想的人格形态，即王阳明所谓的“圣贤”是值得“共和”国家的每一个主体终身崇尚并终身践履的理想人格。在陶行知看来，“人皆可以为圣贤”不仅是王阳明注重道德主体的自主性和自觉性的理论表述，也可作为“共和”国家的全体人民的普遍的人生信念。每个人都有道德高尚的可能性，也都有成圣为贤的可能性。

陶行知坚信在道德人格面前，人人是均等的：

> “天生蒸民，有智愚强弱之不同；其见诸事也，复有成败利钝之不同：共和主义亦不能否认之。然分金，金也；两金，金也；即至亿金、万金，亦金也。轻重不同，其为金则一。人虽贵贱贫富不同，其柔能强愚能明之价值则一。”①

在这段话里，陶行知承认现实社会中人的禀赋呈现各有差异是不可否认的事实，但其本质（隐喻为“金的价值”）则是毫无差异。之所以禀赋呈现会有差异，主要是因为“金”的分量上有轻重不同而造成的。人无分贵贱与贫富，只要能认识到人的本质，好学力行，修身养性，就可实现“其柔能强，愚能明之”的自我价值。《传习录》上卷王阳明弟子薛侃所作的记录，就不难发现陶行知的上述思想源自于王阳明的启发。此将王阳明的原话摘录如下，以佐证之：

> “圣人之所以为圣，只是其心纯乎天理，而无人欲之杂；犹精金之所以为精，但以其成色足而无铜铅之杂也。人到纯乎天理方是圣，金到足色方是精。然圣人之才力，亦有大小不同，犹金之分两有轻重。尧、舜犹万镒，文王、孔子犹九千镒，禹、汤、武王犹七八千镒，伯夷、伊尹犹四五千镒。才力不同，而纯乎天理则同，皆可谓之圣人；犹分两虽不同，而足色则同，皆可谓之精金。以五千镒者而入于万镒之中，其足色同也；以夷、尹而厕之尧、孔之间，其纯乎天理同也。盖所以为精金者，在足色，而不在分两；所以为圣者，在纯乎

① 《陶行知全集》第2卷，四川教育出版社1991年版，第215页。

天理，而不在才力也。故虽凡人而肯为学，使此心纯乎天理，则亦可为圣人；犹一两之金，比之万镒，分两虽悬绝，而其到足色处可以无愧。故曰：'人皆可以为尧舜'者以此。学者学圣人，不过是去人欲而存天理耳。犹炼金而求其足色。金之成色所争不多，则锻炼之工省而功易成。成色愈下，则锻炼愈难。……正如见人有万镒精金，不务锻炼成色，求无愧于彼之精纯，而乃妄希分两，务同彼之万镒，锡、铅、铜、铁杂然而投，分两愈增而成色愈下，既其梢末，无复有金矣。"①

金达到足乎成色才是精金，人达到纯乎天理才是圣人。王阳明主张无论地位高下，知识多寡，只要使"其心纯乎天理，而无人欲之杂"，便可成为圣人。这种人格理想追求上的平等思想，对陶行知产生的影响甚大。既然人人皆可成圣为贤，那么"共和"国家的每一个个体怎能不坚持修养德行以达圣贤之境？用陶行知自己的话来说，就是"夫人皆可以为圣贤，则人安可不勉为圣贤乎？"②

1914 年金陵大学毕业后，23 岁的陶行知旋即赴美留学，初入伊利诺伊大学攻读市政学。1917 年返回祖国，正式改名"知行"，一直用到 1934 年。

1917 年至 1934 年的 17 年时光是陶行知知行观的转型时期。陶行知到美国吸收异域的思想，回到中国付诸于实行。在这一时期，其"知"的表现仍是常常写作，处处演讲；而"行"的最主要表现是从 1923 年开始专心致力于中华教育改进社的工作以及平民教育工作，直至 1927 年 3 月 15 日创办晓庄试验乡村学校，由此开启中国现代教育史上声势浩大的生活教育运动。

一系列扎根社会的教育实践，是陶行知"知行观"转变的源泉。在救亡图存的时代背景下，致力于为广大的劳动人民办好教育的信念促使陶行知把王阳明的知行观翻了过来，变成"行是知之始，知是行之成"。

---

① 王阳明：《传习录中》，《王阳明全集》，吴光、钱明、董平等编校，上海古籍出版社 1992 年版，第 27—28 页。

② 《陶行知全集》第 2 卷，四川教育出版社 1991 年版，第 215 页。

历经社会实践的不断检验和对王阳明知行学说的深刻反思，时至1934年7月16日这一天，陶行知公开宣布自本日起，将“知行”改名“行知”。他在《生活教育》第1卷第11期以“陶行知”署名，发表了一篇题为《行知行》的文章，阐明改名“行知”的理论和实践的意义。在文中他讲到有一位叫谢育华的友人看了《古庙敲钟录》之后说：“你的理论，我明白了，是‘知行知’。知行底下这个知字是安得何等有力!”陶行知向谢育华表示钦佩之意后对他说：“恰恰相反，我的理论是‘行知行’。”“既是这样说，你就应该改名了，挂着‘知行’的招牌，卖的是‘行知’的货物，似乎有些不妥。”①

表面上看来，由“知行”到“行知”虽是把两个字的顺序颠倒了一下，但个中深意迥异，的确发生了质的变化。其实，陶行知其名变化经历了一个从量变到质变的思想成熟过程。一般来讲，依照中国文人的惯常心理：“行不更名，坐不改姓”，如果没有一定的思想基础，基本上是不会轻易变动自己的名字的。正如他自己所言：

> “改名！我早有此意了。在二十三年前，我开始研究王学，信仰知行合一的道理，故取名‘知行’。七年前，我提出了‘行是知之始，知是行之成’的理论，正与阳明先生的主张相反，那时以后即有顽皮学生为我改名，常称我为‘行知吾师’。我很乐意接受。自去年以来，德国朋友卫中先生，即傅有任先生，每每欢喜喊我‘行知’。他说：中国人如果懂得‘行知’的道理，而放弃‘知行’的传统思想，才有希望。”“我对于二十三年来天天写、天天看、天天听的名字，难免有些恋恋不舍，但为求名实相符，我是不得不改了。”②

透过陶行知其名的由来，可以清晰勾勒出陶行知的心路历程，就是他的知行观源于王阳明，但又改造了王阳明“知行合一”学说中的唯心主义外壳，吸取了其合理内核——“重行”的思想传统，糅进了他的知行观及其生活教育理论。

---

① 朱泽甫：《陶行知年谱》，安徽教育出版社1988年版，第253页。

② 《陶行知全集》第3卷，四川教育出版社1991年版，第575页。

二　“行是知之始，知是行之成”：陶行知对王阳明知行观的批判性继承

“知是行之始，行是知之成”是王阳明的主张，陶行知反其道而行之，认为应是“行是知之始，知是行之成”，并对“行”更为重视。要弄清陶行知倡言“行是知之始，知是行之成”的思想本质，首先需要明晰王阳明所谓“知是行之始，行是知之成”及其“知行合一”学说的得失利弊。

在王阳明整个思想体系中，就本质上来说，知行问题并非一个侧重于知识论的问题，更多涉及的是道德认知和道德行为两者的关系问题。因此，王阳明所谓的“知”并非一般意义上的感性或理性的认知，而是对伦理道德的一种自我意识；他所谓的“行”，也不是一般意义上的实践，而是伦理道德规范的实行，即所谓的“致良知”，即把人心中的私欲排除掉，使纯乎天理的良知自然地发用践行，使之贯穿于事事物物之中。那么，王阳明倡导的“知行合一”学说，究竟包含着什么要旨？人们基于理论上的抽象所需，常将道德认知称为“知”，将道德践履称为“行”。然而，在现实生活以及教育实践中，知与行是一个互相蕴含、互相渗透的动态过程。王阳明正是把握住“知”“行”这一相辅相成、不可分割的特点，提出他的“知行合一”学说：“知是行的主意，行是知的工夫；知是行之始，行是知之成。”①

不管从生活实践的行为过程来看，抑或从道德教育的实践过程来讲，道德认知与道德行为是互相蕴含、互相渗透的。就根源性而言，“知”本是道德认知的意识活动，但若从整体的动态行为过程来看，“知”也是人的道德行为过程的重要组成部分，属于道德行为的萌发阶段。按照王阳明的说法，“知是行的主意”“知是行之始”，如此便可将“知”视为“行”。同理推之，“行”本是指道德行为的实践活动，但这种“行”须

① 王阳明：《传习录中》，《王阳明全集》，吴光、钱明、董平等编校，上海古籍出版社1992年版，第4页。

要以道德观念为指导，并将道德观念付诸行为实践而得以完成。即如王阳明所说的“行是知的工夫”“行是知之成”，那么，同样可以将“行”视为“知”。总之，“知”是“行”的重要组成部分，而“行”亦是“知”的实践及完成，“知”与“行”是一个统一的整体。此即王阳明“知是行之始，行是知之成”的旨趣所在。王阳明的这种观点包含着知行统一的合理因素，然而他以“知”代“行”，把“知”当作“行”，又强调“知”落在具体事物上才能明义理，混淆了“知”“行”之间的区别。质言之，王阳明“知是行之始，行是知之成”的知行合一论，“无论是以‘知’为‘行’，还是以‘行’为‘知’，都是抹煞‘知’和‘行’的差别，否认主观和客观的界限。”①

王阳明的知行观泽被后世，陶行知亦概莫能外。因此，陶行知在有关的演讲以及在学报、报纸、通讯等媒介论及王阳明的知行观计有27次，或赞扬或批评，比较有代表性的文章是《行是知之始》《行知行》，具体情况列表如下：

陶行知论及王阳明的语境表②

时间	标题	原文	出处
1913年11月	《伪君于篇》	孟于自言四十不动心，王于自言南都以前尚有些乡愿意思。	载于《金阮光》第5卷第6、7期
1914年6月22日	《共和精义》	阳明子“人皆可以为圣贤”之义，实隐符近世共和对于个人之希望。	载于《金陵光》第6卷第5、6期
1917—1918年	《试验主义之教育方法》	昔王阳明格竹七日而病……然格物之法何在？晦庵与阳明各持一说……阳明固尝使用即物穷理者也……归而格心。使阳明更进一步……吾国人何至迄今无所贡献？	在南京高等师范学校的演讲载于《南京高等师范日刊》

① 吴乃恭：《宋明理学》，吉林文史出版社1994年版，第352页。

② 此表系笔者根据陶行知在不同时间、场合谈论王阳明知行观整理而成。资料来源见《陶行知全集》，四川教育出版社1991年版。

续表

时间	标题	原文	出处
1919 年 2 月	《试验主义与新教育》	晦庵与阳明各持一说……阳明固尝使用即物穷理者也，其言曰，“初年与钱友同论做圣贤，要格天下之物。……”	载于《新教育》第一卷第 1 期，更改后成为《试验主义与新教育》
1927 年 6 月	《行是知之始》	阳明先生说：“知是行之始，行是知之成。”我以为不对。应该是“行是知之始，知是行之成”……在这些科学发明上，我们又可以看得出“行是知之始，知是行之成”。	1927 年 6 月在晓庄学校寅会上的演讲词，载于 1928 年 1 月《乡教丛读》第 2 卷第 1 期；1929 年 7 月《乡教丛讯》第 3 卷第 12 期全文刊载
1927 年 11 月 3 日	《在劳力上劳心》	但是王阳明跟着朱子的话进行便走入歧途。	载于《乡教丛讯》第 2 卷第 2 期
1927 年	《“伪知识”阶级》	程、朱、陆、王纵有许多贡献及不同的地方，但是他们五个人大部分的工作还是根据孔、孟合办银行的招牌和从前滥发的钞票去滥发钞票。	在晓庄寅会上的演讲
1929 年 10 月 11 日	《答朱端琰之问》	阳明先生虽介知行合一……一年前我写了一篇文字证明：“行是知之始，知是行之成。”恰与阳明先生相反。	陶行知在一次教学讨论会上做的回答
1929 年 11 月 15 日	《教学做合一测验》	教学做合一是王阳明先生发明的。（“是非法”测验题）	载于《乡教丛讯》第 3 卷第 19 期
1930 年 3 月 15 日	《晓庄三岁敬告同志书》	阳明虽介导知行合一之说，无意中也流露出“知是行之始”之意见……教学做合一既以做为中心，但自然而然地把阳明、东原的见解颠倒过来，成为“行是知之始”“重知必先重行”。	载于《乡村教师》第 7 期

续表

时间	标题	原文	出处
1932年6月20日	《仍在不辍研究中的“活的教育”》	王阳明说“知为行之始，行为知之成”，我说“行为知之始，知为行之成”。	载于《消息》
1932年9月20日	《从教育上谋国难的出路——手脑并用》	王阳明的话我可以把他翻半个——180度的筋斗，意思就是把他的话来个倒栽葱。	载于《消息》
1933年3月	《创造的教育》	我们知道王阳明先生是提倡“知行合一”说的，他说“知是行之始，行是知之成”。	载于《教育建设》第5集
1934年7月16日	《行知行》	在二十三年前，我开始研究王学，信仰知行合一的道理……正与阳明先生的主张相反，那时以后，即有顽皮学生为我改名，常称我为“行知吾师”。	载于《生活教育》第1卷第11期“行知行闲谈”栏
1934年10月13日	《教育的新生》	王阳明先生所说的“知是行之始，行是知之成”便是这种教育的写照。	载于《新生》第1卷第36期
1934年12月24日	《普及教育》	王阳明先生主张“知行合一”，有一点却拖下一根狐狸尾巴，说“知是行之始，行是知之成”。我们把他翻了个筋斗，提出“行是知之始，知是行之成”的理论，正与王阳明先生的主张相反。因此，就改名“行知”。这是我对自己的介绍。	载于《安大周刊》第176期
1936年2月15日	《答复庶谦先生》	“即知即行”是王阳明的格言，和我现在所奉行的“即行即知”“行是知之始”是不同的。	载于《大众生活》第1卷第14期

正是有鉴于王阳明“知是行之始，行是知之成”这一理论命题的弊病，陶行知直接点出王阳明之名，尖锐地批判道：“阳明虽倡导知行合一之说，无意中也流露出‘知是行之始’之意见。东原更进一步地主张‘重行必先重知’。这种主张在中国教育上的影响极深，‘知是行之始’一变而为‘读书是行之始’，再变而为‘听讲是行之始’。‘重行必先重知’也有同样的流弊。请看今日学校里的现象，那一处不是这种谬论所形成。不入虎穴，焉得虎子。知识是要自己像开矿样去取来的。取便是行。中国学子被先知后行的学说所麻醉，习惯成了自然，平日不肯行，不敢行，终于不能行，也就一无所知。如果有所知，也不过是知人之所知，不是我之所谓知……先知后行学说的土壤里，长不出科学的树，开不出科学的花，结不出科学的果。”[①] 陶行知结合他对教育现象的观察，“知是行之始”的流弊甚多，他认为把读书放在行为之前或者把听讲放在行为之前是本末倒置。陶行知强调一定要通过自己的行动，亲身实践方可获得真正的知识，真正的知识应该是像采矿一样挖掘而得来。

1927 年 6 月 3 日，陶行知在晓庄学校的演讲会上，提出“行是知之始，知是行之成”的观点，这是陶行知思想上一次质的飞跃。陶行知在《行是知之始》这篇标志着其知行观成熟的代表作中，开门见山地指出：“阳明先生说，‘知是行之始，行是知之成’，我以为不对。应该是‘行是知之始，知是行之成’。”[②] 他拿小孩子举例说明，说孩子们是“烫了手才知道火是热的，冰了手才知道雪是冷的，吃过糖才知道糖是甜的。接着又用科学发明举例，佛兰克林放了风筝才知道电气可以由一根天线从天空引到地下。瓦特烧水，看见蒸汽推动壶盖，便知道蒸汽也能推动机器。要通过行动才获得知识，烫手后知道热，冰手后知道冷，吃过糖知道甜，放了风筝知道电，看了壶盖知道蒸汽”[③]。小孩子烫了手才明白火是热的，吃过糖才知道糖是甜的等等，这便是“行是知之始”；获得热、冷、甜、电、蒸汽的相关知识，才使行动达到效果，这便是“知是行之成”。

陶行知带着“行是知之始，知是行之成”的信念，开始了他改造中

---

① 《陶行知全集》第 2 卷，四川教育出版社 1991 年版，第 558 页。

② 同上书，第 3 页。

③ 同上书，第 3—5 页。

国教育的伟大实践，并在教育实践中生成“教学做合一”的知行观。“教学做合一”是一种创新的知行合一观，它批判地继承王阳明“知是行之始，行是知之成”的知行合一观。

陶行知提出的“教学做合一”，是讲事怎样做就怎样学，怎样学就怎样做，教的法子要根据学的法子，学的法子要根据做的法子。教学做是一件事，不是三件事。要在做上教，做上学。在做上教的是先生，在做上学的是学生。从先生对学生的关系说，做便是教；从学生对先生的关系说，做便是学。先生拿做来教，方是真教；学生拿做来学，方是实学。[①] 换言之，“教学做合一”是人的生活实践的统一过程，也是理论与实践相统一的原理在教育、教学上的具体运用。脱离实际的教和脱离实际的学都不是真正的教和学。在教学做的过程中获取知识，这何尝不是一种“知行合一”呢？相对于王阳明的“知行合一”说，陶行知的“教学做合一”内涵更加丰富，外延更加宽广。

在德育上，陶行知认为“教学做合一”培养的不仅是道德高尚的人，更是手脑并用、有创造性的人。他希冀运用“教学做合一”的方法来培养合格的公民，为国家的发展贡献自己的力量。

在智育上，陶行知强烈反对死读书。他认为传统教育是“老八股”，学生学习了这些知识没多大用处。教育要密切结合社会实践来进行，有用处的知识才是活的知识。陶行知认同《墨辩》中的三种知识观：亲知、闻知、说知。亲知是亲身得来的，就是从“行”得来的。闻知是从旁人那得来的，说知是推想出来的知识。“亲知为一切知识的根本，闻知与说知必须安根于亲知里面方能发生效力。”[②] 因此，他专门请木匠来教学生，使学生们在实践中学会木匠的工作。

在体育上，陶行知要求学生有康健的体魄。为此，他十分重视学生的身体健康，在学校里设有专门的卫生科，并配有巡回医生指导。有的教师还跟着医生学做检查砂眼、布种牛痘等简单医术，获得了相当好的效果。

在美育上，陶行知提倡学校应有多种文艺活动。值得一提的是，1929年1月，由田汉领导的南国剧社去南京公演，陶行知特地请他们去晓庄学

① 《陶行知全集》第2卷，四川教育出版社1991年版，第126页。

② 同上书，第4页。

校演出，因而引起了师生对话剧的热潮，成立了晓庄剧社，创作了《香菇的烦恼》《爱的命令》等多部作品，并在无锡、苏州、上海、杭州等地演出，获得一致好评。

在劳动教育上，陶行知号召学生们每天在田野里劳作，尽可能参加乡村的劳作生活。让学生通过自己的劳动，能够给自己提供日常必需品，并学会如何种植和准备食物，编织便鞋等等。他希望培养的学生有“康健的体魄、农人的身手、科学的头脑、艺术的兴味、改造社会的精神”①。

总之，陶行知的“教学做合一”所体现出的种种，与当代的德、智、体、美、劳五育不谋而合，折射出现代教育思想的光芒。

三　“生活即教育”：陶行知对王阳明知行观的创造性发展

王阳明根据其“身之主宰便是心，心之所发便是意。意之本体便是知，意之所在便是物”② 的知行合一思想，提出了极具心学色彩的两大教育主张：

其一，树立学为圣人之志。立志是为学之心，为学是立志之事，“夫学莫先于立志，志之不立，犹不种其根，而徒事培拥灌溉，劳苦无成矣……人苟诚有求为圣人之志，则必思圣人之所以为圣人者安在？非以其心之纯乎天理而无人欲之私与？圣人之所以为圣人，惟以其心之纯乎天理而无人欲，则我之欲为圣人，亦惟在于此心之纯乎天理而无人欲耳。欲此心之纯乎天理而无人欲，则必去人欲而存天理。务去人欲而存天理，则必求所以去人欲而存天理之方。求所以去人欲而存天理之方，则必正诸先觉，考诸古训，而凡所谓学问之功者，然后可得而讲，而亦有所不容已矣”③。在王阳明看来，人人心中都有良知，反求诸己，便是立定志于学为圣人之事。

---

① 《陶行知全集》第 2 卷，四川教育出版社 1991 年版，第 12 页。

② 王阳明：《传习录中》，《王阳明全集》，吴光、钱明、董平等编校，上海古籍出版社 1992 年版，第 6 页。

③ 王阳明：《示弟立志说乙亥》，《王阳明全集》，吴光、钱明、董平等编校，上海古籍出版社 1992 年版，第 259 页。

其二，须在事上磨炼工夫。王阳明自己孜孜矻矻追求道德修养人格的完善，还力图把自己所感悟到的点点滴滴教给众人，强调致良知的工夫不可凿空，必须通过日常生活事务去体认和践行良知，用王阳明的话来说，就是“人须在事上磨，方能立得住”①。所谓“事上磨”的精神实质，意为在行动中不断学习，也就是倾向于在“行”中“知”，在“行”中去致良知。实际上，教人“须在事上磨”就已经孕育着王阳明所谓的“知行合一”的倾向。“知行合一”包含两方面含义：一方面，知中有行，行中有知。知行是一体两面，不可分为两截；另一方面，以知为行，知决定行。依照王阳明“知行合一”的观点，“知”“行”是并进的，真的“知”必能“行”，不能“行”便非真的“知”。一切教育皆是在行动中展开，譬如学习射箭的人必须在张弓挟矢的行动中学习。总之，空谈理论是无法获得真“知”的，正像空谈喝酒是不会醉的一样。

很显然，认识论和道德论的合一是王阳明知行观的特质所在。王阳明虽然主张“知”的落脚点是“行”，但他所理解的“行”重心并不在于社会实践，而是强调人的道德行为、道德践履，也就是说“知”的目的是为了“行”，是为了让主观的善良意志高度契合于道德规定的具体行为，一言以蔽之，“它的内在关注之点更在于德性的培养及如何成圣”②。

针对王阳明这样的知行观及其教育主张，陶行知创造性地提出了“生活即教育”理论。陶行知的“生活即教育”理论，是中国现代教育史上最具个性和影响力的教育学说之一。然而，必须讲明的是，陶行知的“生活即教育”思想内核和王阳明的知行观有关联却又有本质区别。陶行知虽受王阳明学说影响较大，但他并没有止步于王阳明的知行观，特别是在美国接触到杜威“教育即生活”“学校即社会”的新思维，尔后在中国本土所展开的一系列教育实验和投身于办学实践，使他发现王阳明的知行观及其教育主张在当时中国是行不通的。于是，陶行知将王阳明的主张翻了半个筋斗，即把“知是行之始，行是知之成”改成“行是知之始，知是行之成”。他说：

① 王阳明：《传习录中》，《王阳明全集》，吴光、钱明、董平等编校，上海古籍出版社1992年版，第12页。

② 杨国荣：《心学之思——王阳明哲学的阐释》，生活·读书·新知三联书店1997年版，第210页。

我们知道王阳明先生是提倡“知行合一”说的，他说“知是行之始，行是知之成”。他的意思是先要脑袋里装满了学问，方才可以行动。所以大家都认为学校是求知的地方，社会是行动的地方，好像学校与社会是漠不相关的，以致造成一班只知而不行的书呆子。所以阳明先生的二句话，很可以代表中国数千年的传统教育的思想。现在我要把他的话翻半个筋斗。如果翻一个筋斗，岂非仍是还原吗，所以叫他翻半个筋斗，就是说：“行是知之始，知是行之成。”①

旗帜鲜明地反对王阳明把“知”“行”分为两截，认为知而不行的人是书呆子，学校与社会不能相互脱节，主张学校里的教与学都是为了生活实践的需要，这不仅针砭了知行分裂的片面性、人才培养的偏颇处，而且创造性地扩大了教育的视野，使教育与社会生活更加紧密结合在一起。

具体而言，陶行知对王阳明知行观的创造性发展主要表现在他的“生活即教育”理念和办学实践上。

“生活即教育”，是陶行知生活教育理论的核心所在，也是其生活教育理论的本体论。那么，究竟什么是“生活即教育”呢？陶行知从不同的层面解释说：

“‘生活即教育’，是承认一切非正式的东西都在教育范围以内，这是极有力量的。”②

“‘生活即教育’，是叫教育从书本的到人生的，从狭隘的到广阔的，从字面的到手脑相长的，从耳目的到身心全顾的。”③

“生活教育是生活所原有，生活所自营，生活所必须的教育(Life education means an education of life，by life and for life)。教育的根本意义是生活之变化。生活无时不变即生活无时不含有教育的意义。因此，我们可以说：‘生活即教育’。”④

---

① 《陶行知全集》第3卷，四川教育出版社1991年版，第525—526页。

② 《陶行知全集》第2卷，四川教育出版社1991年版，第505页。

③ 同上。

④ 董宝良：《陶行知教育论著选》，人民教育出版社1991年版，第390页。

由上可知，陶行知的“生活即教育”旨在充分调动学生的主动性和积极性，培养学生的生活能力和创造能力，实行劳力和劳心、理论与实践之间的相互结合，即教育与社会生活相结合，达到学以致用的目的，彻底解决学非所用和用非所学的社会现象。基于“生活即教育”这一主旨，陶行知借助杜威的“教育即生活”的思想改造，用以突破王阳明知行观及其教育主张的局限。陶行知认为要有知识，一定要从行动中去求得；不行动而求到的知识，是靠不住的。例如：有人告诉你这是白的，那是黑的，你不行动，就不能知道哪个是真的，哪个是假的。他还指出，书本上的东西，不过是告诉你别人得来的知识。有许多人著书，东抄西袭，这种抄袭成章的知识，不是自己知识的贡献。一个人行动后遇到困难，自己想尽办法去解决，才是真正的知识获得。所以，陶行知特别引进介绍了杜威的思想反省五步骤方法：（一）感觉困难；（二）审查困难所在；（三）设法去解决；（四）择一去尝试；（五）屡试屡验，得到结论。依照陶行知的看法，应该要在“感觉困难”上边再添一个步骤，那就是“行动”。因为惟其行动，到行不通的时候，方才觉得困难，遇难而寻求解决之道，则有真知的产生。所以，陶行知在1934年10月13日所发表《教育的新生》一文中，有的放矢地点出：

> “先在学校里把现成的知识装满了，才进到社会里去行动。王阳明先生所说的‘知是行之始，行是知之成’便是这种教育的写照。他说的‘即知即行’和‘知行合一’是代表进一步的思想。生活教育者根本推翻这个理论。我们所提出的是：‘行是知之始，知是行之成。’行动是老子，知识是儿子，创造是孙子。有行动之勇敢，才有真知的收获。”①

着力强调“行”是知识的来源，充分肯定行动的教育价值，继而推翻王阳明的“知是行之始，行是知之成”的知行观以及教育主张。

在陶行知的“生活即教育”中的“生活”是指社会生活，所以整个社会的活动，就都属于教育的范围，学校和社会的关系如血脉一样是自然

① 《陶行知全集》第3卷，四川教育出版社1991年版，第595页。

贯通的。教育内在于生活之中，教育和生活是同一过程，教育必需与生活相结合才能发生作用。但是，王阳明倡导学为圣人的传统教育是把教育和生活、学校和社会两相分离的。为此，陶行知经常积极组织学生走出校门，主动接触生活、社会以及大自然，要求学生和社会打成一片，将课内与课外、校内与校外紧密结合在一起，不断地增强教育的新鲜活力。

两相比较的话，可以看出陶行知和王阳明的知行观有一个共同的特点，就是他们都非常重"行"且主张知行合一。然而，陶行知和王阳明各自所言的"行"及知行合一的内涵和宗旨却有很大的差异。王阳明说："知之真切笃实处，即是行；行之明觉精察处，即是知，知行工夫本不可离。"[①] 显然，王阳明是从知行两者相互依赖、相互发明的视角去界定"行"的。王阳明认为知行双方在本来的意义上就是融合在一起的，真知是以"行"为内容的，不能"行"就不能叫做知。但是，在陶行知的教育思想和实践中，"行"是一个含义极为宽泛的范畴。陶行知认为举凡日用之间，动止语默，皆是"行"。陶行知把"行"或"做"或"实践"放在第一位，强调从"行"或"做"或"实践"中学习，再返回"行"或"做"或"实践"。这里，需格外指出的是，陶行知"生活即教育"的宗旨是力图改造传统教育重视培养精英而弱化大众的弊病，消除旧式学校教育严重脱离社会生活的顽疾，把学校办成促进民主进步，并能帮助广大民众拥有过上美好生活的本领。这即是陶行知对王阳明知行观的创造性发展的显著表征。

当然，毋庸讳言，陶行知"生活即教育"这一理念的生成更多来自他的业师杜威的影响，但也不可忽略王阳明知行观在其中的作用。

陶行知因应于"生活即教育"的教育理念，在教育的"行"或"做"或"实践"上，倾毕生心血于教育事业，先后创办了师范学校、民众茶园、自然学园、通讯学校、空中学校、工学团、业余学校、社会大学等等，把整个社会、整个人生均视为生活教育的范畴，进而把学校教育和社会教育、家庭教育、终身教育等通贯起来，建构起一个富有教育理论特色的完备教育体系。

---

① 王阳明：《传习录中》，《王阳明全集》，吴光、钱明、董平等编校，上海古籍出版社1992年版，第42页。

四 余论

中国近代社会以降，在如何对待传统教育文化的问题上，始终有着两种截然相悖的态度：一种是漠视民族文化的“全盘西化”论；另一种是固守传统的文化保守主义，这两者都未能真正找到使中国教育步入现代化的路径，更遑论找到传统教育与现代教育的最佳结合点。陶行知本着赓续薪火、革故鼎新的教育情怀，善用科学理性的精神对待本土的教育文化资源，形成教育探索的“文化自觉”①，堪称中华民族教育文化继承和创新的典范。他对王阳明知行观的继承和发展，即是显例。

陶行知是公认的现代中国教育理论体系的建构者之一，虽然他的体系并非没有值得反思之处，但其吐故纳新以建构理论体系的精神确是教育家负责任的一种表现。循此精神，陶行知对于我们当下乃至未来的中国教育发展应该有所启示，那就是感谢“他者”，并对所受于的“他者”善于接受和勇于超越。“他者”的思想财富是后人理论创新的源头活水。若像陶行知那样能在“他者”基础上“接着讲”，而不是“照着讲”②，就可建构出富有中国特色的教育理论体系。

---

① 黄书光：《回归人本：教育本土化办学的价值共识——陈鹤琴、陶行知办学实践探索》，《教育研究》2016年第2期，第134—140页。

② 李中华：《冯友兰评传·照着讲与接着讲》，百花洲文艺出版社1996年版，第132—137页。

第六篇　海外阳明学研究

人格的完成

——安冈正笃所见之王阳明

［日］小岛毅 著　陈健成 译*

从王阳明（译注：1472—1529）可以看到什么呢？[①] 这问题不单是研究阳明学的学者的学术课题，亦是对于将阳明学作为自身精神食粮的世人的实践性追求。特别在江户（译注：1603—1867）末期以来的近代日本，这种倾向更为显著。阳明学的一种迷人之处，正在于此。[②]

譬如：跟朱熹（译注：1130—1200）比较吧，以朱熹这样的思想家为自己的人生导师，以其行动为自己的榜样，在近现代社会生活的人，恐怕是极少数。笔者对他作为下级官员能以闲职过大半生，能花很多时间在自己所关心的问题上，去读书、思考、著述、讲学的人生非常羡慕。这是笔者"所憧憬的人"，但对他的处世之术、行动方式和态度，则完全不想仿效。

相比之下，王阳明的人生的确充满魅力。他生于江南富裕的家庭，作为状元之子在北京度过多愁善感的少年时代，对各种现象感到烦闷——纵然如此，还是正正经经地出仕为官。但他因不附潮流而遭贬谪，而达到"大悟"，后半生得以向众多弟子、听众弘扬其说，在时地不同的近代日

* ［作者简介］小岛毅（1962—），男，东京大学教授。主要研究方向：中国近世思想史。陈健成（1984—），男，中国香港人，东京大学博士研究生。主要研究方向：明代经学史。

① 笔者对秦代以下之中国人，虽如"朱熹"一样直呼其名，对王阳明亦应称为"王守仁"，但笔者所引安冈正笃等人的文章里俱作"王阳明"，不烦更改，而称呼其号"阳明"。于此，并无相对于朱熹而对阳明有特殊敬意，愿无误解。

② 江户末期以后，阳明学心性一面在日本的发展，请参拙著《近代日本之阳明学》（讲谈社选书 Metrier，2006）。

本，亦受到崇敬，大概就是这个原因了。

在近代日本，是谁在述说王阳明这样的人生呢？是安冈正笃（1898—1983）。[①]

一般来说，他不被称为“王阳明研究者”，但他有由玄黄社刊行的《王阳明研究》这样的著作。那么，现在先把对他的看法放下，就当时他对自己的认识来说，他是在“研究”王阳明的。笔者就姑且将安冈当作“研究者”，以探究其“研究”所体现的时代精神。

一　对“人格”的注目

大正十一年（1922）一月十五日安冈在《王阳明研究》的《自序》中写道：

> 本书宜与予前著《支那思想及人物讲话》之第二卷同读，乃以所体得东洋精神之真髓，试与社会大众阐明。[②]

《支那思想及人物讲话》是前一年（1921）同样由玄黄社出版、超过四百六十页的巨著。上文所引用自序开头的部分，宣示了本书正是介绍代表“支那思想及人物”的王阳明的传记和学说，以弘扬“东洋精神之真髓”的著作。（按安冈的用词）全三编的构成，分别是“东洋精神论”“阳明的生平及其人格”“阳明之学说”（译按：引号俱译者加）。他在特别自豪的第三编中，自信满满地说这书是“稍脱坊间所见梦中说梦之痴态”。

“坊间所见梦中说梦之痴态”，即是在其书出现之前的各种阳明解说书。在其书第一编《东洋精神论》的第二篇《阳明研究之意义》中，安

---

① 安冈在东京帝国大学法学部学习，在学期间以自己的方法和视点研究中国思想。他以将右翼思想理论化而活跃，创立私塾金鸡学院，培养众多门人。他负责修饰天皇向国民表示接收《波茨坦宣言》的演说稿，加入张载“为万世开太平”一语，作为接受宣言的理由。战后虽然曾被联合国占领军逼害，但仍然作为保守派政治家和财经界人士的精神导师，被称为“体制派的右翼”。

② 安冈正笃：《王阳明研究》，玄黄社1922年版，第1页。

冈这样说：

> 现代学者如能沉潜于阳明学之内，应早有巨大收获，但至今仍如梦中说梦，民众如痴人受其摆弄，结果是阳明学事实上终被弃却。此事实深可慨叹。

安冈唾弃汉学家（译按：指日本历来研究中国学问的旧式学者）一派表扬阳明学的运动，而且不止狭义的汉学家，与学习西洋哲学、在与之作对比上建设“东洋哲学”这个研究范畴的井上哲次郎（译注：1855—1944）及受其熏陶的一派也保持距离、绝不交往。这是因为两者所述说的阳明学，都失去了生命力。

> 今后研究东洋思想，必当去除观念游戏，而努力于把握其一言一语所含之深刻体验。①

那么，安冈凭什么认为自己的研究，是“努力于把握其一言一语所含之深刻体验”呢？其关键词就是“人格”。上文所引《阳明研究之意义》一章，由以下的文字开始：

> 观察东洋思想的内部，特别能震撼感受到的，是对全人格生活的努力和主张。②

然后，用“换言之”继续解释：“我们为保持纯一的生活以作为个别之人格”。之后，在这章中，作为“阳明研究之意义”，人格一词频出：

> 统一的人格生活，才是现代人所追求的弘愿之船。③
>
> 这生活困难的社会中的人心所要求的，是由阳明的人格所生成的

---

① 安冈正笃：《王阳明研究》，玄黄社 1922 年版，第 29 页。

② 同上书，第 18 页。

③ 同上书，第 21 页。

伟大理想哲学。①

阳明的生命，正是一步一步形成其全人格的伟大踪迹。②

（译按：上文略）这全是应当赞叹的全人格的努力。③

他如何选择纯真的人格主义、将人从其卑屈的奴隶生活中解放出来，可以据此一斑而见醒目之全豹。④

这样，……看着现今教育界、政界的堕落腐败之甚的世相，不能不想起要提倡至纯至正的阳明的人格主义。⑤

唯有个性的发挥，才在人格的完成上有绝对的价值。⑥

以我看来，现代人对纯一的人格生活其实十分憧憬。⑦

“人格”一词在十三页（每页十二行，每行三十七字）的页面中，出现了十次，说“人格”是安冈的阳明学中最重要的词汇，并非过言。其第二编题名《阳明的生涯及其人格》，亦可见一斑。还有，第三编的第三章也是题为《人格生活》。

《传习录》卷下第五十七条所载门人两人在阳明先生之前畏不敢用扇时的问答中，阳明引《论语》中孔子的话来评述狂者和狷者。⑧ 安冈这样译出该处：

狂者由其狂处完成他人格，狷者由其狷处完成他人格。⑨

---

① 安冈正笃：《王阳明研究》，玄黄社 1922 年版，第 21 页。

② 同上。

③ 同上书，第 22 页。

④ 同上书，第 26 页。

⑤ 同上。

⑥ 同上书，第 27 页。

⑦ 同上书，第 29 页。

⑧ 王汝中、省曾侍坐。先生握扇命曰：“你们用扇。”省曾起对曰：“不敢。”先生曰：“圣人之学不是这等捆缚苦楚的。不是装做道学的模样。”汝中曰：“观仲尼与曾点言志一章略见。”先生曰：“然。以此章观之，圣人何等宽洪，包含气象。且为师者问志于群弟子，三子皆整顿以对，至于曾点，飘飘然不看那三子在眼，自去鼓起瑟来，何等狂态！及至言志，又不对师之问目，都是狂言。设在伊川，或斥骂起来了。圣人乃复称许他，何等气象！圣人教人，不是束缚他通做一般，只如狂者便从狂处成就他，狷者便从狷处成就他，人之才气如何同得。”

⑨ 安冈正笃：《王阳明研究》，玄黄社 1922 年版，第 226 页。

译文中的“完成他人格”，其原文是“成就他”。即是说，如果直译的话，只会是“完成他”，而加入“人格”一词，则是安冈的判断。[①]

安冈继续在第二二七页的自注中将狂解释成“理想的勇”、狷解释成“能恶恶”，在此之上，指出“要能得到理想的勇、要能恶恶，是人格完成上最切要的德行”。发挥自己的真性，即用阳明的术语“致良知”，对安冈来说，是在人格完成的运动中要把握到的。

在《余论》里亦提道：“一切东洋哲学无不欲人格之实现完成。”[②]而慨叹近代机械文明令人格消失，断言“人类的人格必然反抗劳苦役使其身的机械生活，而主张自己的绝对独立性”[③]。这是开始注意到在明治文明开化五十年后，西洋近代文明已渗透到大正日本社会中，其弊害所至之处。安冈并非像汉学家那样缅怀过去，而是将东洋哲学、东洋思想的未来，寄托于其人格主义，并以此达致日本精神的兴起。

当然，也有着“人格”一词并非本来存在于东洋思想，而不过是由西洋近代精神所产生出的人性论中被注释的概念（由井上哲次郎翻译而来的词语）的说法，故也有对安冈有自相矛盾之处的批评。[④] 但是，安冈为什么举出这词，还有为何到现在他还赢得那么多读者的问题，人们不得不思考。

安冈并不是因为阳明有着在东洋亦少有的稀有高贵人格而拳拳服膺其思想的，更多是在痛骂（没有用上人格一词的）旧派汉学家。他注视王阳明这个人物，热衷于论述的不是既成的“阳明学”，而是“王阳明”这个人的理由，正在于其不仅拥有高尚人格的静态，而且拥有“人格的完成”的动态。

---

① 最初完成（译按：《传习录》的）现代日语（战后的口语）全译的，是近藤康信。他的译法是，狂者是要“培育他”、狷者是要“完成他”，并没有加入与人格相似的词语（明治书院《新释汉文大系》第十三卷《传习录》，1961 年初版，页四六一）。

② 安冈正笃：《王阳明研究》，玄黄社 1922 年版，第 248 页。

③ 同上书，第 250 页。

④ 井上哲次郎《人格与修养》（广文堂书店，1919）对人格一词的形成确有重要的影响。那是安冈出版《王阳明研究》之前三年的事。井上是东京大学文科大学的压场教授。井上此书亦如其书名所示，从（相比于天性的）修养的脉络来把握人格。这点对安冈的影响亦不容忽视。佐古纯一郎《近代日本思想史中人格观念的形成》（朝文社，1995）就认为井上是将“人格”作为译语。

以下，试将“人格的完成”和那有名的龙场大悟一起考察。

二 龙场大悟的意义

安冈在《王阳明研究》的第二编第三章以“烦闷和逼害”为题，花费了不少页数来叙述阳明由弹劾刘瑾开始的受难过程，其根据是阳明的年谱。安冈的写作并不是加入新的史料，而是如戏曲的科白角色，缕缕叙述阳明在被送到贬所途中逃走的一幕和自福建再返的过程，直至主人翁终于到达龙场。[①] 然后又加入有关到龙场途中各处的注。其中这注甚长，但这正是要旨所在：

> 他因为奸臣的不道和世上的苦恼，再加上谪居的悲惨，而进一步心理受挫。这时他是内在、外在的自由都失却了而应被可怜的一个人。然而他不甘于长此下去。他依着道者的信念，奋力恢复其人格的自由。受律于他人是人格的枉屈，而跟从自己的内部的必然，才是人格的自由。……刘瑾只能用权力压逼阳明的肉体，但说能将其人格的自由如何如何，则有所不能。此处有应沉思熟虑的人世哲学、道德问题，而予于此章分两项而述之理由亦在于此。此龙场之行，对研究阳明者有莫大意义。

之后，接着叙述龙场大悟的经过。安冈重复“此章分两项而述之理由”，而指“旅途中其心境得到更上一层的自由”，“得而完成令人惊叹的内在革命”，而“在这意义下，龙场之贬，使其人格有二重之飞跃，是其五十七年生命中最崇高庄严而光明者”[②]。龙场大悟的内容，没必要在此复述。王阳明以心即理这个体认，开出新的思想视野，阳明学由是诞生。后来，虽然阳明思索更深，进一步提出知行合一和致良知的主张，但相比之下安冈并未赋予其和龙场大悟一样的重要性，这些都是从龙场大悟所得的境界上延伸出来，能发现出来的。

---

① 安冈正笃：《王阳明研究》，玄黄社1922年版，第58—78页。

② 同上书，第83页。

“人格的自由”，这一在上面长长的引文中固执地出现了几次的短语，对于安冈来说，就是王阳明烦闷之下苦苦追求的，而龙场大悟就是其人格的完成。这是龙场大悟对安冈的思想意义。王阳明由这个经验开始，形成了我们所知道的“王阳明”（译按：引号译者加）人格。据安冈的评价，是将阳明的人生二分的“最崇高庄严而光明者”。

三　阳明学的研究如何进展下去

安冈这个以龙场大悟为“人格的完成”的说法，在学界的王阳明研究中，一言以蔽之，是被“无视”了。

以下引用的是山下龙二（译注：1924—2011）在1964年所发表的论文的一节。笔者所引是收录于《阳明学研究》（现代情报社，1971）的版本。笔者引用山下之论文，并非对其个人之研究有总体之异议，而是因为以山下为当时中坚的阳明学研究者备受注目。而且该文是以之前一年（1963）在日本中国学会的“思想史上的明代”讨论会上各种发表原稿（及山下自身之论述）而成的。故虽然是山下个人的著作，但亦是将学界的共通理解文章化而成的。[①]该文中有“战前的各种研究”一项：

> 战前的阳明学的研究书极多。高濑武次郎的《王阳明详传》（1918［译按：应为1915］）、《阳明学新论》两书鼓舞青年奋起的意图很明显，而且高濑将王阳明比作东洋的费希特（译注：Johann Gottlieb Fichte，1762—1814，近代唯心主义大家），将汉学和德国哲学轻易结合。山田准的《阳明学精义》（1932）亦庶几此流。三岛复《王阳明哲学》（1934年刊、1909年成稿）可谓在明治末年西洋哲学传入的风潮中，能清楚整理阳明学内容的代表作。这些书的共通点是：第一，相对于西洋哲学，要显示出东洋哲学的意识；第二，有东洋哲学的伦理性是其特色的这种想法；……要之，并非将阳明学当作明代

① 论文为《明代思想研究如何进展下去》（《名古屋大学文学部研究论集》三六），而在《阳明学研究》中则作《阳明学的研究如何进展下去》。

的历史产物，而是将之作为儒学的理想人格，来做教学的研究。[①]

这段叙述之后是“新倾向”的一项，介绍19世纪40年代以后阳明学研究的新倾向，可见“将阳明思想当作历史产物的意向”，亦是对前一阶段阳明学研究的批判。

笔者所注意到的，不是山下没有介绍安冈的著作，是不仅没有提他，而且还将该时期的研究归纳成“作为儒学的理想人格，来做教学的研究”。

山田准的书写于20世纪30年代，暂且不论。高濑和三岛则在安冈之前。[②] 山下将两者当作“作为儒学的理想人格，来做教学的研究”代表来介绍，但他们对安冈来说，却正是“坊间所见梦中说梦之痴态”的批判对象。

这是从20世纪60年代回顾两者的极小的差异，是从对比20世纪40年代以后“将阳明思想当作历史产物的意向”中所看出来的。请容笔者重复：这种学术史整理并非不适当。笔者想要说的是，安冈一直强调自己的研究与之前有着质的差别时所用的关键词，被山下用作总结当时研究趋向的这一事实，坦白说是令人震惊的。这关键词，不用说，是“人格”。

也许这时应该这样理解：20世纪30年代之前的王阳明研究，“人格”是关键词——虽然这并不是指在这些著作中都出现“人格”一词[③]，这是从后世的研究者（这里是山下）的研究视角看来，能用这词来表现当时那些研究的一贯特色。换言之，安冈所执着提出的“人格”一词，是叙述王阳明最理所当然的用语而被使用时——也正是这些研究被批判之时。

如笔者所示，安冈的《王阳明研究》的确是“作为儒学的理想人格，来做教学的研究”。这意味着，他并没有孤立于同时代的动向，反而是安冈对那些研究有所非难，而用当时新兴的词语“人格”来表现王阳明的形象。他取笑之前的研究是“梦中说梦”，述说着“个性的发挥”“人格的完成”，为“热切憧憬纯一人格生活”的现代人（1920）提供了另一个

---

① 山下龙二：《阳明学研究》，现代情报社1971年版，第94页。

② 但三岛的论文正如上文所言，写成后二十五年才公开，安冈之前没有可能看到。

③ 高濑和三岛的著作以及他们之前的三宅雄二郎（雪岭）的《王阳明》（哲学书院，1895），都不见将龙场大悟视为“人格”的修养、完成的论述。

视角解读的王阳明。

在此意义之下，山下的研究史整理是正确的：其中安冈的不在，反而正是他存在的重要的证明（译按：人格一词的使用）。

四 小 结

以下想提出两个问题来结束这篇论文。

第一是安冈提出“人格”一词的时代性。这词不必说是persona的译词，而已有研究（前揭佐古纯一郎《近代日本思想史中人格观念的形成》）指出，将其定下使用的是那井上哲次郎。在大正年间，即安冈的青少年时代，这个新造语正闪闪生辉，有着我们这些在21世纪已厌倦人格概念的人所难以想象的魅力。提倡“统一的人格生活”的安冈所预想这词的力量，大概和我们相去极远。①

第二是安冈所力说的“人格自由”说的发展。前述安冈在学界没有被参考、被提到，而在学界之外找到支持者。但意外的是安冈所描述的王阳明形象，在学界仍有所继承：

> 可说阳明在龙场的苦斗，才是明学对人性探讨中最鲜明的象征。……明学以之为根据而确立的，实际上就是“吾性自足”的人。而这种人，正是宋代以来中国近代精神所摸索出来的理想形象。②

当然，（借用山下的说法）岛田不是作“教学的研究”，而是“将阳明的思想当作历史产物”来研究的学者。但从对岛田有所批评的山下所言，“在阳明学派发展中，发现其近代的自我意识、合理主义、受难，（笔者注：比起后藤基巳）更将阳明学的近代性阐明出来”③。从评价可以

---

① 与安冈一样的，有著名的伦理学者和辻哲郎（1889—1960）。和辻写成了包括“沙门道元”的研究在内的《日本精神史研究》（岩波书店，1926），为当时的知识青年带来人格陶冶的热潮，该书亦是令禅僧道元（1200—1255）在思想史中评价提高的契机。和辻在道元身上，同样看到安冈在王阳明身上所看到的。

② 岛田虔次：《中国近代思维的挫折》第一册，平凡社东洋文库2003年版，第49页。

③ 山下龙二：《阳明学研究》，现代情报社1971年版，第111页。

看出，安冈和岛田两者之间，也许有着某种联系，这种联系不是一种（译注：先后的）系谱关系，而是基于对王阳明的研究视角。

在将王阳明看成是“全人格生活的努力和主张”的体现时，可能会出现超越立场和方法的共通世界。笔者在论文开首处提到“阳明学的一种迷人之处”，即指此事。

沉默的周梦秀

——王畿与嵊县周氏*

[日] 早坂俊广 著　申绪璐、刘心奕 译**

《龙溪会语》（以下简称《会语》）卷六收录了名为《天山答问》的讲会内容。万历二年（1574），在绍兴天柱山进行的该讲会的记录中，出现了“周继实”这个人物。另一版本《天柱山房会语》（《王畿集》卷五，在此称作《全集》）中标注了“与张阳和、周继实、裘子充①问答”的说明，可见周继实的确参加了这次讲会，但是在这些记录中，很难感受到“周继实”的存在。为什么呢？使用引号直接引用其本人的发言，无论《天山答问》还是《天柱山房会语》中都未能见到。即使如此，在这些记录中，其个人的行为也成为讨论的话题。换言之，在讲会现场，他这样一个人，“周继实”这样一个问题成为了讨论的对象。

笔者的研究是围绕这样一个即使自己没有发言，却被周围人讨论的“周继实”。首先，简单地从这个人物的事情开始，以这样的人物作为焦点，笔者将表明仅仅从王畿的角度难以发现讲会“场”的其他真实情况。进而，笔者将讨论长期与王畿交流的嵊县周氏一族的“场”。

---

* 注：论文最初为2015年8月23日于日本东洋大学举行的“王畿的良知心学与明末的讲学活动”（王畿の良知心学と明末の講学活動）国际学术研讨会上发表的研究报告。在此基础上修改后的论文，收于即将出版的《“良知”的会讲》（《語り合う〈良知〉たち》，小路口聪编，东京：研文出版）。

** [作者简介] 早坂俊广（1965—），男，日本爱知县人，日本信州大学教授。主要研究方向：中国宋明思想史。申绪璐（1982—），男，河南新乡人，杭州师范大学副教授、博士，主要研究方向：宋明理学、江户儒学。刘心奕（1994—），女，江西吉安人，日本信州大学研究生。主要研究方向：明代阳明学。

① 裘子充，生平不详。

一 《天山答问》《天柱山房会语》中的“周继实”

在讲会的记录中，“周继实”是如何被记载的？在此之前，先考察一下这次讲会最初是如何开始的。如前所述，这是万历二年（1574）在绍兴天柱山举行的，而且这是返乡探望病父的张元忭与王畿于该年在绍兴举行的第二次讲会。[①] 这也是张元忭（1538—1588，字子荩，号阳和，山阴人）在隆庆五年（1571）得中状元之后三年的事情。如前文提到的王、张两人以外，参加者还有“周继实、裘子充”。按照《王畿集》的划分，《会语》共十五条，《全集》共九条。《会语》中的《天山答问》之后为该文的《书同心册后语》，《全集》中的《天柱山房会语》之后是另一版本题为《书同心册卷》，这些都是王畿与张无忭的问答记录。但是在另外一个场合的问答记录（在绍兴云门山，王畿与张元忭的问答是在“甲戌闰立春前一日”举行的天柱山房讲会数月之前的“仲夏”进行），周继实、裘子充没有出现。具体的差异，暂且放置。

天柱山房的讲会记录，整理如下，数字表示各条的顺序。仅在《会语》中可见，《全集》中没有出现的以×表示。

《天山答问》《天柱山房会语》对照表

《会语》	梗概（全场人物的名字，王畿除外）	《全集》
1	开场白（阳和子、裘子充）	×
2	关于“功名一念”（阳和）	1
3	周继实深信禅学（阳和子）	×
4	周继实深信禅学（阳和子）	2

① 其他相关情况，请参考《王畿〈龙溪先生会语〉译注》（《王畿『龙溪王先生会语』訳注》，https：//sites. google. com/site/longxiwangxianshenghuiyu/long - xi - hui - yunitsuite）。年代考证，可参考中纯夫《王畿的讲学活动》（《王畿の讲学活动》，《富山大学人文学部纪要》，第26号，1997年）、吴震《明代知识界讲学活动系年：1522—1602》（学林出版社2003年版）、彭国翔《良知学的展开——王龙溪与中晚明的阳明学》（生活·读书·新知三联书店2003年版）。有关张元忭，可参见荒木见悟《明儒张阳和——良知现成论的一种解释》（《明儒張陽和論—良知現成論の一屈折》，《明代思想研究》，创文社1972年版）。

续表

《会语》	梗概（全场人物的名字，王畿除外）	《全集》
5	关于“凝道”（子充）	3
6	关于“静坐”“调息”（阳和、子充）	4、5
7	王畿的健康与他对讲学的热情　其一（继实、子充、阳和子）	6
8	关于“息”（阳和、子充）	7
9	“惺”与“寂”（子充、继实）	×
10	王阳明在丧亭中的行为（阳和子）	8
11	关于“操心”（子充）	×
12	“晦”与“明”（无）	×
13	王畿的健康与他对讲学的热情　其二（子充、继实、阳和）	×
14	“关于静坐”（阳和子）	×
15	后记（云和沈子）	×

以“周继实”为标准，所有记录可分作三类。

第一类，应该在讲会中，但未被提及。

《会语》的第1、2、5、6、8、10、11、12、15条[①]与此对应。当然，并不是说所有的人在每一条都应该出现，但是第1、8条值得注意。前者为“甲戌闰立春前一日，阳和子相期会宿天柱山房，寻岁寒之盟。仕沛裘子充兴焉”。后者亦提到“予与阳和会宿山窝，子充见予憩睡呼吸无声，喜曰……”周继实是否真的在天柱山房居住，从记录来看无法断定。由此，操办这次讲会的，可能只有裘子充。与王畿一同“会宿山窝”，见其“憩睡呼吸无声”而喜的，好像只有阳和与子充。

第二类，《会语》中提及，但《全集》中该条被删去。

第3、9条即是如此。前一条，周继实本人成为讨论的话题，并以“阳和子谓：周继实深信禅学”这样的叙述开始。后一条的主要内容是，裘子充有关“静中景象，常惺惺、常寂寂”的提问，王畿以“苟徒学人之言，不向自己功夫理会，只益虚妄耳”，斥责裘子充。之后，斥责的矛头突然指向周继实，“继实相信佛学，亦不免有此病”。以附带批评的形

① 第15条中出现的“云石沈子”，其人不详。不过可以确定，该人并没有参加讲会。

式，提到了周继实。无论哪一条，都没能发现周继实发言的痕迹。

第三类，《会语》《全集》中都能见到对他的谈论。

这是《会语》的第4、7、13条。第4条谈论的内容是周继实将自己的宅子“舍为寺”。谈话人只有张元忭与王畿。第4条以外的两条，是“继实与子充”对年近80岁的王畿往返于各地讲学活动表示担心，对此王畿再次表明他对于讲学活动的热情。虽然出现了周继实的名字，但还是没有“使用引号直接引用其本人的发言”。甚至第7条，从中间开始变成只记录“子充”之名。不止于此，与单独发言的裘子充相比，不得不承认周继实的存在感极其微弱。

要言之，从天柱山房讲会记录读到的有关周继实的确切信息，只有他“深信禅学”“相信佛学”（仅见于《会语》）和他将自己的宅子“舍为寺”（《会语》《全集》都能见到）两点。而且这些都不是他的发言，仅仅是王畿与张元忭的谈论话题。一流思想家的讲会中，本人虽然什么也没有说，却被周围的人所谈论，这样的周继实到底是什么样的人物呢？

二　周梦秀其人

讲会记录中，以字称作周继实的，名为周梦秀。如“嵊庠生”（万历《绍兴府志》卷四五）和“震之子，为邑诸生”（同治《嵊县志》卷十三）所记，其在绍兴府嵊县出生，终身未能通过科举。由嵊县的周姓不难推测，其与晚明浙东王学的代表周海门即周汝登同族。另外，据《王畿集》卷十五《册付梦秀收受后语》所记“继实自幼从父瑞泉从予游”，可见周从幼年开始即与王畿交流。后文将会详述，嵊县周氏一族[①]与王畿的交流，从其祖父、父亲而来，再传至周汝登，周梦秀对明代浙东阳明学的传承，发挥了重要的作用。

周梦秀的生平不详。有关他的出生年份，据比他年幼十岁的周汝登所

---

① 后文提到的《周汝登与功过格》（《周汝登と功過格と》）一文中，渡边贤认为该家族是“出任地方事务官的下层知识家庭”（收于马渊昌也编著：《東アジアの陽明学—接触·流通·変容》，东方书店，2011年，第398页）。

言，为嘉靖十六年（1537）。[1] 同样根据周汝登的记载，周梦秀卒于万历十年（1582）[2]，其著作有《知儒编》。对此，荒木见悟先生早就指出：

> 虽以“知儒”为题，但实际收录的几乎都是禅宗机语，再附上一点白沙、阳明的话。编纂禅语，却以“知儒”为名，是基于只有学佛才能解儒的信念，从禅宗千百条的古则公案中，选取适合宰官居士参证的以作其津梁。换言之，周梦秀是受嘉靖、隆庆时期开始兴起，在万历时期达到顶点的儒佛调和论风潮影响的一个士人。[3]

从思想史的角度来讲，确实如此。但是，有关其性格，从“其向学特操励，严谨所至，目不一邪视。亲朋虽极昵狎，无一谑语”（周汝登《东越证学录》卷九，《题继实兄书后》），“行实孤高，有伯夷之峻”（周汝登《东越证学录》卷五，《剡中会语》），“苦行头陀”（周汝登《东越证学录》卷七，《立命文序》），“生有至禀，苦志独行，孝友端介，远近无间言”（万历《绍兴府志》卷四五），从这些评价可以推测，与其说周梦秀是热衷于流行的议论，不如说他是一个笃实、愚直，过着严格自律生活的人。在王畿、张元忭的讲会中，即使没有谈论自己的思想（或者没有留下谈话的记录），他本人也成为了议论的对象，这点足以印证以上的特点。

另外，关于他的《知儒编》，前面荒木先生的概括已经足够，这里再做一些补充说明。该书藏于日本国立公文书馆（内阁文库）。主体内容不再重复，但有关该书的序文《知儒编序》，因为周梦秀所留下的文章仅此

---

① 周汝登《东越证学录》卷七《剡源遗草序》中提道：“剡源为梦科、继廉别号，而继廉于予为从弟。先继廉有世兄继实，称剡山高士，于余为从兄。高士以理学着志节，比于古人，与处非辟自消无佚言说，余敬事之称莫逆，而不幸夭亡。……高士长我十龄，年不逮艾。继廉少我十载，又不逮疆身。”根据此资料，周梦秀（“剡山高士”）有年幼20岁的弟弟周梦科（继廉、剡源）。周汝登称周梦秀“有伯夷之峻”（《剡中会语》，《东越证学录》卷五），可能也是考虑到其弟弟的存在。

② 周汝登《东越证学录》卷九《题继实兄书后》中记录：“继实兄生有至禀，少自不群。……壬午兄读书城。六月来归与谈。数日疾作，又数日逝矣。”此处出现的“壬午”，即万历十年。

③ 荒木见悟：《周海门的思想》，《明代思想研究》，创文社1972年版，第237页。

一篇，故稍作介绍。序文的最后标记是“空空子周梦秀书”，以下的引用大概为其原文的四分之一。

> 程伯子云：“《中庸》言‘无声无臭’，犹释氏言‘非黄非白’。”夫谓无声臭、非黄白者，是何物耶？不可以义理解，不可以意识知者也。顾此在儒门未甚剖破，而禅宗家极力举扬，灯灯相绍，专明此事，故欲通儒脉须借禅宗。

到此，简单地了解了周梦秀的身份、特点和著作。下面，有关其与王畿、周汝登的关系，依次具体分析。

1. 王畿与周梦秀

仅就可以确证的材料而言，周梦秀与王畿的直接交流，至少有四次。第一次是十五六岁时，这是依据周汝登《东越证学录》卷九《题继实兄书后》的记录，“继实兄生有至禀，少自不群。十五六岁时，瑞泉叔率拜龙溪师”。这里所说的瑞泉叔，即周梦秀的父亲周震。周震与王畿的交往，最初是嘉靖十六年（1537，如前文考评正确的话，该年周梦秀出生），由叫周冷塘①的人将周震推荐给在杭州天真精舍讲学的王畿②，这大概是嵊县周氏一族与王畿结缘的开始。这一推荐得到了其父亲的许可，周震于天真精舍中努力学习。之后，大概周震又返回故乡嵊县。王畿在给周震父亲写的墓志铭中回忆：

> 后予出游天台，过剡溪，震随君迓于溪口。后数乘兴棹发剡溪，每见君意气言貌有加于昔。（王畿《梅岭周君墓志铭》）

---

① 据鹤成久章考证，其为“周汝员”（字文规，江西吉水人，嘉靖八年进士）。参见《天真精舍与阳明门下》（《天真精舎と陽明門下》），收于《作为哲学资源的中国思想》（《哲学資源としての中国思想》），东京：研文出版，2013年。另外，前注提到的吴震《明代知识界讲学活动系年：1522—1602》一书第80页，亦引用地方志，详细介绍此人。

② 王畿《梅岭周君墓志铭》（《王畿集》卷二十，第626—628页）。这是周凤（更名廷通，字时亨，号梅岭），即周震之父、周梦秀祖父的墓志铭。

以上所言是何时之事，不得而知。大概王畿访问剡溪之际，也与十五六岁的周梦秀见面了。据同治《嵊县志》卷十七《寓贤》的王畿条目，王畿“先世由剡徙山阴，故畿尝往来剡”。若该记载为真，则他们见面机会还有很多。另外，同条记载：“隆、万间，王天和、周震等聚徒为慈湖书院讲学会，而畿南向坐师席谈说开示，能令人人憬省。”[①] 这里提到的“慈湖书院”，位于“北门内桃源坊。嘉靖三十三年，提学副使阮鹗檄知县吴三畏为杨简立，杨号慈湖，宋时为嵊令”（同治《嵊县志》卷六）。

周梦秀的祖父梅岭公，嘉靖三十四年（1555）去世，而葬于风水较好的墓地，则是在嘉靖四十二年（1563）。安葬之后，周震派其子周梦秀赴王畿处，请求为其撰写墓志铭。这是周梦秀与王畿有明确记载的第二次见面。[②]

以上皆是周梦秀因其父的缘故而与王畿交流[③]，第三次接触的缘由则与之前两次非常不同。这次发生在原为平湖陆氏家塾的天心精舍（书院）。而且此次是作为继承王畿之学的八位年轻门人（包括王畿的小儿子王应吉）之一。

> 天心精舍，门人陆光宅所建，后为尊师阁。以予久从阳明夫子，颇能传其晚年精义，谬以北面之礼属予。群集四方同志，共明此学，其志可谓远矣。又念群处泛聚，未免玩愒无归，择其中质粹志真，终身可信托者八人，相与焚香对越，定为盟约，而吾儿应吉与焉。[④]（《王畿集》卷十五，《天心授受册》）

---

① 因为提到“隆、万间”，可见这是比周梦秀“十五六岁”的时候还要晚十年以上的事情。为了说明王畿与嵊县周氏的关系，特此引出。

② “嘉靖乙卯，君卒于寝。卜兆不协，权厝家山之后。至癸亥，得地于游谢乡之三瑞山，穴干向巽，始克襄事。既葬，震乃收泪纂述君《状》，遣子梦秀乞铭于予。”（王畿《梅岭周君墓志铭》）

③ 《王畿集》卷十二《答周居安》（第335—336页），为王畿给周震的书信。其中多次提到的“令器”，大概就是周梦秀。其中，“年少有志，甚是难得，用为病乡所缠”，“只怕吾弟及令器未是大豪杰，未免为病魔所降”，担心周氏父子的健康状况。另外，如“令器资性尽好，只未曾用格物工夫，所以发问未见着实”所说，周梦秀的缺点是缺乏“格物工夫”，这一点也值得注意。

④ 《王畿集》，吴震编校整理，凤凰出版社2007年版，第434页。

《全集》的《天心授受册》之后收录了《盟心会约》，接着是一组题为《册付□□收受后语》的文章。“□□”的部分，分别为“应吉儿”“光宅”“炯德”“丁宾”“养真”“梦秀”“云凤、尚衮”。[①] 这是“质粹志真，终身可信托者八人”的名字。毫无疑问，“梦秀”就是“周继实”。

天心精舍的盟约何时缔结，可参考吴震教授的考证。吴震教授认为，此会盟发生于隆庆二年（1568）。[②] 徐阶在《龙溪王先生传》中提道：“公门人知名者甚众，最后所器许，如嵊邑周梦秀、平湖陆光宅、嘉善丁宾数人。”[③]（《王畿集》附录四《传铭祭文》）事实上，此处首先举出周梦秀为王畿晚年心许的门人，但是徐阶的记述显然是依据天心精舍的会盟。天心精舍中王畿对周梦秀等人的教导，大概是下面这样的内容。徐阶的《龙溪王先生传》中，举出周梦秀、陆光宅、丁宾的名字以后，其内容如下。

（龙溪公）尝语三生及季子应吉。

（A）曰：“言有相似而非者。识似知，然识有分别，而知融；意似心，然意有往来，而心寂；解似见，然解有推测，而见圆。反是，则识为默识，意为诚意，解为神解。惟悟者自得之。”

（B）又曰：“学贵有悟，悟入有三：从言得者，谓之解悟，譬之门外之宝，非己家珍；从静得者，谓之证悟，譬之潦水初澄，浊根尚在；从磨炼得者，谓之彻悟，到处逢源，常感常寂，不可得而澄且清也。”又曰：“悟与迷对，与忘忘[④]。百姓日用而不知，迷也；贤人日用而知，悟也；圣人亦日用而不知，忘也。学悟而忘，斯至矣。”

（C）亦曰：“学本平易切实，不离伦物应感。良知本虚，格物所

① 只有“应吉儿”的标题中没有“后语”两字。另外，最后的“云凤、尚衮”二人作一册。

② 吴震：《明代知识界讲学活动系年：1522—1602》，学林出版社2003年版，第282—283页。

③ 《王畿集》，吴震编校整理，凤凰出版社2007年版，第826页。

④ “与忘忘”，《王畿集》校注指出，笔者接着将提到的《悟说》中为“不迷所以为悟也”。这样的表达更容易理解，不过随后即出现“百姓—迷”“贤人—悟”“圣人—忘”的对应，解释出现“忘”字的“与忘忘”。

以立本而致虚。精微中庸，正以证广大高明之实学。不如是，非所以凝道也。”[①]

以上暂标记为（A）（B）（C）三个部分。其中，与（A）和王畿《原寿篇赠存斋徐公》[②]（《王畿集》卷十四）一文相似的表述散见于文集，（B）与《悟说》一文[③]（《王畿集》卷十七）的旨趣基本相同。至于（C），虽然部分相似的表现也能见到，但不像（A）（B）那样可以从王畿的资料中，找到非常类似的表述。但是，不管怎么说，如果相信徐阶《龙溪王先生传》中所写的，[④]那么，天心精舍中结盟的八人所受的教导就是如上内容。周梦秀就是接受这些教导的弟子中的一位。

对此八人，王畿分别予以赠言，对周梦秀的赠言如下。

> 继实自幼从父瑞泉从予游，见其志趣冲雅，颇授记之。已而出入纷嚣，淳朴渐散，虽此志未变，堕于因循者若干年。今年春仲，赴会天真，遂相携历天心、涉云间，与诸友聚处相观法，深惩向来悠悠之病，惕然自奋，与诸友结为天心盟约，有终身担负之志，可谓不忘家学矣。继实天资沉泥，微少疏爽特达，总是致知工夫未得圆融。然亦只得安分做，渐修渐证，勿求速悟，久久自有透脱时在。譬之掘井及泉，原非外也。[⑤]（《王畿集》卷十五，《册付梦秀收受后语》）

笔者开头提及的《天山答问》《天柱山房会语》为万历二年

---

① 《王畿集》，吴震编校整理，凤凰出版社2007年版。

② 同上书，第386—387页。

③ 同上书，第494—495页。

④ 丁宾的《祭王龙溪先师》一文，在“尝忆师语某曰”之后，是与（A）（B）（C）内容相同的记录，之后提到“乃至天心书院，与周梦秀及某等八人结契，共竟斯道，随荷《册付》，许之为勇，且谆谆于不负初志”（《丁清惠公遗集》卷六。此处所据为《王畿集》附录四，第849页）。可能徐阶即参考了该部分内容而做相应的记载。仅就该文，王畿的这些发言，似乎只是对丁宾而言。虽然具体情况不得而知，但即使如此，这里八人中只举出周梦秀的名字，也值得注意。

⑤ 《王畿集》，吴震编校整理，凤凰出版社2007年版，第439页。

（1574）之事，是在经历如此特殊的密切交流之后的第四次见面（目前仅仅考虑已经查证的材料，实际上应该还有更多的见面）。这一事实反而更加凸显在天柱山房讲会的记录中，周梦秀的存在感薄弱。为何作为王畿“器许”之人，“终身可信托”的盟友，周梦秀没有出现在天柱山房的记录中呢？对此后文再进行讨论，下面看一看他与周汝登的关系。

2. 周梦秀与周汝登

如上所述，能够确证王畿与周梦秀的直接交流有四次，不过第三次与第四次之间，二人亦有见面的可能。因为根据以下周汝登所言，王畿在此期间到过嵊县。

> 或曰：“子于龙溪先生及门受业乎？”曰：“及门而未受业，受业而非及门矣。”曰：“何谓也？”曰：“予少年不知学。隆庆庚午，邑令君请先生入剡，率诸生旅拜，不肖与焉。虽侍侧听讲，而不能领略，故及门而不可谓之受业。后予通籍，后始知慕学，渐有所窥思。先生平日之言为有味，取会语读之，一一皆与心契，乃切归依，而先生此时逝矣。实受业而非及门也。……予从叔震，恂恂长者，不为苟从。从兄梦秀行实孤高，有伯夷之峻。父子信事，先生甚笃。予拜虽令君所率，实二公汲引也。”（《剡中会语》，《东越证学录》卷五）

虽然不能确定此时周梦秀是否亦在嵊县居住，但该文明确表示，对于周汝登思想的形成，周梦秀发挥了重要的作用。有关周梦秀，周汝登称“余敬事之称莫逆”（《东越证学录》卷七，《剡源遗草序》），陶望龄也称：“海门子有从兄曰‘剡山’，尝闻龙溪先生之门，精心密行，有三绝之号。海门子最初发心，资其鞭策。”[①] 周梦秀给予周汝登很大的刺激，

① 陶望龄《歇庵集》卷十《题周双溪先生遗训卷（海门先生父）》。有关资料，参见前文所引荒木见悟先生的论文。另外，这里的“三绝之号”，可能是指徐阶《龙溪王先生传》中的“嵊邑周梦秀、平湖陆光宅、嘉善丁宾”。

将周氏一族与王畿的因缘传至周汝登，这一事实不仅限于一族，在明代浙东思想史上亦是值得特别注意的事情。

另外，对于周汝登的功过格思想，周梦秀亦给予了很大的影响。有关这一点，渡边贤《周汝登与功过格》（《周汝登と功過格と》）一文论述非常详细。[①] 周汝登《东越证学录》卷七《立命文序》中记载："余早年不知是事。有从兄剡山者，乃苦行头陀，与我谈不能入。一日会袁公于真州，一夜之语而我心豁然，始知世间有此正经一大事，皈依自此始。余迄今不能一日忘此公之恩。"渡边贤指出周汝登与"袁公"，即袁黄（了凡）[②] 的见面，可能在"万历八年"，并推测"可能周梦秀引见周汝登与袁黄见面"。渡边贤进而指出："《立命文序》一文中，袁黄与周梦秀两人同时出现，其意义不可忽视。"

如此看来，对于周汝登思想的形成，周梦秀确实发挥了很大的作用。若没有周梦秀的帮助，可能周汝登最终只停留在"及门而未受业"的阶段。当然，历史没有假设，不过从周汝登追忆周梦秀的文章来看，明显地感觉到周梦秀对他有很大的影响。

但是，客观地比较，两人作为学者的资质和能力可谓天差地别，这一明显的事实也不得不特别指出。根据周汝登的记载，"癸酉"年，其通过乡试，而周梦秀却落第了。[③]"癸酉"即万历元年（1573），正好是天柱山房讲会的前一年。如果考虑到这一点，那么从某种意义上说，这场讲会是在极为残酷的背景下展开的。为什么呢？三年前高中状元的张元忭，与前一年未能通过乡试的周梦秀聚集一堂，而两者的年龄差不多。虽然作为共

---

① 收于马渊昌也编著《东亚的阳明学——接触·变通·变容》（《東アジアの陽明学一接触·流通·変容》，东方书店，2011 年）。该论文详细介绍了周梦秀的事迹，但如其标题所表明的，因为重点在于"周汝登与功过格"，故与笔者的分析视角有很大的不同。

② 袁黄（1533—1606），字坤仪，号了凡。明代善书（功过格）思想史上不可欠缺的重要思想家。有关其本人，可参考酒井忠夫《中国善书的研究》（《中国善書の研究》，弘文堂，1960 年）、奥崎裕司《中国乡绅地主的研究》（《中国乡紳地主の研究》，汲古书院，1978 年）等。

③ "癸酉余举于乡，而兄下第。"（《题继实兄书后》，《东越证学录》卷九）

同谈论“圣学”的同志，相互的讨论没有忌惮，[①] 但是在天柱山房的讲会中，周梦秀的存在感如此薄弱，会不会也有这种世俗影响的作用呢？假设确实如此，那么这一影响是在讲会的现场产生作用，还是在之后记录的时候才体现，已经是今天无法判断的问题。无论如何，我们唯一能做的，就是真诚地解读这些留下的记录。

三　再看《天山答问》《天柱山房会语》

如前所述，《天山答问》《天柱山房会语》中，关于周梦秀，其“深信禅学”“相信佛学”的话题（以下记作［话题甲］），和将自宅“舍为寺”的话题（以下记作［话题乙］），被王畿、张无忭所议论。为避免重复，以下仅简要地予以说明。

［话题甲］：张元忭赞赏周梦秀“深信禅学、崇斋素、重因果，信自本心，不敢自肆”。此外，张元忭说到二人“相留寝处数日，因丧中，亦与同斋”，受到周围的非难。对此，王畿愤慨，并引用王阳明的话，为周梦秀辩护。[②] 另一方面，王畿在与裘子充的问答中突然提及周梦秀，叱责二人“苟徒学人之言”。[③]

［话题乙］：周梦秀的祖先借用废弃寺庙的区域，于此建立宅院并居

① 张元忭的文集《不二斋文选》中，收录两封致周梦秀的书信。其中提到：“来教谓弟近年进修与酉戌年稍放宽，弟自省因循之病，岂不自知。非兄爱我之至，其谁肯以此相亲耶？感切！感切！……弟之病恐涉于忘，兄则恐于助，不可不交警也。”（卷二《寄周继实》）可见二者相互切磋琢磨。“酉戌年”之义，不太明了，可能是“癸酉与甲戌”的意思。那么，万历元年（1573）和二年（1574），正是天柱山房讲会举行的前一年和当年。

② 阳和子谓：“周继实深信禅学、崇斋素、重因果，信自本心，不敢自肆，以为此是西方圣人之教。中国之学不是过也。”相留寝处数日，因丧中，亦与同斋，意颇无逆。亲交中，以予溺心虚寂，将外伦物而习于异教，亟来劝阻。予叹曰：“世以斋素为异，恣情纷华，穷口腹之欲者，始得为常乎？以果报为惑，世之纵欲败度，肆然无所忌惮者，始为信心乎？先师有云：‘世之人苟有沦于虚寂，究心性命而不流于世情者，虽其陷于异端之偏，犹将以为贤。盖其心求以自得也。求以自得而后可与语圣人之学。’”（《会语》第 3 条）

③ 子充谓：“昔在吴中，闻诸坐圜者曰：‘静中景象，常惺惺、常寂寂’，此意何如？”予谓：“此是悟后语。……若倚傍人言做功夫，已落第二义。苟徒学人之言，不向自己功夫理会，祇益虚妄耳。……子充所病正在此。……惺而不寂，则为弄精魂；寂而不惺，则为灭种性。不可不以察也。继实相信佛学，亦不免有此病。因声教而入谓之声闻，观因缘而入谓之缘觉。苟不向自心中觅，虽至成佛，亦只落在声闻缘觉果位中，非大乘佛果也。”（《会语》第 9 条）

住。周梦秀与家族商谈之后，舍弃宅邸以为寺院，建立万岁牌并复建祝圣道场。① 虽然也有人劝告不做佛寺而改作义学，但周梦秀并未听从。对此，王畿予以了善意的评价："虽若尚有所泥，然而异于世之逐逐贪求者则远矣。"②

综合来看，一目了然，这两个话题主要都是围绕周梦秀的宗教实践，虽然指出"只落在声闻缘觉果位中"，"虽若尚有所泥"的不足，但是总体而言，王畿对周梦秀的真挚评价很高。其实，在讲学的现场，他成为讨论的话题这件事本身，就是最好的证据。讲学现场，并非只有讨论的元素，被讨论也是一种要素。

---

① 万历《绍兴府志》卷二十一记载："实性寺，在县西三百步，剡山之麓。……明永乐十一年复建，弘治三年再修葺，嘉靖初县令吕章废之，周通判震遂佃为宅，已而悔焉。万历二年复捐为寺。"之后，引用了知府彭富的《实性寺兴复记》。以下为其相关内容："嘉靖中，邑令吕章以私恚毁寺，徙万岁龙牌伽蓝神像于下院三峰，庄僧亦寓栖以供额税。然寺之名卒不可没，而寺之隙地为乡进士周君震佃而得焉，遂治为宅，益买傍近地广之，居三十年矣。周君后为衡州别驾，归忽悔恨不乐。谓其子庠生梦秀曰：'古人行一不义，虽得天下不为也。且晋唐名贤如王内史陆宣公，皆舍宅为寺。予乃佃寺为宅，负不义之名。吾宁填死沟壑，弗忍居于是矣。汝必复之。'……万历二年冬，周君寝疾，会其族父兄子弟而属之曰：'吾愿及见寺之复也，吾待而瞑矣。'于是周生立以其宅并益买傍近地，请复为寺，以状来上。……周生梦秀不忘父命，自甘困苦，是皆足以敦厉末俗而障颓流者也。"由此可见，归还宅院的发起人是周梦秀的父亲周震。但是，在相同的万历《绍兴府志》卷四十五的周梦秀传记中，却记作"其父别驾，尝佃实性寺为宅，既数十年，增饰堂构且数百金。梦秀以为非义，请于父复舍为寺。"简言之，卷二为其父"悔恨"而命周梦秀，卷四十五为周梦秀本人"以为非义，请于父"。可见关于归还寺庙的发起人，前后矛盾。可能后者是正确的，前者的记述大概是顾虑其父亲的名誉。另外，该万历《绍兴府志》，是张元忭参与编撰的地方志，序文亦为其所作。该序所注时间为"万历丙戌秋日"，即该问答所发生的万历二年的 12 年之后。不仅如此，周梦秀得以为后人所知，张元忭亦有很大的作用。朱赓《明奉直大夫左春坊左谕德兼翰林院侍读阳和张公行状》记载："季长沙公本、徐佥宪公甫宰、范处士瓘、周处士梦秀皆乡先生，并言于学使者，得祀学宫。其他闾阎之行、闺门之操，耳目所及，靡不阐扬。"（张元忭《不二斋文选》卷一）最后再返回前面的话题，如果《实性寺兴复记》的记载是正确的话，周梦秀将自己的宅子归还寺庙是"万历二年冬"，即天柱山房讲会举行之年的事情，那一定是非常热门的话题。

② 继实乃祖请佃佛寺废基为宅，已安居有年矣。继实谋于家庭，仍舍为寺，立万岁牌，复祝圣道场。阳和叹其勇于为善，亲友相劝改为义学，亦名教之一助，非有私也。以为非起因本意，执而不从此。虽若尚有所泥，然而异于世之逐逐贪求者则远矣。（《会语》第 4 条）张子举继实乃祖请佃佛寺、废基为宅，已安居三十年矣。继实谋于家庭，仍复为寺，亲友相劝改为义学，继实以为非起因本意，执而不从，何如？先生曰："虽若尚有所泥，然而异于世之逐逐贪求者，不啻倍蓰，可以为难矣。"（《全集》第 2 条）

不过即使如此，［话题甲］与［话题乙］之间存在很大的不同，这也是一个事实。如前所述，《全集》中无法见到［话题甲］，可能因为谈话内容过于偏向佛教，在编集的时候被删去。相反［话题乙］，不仅在《全集》中停留，可能是张元忭的努力，在地方志中亦被保留。由此可见，这两个话题在之后的传承（继承形式）中出现很大的不同。

注意这一点之后，继续进行讨论。目前介绍的与周梦秀有关的各种传记资料中，与［话题甲］相关的事情还有很多，此处不再重复。以下将补充一些与［话题乙］有关的资料，并提出一些与周梦秀相关值得注意的事情。

要补充资料的作者是云栖袾宏。[①] 他亦在《直道录》中，收录了题为《舍宅为寺》的文章。

> 唐白侍郎舍所居作伽蓝，号香山寺。宋张驸舍所居作伽蓝，号张家寺。近嵊县诸生周继实祖居，原佃某寺者，因复还为寺，而自徙他处，此尤人所难。盖二公贵宦，而周则贫儒也。彼占寺为宅者，独何心也？虽然，占寺为罪不待论矣。有力大人，从而恢复之，夺宅为寺，是诚盛事，而有说焉。若夫昔曾占寺者在于百年之先，而今被夺宅者在于百年之后。是造业者幸免，而无辜者遭殃，投僧之悦而乖佛之慈矣。然则宜何如？核其实，倍增其价，而善言以慰谕之可也。[②]（《莲池大师全集》第3册，《直道录》）

这是篇包含很多内容的文章，其本身也值得关注，不过于此笔者暂不涉及，仅是提供资料。

这里，笔者希望进一步考察的是周梦秀与云栖袾宏的关系。以上资料仅仅表明周继实是一位“贫儒”，那么两人是否有过会面呢？这从以下文章即可知晓。

---

① 有关云栖袾宏的内容，参见荒木见悟《云栖袾宏的研究》（《雲棲袾宏の研究》，大藏出版，1985年）及其监修、宋明哲学检讨会译注《竹窗随笔——明末佛教的风景》（《竹窓随筆——明末仏教の風景》，中国书店，2007年）等。

② 《莲池大师全集》第3册，上海古籍出版社2011年版，第1556页。

读周高士行实

予往年过平湖，憩圆珠圩塔寺。时高士馆于五台陆公，闻予至甚喜，具威仪趋舟致敬来访。后予适越，与一时道学诸君子剧谈止观玄义，复邂逅，宿能仁堂中。先后语意颇符合，相信弥固。乃予礼清凉、历燕京、寻匡庐之旧社，自白下南还，而高士墓柏拱矣。高士以仲尼颜子之心地，雅志内典，而名未成，寿不满半百，兼以无后。[1]世眼观之，可谓佛法无灵验矣。夫学佛者，果志于名寿子孙也，谓之无灵验亦宜。而高士固已等成败、齐彭殇、均续断，则漫尔一期之报，真浮沤起灭于沧海耳。夫焉足重轻？噫！我观高士，岂不尊荣寿考，而藩胤百世乎哉。梦幻界中未必无悟之者。[2]（《莲池大师全集》第3册，《云栖大师山房杂录》）

两人最初见面是在“平湖”“五台陆公”的住所。如果这样的话，此时正是王畿与八位门人会盟，即隆庆二年（1568）前后。之后，两人于“越”再次见面。因为有与“道学诸君子剧谈止观玄义”的记载，所以可能是发生在“兴浦庵”的事情。《王畿集》卷七《兴浦庵会语》[3] 中，有如下记载。

阳和张子访莲池沈子于兴浦山房，因置榻圜中，共修静业。沈子盖儒而逃禅者也，适世友王子泗源访予山中，慕阳和高谊，思得一晤，乃相与拉张子太华，放剡曲之舟，夜抵浦下，与阳和慰劳，扣关，莲池出迓，坐丈室，钱子正峰亦在坐中。泗源与莲池举禅家与观之旨相辩证，莲池谓：“须察念头起处。”泗源谓：“察念不离乎意，如涤秽气须用清水，若以秽水洗之，终不能净。佛以见性为宗，性与意根有辨，若但察念，只在意根作活计，所谓泥里洗土块也。须用观行。如曹溪常以智慧观照自性，乃究竟法。若专于察念，止可初学觅路，非本原实用处也。”莲池谓：“察即观也。察念始不落空，不然，

① 有关其后嗣的种种不幸，可见周汝登《东越证学录》卷十四的《高士儿应鼎瘗志铭》。

② 《莲池大师全集》第3册，上海古籍出版社2011年版，第1590页。

③ 有关此会语材料，无论事实关系还是思想内容，仍须进一步研究。此处，仅作为相关资料提出。

当成枯寂。”泗源谓：“无观，始不免落无记空。若觉观常明，岂得枯寂？惟向意根察识，正堕虚妄生灭境界，不可不慎也。”辨久不决，阳和请为折衷。予谓……[1]（《王畿集》卷七）

该文讨论“察”与“观”，是否能称作“止观玄义”（省略的部分中，讨论了“观”，但“止”没有出现），还无法断定。关于此次集会，吴震教授提出“冬，张阳和晤莲池于杭州兴浦庵（兴浦庵讲会）”[2]，王畿亦记录了张元忭拜访云栖袾宏，确实很自然地以为地点就在“杭州”。但是若为杭州，就与王畿“放剡曲之舟，夜抵浦下”的记录不符。剡溪即曹娥江，从嵊州经上虞流入绍兴。若为杭州的话，从地理上而言不会如此记载。另外，云栖袾宏的《云栖大师山房杂录》中有题为《山阴兴浦庵次韵酬张阳和太史》[3]一诗，嘉靖《山阴县志》卷十二记有“兴浦庵，在县西北二十六里梅市乡，宋咸淳三年建”。可见，兴浦庵更有可能位于绍兴府山阴县梅市乡。云栖袾宏“予适越，与一时道学诸君子剧谈止观玄义”的记录，可以暂且认为就是指这次兴浦庵的讲会。

云栖袾宏所记与周梦秀的第二次见面，这里推断就是在兴浦庵。但是这次讲会（在天柱山房的第二年举行）中，周梦秀还是身处其间自己却什么也没有说，确实很像他的性格。但即使如此，他也非常满足。因为他去世以后，回忆起这一时刻的云栖袾宏说道：“先后语意颇符合，相信弥固。”

四 结语

在讲学的现场谈论哪些内容，这无疑是思想史研究的重要课题。但是，也有发言不多的人，或是发言却未留下记录的人，这些人一起共同构成了讲学的场，这也是我们不能忽略的。仅就《天山答问》《天柱山房会语》而言，这是阳明门下最耀眼的人物王畿与成为状元不久的新锐学者

---

① 《王畿集》，吴震编校整理，凤凰出版社2007年版，第173—174页。

② 发生于万历三年（1575）冬（吴震：《明代知识界讲学活动系年：1522—1602》，第318页）。

③ 《莲池大师全集》第3册，上海古籍出版社2011年版，第1641页。

张元忭等构建的讲学场，不用说这是其最大的意义和特色所在。但是在这个场中，愚直的周梦秀这一人物也出现了，有关其生活态度、宗教实践，却成为两人不得不谈论的话题。这一事情本身，不也有很大的意义吗？谈话的场景也是由沉默的人构成的。

当然，能否断言周梦秀是“沉默者”还是一个问题。他作为王畿“最后所器许”的门人之一，应该是有一定话语权的。但是，当讲会的“场”从现场变为记录，这个人的存在感就开始急速下降。周梦秀这个人，与其说是位理论派，不如说是位鲜明的实践派。也许他给身边的人留下过鲜明的形象，却难以留下“语言的记录”或“记录的语言”。而且很有可能周梦秀是王畿的随从。如果真是这样，更没有必要事无巨细地记录他，恰恰是身边的人往往容易在记录时被遗漏，这是经常出现的。

而且周梦秀是一位具有佛学倾向的弟子。伴随着对记录进行的整理，从《会语》到《全集》的升华、消化，这样“不纯洁”的杂音是很容易被抹去的。从这个角度看，他属于很难留下记录的类型。

如果再对《天山答问》《天柱山房会语》稍作分析，可以看出这场讲会基本是作为王畿和张元忭讨论的场而准备的。张元忭和周梦秀都是绍兴府人，年龄也相仿。作为“王畿门人”来说周梦秀的地位可能更高一些，但一方是状元，另一方是乡试落第的“贫儒”。“场”的构图，自然是以张元忭为焦点。虽然不能说周梦秀会有什么不满，但是由于各种各样的偏见，确实会出现这样的记录，这是读者需要注意的。

不起眼，却又被称为“思想家”而受到赞扬的周梦秀确实在讲会的现场。为了证明这一点，已经反复议论。不随大流就得不到承认，他或许在心里想反抗这样的时代。就算被责难学术动机不纯，也不能否认自己的初衷。

【附录】

周梦秀年表

嘉靖十六年（1537）该年出生

嘉靖三十年（1551）这时候，在父亲的带领下见到了王畿

嘉靖四十二年（1563）因为拜托王畿撰写祖父的墓志铭而和王

畿相见

隆庆二年（1568）在平湖陆氏的天心精舍中，和王畿立下盟约

隆庆四年（1570）周汝登初次在嵊县与王畿相会

万历元年（1573）乡试落第

万历二年（1574）在天柱山房与王畿、张元忭等人举行讲会

万历三年（1575）参加兴浦庵的讲会？

万历七年（1578）拜访赴任真州的周汝登

万历八年（1580）拜访赴任芜湖的周汝登

万历十年（1582）六月，因急病去世

王阳明道德精神的两面性深考：道德君子和狂者胸次

［韩］宣炳三*

一 问题所在

最近陆永胜教授在韩国的《儒学研究》（33 辑，2015）上发表《明代黔中王学思想的两大特质》一文，对韩国学术界充分介绍了黔中王学思想的本质。在此他总评为“黔中王学思想‘心统学政’的理论特质和‘重行致用’的实践特质是黔中王学自身学术品质和思想发展与具体的时代、地域语境相结合的产物，具有内在理论演化的必然性和外在语境促成的偶然性，在某种意义上，其体现出黔中王学的学派学术个性和时代思想共同取向，凸显出明代黔中王学思想作为地域断代思想史的地位和价值意义”。在这篇论文中，他着重于阳明学的“学政一致和重行致用”的特征，而对泰州学派等所谓主张良知说则持否定的评价，如“泰州王学强调身，突出个体性，并将良知放入百姓日用之中，这在理论上支持了以其为主脑的明代王学平民化运动。这场声势浩大的平民运动虽然在客观上加速了王学的传播，但也带来了对良知的争论以及玄虚空疏的批评”。

其实，研究阳明学的学者对王阳明的精神趋向的评价大致分为两种倾向：第一，“着重于作为道德实践家之王阳明的立场”。他们认为，阳明处于道德伦常颓落、功利主义渐渐横行的时代，批判辞章、训诂之学以及朱子学的功利化，指出老、佛有自私自利之病，期望建立名实相副的为圣

* ［作者简介］宣炳三，成均馆大学研究教授，韩国阳明学会国际理事。

之学。第二，“着重于作为晚年化境之王阳明的立场”。他们认为，阳明处于个人主体思想发芽、市民阶层慢慢成长的时代，肯定个人情感、平民思想，承认老、佛作为内圣之学之功，到晚年，正如黄梨洲所谓“居越以后，所操益熟，所得益化，时时知是知非，时时无是无非，开口即得本心，更无假借凑泊，如赤日当空而万象毕照”①，阳明超出纯粹道德理性主义之限，提出四句教，实现了有无合一的境界。

这两种倾向均反映着阳明的精神趋向，可过度强调一面，则难免偏颇，阻碍了对阳明思想的准确理解。并且这两种对阳明精神方向的理解方案各自有理，而似乎难免凿枘之势。

二 阳明的两种精神趋向

诚如前述，阳明的精神趋向可以表现为作为道德实践家和晚年化境的两种面貌。笔者先要仔细谈这两种倾向，然后综合阳明精神趋向之处。

第一，“着重于作为道德实践家之王阳明的立场”②。阳明龙场得悟之后，在京师认识了他的知音湛甘泉，两者同心提倡道学，纠正世俗功利之学。同时，他们举办讲学会，互相锻炼心志，在《年谱》所载甚备。湛甘泉就职离京，阳明在与甘泉别书里吐露他的心怀，这算是阳明中年③的一个衷曲：

> 今世学者，皆知宗孔、孟，贱杨、墨，摈释、老，圣人之道，若大明于世。然吾从而求之，圣人不得而见之矣。其能有若墨氏之兼爱者乎？其能有若杨氏之为我者乎？其能有若老氏之清净自守、释氏之究心性命者乎？吾何以杨、墨、老、释之思哉？彼于圣人之道异，然犹有自得也。而世之学者，章绘句琢以夸俗，诡心色取，相饰以伪，谓圣人之道劳苦无功，非复人之所可为，而徒取辩于言词之间。古之

---

① 黄宗羲：《文成王阳明先生守仁》，《明儒学案》，沈芝盈点校，中华书局1985年版，第180页。

② 张学智的阳明学研究成果启发我理解如此立场的妥当性，见张学智《明代哲学史》，北京大学出版社2000年版，第101—118页。

③ “壬申”（按，阳明四十一岁）。

人有终身不能究者，今吾皆能言其略，自以为若是亦足矣，而圣人之学遂废。则今之所大患者，岂非记诵词章之习！而弊之所从来，无亦言之太详、析之太精者之过欤！夫杨、墨、老、释，学仁义，求性命，不得其道而偏焉，固非若今之学者以仁义为不可学，性命之为无益也。居今之时而有学仁义，求性命，外记诵辞章而不为者，虽其陷于杨、墨、老、释之偏，吾犹且以为贤，彼其心犹求以自得也。夫求以自得，而后可与之言学圣人之道。①

阳明强调求圣之志，甚至说“夫杨、墨、老、释，学仁义，求性命，不得其道而偏焉，固非若今之学者以仁义为不可学，性命之为无益也”。这明确地表示阳明的道学精神，就是为圣之学的精神。他针对当时士人已以朱子学为应付科举考试的工具的功利主义进行了激烈的批判。他晚年在与罗整庵的书信里真心吐露：

孟子辟杨、墨至于“无父，无君”。二子亦当时之贤者，使与孟子并世而生，未必不以之为贤。墨子“兼爱”，行仁而过耳；杨子“为我”，行义而过耳。此其为说，亦岂灭理乱常之甚而足以眩天下哉？而其流之弊，孟子至比于禽兽夷狄，所谓“以学术杀天下后世”也。今世学术之弊，其谓之学仁而过者乎？谓之学义而过者乎？抑谓之学不仁不义而过者乎？吾不知其于洪水猛兽何如也！孟子云：“予岂好辨哉？予不得已也！”杨、墨之道塞天下，孟子之时，天下之尊信杨、墨，当不下于今日之崇尚朱说，而孟子独以一人呶呶于其间，噫，可哀矣！韩氏云：“佛、老之害甚于杨、墨。”韩愈之贤不及孟子，孟子不能救之于未坏之先，而韩愈乃欲全之于已坏之后，其亦不量其力，且见其身之危，莫之救以死也矣！呜呼！若某者其尤不量其力，果见其身之危，莫之救以死也矣。夫众方嘻嘻之中，而独出涕嗟若，举世恬然以趋，而独疾首蹙额以为忧，此其非病狂丧心，殆必诚有大苦者隐于其中，而非天下之至仁，其孰能察之？某为《朱子晚

① 王阳明：《别湛甘泉序》，《王阳明全集》卷七，吴光、钱明、董平等编校，上海古籍出版社2012年版，第195页。

> 年定论》，盖亦不得已而然。中间年岁早晚，诚有所未考，虽不必尽出于晚年，固多出于晚年者矣。然大意在委曲调停以明此学为重，平生于朱子之说如神明蓍龟，一旦与之背驰，心诚有所未忍，故不得已而为此。"知我者，谓我心忧；不知我者，谓我何求"，盖不忍牴牾朱子者，其本心也；不得已而与之牴牾者，道固如是，不直则道不见也。执事所谓决与朱子异者，仆敢自欺其心哉？[①][②]

阳明吐露他反对朱子学的刻苦之心，喻之病狂丧心，很有动情之笔。此段阳明未直接提出反对朱子学的理由，而按《朱子晚年定论》的《序》可知阳明反对朱子学的内心。阳明在《序》里说："其后谪官龙场，居夷处困，动心忍性之余，恍若有悟，体验探求，再更寒暑，证诸《五经》《四子》，沛然若决江河而放诸海也。然后叹圣人之道坦如大路，而世之儒者妄开窦迳，蹈荆棘，堕坑堑，究其为说，反出二氏之下。宜乎世之高明之士厌此而趋彼也！此岂二氏之罪哉！间尝以语同志，而闻者竞相非议，目以为立异好奇。虽每痛反探抑，务自搜剔斑瑕，而愈益精明的确，洞然无复可疑。独于朱子之说有相牴牾，恒疚于心，切疑朱子之贤，而岂其于此尚有未察？及官留都，复取朱子之书而检求之，然后知其晚岁固已大悟旧说之非，痛悔极艾，至以为自诳诳人之罪，不可胜赎。"从这段话可以推测，阳明反对朱子即物穷理的工夫论有扩充知识及先知后行的倾向，认为朱子学提供辞章、章句、训诂学之借口，甚至难免助长此病之责。

其实，考虑阳明对德性之知和见闻之知的观点，他并没有直接认为朱子即物穷理的工夫论没有道理，关键是朱子的格物论囿于"少头脑"的问题。阳明说："文公（按，朱子）格物之说，只是少头脑，如所谓'察之于念虑之微'，此一句不该与'求之文字之中，验之于事为之著，索之讲论之际'混作一例看，是无轻重也。"（《传习录》下）如上面已述，阳明主"心即理"的原因，他认为世人分心与理为二，所以便有许多病

---

① 王阳明：《传习录·答罗整庵少宰书》，《王阳明全集》卷二，吴光、钱明、董平等编校，上海古籍出版社2012年版，第67—68页。

② 王守仁：《朱子晚年定论·序》，《王阳明全集》卷三，吴光、钱明、董平等编校，上海古籍出版社2012年版，第112—113页。

痛，如五伯攘夷、尊周室，便是私心，可是人们以之当理，往往羡慕其所为，要外面做得好看，却与心全无相干，这就是分心与理为二，而其结果是流至于伯道之伪而不自知，所以主张“心即理”而要纠正这个病痛。故阳明通过知行合一而立道德主体。

到此大概说明了作为道德实践家之王阳明的特征，这种立场有本有据。可过分重道德实践方面，反而会出现一个偏向，就是忽略晚年化境之思想意向。具体而言，其中一个问题是《传习录》卷上与卷下的疏通问题，即《传习录》卷上贯彻始终的思想基调是“存天理去人欲”的工夫论，可《传习录》卷下贯穿首尾的思想基调不仅是“存天理去人欲”的着实工夫，又是“无善无恶”的自然化境。于是有人谓《传习录》卷上充实地反映了阳明的本意，而《传习录》卷下或有脱离阳明本意的地方。这从阳明整个义理来说，并不是恰当的评价。并且，过分注重道德实践方面，就难以理解龙溪学在阳明学之内的思想意义。其实，有人反对龙溪学的主要原因在于对他的彻悟工夫之误解，认为他有放弃工夫，进而流于猖狂放恣等的毛病。然而只就道德实践而言，龙溪学有勇猛精进之精神而不是放弃工夫，这是他的彻悟功夫之本来面目。可他的良知论包含一种自然化境之倾向，这标志着他良知论的玄妙性、自在性。这很可能是历来对龙溪学持否定态度的主要原因。

第二，“着重于作为晚年化境之王阳明的立场”[①]。阳明晚年对良知本体描写说：“无知无不知，本体原是如此。譬如日未尝有心照物，而自无物不照。无照无不照，原是日的本体。良知本无知，今却要有知；本无不知，今却疑有不知，只是信不及耳！”（《传习录》下）从阳明的良知论来说，良知是知是知非的道德判断原则，无论何时何处良知都是是是非非、完完全全的，如“虽昏黑夜里，亦影影见得黑白，就是日之余光未尽处”（《传习录》下），即是“无不知”。这是阳明良知本体的基本思想。然而在此阳明明确地指出无是无非的良知本体，即是“无知”。良知的“无不知”容易理解而“无知”须待解释，阳明别处以比喻说明“无知”的良知，他说：“目无体，以万物之色为体；耳无体，以万物之声为体；鼻无

---

① 陈来的阳明学研究成果启发我理解如此立场的妥当性，见陈来《有无之境》，人民出版社 1991 年版，第 235—268 页。

体，以万物之臭为体；口无体，以万物之味为体；心无体，以天地万物感应之是非为体。”（《传习录》下）目之于色、耳之于声，目耳无固定的体段。同样，心也没有固定的体段，于是以感应之是非为体段，这很容易让人联想到镜空衡平之喻，就是心之良知有是非判断，而良知未有是非之迹。

由上所述，我们可以猜测到“无知”之良知突出良知的无着性，若套用龙溪的话就是没有典要、格套的良知本体。这种解释的可能性从阳明与黄勉之的一段话里可以看到。黄勉之提出《论语》“无适也，无莫也，义之与比”的解释，对此阳明说：“固是事事要如此，须是识得个头脑乃可。义即是良知，晓得良知是个头脑，方无执著。且如受人馈送，也有今日当受的，他日不当受的；也有今日不当受的，他日当受的。你若执着了今日当受的，便一切受去，执着了今日不当受的，便一切不受去，便是适莫，便不是良知的本体，如何唤得做义？”（《传习录》下）这表示使勉之避免执着之病，当然这无执着不是猖狂流离而没有主宰的意思，故阳明明确地说：“晓得良知是个头脑，方无执著。”既然如此，无是无非的良知“无知”表示良知的无执着、无典要以及无格套的性质，自不待言。

若从这种角度理解，良知“无知”很可能有两种意义。一曰：良知的绝对主宰，故不容任何干扰，如“心体上着不得一念留滞，就如眼着不得些子尘沙。些子能得几多？满眼便昏天黑地了。……这一念不但是私念，便好的念头，亦着不得些子。如眼中放些金玉屑，眼亦开不得了”（《传习录》下）。一曰：心体的化境自在，如“七情顺其自然之流行，皆是良知之用，不可分别善恶，但不可有所着；七情有着，俱谓之欲”（《传习录》下）。

到此，笔者大概介绍了作为晚年化境的王阳明的特征。由上所述，这种立场也有根据。可过重晚年化境的特征，反而会出现一个偏向，就是忽略道德性命学之思想意义。再进一步说，若谈宋儒的特征，就想起着重道德性命的严肃性。那么，反对朱子学的王阳明呢？在此找到的活泼性，就是晚年化境的自在性，阳明基于此而反对朱子学是顺理成章的。这种解释较之宋儒的精神趋向，能够突出明儒的独特性，可就阳明的整个思想而言，我认为他还是接近于主张道德性命学的精神。

既然如此，须解决一个问题，即阳明的精神趋向较之宋儒的严肃主义有所区别，同时，较之宋儒的道德性命学，他的精神更为强烈。因而“着重于作为道德实践家之王阳明的立场”或“着重于作为晚年化境之王阳明的立场”，二者任何一面的解释都不足以说明阳明的特征。为了解决这个问题，笔者先探讨刘蕺山的“主意”思想，而后讨论阳明的“主诚”思想。

三　刘蕺山对阳明精神趋向的评价

刘蕺山历来被称为明末儒者的殿军，以慎独为宗旨。他修正阳明学以致良知为宗旨的教法，建立以诚意为主的“主意说”，这是学术界一般的认同。黄梨洲概括其师的学术说：“先生（按，刘蕺山）之学，以慎独为宗，儒者人人言慎独，唯先生始得其真。”[①] 这表示蕺山的慎独说不只是学问上的讲说，更是个人生命体征的一种世界观。这种慎独的世界观就是正如黄梨洲“先生（按，刘蕺山）以为天下治乱，决不能舍道而别有手援之法，一涉功利，皆为苟且”[②] 之说的根据。刘蕺山处于国家存亡之秋，直言道德性命之学，崇祯一边对他表现为恭慕，一边对他表现为迂阔。按《明儒学案》的记载，蕺山起自孤儿，从外祖长成，后来都省为清军攻陷，恸哭绝食而自尽，确实是刚直耿耿的人。这简单的事迹能够帮助我们理解他所主张慎独说的本旨。

那么，慎独的内涵何在，我们从蕺山解释李延平的“看未发以前气象”中可以看到大概，他说：

> 延平教人“看喜怒哀乐未发时作何气象？此学问第一义工夫。”未发时有何气象可观？只是查检自己病痛到极微密处，方知时虽未发，而倚着之私，隐隐已伏；才有倚着，便易横决。若于此处查考分

① 《明儒学案》卷六十二，《蕺山学案》，第 1514 页。按，黄梨洲在《蕺山学案》按语里，说：“今所录，一依原书次第。先师著述虽多，其大概具是。学者可以无未见之恨矣。”（《明儒学案》卷六十二，《蕺山学案》，第 1510 页）于是本文尽藉《明儒学案》之要雪中语，进行分析刘蕺山的思想面貌。

② 黄宗羲：《蕺山学案》，《明儒学案》卷六十二，沈芝盈点校，中华书局 1985 年版，第 1511 页。

明，如贯虱车轮，更无躲闪，则中体恍然在此，而已发之后，不待言矣。此之谓善观气象者。”①

这段表示至于未发之时，检查自己病痛之隐，彻底除去私欲，才能说未发气象。这便是彻底的慎独工夫，正如“独体只是个微字，慎独之功，亦只在于微处下一着子，总是一毛头立不得也，故曰‘道心惟微’”②。

比较而言，慎独说代表蕺山的学术纲领，主意说表示蕺山的学术条理。蕺山对阳明学如此评价：

文成（按，阳明）笃信象山，又于本心中指出良知二字，……天下无心外之理，故无心外之知，而其教人惓惓于去人欲存天理，以为致良知之实功，凡以发明象山未尽之意。特其说得良知高妙，有“妄心亦照，无照无妄”等语，颇近于“不思善不思恶”之语，毕竟以自私自利为彼家断案，可为卓见矣。合而观之，朱子惑于禅而辟禅，故其失也支。陆子出入于禅而避禅，故其失也粗。文成似禅而非禅，故不妨用禅，其失也玄。③

蕺山认为，象山本心说会混于习心，而工夫上出现追求言语道断之境的弊病，而阳明提倡良知说，着重“存天理去人欲”之功，以免象山本心说之弊，可他的良知论难免有“高妙”“玄”之失。我们考虑“颇近于不思善不思恶之语”的意思，则可知蕺山不满阳明“无善无恶”“无是无非”等的说法，故对有关晚年化境的倾向提出“高妙”“玄”之评价。蕺山为了保留阳明“去人欲存天理”的着实工夫而除去良知的玄妙，转向于阳明的诚意工夫。正如“鄙意则谓良知原有依据处，即是意，故提起诚意而用致知工夫，庶几所知不至荡而无归也”④。到此大概说明了蕺山诚意说的缘起。

---

① 黄宗羲：《蕺山学案》，《明儒学案》卷六十二，沈芝盈点校，中华书局1985年版，第1517页。

② 同上书，第1518页。

③ 同上书，第1549—1550页。

④ 同上书，第1558页。

今要谈蕺山诚意说的大纲，他说：

> 心无善恶，而一点独知，知善知恶。知善知恶之知，即是好善恶恶之意，好善恶恶之意，即是无善无恶之体，此之谓无极而太极。意者心之所存，非所发也。或曰，“好善恶恶，非所发乎？”（蕺山）曰，“意之好恶，与起念之好恶不同。意之好恶，一机而互见；起念之好恶，两在而异情。”①

这“心无善恶而一点独知，知善知恶”的说法是就根据所谓“无善无恶是理之静”的“心无善恶”，与知是知非的独知（性善）依然活跃的思想，且此针对有人反驳阳明“心无善恶”是取消性善论，甚至近于告子的“有善有不善”的批评，辩护阳明学的正当性。独知是知善知恶的良知，它基于好善恶恶的善意志。于是意不是有善有恶的心之所发的意念，而是好善恶恶的本性善意志，即“意者心之所存”。

蕺山提倡诚意说主要有三点根据：第一，肯定本性自然，即把《大学》“好好色、恶恶臭”的本能自然归纳为好善恶恶的本性自然。当然，这不意味着本能自然等于本性自然之全。第二，意是所谓“意者心之主宰”②，就是主宰道德行为的善意志。阳明当初提倡“心即理”的原因在于警戒“性即理”的形式化。这个形式化指两点，一曰：矫情虚伪的道德君子，这是阳明批判“乡愿”的用意所在。一曰：外于我的性命而追求道德性命的莽荡无归，这是阳明批判朱子格物说的本意所在。蕺山赞成阳明的这种精神，然对阳明学流行中出现一些偏向，特别是龙溪学强调良知的绝对性而突出良知的玄妙性和自在性，蕺山很是反感，故提出“意”来要纠正一些偏向而恢复心体的主宰性。第三，《大学》工夫顺序上从意扩到心、身、家、国、天下的过程，意在于心之先，如“盖言物则无所不该。盈天地间惟万物，而必有一者以为之主。故格物之始，在万上用功，而格物之极，在一上得力，所谓即博即约者也。博而反约，则知本

---

① 黄宗羲：《蕺山学案》，《明儒学案》卷六十二，沈芝盈点校，中华书局 1985 年版，第 1523 页。

② 同上书，第 1531 页。

矣。本者止之地，知本则知至而知止，故授之以意诚，意诚则心之主宰处，止于至善而不迁矣。故意以所存言，非以所发言也。止善之量虽通乎心、身、家、国、天下，而根柢处，只主在意上”①。按这点，意是心之所存，不是心之所发。以上大概说明了诚意说的意义。

由上所知，蕺山对阳明晚年化境的精神趋向，包括良知的自在性，一律地排斥为玄妙。这种评价根据基于作为道德实践家的王阳明的立场，不无道理。可光说这种倾向，正如上面所述，并不是充分的解释。那么，阳明精神趋向在何？对此下面讨论阳明的“主诚”思想。

四 阳明的主诚论

为了论述之便，先谈敬和诚的意思。若用敬和诚的概念粗略地规定朱、王之学，则朱子接近于敬的精神，阳明接近于诚的精神。一般来说，敬是“主一无适”而“庄重严肃”的，诚是“真实无妄”而“至诚不息”的。当然，为了证明这种图式的正当性，笔者用“诚”的概念疏通阳明思想所包含的“作为道德实践家之王阳明”和“作为晚年化境之王阳明”的特征。下面看看成立与否。

蔡希渊曾经对诚意和格物致知的工夫顺序提出疑问，因此阳明表明对朱子所主“敬”的看法：

> 《大学》工夫即是明明德；明明德只是个诚意；诚意的工夫只是格物致知。若以诚意为主，去用格物致知的工夫，即工夫始有下落，即为善去恶无非是诚意的事。如新本（按，朱子章句）先去穷格事物之理，即茫茫荡荡，都无着落处；须用添个敬字方才牵扯得向身心上来。然终是没根源。……正谓以诚意为主，即不须添敬字，所以提出个诚意来说，正是学问的大头脑处。（《传习录》上）

这段话的意思，正如阳明针对朱子的“居敬穷理”的工夫论而提出

① 黄宗羲：《蕺山学案》，《明儒学案》卷六十二，沈芝盈点校，中华书局1985年版，第1553页。

“添个敬字方才牵扯得向身心上来”（《传习录》上）的说法所表达的意思一样。阳明认为，朱子的即物穷理的格物论侧重于追求外部知识的穷理方面，于是提出居敬而补充身心修养工夫。且就居敬工夫而言，敬只是主一而不是性命主宰，终是没根源，不如诚意工夫根于知善知恶的心体活泼而身心工夫有根有本。由此可以看到较之朱子的主敬，阳明确实有主诚的倾向。

其实，阳明主诚的意义不限于诚意的诚，他注重真诚恻怛的良知，他说：“盖良知只是一个天理，自然明觉发见处，只是一个真诚恻怛，便是他本体。”（《传习录》中）这良知的“真诚恻怛”就是他提倡“主诚”之意。

以上大概整理了阳明“主诚”的基本思想。那么，现在要从“主诚”的角度疏通阳明的两种趋向，即“作为道德实践家之王阳明”和“作为晚年化境之王阳明”，证明阳明的“主诚”思想。

第一，“主诚”和“作为道德实践家之王阳明”。《传习录》卷上中记载阳明与徐爱之问答，徐爱已听命至善求于心而仍有事理未尽之惑，阳明因此发明诚心之旨而解除徐爱之惑。阳明说：

> 此心若无人欲，纯是天理，是个诚于孝亲的心，冬时自然思量父母的寒，便自要去求个温的道理；夏时自然思量父母的热，便自要去求个凊的道理。这都是那诚孝的心发出来的条件。却是须有这诚孝的心，然后有这条件发出来。（《传习录》上）

温凊之条件（事理）缘于诚孝的心，有诚心而后有发出来的条件，如诚孝的心而后温凊之条件。这段用意在于事理之辨，却从此可寻绎到以诚心为道德行为之基的意思，这是与真诚恻怛之良知一脉相通。

阳明有时对是非和好恶的关系如此说明，他说：“良知只是个是非之心，是非只是个好恶，只好恶就尽了是非，只是非就尽了万事万变。……是非两字，是个大规矩，巧处则存乎其人。”（《传习录》下）这指示良知的是非判断缘于好善恶恶的真心之发用，这与上面与徐爱问答的诚心意思相同。同时，这“是非两字，是个大规矩，巧处则存乎其人”的话着眼于良知是非判断的相对性，而提出诚心之巧。如“然其发见流行处却自有轻重厚薄，毫发不容增减者，所谓天然自有之中也。虽则轻重厚薄毫发不容增减，而厚又只是一个；虽则只是一个，而其间轻重厚薄又毫发不容增减，若可得增减，若须假借，即已非其真诚恻怛之本体矣。此良知之妙用，所以无方体，无穷尽”（《传习录》中）。

良知是非之用应该有轻重厚薄之别，而轻重厚薄一毫不容人为安排，则良知之妙用决于真诚恻怛，就是取决于诚心。由此可见，“主诚”是道德实践的根据。至此，笔者大概说明了“主诚”和“作为道德实践家之王阳明”的关系。

第二，“主诚”和“作为晚年化境之王阳明”。《传习录》卷中记载与陆原静探讨“乐”的问题。原静之论整体上失于在“知解上转”但确实“善问”。阳明如此回答：

> 乐是心之本体，虽不同于七情之乐，而亦不外于七情之乐。虽则圣贤别有真乐，而亦常人之所同有。但常人有之而不自知，反自求许多忧苦，自加迷弃。虽在忧苦迷弃之中，而此乐又未尝不存。但一念开明，反身而诚，则即此而在矣。（《传习录》中，《答陆原静书》）

陆原静提出的问题中值得注意的是，戒慎恐惧和乐之辨，在他来说，两者似凿枘之势。对此，虽阳明未直接说明陆原静提出的问题，但从他的基本思想来说，良知本身是“兢兢业业”的戒慎恐惧，同时良知本身是“稳当快乐”的不睹不闻。故两者不是凿枘之势，而是一体两面。

并且，阳明说：“乐是心之本体，无有圣凡之别。故‘反身而诚’就是乐在其中。”因此，孔颜之乐在于“反身而诚”，即是孟子所谓“义理之悦我心”。这种乐境既是畏敬之乐，又是洒落之乐。故这“反身而诚”的乐不违背道德性命的严密性，也不违背晚年化境的活跃性。

阳明在与舒国用的书信里探讨了敬畏和洒落之辨。他说：

> 夫君子之所谓敬畏者，非有所恐惧忧患之谓也，乃戒慎不睹，恐惧不闻之谓耳。君子之所谓洒落者，非旷荡放逸，纵情肆意之谓也，乃其心体不累于欲，无入而不自得之谓耳。夫心之本体，即天理也。天理之昭明灵觉，所谓良知也。君子之戒慎恐惧，惟恐其昭明灵觉者

> 或有所昏昧放逸，流于非僻邪妄而失其本体之正耳。戒慎恐惧之功无时或间，则天理常存，而其昭明灵觉之本体，无所亏蔽，无所牵扰，无所恐惧忧患，无所好乐忿懥，无所意必固我，无所歉馁愧作。和融莹彻，充塞流行，动容周旋而中礼，从心所欲而不逾，斯乃所谓真洒落矣。（《答舒国用》）

就阳明的思想来说，诚心之内皆有敬畏和洒落之境界，可见“主诚”是晚年化境的根本。到此，大概说明了“主诚”和“作为晚年化境之王阳明”的关系。

总之，阳明的“主诚”包含道德性命的严密性，同时包含道德性命的自在性。故“主诚”可以疏通“作为道德实践家之王阳明”和“作为晚年化境之王阳明”的特征，同时可以避免过分“着重于作为道德实践家之王阳明的立场”和“着重于作为晚年化境之王阳明的立场”一面而出现的片面性。

就“着重于作为道德实践家之王阳明的立场”而言，如刘蕺山的诚意说就是突出阳明的“主诚”的立场，但蕺山偏于道德实践家的特征，未免含有过重的严肃主义色彩。同时，刘蕺山因良知学的弊端，如“今天下争言良知矣，及其弊也，猖狂者参之以情识，而一是皆良，超洁者荡之以玄虚，而夷良于贼，亦用知者之过也”[①]，故以诚意为主的主意说代替良知。这确实有功于保存阳明良知学的本意，可良知就是蕺山所说的主意，故未免赘言以误入阳明良知学之嫌。

就“着重于作为晚年化境之王阳明的立场”而言，阳明追求道德性命的严密性而较之宋儒的严肃主义却有不同，这从良知活泼的分析中可以拿出证据。阳明的良知活泼指示两点：一曰良知本体的自然流行，即所谓“见在良知”；一曰心体的活跃无羁，即所谓“狂者胸次”。这“狂者胸次”代表他的晚年化境，就是听从良知主宰而独来独往的自由精神。

---

① 黄宗羲：《蕺山学案》，《明儒学案》卷六十二，沈芝盈点校，中华书局 1985 年版，第 1575 页。

第七篇　阳明学研究动态

多元诠释与时代共鸣：当代阳明学研究的义理与时代诉求

——第五届“知行论坛”暨文化复兴与阳明学的当代传承发展国际学术大会综述

顾 毳 陆永胜*

2017年8月15日至17日，第五届知行论坛暨文化复兴与阳明学的当代传承发展国际学术大会在贵阳孔学堂隆重召开。本届论坛由贵阳孔学堂文化传播中心、贵阳学院阳明学与黔学研究院、贵州省儒学研究会、江苏省儒学学会、韩国阳明学会、韩国忠南大学儒学研究所和韩国始兴文化院共同主办，旨在探讨文化复兴语境下的阳明学之当代传承与发展。论坛有来自韩国、日本、越南、美国、德国以及中国大陆、台湾、香港地区等地的80多所高校、研究机构和出版单位的150余位阳明学专家学者与会，共收到会议论文120余篇。

本届论坛设置了开幕式、大会主题报告、分组学术讨论、闭幕式等环节。120余位专家学者在2场主题报告和A、B、C、D、E、F共6组12个场次的讨论中，围绕“文化复兴与阳明学的当代传承发展”这一主题，从王阳明思想研究、阳明学与地域阳明学派、阳明学与佛道思想、阳明学之现当代研究、阳明后学研究、海外阳明学研究、阳明学比较研究、阳明学诠释研究、阳明学文献整理与研究、阳明学与文学研究、阳明学的当代

---

* ［作者简介］顾毳（1975—），女，江苏南通人，贵阳学院阳明学与黔学研究院研究员，贵阳孔学堂签约入驻学者，博士。主要研究方向：中国哲学。

陆永胜（1978—），男，河南南阳人，贵阳学院阳明学与黔学研究院教授，贵阳孔学堂签约入驻学者，博士。主要研究方向：中国哲学。

价值研究、阳明学现代性研究、阳明学与西方哲学、宋明心学思想研究、儒学与理学研究等方面进行了深入交流和热烈讨论。

阳明学多层面的文化价值和哲学特质在当今文化复兴潮流中具有令人瞩目的地位，不仅在思想、思想史研究中成为热点，其继承与发展也成为时代课题：一是阳明在文化复兴潮流中成为研究热点，这说明阳明学是一种具有生命力的学说，随着时代的发展依然有其价值。二是在历史上，心学与理学、气学共同成就了宋明理学的繁荣，与佛、道两家的关系密切。站在现代学术的角度将阳明学与理学、气学、佛学和道家进行比较不仅显得更为客观，而且也有利于更深入地挖掘阳明学的内在价值。三是在近现代西学东渐的语境中，阳明学在与西学的交流和比较中被不同视角和思维方式审视，使得阳明学向世界敞开，为传承和发展提供了更为多元的可能性。四是现代性不仅改变了人们的生活方式，也带来现代性危机，中国、韩国、日本、越南等国家都意识到阳明学在应对现代性危机中的独特价值，这是阳明学传承与发展的现实。五是阳明学在形成与发展中既具有地域性特征，也具有超越地域性特征，地域性特征使阳明学的地方性研究持续而深入。超地域性特征则赋予阳明学国际地位和普世价值。这是本届知行论坛集中反映出的学术主题，而在具体展开方面呈现出更多样的向度。

一　核心聚焦:王阳明思想研究

王阳明思想研究是阳明学研究的起点，也是阳明学研究领域持续增温的热点。从方法论的角度而言，本届知行论坛的王阳明思想研究主要集中在对阳明心学核心观点的诠释方面，涉及知、行、情、意、理、气、成圣、成己等核心问题。南京大学李承贵教授通过对阳明的深度解读，认为阳明心学的根本关切是“心态”，并且认为阳明心学已初具较为系统的关于“心态”问题的理论模型，是儒学史上第一个“心态儒学”。深圳大学景海峰教授重点论述了中国传统中“心”的问题，其以思想史的方法为进路，对“心”作思想史梳理，最后以“心与三教”梳理了阳明心学与释道的关系。贵州大学张新民教授认为阳明良知学说是四个环环相扣的体系化的层面。张教授认为阳明良知说“打通了本体论与工夫论，拓宽了传统儒家‘成人’之学的实践路径，揭示了人生发展应有的价值理想方向”，可以“安顿人的精神生命的广袤实践场域”。河北大学李振纲教授依阳明晚年四句教对“良知”进行分析，认为阳明学的“良知”具有四个维度，即良知的绝对性、经验性、明觉性、实践性，并且超越了禅学和象山心学。

宋儒所说的“知”可以分为“德性之知”和“一般的知”。一般认为阳明所说的“知”属“德性之知”，如台湾辅仁大学郭梨华教授认为阳明学的“良知”“知行合一”“致良知”三个层面的发展都属于“道德之知”。但香港中文大学郑宗义教授提出不同见解，认为阳明学中的“知”所涉及的不仅仅是众多学者所认为的“道德之知”，而且也包含“一般的知”，而这两种“知”都可被“知行合一”之“知”所统摄。同济大学陈畅教授也认为阳明对个体修养的重视，“并不意味着轻视和忽略知识规范，而是以另一种方式囊括和扩展之”，并以明末清初刘宗周对阳明学的判析为进路，认为蕺山学派的格物学说是“阳明后学辩难困局最有效的内部解决方案”。

“知行合一”虽然是一个理论问题，但所要解决的却是实践层面的问题。浙江省社会科学院吴光研究员认为阳明学中的知行关系是“知行合一重在行”，并以此与当前现实相联系，论述了阳明“知行合一”论在当代的启示。贵州大学郭晓林教授则通过对比朱子与阳明的“知行合一”观，指出阳明的“知行合一”一方面是针对朱子误读的“补偏救弊”，另一方面自身则带着理想主义色彩，使“致知”缺失学、思等环节。

“良知”这一概念发端于孟子，完善于阳明。西安交通大学陆建猷教授从“良知”与人的性灵出发进行发问式的推衍，以人的主观精神为主词，探寻与谓词“良知”之间的关系，分别对主词的性灵与良知—致良知进行追问，创造性地将灵性哲学与良知学说进行勾连。阳明学深厚的道德主义倾向受到诸多学者的重视。华东师范大学陈乔见教授是从道德哲学的角度、以概念追溯的方法追溯孟子到阳明的“良知”线索脉络。但是阳明心学的主观性与道德公理之间存在着张力，陈教授拈出《传习录》中“着实用意好善恶恶”来解决阳明学中存在的这种张力。贵州大学王胜军教授通过对阳明“良知史观”的分析，认为“良知”史“展现了个人在人类历史演进中的作用和意义”。“情”与“良知”在阳明学中是内在统一的，如贵州财经大学邓立教授指出：阳明的“本然良知与本然之

‘情’两者是内在一致而难以割裂的”。韩国江原大学朴吉洙教授认为阳明的情论是“性即情”论，并将道德哲学与伦理学全部涵盖在内。“意”是阳明学中知与行的连接点。陕西省委党校刘永青教授认为，“阳明通过对诚意的解释，实现了对人内心的道德性根源的高扬，将知和行从意念发端处就统一了起来”。“心”与“理”的关系是程朱理学与陆王心学的分野之处。苏州职业大学傅济锋教授以“理障”为切入点，分析了阳明所设定的“理”用的成败，认为阳明“理障”说一方面“合心、理为一”，但另一方面造成阳明后学“‘无善无恶心之体’跳脱出‘天理’局限，造成一时风气激荡而终归于空疏无用”。

宋明时期与理学、心学相并行的另一学说是气学，气学对于宇宙创生的解释具有无可比拟的优越性。陕西师范大学江求流博士探讨了良知与气的关系，认为虽然以往阳明学研究对气的重视不够，但气在阳明学中具有更本源的地位。据江博士考察，阳明学中的“气”不同于亚里士多德的质料因，而是内在的生命力，这种生命力就是良知。阳明学的致思起点和理论归宿都始终离不开历辈先贤的共同人格追求，即“成圣”，华东师范大学苏晓冰博士认为此是阳明“非解决不可”的哲学问题。阳明学深厚的道德主义倾向即“成己”的维度受到诸多学者的重视。中山大学黄鹤博士重点对阳明的“私”这一概念的内涵进行梳理。中山大学李琪慧博士则对“侃去花间草”之善恶内涵进行了一番思考。龙场悟道是阳明学的开端，是阳明心学的起点。但龙场悟道本身的性质则具有争议。扬州大学程海霞教授通过还原式探讨，认为钱德洪在编著阳明《年谱》时，对龙场悟道进行了夸大处理，阳明并非一夕顿悟，而是由渐而顿。自龙场悟道后，王阳明终其一生都在不断地思考之中，其学说也在层层递进、深化。闽南师范大学景云教授将阳明学的渐进分为四个阶段，再次论述了上述观点：“心学”发端—行上用功，“心学”深化—意上用功，“心学”成熟—体上用功，晚年化境—工夫升华为境界。华东师范大学贡华南教授以比较哲学的视角对阳明学中“心”与“目”的关系进行了哲学思辨考察，认为阳明的思维方式是“尊心贱目”，将物与目的距离消冥，而以心含物，消除主客二分的二元思维方式。贡教授认为阳明自觉“以心抑目”，使中国思想彻底远离视觉思想。无疑，贡教授的思考为理解阳明哲学提供了一条新的致思路径。中国人民大学温海明教授则着力于对《传习录》中“亲”“新”二字的解读。王学海教授站在时代的要求上，对阳明学进行整体性考察，以获得“新识”。虽然阳明分论“心”“意”“知”“物”，但又说“身、心、意、知、物是一件”，这给后世带来许多猜想。贵州师范大学的张春香教授就对此进行了诠释，认为心可以统摄其余四者。同济大学周福博士则对阳明的“孔颜之乐”进行了切己的解读。

二　地域凝视:阳明学与地域阳明学派

阳明一生政治生涯大起大落，谪居贵州是阳明一生最困顿时期，然却有了龙场悟道的心学开端。贵阳学院赵平略教授认为贵州世外桃源般的生活及贵阳秀美的山水给了阳明灵感，而贵州的老百姓对阳明的帮助和启发，成为阳明龙场悟道的助缘。广西大学郑朝辉教授对阳明广西平乱的历史进行考察，认为阳明为广西留下三大遗产即“学术遗言、教育遗念、政治遗策”。地方学者任瀚对阳明学经历了由疑至信的过程，最后回到家乡南充隐居，进行阳明学传播活动，由此而成就南充王学。西华师范大学金生杨教授对任瀚开创南充王学之功进行分析，认为其“受到道家、道教的影响，显得驳杂繁芜”。阳明因被贬与平乱而与中国西南少数民族地区发生关联，其学说也因其事功浮沉而在贵州、广西、云南地区得到传播。西南民族大学杨翰卿教授认为，由于阳明本人的讲学及阳明学在西南少数民族地区的传播，儒学在这些地区得到极大认同。贵州和广西都是多民族聚居区，阳明在这两个地区既受助于当地少数民族，亦有少数民族治理思想传世。贵阳学院李胜杰博士以阳明的民族治理思想为切入点，认为阳明的民族治理思想源于阳明的“致良知”“心即理”“知行合一”等学说。南京大学胡汪凯博士对阳明生命中最后的岭南之行表现出来的少数民族治理观点进行梳理，认为阳明对待少数民族的态度虽然没有超越他所处的历史局限，但其中依然具有心学特征和时代价值。

三　多元视角:阳明学与佛道思想

阳明学与佛道之间的关系是阳明学研究中无法忽视的一环。阳明学与佛学的研究可以两种方式展开：一是阳明学与佛学的关系，二是阳明学与佛学之比较。前者主要涉及阳明学与禅宗的关系，且自明代就有争论。陕西师范大学雒少锋副教授认为阳明学与禅宗在本体论上不同，而在功夫论上并无不同。这一立意比较新颖。禅宗美学在中国美学中占有一席之地，对中国人的审美观具有深远的影响。贵阳学院刘继平教授从美学出发对阳明美学与禅宗美学之间的关系进行了研究，认为阳明美学对禅宗美学有某种程度的融摄。国防大学刘育光教授则从本体与工夫的层面探讨阳明学与佛学的会通，认为阳明通过援佛入儒建立"独具心学特色的本体功夫论"。越南河内师范大学陈忠勇博士对阳明学之心和佛家之心进行对比研究，认为二者异同互现。贵阳学院吴小丽博士则以阳明四句教为切入点对阳明心学与佛教心性论进行比较，认为王阳明对佛教"进行积极的吸收、修正与扬弃"，从而"完成了对儒学的一次重要转化与提升"。毕节医学高等专科学校颜清辉老师尝试将如来藏与阳明心学进行比较研究，对二者对比的可能性和必要性等进行了分析。运城学院姚文永副教授将阳明的致良知与藏传佛教大师宗喀巴学说中的菩提心进行对比试图找出二人学说的共同点，认为二人学说在扩展性、成圣的作用、可操作性和次第观上有相似之处。安徽大学刘笑非教授以宗教多元论为视角对阳明的圣人观进行考察，认为阳明的圣人观是"可学而至"，同时认为阳明的圣人观对佛教有着包容态度。贵阳学院顾毳博士在对唯识学与阳明学进行对比研究后，认为阳明学与唯识学虽然都属于心学，二者有相似之处，但唯识学缜密的论证和丰富的认识论却是阳明学所缺失的。

道教对阳明的影响在《传习录》中屡有记载，但这是从阳明的角度所进行记述的，至于阳明对道教的影响则很难在儒学典籍中见到。南京大学朱俊博士从道家的角度出发，对阳明学对道家的影响给予了关注。其认为阳明学形成后，虽然本意上对道家思想进行解构，但从道家的角度而言，阳明却帮助道家解决了精神修炼与生理修炼之间的张力，使得道家南北二宗的学说得以贯通。贵阳学院刘新华博士站在道家的立场上，认为阳明学是大道之学。

阳明学的骤然兴起并非没有现实因素，当代现实困境是引发阳明学兴起的原因之一，甚至是主因。河北师范大学教授寇征立足现代伦理道德重建，对阳明学中儒释道融通进行了解读。

四　语境转换:阳明学之现当代研究

阳明学对近代乃至当代中国思想家影响巨大，诸如康有为、梁启超、牟宗三、张岱年、方东美等都受其影响。众所周知，康有为是近代著名思想家，其思想博而杂。康有为终生心系中国命运，意欲利用和改造中国传统思想，使儒家思想宗教化以对抗基督教。黑龙江大学魏义霞教授分析了阳明学在康有为思想中的独特地位，指出："康有为对王守仁思想的解读既有自己的独特视角和理念，又带有近代的视域和特征。"康有为对王阳明思想的解读或诠释并非就阳明说阳明，而是以阳明说自己的思想，其中难免有"我注六经"的意味。康有为对阳明学的关注直接影响到他的学生梁启超，梁启超著有《王阳明知行合一之教》一书表达其有关阳明的观点。在梁启超看来，阳明学能够挽救西方的危机，也是对当时中国"全盘西化"的补偏救弊。贵州大学张明副教授对此进行了分析，认为梁启超晚年对阳明学的研究不仅引领了"民国时期阳明学复兴运动的潮流，而且也为中国文化的未来发展提供了一定的借鉴和参考价值"。台湾朝阳科技大学刘振维教授对牟宗三的"道德心"和王阳明的"良知"进行了比较，提出二者最大的不同在于"道德心"可以开出知识论，而"良知"则与外界客观知识不同。这里涉及阳明心学与知识论关系的考察。台湾东海大学蔡家和教授则将牟宗三作为心学家，考察了牟先生的佛学思想。民国时期是西学东渐，中国传统学问受此影响而向哲学式推究、论证的范式转变，各种方法被应用于对中国传统思想的梳理，民国时期的张岱年先生则以西方唯物主义方法将王阳明判定为主观唯心主义。陕西师范大学曹树明副教授对张岱年在这一思路影响下对王阳明的独特研究进行了分析，并认为虽然由于这一进路本身的局限导致张岱年对王阳明整体评价不高，但是"张岱年在纯学术立场上对王阳明的学术贡献的阐释仍然具有学术价值和学术史意义"。方东美先生被誉为中国现代哲学思想史上的"东方诗哲"，是港台新儒家之一。他提出"机体主义"，并以此阐释中国哲学。南京大学杨晓薇博士以方东美先生"机体主义"为进路，对方东美先生所论阳明进行解读，认为以"机体主义"解读王阳明虽在某种程度上"掩盖了阳明儒家哲学的精准、纯粹"。但是从另一角度而言，则提供了一种独到的“认知范式”，为阳明学的研究提供了“全新的视角与方法”。

五　传承演变:阳明后学研究

阳明后学是阳明学研究的重要组成部分，随着阳明学研究热度的持续，对阳明后学的研究，在深度和广度上都在不断延展。本届论坛收到与此相关的论文7篇，分别涉及阳明后学杨东明、邹元标、陈确、冯从吾、李二曲等人。杨东明对阳明理气合一的观点进行发挥，阐发自己的思想，中国人民大学向世陵教授对焦杨东明的“广仁”和“同善”，解读杨东明的思想。邹元标是阳明三传弟子，在晚明救世思潮之下，发展出实学精神和时代意识的心学功夫体系，被认为是得阳明精髓而无王学流弊的学者。贵阳学院陆永胜教授对其进行梳理和解读，认为邹元标的心学功夫论是在“救世”思潮之下，“担负学术致用、社会责任的代表，回应了时代需要，也体现了学术对现实的反思与关怀”。贵州大学刘青衢则以邹元标功夫论的发生为进路对邹元标的功夫论进行解读，认为其功夫论是“以在日用事物间知性见心为内核，并统领含摄静坐、读书、格物、致良知诸功夫的综合系统”。与邹元标的救世思维相较，陈确的思想则是带着对宋明理学的反思和批判。陈确是明末清初的人物，曾师事蕺山，在“性善论”的基础上提出“性成说”。华东师范大学刘龙博士从正反两个方面对陈确思想进行论述和评价，认为陈确对理学的批判有所误解，但陈确之学是清代学风转变的过渡形态。冯从吾被视为关学在晚明的代表人物之一，面对晚明的救世思潮，冯从吾对阳明学有所接受，也有所批判，重点批判的是阳明的“四句教”。贵州师范大学刘兆玉副教授对冯从吾关于“四句教”的批判进行了详细的分析。李二曲是明清之际关学的重要人物。西安电子科技大学常新教授对李二曲论“心体”进行深入解读，认为二曲对心体的论述意蕴丰富，对朱熹和阳明皆有融摄。陕西师范大学刘泉博士则以二曲论“良知”为切入点，认为二曲对阳明的良知说既有“精到的批判”，也有“深刻的融贯”。

六　交流对话:海外阳明学研究

韩国和越南学者对阳明学研究日趋深入，这说明阳明学是有生命力的学说。韩国忠南大学金世贞教授通过对韩国性理学和阳明学之比较，以及郑齐斗和郑寅普对阳明学的吸收、融摄研究，认为韩国阳明学是“朝鲜性理学和中国阳明学相融合之产物”。始兴文化院院长郑元哲以韩国始兴地区阳明学重要发扬者郑齐斗为线索，重点介绍了始兴文化院开展阳明学研究的初衷及对现代韩国的意义。基于上述原因，韩国阳明学研究热度近十几年持续升高，但研究中难免会有方法论层面的问题。韩国诚信女子大学金容载教授针对十余年来韩国阳明学研究状况进行了反思，重点对研究中的文献问题进行了考问。“无善无恶心之体”是阳明晚年“四句教”之首句，韩国学界对此句的相关诠释新见迭出，韩国阳明学集大成者郑齐斗对此亦有解读。北京大学朴成浩博士以郑齐斗对此句的解读为切入点研究了郑齐斗的阳明学思想，认为“郑霞谷并不是简单地吸收阳明思想，而是把阳明学的思想因素与当时朝鲜学问的潮流加以综合而建立了自己独特的学说”。韩国公州大学郑和顺教授则聚焦郑齐斗的“生理”说，研究郑齐斗以朱子术语阐释阳明学。以及“生理”说的现代意义。韩国西江大学郑宗模教授则注意到郑齐斗与明道先生之间学说的承继关系，认为在功夫论的层面，郑齐斗受明道先生影响巨大。朝鲜大学金润璄教授讨论了郑齐斗的“真假论”，认为霞谷这一思想对当时朝鲜的现实一方面具有批判意义，另一方面则具有改革意义。李滉一般被视为韩国朱子学代表人物。不过，这一说法受到来自韩国全北大学客座教授李妍静的质疑，她通过李滉与朱子、阳明的对比，认为李滉的心论与阳明的心学一样都强调主体性，故而将李滉判定为心学家。与上述基于阳明学相关的义理研究不同，韩国忠南大学赵智善副教授的研究是基于韩国“人性教育振兴法”，对其中所反映的问题进行诊断，进而从阳明学中探寻现代人性教育问题的解决之策。赵智善认为阳明的“致良知”与“人性教育”所追求的目标一致，都是关于“人的本性的恢复”。

儒家对越南的影响有着悠久的历史，15 世纪时，朱子学成为越南官方形态的学说，故而对阳明学表现出“冷漠”的态度，而这一现象是在

20世纪初才得到改变。越南河内文化大学黄文草博士着重介绍了越南20世纪初阳明学的研究情况，并对这一时期越南没有形成阳明学派的原因进行了分析。越南河内师范大学范越胜博士将阳明学与越南当思想家黎贵淳进行了对比。黎贵淳面对其特定历史现实，致力于将儒学越化，以解当时越南的社会问题，对阳明学进行了有针对性的吸收和改造。越南河内师范大学黎黄南则将王阳明与14世纪越南思想家阮廌的生活经历、人生智慧、事功等方面进行了对比，认为二人相似的经历使得二人思想相近，二人都是“提高致善和为国家为民族服务的典型君子”。

七 儒学内部:阳明学比较研究

比较研究是儒学内部不同人物、不同概念范畴之间的比较，涉及的人物和概念都与阳明思想有着不同程度的渊源。通过比较阳明的思想得到更加清晰的认识。周知，《大学》受到朱熹重视，朱熹借《大学》阐述自己的观点，阳明亦有针对《大学》的精彩辨析。二人对《大学》的诠释体现出二人不同的理论旨趣。不过，美国夏威夷大学成中英教授以《大学》为切入点，站在本体诠释论的角度对阳明与朱熹二人的思想关系进行研究，认为“阳明与朱子的思想之前虽然有着明显的差异，却仍然存在着千丝万缕的链接”。延边大学李红军教授对阳明与郑齐斗的“良知”概念进行对比。由于二人所处现实不同，李教授认为二人的“良知”观同中有异，二人的差异在于“霞谷更加注重‘良知’和人伦道德的关系问题，而且以‘衷’‘生’来阐释‘良知’的德性和实践特性”，而阳明“更关注现实问题，更具有现实功能”。中国社会科学院周勤勤教授将阳明的“知行合一”与方以智的“下学上达”进行了对比研究，指出其中诸多不同。上海大学吴立群教授对吴澄与阳明的心性论进行了对比，认为吴澄分言心和性，阳明则合以言之。陈白沙与王阳明都是明代心学家，一般认为陈白沙为明代心学开端，而阳明是集大成者，学界通常注重二者的共同点。闽南师范大学马寄副教授则通过对比陈白沙与阳明的思想，认为二者在工夫论、境界论、本体论上都存在着差异。中国人民大学冯琳博士对阳明和船山的知行观进行了比较，认为二人知行观的不同“所反映出来的是‘心本体’与‘气本体’哲学思想的差异”。宜宾学院吴龙灿副研究员以孟子“四端”说为线索，对阳明的“良知”与刘宗周的“良能”进行对比，认为“良能”是对“良知”的修正。在胡嘉明、储丽敏翻译的日本汉学家中田勝所著的有关阳明与其弟子徐爱思想对比的文章中，中田勝认为徐爱继承了阳明主体心上磨炼的实学工夫。

八　方法诠释:阳明学诠释研究

诠释学作为方法论为解读古典文本提供了新的视角，因而受到现代学者的重视。河北师范大学杜运辉教授拈出阳明的“南镇看花”，梳理现代学者各种角度对此的诠释。中山大学吕欣博士以《大学》的“格物”为切入点，分析了朱熹与阳明对此的不同诠释。贵州师范学院王天桥副教授则对阳明的诠释方法进行研究，认为“以喻释义是王阳明义理诠释体系中具有普遍意义的一种方式”。阳明生活在儒释道交融的年代，三者互有影响，从其弟子钱德洪所写《年谱》中即可窥得一二。江苏科技大学崔海东教授对《年谱》所载“神迹”进行分析，认为其中“神迹”的形成是“由外在道释影响、儒家内部门户之见、王门上下集体加工等多方面因素共同促成”。

九　考证与文献:阳明学文献整理与研究

阳明思想最初悟道于贵州龙场驿，因此与贵州结下不解之缘。武汉大学焦堃副教授撰文对阳明在贵州主持的文明书院的前后情形进行详细的考证，认为阳明在主持文明书院时，不仅传播自己的思想，同时也为贵州教育作出了极大贡献。《传习录》是王阳明思想的最重要载体，由阳明弟子编定而成，是研究阳明思想的第一手资料，就文献而言，其重要性不言而喻，因此，宁波大学邹建锋对《传习录》的版本源流进行了考证。阳明学解读的多样性是阳明学繁荣的原因之一，也是阳明学研究难点之一，造成阳明学“议论未一”的原因受到江苏省社会科学院胡发贵研究员的重视，他对此进行了考证，从历史现实及后学解读等多方面对此进行考证。

十 情志世界:阳明学与文学研究

世俗多以阳明思想为意，而对阳明文学则多不以为意，正所谓“文名为学名所掩”。贵州师范大学郝永教授致力于改变这一研究现状，将阳明现已出版的辞赋 13 题 12 篇纳入其研究视域，逐一解读王阳明的情志世界。阳明一生写有 600 余首诗，其中有许多作于贵州。贵阳学院曹正勇副教授对阳明在贵州所著山水诗进行解读，解读出诗人的生命体验与人生境界。上海大学杨绪容教授通过对毛奇龄评点《西厢记》进行研究，认为其核心是阳明心学。王阳明作为一代圣人，其思想以成圣为旨归，由阳明《年谱》改编的《王阳明先生出身靖乱录》虽是一部文学著作，也体现了王阳明的思想旨归，景德镇陶瓷大学黄吉宏副教授称之为“真儒叙事”。

十一 走进现代:阳明学的当代价值研究

阳明热不是“空穴来风”，是一定的现实因素激发下的现象，是阳明学本身所具有的价值的体现。香港孔教总会会长汤恩佳先生认为阳明学在当代具有很高的德育价值。韩国金德均教授也认为阳明学对于韩国目前所面临的成绩至上主义、贫富分化、动物权利、逆伦犯罪等社会问题的解决具有现实价值。贵州大学龚丽妮教授注意到阳明“亲民”的廉政思想可以对治当前官僚腐败问题。安徽大学王国良教授着重论述阳明学发展出来的豪杰人格在当代的价值意蕴。贵州师范大学陈华森教授和研究生刘亚鹏站在法治的角度，重点挖掘了阳明“礼法合治”的法治思想。上海工程技术大学王美玲老师注意到阳明乡村教化思想对现代乡村道德建设的启示意义。中共宁波市委党校郭美星教授对阳明龙场悟道的心理转折进行了挖掘，认为对于当代领导干部心理调适具有积极意义。贵州大学关春红则关注阳明学对现代人的精神修养的意义。运城学院王明云老师对阳明为官期间治理一方百姓时的税收思想进行论述，梳理出阳明的税收思想，即“四民平等、公平征税”以及“合法收税”等思想。安顺行政学院赵岩老师和贵州师范大学陈华森教授共同撰文论述阳明《南赣乡约》中的基层治理思想，认为阳明制定的基层治理制度在中国基层治理制度中具有转折点的意义。

虽然阳明学在当代有诸多价值意义，但是李海超和黄玉顺两位老师则站在当前现实具体境遇中，从政治哲学的角度，指出阳明学在政治哲学领域中有“保守”与“开放”两个面向，提出应当“弘扬阳明心学的开放性一面，警惕其保守性的一面”，认为前者才是阳明学的真精神。

十二　向前发展:阳明学现代性研究

阳明学已成为一种风气，不仅影响及今，而且影响周边邻国，因此，阳明学兴起之因引起不少学者的兴趣。上海大学朱承教授从政治哲学的角度对此进行分析，认为阳明学的兴起是儒学的自我创新，时人通过阳明学找到摆脱官学教条化的束缚、“由治心到治世的便捷道路”，而阳明学以民间办学的方式建立了广泛的群众基础。天津市工会干部管理学院陈寒鸣教授则从思想史的角度，从中国文化传统发展、社会危机以及当时政治环境之下的士人心态三个角度对阳明学的兴盛进行了分析。贵阳学院吕家林教授对阳明学进行道德律的解读，认为阳明学是中国自律文化的巅峰。贵州大学张寒松教授将阳明学与大学通识教育联系在一起，论述近年贵州大学在通识教育与阳明学传承方面的探索经验。贵州大学栾成斌博士从思想政治教育领域对阳明学的教育理念进行思考，认为阳明学对当代思政教育具有借鉴意义。“生态良知”是一个针对现代生态危机提出的新概念，北京师范大学吴炳钊博士将这一概念置于阳明学视域中进行考察，认为关键在于“致”，即行动。

十三　思想碰撞:阳明学与西方哲学

思想总是可以相通的，尤其是巨人的思想。西方思想家与中国思想家致思理路虽然各具特色，但是却在某些基本问题上具有相通性。华东师范大学刘梁剑教授就善恶共居和福德一致两个命题对阳明和康德进行了对比。台湾佛光大学施维礼教授则对阳明与汉娜·阿伦特在道德论层面进行对比，指出二人都“强调内向的探索与往外的探究之间的差别”。贵州大学宋君修老师从精神哲学的角度出发，论证阳明学是一种精神哲学。贵州大学刘平以海德格尔的“形式显示”理论为范式与阳明的“南镇看花”进行了对比，以图寻找两种学说之间可关联处。

十四　心学辩证:宋明心学思想研究

陆九渊与阳明二人的思想并称“陆王心学”。聊城大学唐明贵对陆九渊的弟子杨简所著《论〈论语〉》进行了考察，认为杨简借助注释《论语》，构建了“集心本论、心性论和修养工夫论于一体的心学思想体系”。湛甘泉是与阳明同时代的心学代表人物，湛甘泉的入室弟子洪垣对阳明学既有吸收，也有批判，为当时一代大儒，但是长期受到忽视。湖北大学姚才刚和张露琳致力于研究洪垣的学说，对洪垣的学说进行了梳理，认为洪垣对其师“随处体认天理”说进行了改造，提出“不离根之体认”，将工夫置于“未发”时，由此认为洪垣的学说更接近心学。

十五　理一分殊:儒学与理学研究

心性论是儒家学说的中心议题之一。江苏科技大学王军教授和河海大学刘贺青教授对孔孟的人性论进行了论述，认为二人的“人性向善”是一以贯之的。东南大学魏福明教授考察了王安石的“心性论”，认为王安石既有对传统心性论继承的一面，也有对其狭隘性超越的一面。聊城大学延玥副教授将研究注意力放在朱熹《四书集注》功夫论的研究上，梳理当代学人对此研究的进路和方法。厦门大学于淼博士对明中期的思想家蔡清的理学进行研究，认为蔡清虽然受到明初理学家薛瑄的影响，但并没有承袭薛瑄的“理气无先后”的说法，而是对薛瑄的“太极能动”说加以发明，从而推动理学的气本论转向。道统是宋明以来中国哲学比较关注的议题，上饶师范学院徐公喜教授对朱子门下11人进行了一番考证。贵州师范大学汪洋对南宋时期道学与非道学党争进行了成因分析，认为二者因思想、政治主张的不同而发展成党争。贵州大学龚晓康教授以清水江流域为中心考察了“天理”在这一少数民族地区的形态，以及与儒家天理的差异。儒学在当代日益呈现出新的生机，政治儒学、制度儒学、生活儒学、公民儒学等概念纷纷提出。厦门大学谢晓东教授提出“社会儒学”

这一概念，并论述了这一概念的外延和内含。

第五届知行论坛的成功举办对于聚焦文化复兴语境下的阳明学之当代传承发展具有积极意义，对于推动阳明学研究及文化建构具有极大的意义。今后我们将继续努力，以期将“知行论坛”打造成为一个国内外阳明学者共有、共筹、共建的大型学术资源交流平台，并力争在学术资源发掘、学术资源培育模式等方面有更大的突破，为学界提供一个全新的、更实效的合作交流平台。

黔中王门弟子孙应鳌研究综述

张　明　关春红*

孙应鳌是王阳明在贵州的再传弟子，亦是黔中王门的集大成者。他与天下王门切磋学问，砥砺气节，成为隆万时期闻名的“四大贤人”之一。清初著名学者黄宗羲《明儒学案》卷四十二[①]曾引唐伯元《论学书》提及孙应鳌。职是之故，史学家万斯同在其编著的《明史》卷三一八中特作《孙应鳌传》称孙应鳌：“奋起荒徼，以学行知名，为黔中人士之冠。”[②] 贵州学者莫友芝也称：“以儒术经世，为贵州开省以来人物冠；即以词章论，亦未有媿于先生者也。”[③]（卷五，《孙应鳌传证》）由此可见，孙应鳌在明清两代的影响力。

当代学界对孙应鳌的研究，自1980年以来，至今已有三十多年时间，公开发表和出版的有关孙应鳌的研究论著有一百三十余篇（部）之多。1992年7月，时值孙应鳌诞辰465周年之际，贵州哲学学会等组织机构联合召开“首届孙应鳌学术研讨会”，收到论文30篇，后来在香港出版《孙应鳌研究》[④] 一书。1996年，刘宗碧等整理点校孙应鳌著述四种，合

---

* ［作者简介］张明（1970—），男，土家族，贵州印江人，贵州大学副教授、硕士生导师，美国夏威夷大学访问学者，贵州省阳明学学会副秘书长，孔学堂阳明心学与当代社会心态研究院理论部负责人。主要研究方向：中国思想史、贵州地方史、教育学。

关春红（1991—），女，河南驻马店人，贵州大学硕士研究生。主要研究方向：中国思想史、阳明学。

① 黄宗羲：《明儒学案》，沈芝盈点校，中华书局1985年版，第1021页。

② 万斯同：《明史》，上海古籍出版社2007年版，第501页。

③ 《黔诗纪略》，贵州省图书馆藏本。

④ 贵州省哲学学会、贵州省民族文化学会、凯里市人民政府：《孙应鳌研究》，天马图书有限公司2000年版。

刊为《孙应鳌文集》一书出版，并收入吴雁南教授主持的国家社科基金项目成果“阳明学研究丛书”之中。2003年以后，相续出现了与孙应鳌有关的硕士论文三篇、博士论文一篇以及两部专著。自2013年以来，孙应鳌文献整理课题获得立项并纳入出版计划，相继出版《淮海易谈》《督学文集》合刊本（2015）、《孙应鳌全集》（2016）、《孙应鳌集》（2107）。当前，孙应鳌已成为黔中王门研究的热点。笔者拟对三十多年来有关孙应鳌研究的成果进行梳理和评述，以期为进一步深入研究孙应鳌提供一个文献线索和宏观视角。

一　有关孙应鳌生平的考证与研究

孙应鳌（1527—1584），字山甫，号淮海，学者称淮海先生，贵州清平卫（今凯里市炉山镇）人。孙应鳌幼而好学，师从名儒周慎轩。嘉靖二十五年（1546），十九岁中乡试第一。嘉靖三十二年（1553），二十七岁中进士，选庶吉士。嘉靖三十六年（1557）为严嵩所嫉，出补江西按察佥事，先后任陕西提学副使、四川右参政、湖广布政使，升佥都御史巡抚郧阳。隆庆三年（1569）中流言，归乡讲学四年。万历初（1573），诏起郧阳巡抚原官。万历三年（1575），晋刑部右侍郎，旋改户部、礼部，擢掌国子监祭酒事，充经筵讲官，为万历皇帝进讲《虞书·无逸章》。万历五年（1577），告病归里，筑学孔精舍，一意讲学。万历七年（1579），以国子监祭酒故秩起用，请辞不赴。万历十一年（1583），起刑部右侍郎，又不赴。万历十二年（1584），由邹元标疏荐，起南京工部尚书，亦不赴；同年，卒于家，时年58岁，入祀“蜀大儒祠”。黔中王门陈尚象（都匀人）作《墓志铭》。[①] 万历三十年（1602），诏赠太子太保，赐谥文恭，江右王门、贵州巡抚郭子章疏建“孙文恭公祠”并作《碑记》。

作为黔中王门著名心学大师，孙应鳌学高品端，时人誉为“名臣大儒”。嘉靖“八才子”之一的四川诗人任瀚以“近世豪杰”称之。江右王门胡直将其列为天下四大“正学贤人”之一：“宇内讲明正学，楚有黄安耿公，蜀有内江赵公，黔有清平孙公，吾豫章有南城罗公，皆贤人也。”

① 王耒贤、许一德：《万历贵州通志》，书目文献出版社1991年版，第605页。

故在其去世之后，一直都有学者专门记录其生平和学术情况：如黔中王门丘禾实（贵定人）撰有《孙文恭先生传》；[①] 江右王门、贵州巡抚郭子章《黔记》[②] 中有《工部尚书孙应鳌传》和《孙文恭公祠碑记》两文；《万历如皋县志》、过庭训《本朝分省人物考》也分别有《孙应鳌传》。进入清代以后，万斯同《明史》卷三一八《列传一六九》专门列有《孙应鳌传》。[③] 康熙年间，贵州巡抚田雯《黔书》也有《孙文恭公祠碑记》一文。此外，徐开任《明名臣言行录》有《尚书孙文恭公应鳌》一文；清末莫友芝《黔诗纪略》特为孙应鳌作有传证；如皋人冒广生有《拟明孙应鳌传》[④] 一文。以上都是研究孙应鳌生平事迹的第一手资料。但另一方面，由于资料来源不一，对孙应鳌生平难免有误记甚至相互抵牾之处，如明代马里《陕西通志》[⑤] 和清代张仲炘、杨承禧《湖北通志》[⑥] 对孙应鳌的记载就存在字号和籍贯的错误，这些使后人在研究孙应鳌生平过程中往往产生疑惑。

当代学界对孙应鳌生平进行介绍和考证始于1980年初。最早介绍孙应鳌生平的有三篇文章，即龙连荣的《孙应鳌小传》[⑦]《孙应鳌传略》[⑧] 和谭佛佑的《孙应鳌简介》。[⑨] 接下来一些通俗书籍对孙应鳌生平都有简要介绍，如：肖先治、何明扬的《贵州文化出版名人传略》、侯清泉的《贵州历史人物》、林建曾、肖先治《贵州著名历史人物传》、庞思纯的《明清贵州七百进士》、耿生茂的《原生态黔东南》、封培定的《贵州名贤录》等，这些书籍都对孙应鳌生平事迹进行了介绍，有助于人们对孙应鳌的了解。

在此背景之下，颇具学术性的考证研究不断出现。1990年，贵州师

---

① 丘禾实：《循陔园集》卷五，贵州省文史馆据中国科学院藏本复印本。

② 郭子章：《万历黔记》，赵平略点校，西南交通大学出版社2015年版。

③ 万斯同：《明史》，上海古籍出版社2007年版。

④ 冒广生：《小三吾亭文甲集》，冒氏清光绪年间本，第42—44页。

⑤ 马理：《陕西通志》，三秦出版社2004年版，第46页。

⑥ 张仲炘、杨承禧：《湖北通志》，上海古籍出版社1990年版。

⑦ 龙连荣：《孙应鳌小传》，《黔东南社会科学》1986年第1期。

⑧ 龙连荣：《孙应鳌传略》，《黔东南民族师专学报》1989年第1期。

⑨ 谭佛佑：《孙应鳌简介》，《贵州文史丛刊》1987年第2期。

范大学李独清教授的《孙应鳌年谱》（内刊）[①] 一书面世，该书对孙应鳌生平和著述引用大量原始材料加以考证，至今仍是孙应鳌研究的必备参考资料。此后，刘汉忠连续发表《孙应鳌事迹考识》[②]《关于明史无孙应鳌传及有关考证》[③]《孙应鳌生平、著述的再考察》[④] 等文章，特别对张廷玉《明史》无孙应鳌传的原因进行探析，指出："（万斯同）《明史》原稿是有孙应鳌传的，只是因为经过漫长的编纂、修改过程，原稿中的孙应鳌传就被删掉了。"刘汉忠进一步指出陈尚象《南京工部尚书孙应鳌墓志铭》一文具有重要史料价值："该文写于孙应鳌逝世当年的冬季，而陈尚象与孙应鳌交好，并同为王阳明传人，所以其记录孙应鳌的有些事迹是其他传记未有的，所以史料价值很大。"刘汉忠还对孙应鳌的《左粹题评》、为臣生涯、诗文等作了考证，史料充分，论据充足，是孙应鳌生平研究的佳作。

此外，对孙应鳌生平研究有补充作用的是王路平《黔中王门大师孙应鳌生平考述》[⑤] 和《〈清平孙文恭公祠族谱〉与孙应鳌家世》[⑥] 两文，前文对孙应鳌青年、中年、晚年三个阶段的生平事迹进行考论；后文通过《清平孙文恭公祠族谱》考察孙应鳌的家世和生平，认为儒学世家的氛围对孙应鳌成为心学大师有着重要的影响。

二　孙应鳌著述的收集、整理与研究

孙应鳌一生虽然短暂，但他勤于治学。据历代书目和文献叙录可知，孙应鳌著述至少有 23 种。[⑦] 尽管亡佚较多，但现存著述仍有十余种，总字数达两百余万字。

孙应鳌去世之后，由于后嗣乏人，加之地方官员收购遗著，战火频

① 李独清：《孙应鳌年谱（内刊）》，贵州师范大学编辑部 1990 年版。

② 刘汉忠：《孙应鳌事迹考识》，《黔东南社会科学》1991 年第 1 期。

③ 刘汉忠：《关于明史无孙应鳌传及有关考证》，《贵州文史丛刊》1994 年第 2 期。

④ 刘汉忠：《孙应鳌生平、著述的再考察》，《贵州文史丛刊》1994 年第 5 期。

⑤ 王路平：《黔中王门大师孙应鳌生平考述》，《贵阳学院学报》（社会科学版）2007 年第 3 期。

⑥ 王路平：《〈清平孙文恭公祠族谱〉与孙应鳌家世》，《贵州文史丛刊》2007 年第 4 期。

⑦ 张明：《黔中王门孙应鳌学行与著述考略》，《人文论丛》2017 年第 2 期。

仍，清廷禁毁等原因，其著述不断亡佚。收集整理孙应鳌文献资料，也成为历代学者的重要任务。早在万历十二年（1584），学者毛在巡按贵州，即命令清平官员收集孙应鳌晚年未刊著作，编为《孙应鳌遗书》三册刊行。康熙五十四年（1715），贵州学者王櫄（黄平人）集三十余年之功，搜得孙应鳌《四书近语》《谕陕西官师诸生檄》《学孔精舍琐言》合刻为《孙文恭公三书》存世。乾隆间，贵山书院[①]山长艾茂（麻江人）从《学孔精舍汇稿》中抄得《学孔精舍诗稿》六卷约九百首；后《学孔精舍汇稿》亡佚，《学孔精舍诗稿》得以幸存。光绪四年（1878），莫友芝、莫祥芝兄弟搜得孙应鳌著述五种——《淮海易谈》《四书近语》《教秦绪言》《琐言》《学孔精舍诗钞》，并附佚文，共七种，合刻为《孙文恭公遗书》一书（初版）。光绪十九年（1893），黎庶昌在日本访得《孙山甫督学文集》四卷。宣统二年（1910），增入《督学文集》，是共八种，付上海南洋官书局重新校印《孙文恭公遗书》（重版），是为当时最全的孙应鳌文集。民国年间，孙应鳌《淮海易谈》《督学文集》两书还被收入《黔南丛书》第一、六集。

当代对孙应鳌著述进行考证和分析的文章，较早的有：龙连荣的《〈教秦绪言〉评介》[②]、谭佛佑的《孙应鳌〈教秦绪言〉刍议》[③]两文，针对孙应鳌《教秦绪言》进行考证，并对十六条学规逐一进行剖析。稍后，张亚新的《孙应鳌和他的〈学孔精舍诗钞〉》[④]和《孙应鳌"督学文集"初论》[⑤]两文，分别对孙应鳌《学孔精舍诗钞》与《督学文集》版本源流及内容概况进行了考证。此外，宋镇的《西安碑林藏孙应鳌〈华

---

① 贵山书院：王阳明去世五年之后（1529—1534），浙中王门私淑弟子王杏巡按贵州，在黔中王门弟子陈文学、汤伯元、叶子苍要求下，王杏在贵阳修建"阳明书院"。阳明书院传承200年之后（1534—1733）改为"贵山书院"。贵山书院在清末（1902）改为"贵州大学堂"，是为贵州大学的前身，可见贵州大学是由阳明书院、贵山书院一脉相承而来的五百年学府。参见张明《贵州"阳明书院"源流述略》，张新民主编《阳明学刊》（第八辑），贵州大学出版社2016年版。

② 龙连荣：《孙应鳌〈教秦绪言〉评介》，《贵州文史丛刊》1987年第2期。

③ 谭佛佑：《孙应鳌〈教秦绪言〉刍议》，《黔东南社会科学》1988年第2期。

④ 张亚新：《孙应鳌和他的〈学孔精舍诗抄〉》，《黔东南社会科学》1987年第4期。

⑤ 张亚新：《孙应鳌"督学文集"初论》，《贵州文史丛刊》1990年第3期。

山诗碑〉述略》[①] 一文，对孙应鳌《华山诗碑》入藏西安碑林的原因与过程进行了探析。

1996年，刘宗碧、龙连荣、王雄夫整理点校孙应鳌《淮海易谈》四卷、《四书近语》六卷、《教秦绪言》一卷、《幽心瑶草》一卷，将其合刊为《孙应鳌文集》[②] 一书出版，这是贵州当代学者第一次将孙应鳌重要著作进行汇编，为学界进一步研究孙应鳌提供了重要资料；当然，该书也存在某些错误，陈金吉《〈孙应鳌文集〉标点瑕疵》[③] 一文对《孙应鳌文集》一书标点问题进行了探讨，体现了学术的严谨性。《庄义要删》是孙应鳌的庄学著作，但世人知之甚少；贵州师范学院刘海涛《〈庄义要删〉相关问题考论》[④] 一文，对《庄义要删》一书的诸位编纂者进行探讨，认为孙应鳌是最后的编校者。该文是目前专门讨论《庄义要删》相关问题的唯一一篇文章，对研究《庄义要删》有一定价值。

2012年，贵州大学张新民先生主持整理点校《淮海易谈》与《督学文集》，在合刊序言中，张新民先生对孙应鳌著述版本与源流情况进行了详细考证。[⑤] 2015年，两书合刊为《黔南丛书》第七辑[⑥]出版。2016年，赵广升、朱崇先发表《孙应鳌〈孙山甫督学集〉版本考述》[⑦] 一文，对台北"故宫博物院"收藏的孙应鳌的一部明刻本《孙山甫督学文集》以及日本靖嘉堂文库收藏的孙应鳌的两部明刻本《孙山甫督学文集》的版本情况进行了考证。另外，赵广升又发表《孙应鳌著述考上》[⑧] 与《孙应鳌著述考下》[⑨] 两文，对孙应鳌19种著述的刊刻、版本、内容及存佚情

① 宋镇：《西安碑林藏孙应鳌〈华山诗碑〉述略》，《碑林集刊》总第二十辑。

② 孙应鳌：《孙应鳌文集》，刘宗碧、龙连荣、王雄夫整理点校，贵州教育出版社1996年版。

③ 陈金吉：《〈孙应鳌文集〉标点瑕疵》，《黔东南民族师专学报》1995年第2期。

④ 刘海涛：《〈庄义要删〉相关问题考论》，《运城学院学报》2011年第3期。

⑤ 张新民：《明代大儒孙应鳌及其著述考论——〈淮海易谈〉〈督学文集〉点校合刊序》，《贵州大学学报》（社会科学版）2013年第3期。

⑥ 孙应鳌：《淮海易谈，孙山甫督学文集》，《黔南丛书》第七辑，张新民、赵广升点校，贵州人民出版社2015年版。

⑦ 赵广升、朱崇先：《孙应鳌〈孙山甫督学集〉版本考述》，《文献》2016年第1期。

⑧ 赵广升：《孙应鳌著述考（上）》，《兰台世界》2016年第15期。

⑨ 赵广升：《孙应鳌著述考（下）》，《兰台世界》2016年第18期。

况进行考证。此外，赵广升还发表《孙应鳌研究综述》[①]一文，从孙应鳌著述的辑佚和整理、生平交游、易学、心学思想等方面展开研究，并进行了初步总结。在此基础上，赵广升整理点校出版了《孙应鳌全集》[②]和《孙应鳌集》[③]，这是孙应鳌文献资料收集整理的最新成果。

三　孙应鳌心学思想研究

孙应鳌心学思想的代表作是《四书近语》一书，对其心学思想的研究主要就是围绕《四书近语》而展开。由于清代对阳明学的排斥，四库馆臣虽然对《四书近语》进行了著录，但评价并不高。[④]因此，学界一般认为，《淮海易谈》代表孙应鳌学术的最高成就。今《续修四库全书》收入《四书近语》，其《提要》云："应鳌是书，泛论大义……似在其所著《易谈》之上。"[⑤]对该书评价超过《淮海易谈》，由此可见《四书近语》一书的价值。

80、90年代对孙应鳌心学思想研究的专家主要有刘宗碧、龙光沛、陈琦。刘宗碧连续发表三篇相关文章，第一篇是《贵州古代第一位哲学家孙应鳌》[⑥]，指出："孙应鳌是贵州古代第一位著名的哲学家"，"有丰富的哲学著作，其思想深邃、透彻，不趋人脚步，不墨守常规，在解释、阐发儒家经典过程中建立起颇具特色的'心学'理论体系，其哲学体系虽从总体上看是主观唯心论，但在唯心主义体系中也包含很多朴素辩证法思想，可以批判地吸收"。第二篇文章是《论孙应鳌的哲学地位与影响》[⑦]，详细论述孙应鳌哲学思想的形成及其特点。第三篇文章《孙应鳌的哲学思想》认为孙应鳌的哲学是以"心"为轴心，是在心学理论的基

---

① 赵广升：《孙应鳌研究综述》，《凯里学院学报》2016年第5期。

② 《孙应鳌全集》，赵广升点校，贵州人民出版社2016年版。

③ 《孙应鳌集》，赵广升编辑点校，人民文学出版社2017年版。

④ 孙应鳌著述在《四库全书总目》中的著录情况，可参见张明《〈四库全书总目〉著录贵州著述考略》，《张振珮先生诞辰一百周年纪念文集》，贵州人民出版社2011年版，第349—371页。

⑤ 中国科学院图书馆：《续修四库全书总目提要》，中华书局1993年版，第939页。

⑥ 刘宗碧：《贵州古代第一位哲学家孙应鳌》，《贵州社会科学》1988年第3期。

⑦ 刘宗碧：《论孙应鳌的哲学地位与影响》，《贵州社会科学》1988年第6期。

础上建立的哲学体系，指出：“孙应鳌之学，直接渊源于王阳明、杨湖慈、陆九渊的心学，上可追溯到北宋的邵雍和先秦的孟子。他通过对儒家经典《周易》《论语》《孟子》《大学》《中庸》的解释阐发，以心学为轴心评论历代哲学家的理论得失，加上自己的领悟和新的见解，构成完整、系统的理论体系。”① 龙光沛也发表了《从孙应鳌〈琐言〉探其对王阳明心学继承与发展》② 一文，着重从《寄学孔书院诸会友琐言》考究孙应鳌对王阳明心学思想的继承和发展情况。与刘宗碧的观点相似，龙光沛也将王阳明心学思想定位为唯心主义心学，指出孙应鳌也应受到批判。从这4篇文章可以看出，80年代对王阳明及孙应鳌的研究，还归于主观唯心主义的范畴，这是时代的印记。1998年，陈奇发表《论孙应鳌的‘仁’本心学》③ 一文，提出应该肯定孙应鳌心学思想的价值，其认为，“他的心学又可以称为仁本心学。他继承了王阳明心学的优点，在肯定内养功夫的同时，更为强调笃实践履的外在功夫。”该文论证了孙应鳌对王阳明心学思想的传承，同时又具有自己的心学特色，这在孙应鳌研究中具有新的视角。

进入2000年之后，对孙应鳌的研究明显加深。先后出现三篇硕士论文，即一是张明的《贵州阳明学派思想源流初探》④，这是第一篇对贵州阳明学派（黔中王门）进行专门研究的硕士论文，其中对孙应鳌的心学思想体系及其特点也作了初步探析；二是扈继增的《功夫与境界——孙应鳌的心学之路》⑤；三是彭毅的《孙应鳌心学思想研究》⑥。后两篇硕士论文都是针对孙应鳌心学展开研究的，各成一家之言。彭毅还发表《论孙应鳌心与气之关系》⑦ 一文，专门探讨孙应鳌关于心与气的关系问题，“对孙应鳌的本体宇宙论作尝试性的初步探讨，对气的内涵作层级性的解

① 刘宗碧：《孙应鳌的哲学思想》，硕士学位论文，《贵州社会科学》1989年第8期。

② 龙光沛：《从孙应鳌〈琐言〉探其对王阳明心学继承与发展》，《贵州师范大学学报》（社会科学版）1988年第3期。

③ 陈奇：《论孙应鳌的“仁”本心学》，《贵州师范大学学报》（社会科学版）1998年第1期。

④ 张明：《贵州阳明学派思想源流初探》，贵州师范大学，2003年。

⑤ 扈继增：《功夫与境界——孙应鳌的心学之路》，贵州大学，2008年。

⑥ 彭毅：《孙应鳌心学思想研究》，硕士学位论文，陕西师范大学，2011年。

⑦ 彭毅：《论孙应鳌心与气之关系》，《西安社会科学》2011年第1期。

读，分析心与气之间的关系”。此文是目前为止关于孙应鳌心气问题研究的佳作。此外，还有一篇博士论文，即张小明的《黔中王学研究》[①]，这篇论文总结吸收了相关成果，对孙应鳌的心学思想有专门讨论。

到目前为止，研究孙应鳌心学思想的专著只有王路平等的《明代黔中王门大师孙应鳌思想研究》[②] 一书，此书汇集了此前的研究成果，具有一定参考价值。但随着孙应鳌文献资料的不断发现和研究的不断深入，该书的局限性也显露出来。因此，对孙应鳌心学思想进行全面、深入的逐渐研究已经颇显必要。

四　孙应鳌易学思想研究

孙应鳌不仅是黔中王门的心学大师，而且也是贵州著名的易学大师。他著有《淮海易谈》四卷，是为王门后学重要的易学著作之一。该书通过“以心解易”的方法，将心学与易学打通，成为孙应鳌乃至贵州易学研究的热点问题。对孙应鳌易学思想的研究，贵州学者表现较为活跃。如王路平《试论孙应鳌易学的本体论》[③] 一文，着重探讨了孙应鳌易学本体论的特点，认为孙应鳌是发挥了绍雍、程颢、陆九渊、杨慈湖特别是王阳明等人的天人一本的心学思想，“建立起贵州心学派的易学哲学体系”。与此相呼应，黄富源《简析孙应鳌〈淮海易谈〉中的〈易〉即‘心’说》[④] 一文，专门提出孙应鳌的“〈易〉即心说”，认为“《易》即心说”就是“该书的主旨所在”。此后，王路平又发表《论孙应鳌易学本体论的特点》[⑤] 和《论明代黔中王门大师孙应鳌的易学特点》[⑥] 两文，着重探讨孙应鳌易学的特点，前文总结出两个特点：一是孙应鳌本体论属义理易学的心学派；二是孙应鳌解易是“以经证心，以心证悟”。后文认为孙应鳌

---

① 张小明：《黔中王学研究》，南京大学，博士学位论文，2011年。

② 王路平等：《明代黔中王门大师孙应鳌思想研究》，群言出版社2007年版。

③ 王路平：《试论孙应鳌易学的本体论》，《贵州文史丛刊》1993年第5期。

④ 黄富源：《简析孙应鳌〈淮海易谈〉中的〈易〉即“心”说》，《贵州文史丛刊》1994年第4期。

⑤ 王路平：《论孙应鳌易学本体论的特点》，《贵阳师专学报》（社会科学版）1997年第3期。

⑥ 王路平：《论明代黔中王门大师孙应鳌的易学特点》，《贵州社会科学》2005年第6期。

易学主要有三个特点："一是属于义理易学中的心学派；二是以心学解易学，以易学证心学；三是伦理型的易学哲学。"①

从王阳明的"玩易"到孙应鳌的"谈易"，贵州易学有何渊源？这是一个很有意思的问题。对此，卢祥运发表《从王阳明'玩易'到孙应鳌'谈易'》② 一文，提出："从王阳明'玩易'到孙应鳌'谈易'，其间的思想脉络和理路，多有共通传接之处。这首先从总体上表现为，他们都依循以心学释《易》和以《易》证心学的治《易》模式；具体而言，他们在体用观上、方法论上以及对《易》宗旨的理解上，都有许多相类似的地方。"该文探讨了孙应鳌与王阳明解《易》的思想相同之处，对了解孙应鳌对王阳明之易学思想传承有一定借鉴作用。

为了从更宏大的背景考察明代王学与贵州易学的关系，贺广如发表《明代王学与易学之关系——以孙应鳌'以心说〈易〉'之现象为例》③一文，该文"以贵州学者孙应鳌《淮海易谈》为例，探讨当时学者如何以心学思想诠说《易经》，由是得窥明代王学与易学之间的互动关系"。此外，骆利红发表《以心解易：孙应鳌〈淮海易谈〉学术源流论述》④一文，论证孙应鳌易学与心学之间的内在联系，指出："作为王阳明的再传弟子，孙应鳌在吸收程朱理学解易的基础上，充分发挥王阳明'易理即人心'的思想，以心解易，以易证心，建立起自己的易学体系。"

孙应鳌易学思想的最新成果是王晓昕《龙场三卦：〈恒〉、〈遁〉、〈晋〉—从王阳明到孙淮海》⑤ 一文。该文具体分析王阳明和孙应鳌对《易经》之《恒》《遁》《晋》三卦的解读，指出："王阳明《五经臆说十三条》对易卦《恒》《遁》《晋》（学者称'龙场三卦'）作了心学的创造性阐释，他的再传弟子孙应鳌著《淮海易谈》，……对其'龙场三卦'的'接着讲'，……王与孙及其易学，毫无疑问，是义理易学心学流派的

---

① 卢祥运：《从王阳明"玩易"到孙应鳌"谈易"》，《贵阳师范高等专科学校学报》（社会科学版）2005 年第 1 期。

② 同上。

③ 贺广如：《王学与易学之关系—以孙应鳌"以心说〈易〉"之现象为例》，《周易研究》2008 年第 2 期。

④ 骆利红：《以心解易：孙应鳌〈淮海易谈〉学术源流论述》，《沧桑》2014 年第 3 期。

⑤ 王晓昕：《龙场三卦：〈恒〉〈遁〉〈晋〉—从王阳明到孙淮海》，《贵州师范大学学报》（社会科学版）2015 年第 5 期。

典型代表。”该文认为，王阳明与孙应鳌均是义理易学心学流派的典型代表，两人解易的思想与方法相通，同时也说明了孙应鳌对王阳明思想的继承与发展。

五 孙应鳌教育、美学、文学思想等方面的研究

对孙应鳌教育思想的研究，也是学者关注的重点问题，这方面的文章主要有：欧多恒《孙应鳌德育思想初探》① 和《论孙应鳌教育思想中的德育思想》② 两文，前文对孙应鳌重视德育教育的原因进行了分析，认为“孙应鳌德育思想强调教育以德为宗”，“孙应鳌德育思想的中心是‘遵道’”。欧多恒这两篇文章是研究孙应鳌教育思想的开端之作。黄文树《明代提学官制与孙应鳌〈教秦绪言〉教育训词探析》③ 考察了孙应鳌担任陕西提学官时的教育活动，并对孙应鳌所颁布的《教秦绪言》中所提出的十六条训规逐一进行分析，对孙应鳌的教育思想进行了论证与阐释，内容详细可靠。赵广升、马丽《明代大儒孙应鳌的教育活动及其教育思想述评》④ 一文，对孙应鳌的《教秦绪言》进行了论述，指出《教秦绪言》十六条训规“成为指导陕西一省进行教育改革的纲领性文件”。文中还考证了孙应鳌任国子监祭酒和经筵讲官时期的教育活动，以及其家居清平时期的讲学活动及其教育思想，同时还考察分析了孙应鳌《寄学孔精舍诸会有琐言》中的教育思想。刘玮《孙应鳌教育历程探析》⑤ 一文，着重从政治、社会等背景入手探讨孙应鳌教育历程及其重视教育的原因，指出孙应鳌的教育目的与国家的稳定与发展是相联系的。李汉超《明代“名臣大儒”孙应鳌的德育传承与教诲》⑥ 一文，从孙应鳌成长的教育环境入手，认为孙应鳌从小就对德育问题有独立的思考，后为朝廷培养了大

① 欧多恒：《孙应鳌德育思想初探》，《贵州社会科学》1992年第8期。

② 欧多恒：《论孙应鳌教育思想中的德育思想》，《贵州社会科学》1994年第5期。

③ 黄文树：《明代提学官制与孙应鳌〈教秦绪言〉教育训词探析》，《汉学研究集刊》2009年第9期。

④ 赵广升、马丽：《明代大儒孙应鳌的教育活动及其教育思想述评》，《教育文化论坛》2013年第3期。

⑤ 刘玮：《孙应鳌教育历程探析》，《兰台世界》2014年第19期。

⑥ 李汉超：《明代“名臣大儒”孙应鳌的德育传承与教诲》，《兰台世界》2015年第3期。

批德才兼备的人才，是一位优秀的德育工作者。

除教育思想外，学者对孙应鳌美学思想的研究也较为重视，目前共有4篇期刊文章和一本专著。分述如下：邬锡鑫发表《孙应鳌美学思想的心学本质》[①]和《孙应鳌美学思想的文化价值取向》[②]两文，前者指出：孙应鳌美学思想是以心学为基础，研究孙应鳌的美学离不开对其心学的探究。也就是说，孙应鳌的美学思想是其心学思想的一种表达或表现形式。后者指出："孙应鳌的心学美学思想形成的价值取向必然是：以心性本体为基础的人格境界，以伦理本体为基础的道德境界，以意向本体为基础的至美境界。"此外，陆永胜《论孙应鳌审美功夫》[③]一文指出："孙应鳌的审美功夫以普遍性原则的'心'为本体，是一种'求心'的功夫，包括'立志''敬''慎独''诚意'等具体的功夫方法。"他与作者赵平略在另一篇《心体与境界——孙应鳌美学思想探微》[④]的文章中指出："孙应鳌的美学思想以普遍性原则的'心'为本体。"以上四篇文章都论证了一个中心思想，即孙应鳌的美学思想与心学思想紧密相连，美学思想是以心学思想为基础。陆永胜的专著《孙应鳌美学思想探究》[⑤]进一步总结了以往孙应鳌美学思想研究的成果，这是目前唯一一部专门研究孙应鳌美学思想的专著。

孙应鳌的诗歌数量庞大，成就很高，对孙应鳌诗歌与文学思想的研究历来比较重视。在孙应鳌在世之时，就与当时著名诗人吴国伦、谢榛、刘伯燮等均有交往，吴国伦还亲到清平学孔书院拜见孙应鳌。孙应鳌去世之后，吴国伦作《怀孙祭酒山甫》诗怀念他。[⑥]在孙应鳌晚年的《学孔精舍诗稿》中，保存有诗近九百首，连同其早期的诗集《督学诗集》[⑦]，后人皆有极高评价，如任瀚在《刻孙山甫督学集序》中称："若淮海者，其诗

---

① 邬锡鑫：《孙应鳌美学思想的心学本质》，《贵州社会科学》2010年第3期。

② 邬锡鑫：《孙应鳌美学思想的文化价值取向》，《贵州文史丛刊》2011年第1期。

③ 陆永胜：《论孙应鳌审美功夫》，《凯里学院学报》2012年第1期。

④ 陆永胜、赵平略：《心体与境界——孙应鳌美学思想探微》，《贵阳学院学报》（社会科学版）2013年第2期。

⑤ 陆永胜：《孙应鳌美学思想探究》，社会科学文献出版社2016年版。

⑥ 吴国伦：《甔甀洞稿》卷六，明代论著丛刊本，伟文图书出版社1976年版，第469页。

⑦ 中央民族大学研究生韦天亮同学从国家图书馆为我提供《督学诗集》等相关资料，特致谢意！

蔚然有江左风流，其隽永闳邕，自鲍、谢诸人不能过也。……今吾读山甫诗，则如七十二君封泰山，望见沧海有无中，蜃气楼阁，盘薄烟霏，景光万状，便翛然起仙灵霞外之思。”[①] 清末莫友芝从贵山书院山长艾茂裔孙艾嗣宗处获睹《学孔精舍诗稿》，抄录精选其半四百余首，是为《学孔精舍诗钞》[②]，编入《黔诗纪略》之中，成为《黔诗纪略》所收作品最多的诗人之一。莫友芝这样评价孙应鳌的诗：“五言乐府，沉雄森秀，直逼魏晋，而无何、李、王、李太似之嫌：七言及近体，舒和苍润，品亦在初盛唐间。”[③]（卷五，《孙应鳌传证》）陈田在《明诗纪事》一书中，也将孙应鳌列为明代一大诗家，评其诗云：“五古超旷之致，大类薛文清，七律亦轩轩俊爽。”[④]

当代学者对孙应鳌诗歌的研究较早的是张亚新《孙应鳌诗歌创作刍议》[⑤] 一文，该文总结孙应鳌诗歌的三个特点：“道”“艺”并重；体现了爱国思想并反映现实。龙光沛在《孙应鳌华山诗的思想性和艺术性》[⑥] 一文中，对孙应鳌的八首华山诗的思想性和艺术性进行了探讨。此外，龙连荣的《孙应鳌咏花诗浅评》[⑦] 一文，分析孙应鳌咏花诗的思想内涵。杨再将的《“讲罢典谟因讽劝”——孙应鳌〈讲筵〉诗试解》[⑧] 一文，对孙应鳌四首讲筵诗进行了详细解读，指出孙应鳌诗歌具有高超的艺术水平。王强模的《论孙应鳌的诗歌创作》[⑨] 一文，从思想内容、艺术特色两方面论述了孙应鳌的诗歌创作特点；王强模在《论孙应鳌的文学观》[⑩] 中，深入论述孙应鳌诗歌方面的四个文学特点及其心学哲学基础，指出孙应鳌对儒家传统文学观上作出两个方面的新建树。此外，赵广升、马丽的《孙

---

① 孙应鳌：《孙山甫督学诗集》，明隆庆年间本。

② 孙应鳌：《学孔精舍诗钞》，四库全书存目丛书影印本，齐鲁书社1997年版。

③ 《黔诗纪略》，贵州省图书馆藏本。

④ 陈田：《明诗纪事：乙签卷十一》，听诗斋本。

⑤ 张亚新：《孙应鳌诗歌创作刍议》，《贵州社会科学》1981年第1期。

⑥ 龙光沛：《孙应鳌华山诗的思想性和艺术特色》，《贵州文史丛刊》1988年第4期。

⑦ 龙连荣：《孙应鳌咏花诗浅评》，《黔东南社会科学》1989年第2期。

⑧ 杨再将：《“讲罢典谟因讽劝”——孙应鳌〈讲筵〉诗试解》，《黔南民族师专学报》1994年第2期。

⑨ 王强模：《论孙应鳌的诗歌创作》，《黔南民族师专学报》（哲社版）1997年第3—4期。

⑩ 王强模：《论孙应鳌的文学观》，《贵州社会科学》1999年第6期。

应鳌纪赐诗八首赏析》[①] 一文，通过孙应鳌八首纪赐诗探讨其诗歌的艺术风格，认为其诗风“隽永宏畅、清空劲直而又含思婉转”。

六　孙应鳌与黔中王门研究

明正德三年（1508），王阳明贵州“龙场悟道”是思想史上的重大事件，标志着王阳明心学在贵州初步形成。王阳明龙场悟道之后，随即在龙场兴办龙冈书院，为苗夷弟子讲授心学，省外学子亦慕名前来。王阳明的讲学活动培养了一大批贵州地方心学人才，在贵州逐渐形成了五大王学重镇。阳明心学在贵州迅速发展壮大，并迅速发展成为一个不容忽视的地域性心学派别——黔中王门。而孙应鳌是黔中王门的集大成者。

孙应鳌与黔中王门关系问题的研究成果，主要有以下：谭佛佑的《黔中王门主要思想及书院活动述略》[②] 一文，不仅论述黔中王门主要弟子的思想与活动，而且赞同郭子章在《黔记》中的观点，即认为孙应鳌“为阳明私淑”。此文是论证“黔中王门”思想的早期代表作，对世人认识黔中王门有重要推动作用。张坦《黔中王门——一个被忽略的地域学派》[③] 一文，论证黔中王门是客观存在的，指出孙应鳌是“名震一方的学者”。

孙应鳌作为黔中王门的重要代表，他在整个黔中王门中的位置以及思想源流演变是绕不开的问题，为此，张明《王阳明与黔中王学》[④] 一文，不仅论证黔中王门的形成、发展、鼎盛、衰落及其余波，而且对孙应鳌等重要代表人物之间的心学思想也作了对比研究，具体指出孙应鳌学说体系的三大组成部分。此后，李迎喜在《黔中王门系统考》[⑤] 一文中对黔中王

① 赵广升、马丽：《孙应鳌纪赐诗八首赏析》，《凯里学院学报》2011 年第 1 期。

② 谭佛佑：《黔中王门主要思想及书院活动述略》，《贵州文史丛刊》1991 年第 4 期。

③ 张坦：《黔中王门——一个被忽略的地域学派》，《贵州文史丛刊》1995 年第 3 期。

④ 张明：《王阳明与黔中王学》，《阳明学刊》第一辑，张新民主编，贵州人民出版社 2004 年版。

⑤ 李迎喜：《黔中王门系统考》，《王学之魂》，王晓昕、李友学主编，贵州民族出社 2005 年版。

门系统进行进一步探讨。李发耀、张明、李迎喜在《黔中王门及其思想流变与传承》[①] 一文中，对孙应鳌思想体系及其在黔中王门中的贡献作了进一步论证。

通过贵州学者的努力，“黔中王门”这一概念得到省外学者的赞同，如浙江学者钱明在《黔中王门论考》[②] 一文中，具体论证了黔中王门的存在，提出孙应鳌是王阳明在贵州的重要传人。省外学者对黔中王门的研究，对贵州学者形成一种有力支持，推动了黔中王门研究的深入发展。

2008年是王阳明龙场悟道500周年和黔中王门研究30周年，罗正副《黔中王门后学研究综述》[③] 一文，对1980—2008年黔中王门的研究成果进行了总结。2008年11月，张新民先生在贵州大学中国文化书院组织召开了“纪念王阳明龙场悟道五百周年暨黔中王门研究三十年学术讨论会”[④]，来自贵州省内外的专家围绕三个方面的论题进行了热烈的讨论：阳明心学思想的分疏及现代理论价值、黔中王门的总体思想风貌以及孙应鳌等代表性思想家的心学思想等，这次会议的成果扩大了对黔中王门的宣传和影响。

2010年，关于王阳明与阳明后学的研究（包括黔中王门）进一步加快，为此，张新民先生《论王阳明龙场悟道的深远历史影响——以黔中王门为中心的地域考察》[⑤] 一文，论述了王阳明“龙场悟道”对贵州的重要影响，介绍了黔中王门重要代表孙应鳌等人的心学成就。2015年，张明发表《〈明儒学案〉缺载‘黔中王门’考论——兼论‘黔中王门’源流演变及其心学成就》[⑥] 一文，考证了《明儒学案》缺载“黔中王门”

① 李发耀，张明等：《黔中王门及其思想流变与传承》，贵州人民出版社2010年版。

② 钱明：《黔中王门论考》，《贵州文史丛刊》2007年第2期。

③ 罗正副：《黔中王门后学研究综述》，《阳明学刊》第三辑，张新民主编，贵州人民出版社2008年版。

④ 陆永胜：《纪念王阳明龙场悟道500周年暨黔中王门研究30周年学术讨论会综述》，《人文世界：区域·传统·文化》（第5辑），张新民主编，巴蜀书社2009年版。

⑤ 张新民：《论王阳明龙场悟道的深远历史影响——以黔中王门为中心的地域考察》，《教育文化论坛》2010年第1期。

⑥ 张明：《〈明儒学案〉缺载“黔中王门”考论——兼论“黔中王门”源流演变及其心学成就》，《贵阳学院学报》（社会科学版）2015年第1期。

的具体原因，并对黔中王门的源流演变进行探究，此文对孙应鳌的生平、学术、著述等进行了较为详细考述。此外，陆永胜《心·学·政——黔中王学治理思想及其特征》[①] 一文，探讨了黔中王门的治理思想及其特征，认为“心”“学”“政”是黔中王学治理思想的三个重要内核，文中对孙应鳌有具体论述。

七　孙应鳌与其他王门后学的研究

孙应鳌不仅是黔中王门的重要代表，而且也是当时名满天下的“四大贤人”之一。孙应鳌与泰州王门徐樾、罗近溪、耿楚侗，楚中王门蒋信，江右王门邹元标、罗念庵等人都有交游。孙应鳌与其他王门弟子的交游也是主要研究内容，目前主要有以下成果：

刘宗碧《论孙应鳌的哲学地位与影响》[②] 一文，论述孙应鳌哲学思想的形成过程，认为“孙应鳌之学兼受泰州、江右、楚中各派的影响”。该文在探讨孙应鳌的哲学地位与影响的同时，兼顾分析了孙应鳌与其他王门后学——泰州王门、江右王门、楚中王门弟子的交游情况，可以更好了解孙应鳌的哲学思想形成与发展因素。刘宗碧在另一篇文章《孙应鳌与王学弟子》[③] 中，也介绍了孙应鳌与江右王门弟子徐阶、王宗沐、胡直等人，泰州王门弟子徐樾、罗汝芳、耿定向、耿定理等人，楚中王门蒋信的交游情况。

王晓昕《孙应鳌与非黔籍王门后学——兼述〈教秦绪言〉》[④] 一文，指出：“孙应鳌无疑是黔中最具代表性人物，其学形成与其地位之确立，无不与其心受阳明心斋之学与徐樾与罗洪先、汝芳、蒋信、胡直、赵贞吉、耿定向、耿定理等王门后学大师级人物之影响……这些史实亦对作为黔中王门大师级人物孙应鳌的思想系统的形成，产生了至关重要的影

① 陆永胜：《心·学·政——黔中王学治理思想及其特征》，《华南师范大学学报》（社会科学版）2015 年第 1 期。

② 刘宗碧：《论孙应鳌的哲学地位与影响》，《贵州社会科学》1988 年第 6 期。

③ 刘宗碧：《孙应鳌与王学弟子》，《贵州文史丛刊》1993 年第 4 期。

④ 王晓昕：《孙应鳌与非黔籍王门后学——兼述〈教秦绪言〉》，《贵阳学院学报》（社会科学版）2012 年第 2 期。

响。”此文与刘宗碧论证的视角相类似。

王晓昕另一篇文章《明代黔中王学与浙中王学的思想互动——以孙、李与钱、王为中心》[①] 论述了黔中王门孙应鳌、李渭与浙中王门钱德洪、王畿的思想互动以及这些互动对孙应鳌、李渭心学思想成长所产生的重要影响。

由上可知，孙应鳌在其心学思想形成与发展过程中，与泰州王门、楚中王门、江右王门、浙中王门等阳明后学诸子切磋交流，故能兼收并蓄，自成一体。但是目前的研究深度还不够，而且数量不多，只有寥寥几篇。由此可以看出，研究孙应鳌与其他王门后学互动关系领域很大，可发掘的问题还有待深入和提炼。

八 结 语

综上所述，学术界经过三十多年的不懈努力，对孙应鳌的研究已经取得了比较丰富的成果，孙应鳌在黔中王门中的重要地位和作用也完全凸显出来，这是值得肯定的。但另一方面，也有一些令人遗憾的地方：一是1992年“首届孙应鳌学术研讨会”之后，至今25年时间，没有再举行过相关学术会议。二是对孙应鳌的研究仍有极大的拓展空间，比如对孙应鳌的庄学研究、四书学研究、左传学研究等，目前几乎完全还是空白。三是孙应鳌家族原本就是贵州“苗疆”地区的文化世家，孙应鳌在晚年又建立“学孔精舍”，在“苗疆”地区培养了大批心学弟子，因此，阳明心学在“苗疆”地区的传播及教化作用，有何借鉴意义等，都是有必要开展的研究课题，但至今无人问津。

近年来，随着王阳明与阳明后学研究的深入，特别是对孙应鳌文献资料收集整理成果初见成效。可以预见，对孙应鳌的研究必将进入一个新的阶段。

---

① 王晓昕：《明代黔中王学与浙中王学的思想互动——以孙、李与钱、王为中心》，《贵州师范大学学报》（社会科学版）2016年第2期。